遗 传 学

唐 蓓 主编

科 学 出 版 社
北 京

内 容 简 介

本书根据普通师范院校的培养要求，参考中学生物教材，以系统性、基础性和时代性为编写目标，从个体、细胞、分子、群体和表观等不同水平来阐明遗传变异的基本原理、在生产实践中的应用，以及与人类健康的关系。全书共13章，在每章的前面设有本章知识主线，后面附有阅读资料和习题，另外，与中学生物教材相关的知识点也在文中用双下画线进行了标识。本书还以二维码的形式配套了全部习题的答案，以及一些重难点内容与部分习题的微课资源。

本书可作为普通师范院校生物教育专业的教材，也可作为其他普通高等院校遗传学课程的参考用书。

图书在版编目（CIP）数据

遗传学 / 唐蓓主编. —北京：科学出版社，2019.12
ISBN 978-7-03-062767-4

Ⅰ.①遗… Ⅱ.①唐… Ⅲ.①遗传学—师范大学—教材 Ⅳ.①Q3

中国版本图书馆CIP数据核字（2019）第242381号

责任编辑：席 慧 赵晓静 / 责任校对：严 娜
责任印制：赵 博 / 封面设计：铭轩堂

科学出版社 出版
北京东黄城根北街16号
邮政编码：100717
http://www.sciencep.com
北京凌奇印刷有限责任公司印刷
科学出版社发行 各地新华书店经销
*
2019年12月第 一 版 开本：787×1092 1/16
2025年 1 月第四次印刷 印张：17 3/4
字数：437 000
定价：69.80 元
（如有印装质量问题，我社负责调换）

《遗传学》编委会名单

主　　编　唐　蓓（重庆师范大学）

参编人员　（按姓氏汉语拼音排序）

李宗芸（江苏师范大学）

陆俊杏（重庆师范大学）

庞瑞华（信阳师范学院）

肖　璇（赣南师范大学）

薛大伟（杭州师范大学）

前　言

遗传学是研究生物遗传和变异规律的一门学科，也是一门发展较快和密切联系实际的学科。在高等师范院校，“遗传学”是生物类专业的一门主干课程。作为培养基础教育师资队伍的摇篮，高校生物教育专业的遗传学教学，既不同于农业院校偏重于动植物、微生物遗传的研究，也不同于医学院校侧重对人类遗传变异的研究，而是要满足学生将来从事中学生物教学的需要，要求学生从多方面掌握遗传学的基本知识和基本原理。现有的遗传学教材，多为重点高校的教师编写，对一般专科和本科学校的学生来讲，内容稍显偏深偏多，学生自学有一定的困难。为此，我们希望能编写一本适合普通师范院校和其他相关院校使用的遗传学教材。

本书根据普通师范院校对学生的培养要求，以系统性、基础性和时代性为编写目标，从个体、细胞、分子、群体和表观等不同水平来阐明遗传变异的基本原理、在生产实践中的应用，以及与人类健康的关系。在内容的选择上，兼顾中学生物教材中的遗传学知识点，注重经典遗传学知识的讲解，并安排了“遗传与人类健康”一章。分子遗传学部分，在兼顾系统性的同时，删减了与分子生物学重合的部分内容，并适当降低难度。同时本书注意融入科学发展史的介绍，如连锁遗传现象的发现、伴性遗传现象的发现、遗传物质的探索历程、遗传密码的破译历程、细菌基因重组的发现历程、进化理论的发展历程等。注重科学发展史的教育也是对中学生物教师的要求。

在结构体系的安排上，本书在遵循遗传学发展历史的同时，兼顾了知识之间的内在联系和学生的认知规律。第 1 章为绪论，对遗传学的产生、发展与应用进行概述；第 2～5 章介绍遗传的细胞学基础、三大遗传定律及伴性遗传等内容，从个体和细胞水平来探讨遗传变异现象；第 6 章为遗传物质的本质，深入到分子水平来介绍遗传物质相关内容；第 7 章和第 8 章为遗传物质的变异；第 1～8 章从现象、本质到发展的顺序安排既体现了遗传学的发展历程，又符合从简单到复杂、从现象到本质的学习和认知规律。第 9 章为微生物遗传，这章之前的内容主要探讨高等生物的遗传变异现象及规律；第 10 章为数量性状遗传，这章之前主要探讨质量性状的遗传；第 11 章为细胞质遗传，这章之前主要探讨核内遗传；第 12 章为群体遗传与物种形成，这章之前不涉及基因在群体中的数量变迁；第 13 章为遗传与人类健康。以上为本书的各章顺序编排思路，可供读者参考。

本书在章前设有本章知识主线，在章后附有阅读资料和习题。同时与中学生物教材相关的知识点也在文中用双下画线进行了标识，以方便学生学习。另外，本书还提供了全部习题的答案，以及一些重难点内容与部分习题的微课资源，均以二维码形式呈现在书中。本书在编写上力求叙述通俗易懂，注意启发性和逻辑性，希望能为教师和师范生提供一定的教法参考。我们希望本书既能作为教师的教学参考用书，也能满足学生自学的需要。

本书共 13 章，其中第 1～5 章、第 7 章、第 9 章、第 10 章、第 13 章由唐蓓编写，唐蓓同时参与了第 6 章、第 8 章、第 11 章、第 12 章和习题答案的编写；庞瑞华参与了第 6 章的编写；薛大伟参与了第 8 章的编写；李宗芸参与了第 11 章的编写；肖璇参与了第 12 章的编写；陆俊杏参与了习题答案的编写。全书由唐蓓统稿和定稿。

由于编者水平有限，书中难免存在不足之处，希望读者提出宝贵意见，以便再版时加以修正。

编　者

2019 年 6 月

目录

本书相关微课内容

扫二维码
观看微课

- 基因定位的三点测验法
- 着丝粒作图
- Hfr 细菌与 F^- 细菌杂交
- 中断杂交实验
- 特异性转导
- 广义遗传率的估算
- 狭义遗传率的估算
- 家鸡中关于白化和痉挛的习题解析
- 番茄中 *O*、*P*、*S* 三对基因作图的习题解析
- 用野生型菌株 DNA 转化 $ala^-pro^-arg^-$ 菌株的习题解析
- 用 P1 对 $pur^+nad^+pdx^+$ 进行普遍性转导的习题解析
- 遗传率计算的习题解析

第1章 绪　论

本章知识主线：本章围绕遗传学这门学科，在明确遗传、变异等概念的基础上，依次介绍了该学科研究的对象、任务，该学科的发展历程及其在实践中的应用。

第一节　遗传学概述

遗传学（genetics）是研究生物遗传和变异规律的一门学科。它既是生物科学中一门十分重要的理论学科，也是一门紧密联系生产实际的基础学科，不仅是指导植物、动物和微生物育种工作的理论基础，还与医学和人类健康等都有着密切的联系。因此，无论在理论研究还是在生产实践中，遗传学都日益显示出十分重要的作用。

一、遗传与变异

遗传与变异现象在生物界普遍存在，是生命活动的基本特征之一，人类在生产活动中早就认识到了遗传和变异现象。

（一）遗传

遗传（heredity）是指亲代与子代之间相似的现象。早在中国古代，人们就发现了子代和亲代相似的遗传现象。俗语中“种瓜得瓜，种豆得豆”就是对遗传现象的简单说明。生物可通过自己特有的生殖方式产生与自己相似的个体，保持世代间的延续，以绵延其种族。从现代遗传学的角度来看，遗传的本质就是遗传物质通过不断地复制和传递，保持亲子间相似的过程。

（二）变异

变异（variation）是指亲代与子代，以及子代个体间的差异。遗传并不意味着亲代与子代完全相同，亲代与子代之间、子代个体之间总是存在着不同程度的差异。“一母生九子，连母十个样”是普遍常识，生物界没有完全相同的两个个体，即使是孪生同胞也不会完全相同。

（三）遗传与变异的相互关系

遗传与变异是生命运动中的一对矛盾，它们既对立又统一。遗传趋于保守，变异要求变革、发展，矛盾的两方面是相互制约、相互依存的。没有变异，就不会产生新的性状，也就不可能有物种的进化和新品种的选育，遗传只能是简单的重复；没有遗传，变异不能累积而失去意义，生物就不能进化，变异是在遗传的范围内进行的；同时，遗传也受变异的制约，只能使子代和亲代之间相似而不相同。遗传是相对的，变异是绝对的，在遗传的过程中始终存在着变异，遗传和变异是伴随着生物的生殖而发生的（遗传学上的生殖多指有性生殖）。遗传和变异这对矛盾不断运动，经过自然选择，形成形形色色的物种。另外，经过人工选择，也可以育成适合生产需要的各种品种。所以说，遗传、变异和选择是生物进化和新品种选育的三大因素。

遗传和变异的相互关系可总结如下：①遗传是相对的，变异是绝对的；②遗传是保守的，变异是变革的、发展的；③遗传和变异是相互制约又相互依存的；④遗传和变异伴随着生物的生殖而发生。

同时，遗传和变异的表现都与环境有着不可分割的关系。生物与环境的统一，是生命科学中公认的基本原则。因为任何生物都必须生存在必要的环境中，并从环境中摄取营养，通过新陈代谢进行生长、发育和繁殖，从而表现出性状的遗传和变异。所以，研究生物的遗传和变异必须密切联系其生存环境。

二、遗传学研究的内容和任务

遗传学研究的内容主要包括：遗传物质的本质、遗传物质的传递和遗传信息的实现三个方面。遗传物质的本质包括：基因的化学本质、基因所包含的遗传信息，以及 DNA 和 RNA 的结构组成与变异等。遗传物质的传递包括：遗传物质的复制、染色体的行为、遗传规律和基因在群体中的数量变迁等。遗传信息的实现包括：基因的功能、基因的相互作用、基因作用的调控，以及个体发育中基因的作用机制及其环境响应等。

遗传学研究的任务在于：阐明生物遗传和变异的现象及其表现的规律；探索遗传和变异的原因及其物质基础，揭示其内在规律，从而进一步指导动物、植物和微生物的育种实践，防治遗传疾病，提高医疗水平，为人类造福。

第二节 遗传学的产生与发展

一、遗传学的产生

很早以前，我国人民在从事农业生产及饲养家畜过程中便注意到了遗传和变异的现象。春秋时代有“桂实生桂，桐实生桐”，战国末期又有“种麦得麦，种稷得稷”的记载。东汉王充曾写道“万物生于土，各似本种”，认识到了遗传的现象。此后古书中还有“桔逾淮而北为枳”等记载，这说明古代人民对遗传和变异及其与环境的关系已有了粗浅的认识，但由于种种原因没能形成一套遗传学理论。

直到 19 世纪，随着资本主义社会的萌芽与工农业生产力的提高，动植物育种工作得到蓬勃发展，这个时期开始有人尝试把积累的材料加以归纳、整理和分类，并用理论加以解释。这一时期对遗传和变异进行系统研究的代表人物主要有以下几位。

拉马克（J. B. Lamarck，1744～1829） 法国学者，提出了器官的用进废退（use and disuse of organ）学说或获得性状遗传（inheritance of acquired character）学说。他认为环境

条件的改变是生物变异的根本原因，由环境引起的变异可以遗传。这一观点因为缺乏实验证据而被认为具有某些唯心主义的成分，因为人们认为环境导致的性状改变无法影响生殖细胞的基因序列，也就无法遗传给后代。但是随着表观遗传学的发展，获得性状遗传学说重新受到了重视。表观遗传学揭示了一类特殊的遗传变异现象，它们不涉及DNA的序列改变，但能影响性状表现且能遗传给后代，更重要的是它们受到环境因素的影响。随着表观遗传学研究的深入，相信拉马克的获得性状遗传理论会得到科学的发展。

达尔文（C. R. Darwin，1809～1882） 进化论学者，英国的博物学家，在1859年出版了著名的《物种起源》（*The Origin of Species*），提出自然选择和人工选择的进化学说。这一学说有力地论证了生物是由简单到复杂、由低级到高级逐渐进化的，因而被誉为19世纪自然科学最伟大的成就之一。为了解释生物的遗传现象，达尔文在1868年出版的《驯养下动植物的变异》（*The Variation of Animals and Plants under Domestication*）中提出了泛生论假说（hypothesis of pangenesis），并承认获得性状遗传的一些论点。他假设：生物的各种性状都以微粒——“泛因子”状态通过血液循环或导管运送到生殖系统，从而完成性状的遗传。事实上在血液里找不到这种微粒，细胞学的研究不能证实泛生论。尽管如此，达尔文学说的产生促使人们重视对遗传学和育种学的深入研究，为遗传学的诞生起到了积极的推动作用。

魏斯曼（A. Weismann，1834～1914） 德国动物学家，新达尔文主义的首创者，他提出了种质学说（germplasm theory）。魏斯曼认为，多细胞生物体由种质（germplasm）和体质（somatoplasm）两部分组成，体质是由种质产生的，种质在世代中是连绵不断的。环境只能影响体质，而不能影响种质，后天获得性状不能遗传。魏斯曼的种质学说使人们对遗传和不遗传的变异有了深刻的认识，但是他对种质和体质的划分过于绝对。

孟德尔（G. J. Mendel，1822～1884） 奥地利人，对生物的遗传和变异开展了真正科学、系统的研究。他在前人的基础上，从事了8年的植物杂交试验，进行了细致的后代记载和统计分析，提出了分离和自由组合两个遗传基本规律。他认为遗传是由细胞内的遗传因子（hereditary factor）决定的，而遗传因子可从亲代传给子代。孟德尔于1865年宣读了他的《植物杂交试验》（“Experiment on plant hybridization”）论文，并于次年发表，但当时未能引起重视。直到1900年，有三位科学家，德国的科伦斯（C. E. Correns）、荷兰的狄·弗里斯（H. de Vries）和奥地利的冯·切尔马克（E. von Tschermak）分别用不同材料在不同地点试验得出了跟孟德尔相同的遗传规律，才使孟德尔的重要论文被重新发现。因此1900年被公认为遗传学开始建立和发展的一年，孟德尔也被人们誉为“遗传学之父”。但是，遗传学作为一门学科的名称，乃是贝特生（W. Bateson）在1905年首先提出的，也是他将三位科学家重新发现孟德尔遗传定律的1900年定为遗传学的诞生年。

二、遗传学的发展

遗传学的发展大致经历了经典遗传学、分子遗传学和表观遗传学三个阶段。

（一）经典遗传学阶段

经典遗传学阶段主要是指20世纪40年代以前的时期，这一阶段的主要特征是三大遗传规律的发现及遗传的染色体学说的建立，在这一时期遗传学的研究从个体水平发展到了细胞水平。这一阶段的主要事件简介如下。

1865 年，孟德尔遗传因子学说揭示了分离和自由组合定律，被后人总结为孟德尔遗传定律。

1903 年，萨顿（W. S. Sutton）和博韦里（T. Boveri）首先发现了染色体的行为与遗传因子的行为很相似，提出了染色体是遗传物质的载体的假设，即染色体学说。

1905 年，英国科学家贝特生依据希腊语生殖（*to generate*）一词给遗传学（genetics）正式命名。

1909 年，约翰逊（W. L. Johannsen）发表了纯系学说，称遗传因子为基因（gene），此外他还创立了基因型（genotype）和表型（phenotype）的概念，把遗传基础和表现性状科学地区别开来。

1906 年，贝特生在香豌豆杂交试验中发现了性状连锁现象；1910 年，美国遗传学家摩尔根（T. H. Morgan，1866～1945）和他的学生以果蝇为材料进行了大量的遗传试验，同样发现了性状连锁现象，并结合研究细胞核中染色体的行为，把基因具体落实在染色体上，建立了著名的基因学说（Theory of Genetics）。摩尔根进一步证明了基因位于染色体上，呈直线排列，从而提出了遗传学的第三个基本规律——连锁定律。他还综合细胞学和遗传学成就，提出了细胞遗传学。由于这些卓越成就，摩尔根于 1933 年获得了诺贝尔生理学或医学奖。摩尔根所确立的连锁定律与孟德尔的分离定律和自由组合定律共称为遗传学三大基本定律。此后的遗传学就以基因学说为理论基础，进一步深入到各个领域进行研究，建立了众多的分支和完整的体系，并日趋复杂和精密。

原子能的发现和利用促进了辐射遗传学的发展。1927 年，穆勒（H. J. Muller）在果蝇中，斯塔德勒（L. J. Stadler）在玉米中各自用 X 射线成功地诱导出基因突变，使遗传学从研究遗传的规律转到研究变异的起源，开始了人工诱变的工作，进一步丰富了遗传学的内容，为育种实践提供了更多的依据。此外，由于统计学的发展，群体遗传学得以建立。

（二）分子遗传学阶段

20 世纪 40 年代以后，遗传学进入了一个新的时期，这表现在三方面：一是理化诱变，采用生物化学的方法探索遗传物质的本质及功能；二是普遍以微生物作为研究对象来代替过去常用的动植物，由细胞遗传学时期进入微生物遗传学时期；三是从分子水平上研究基因的本质，并从单一基因的研究发展为基因组水平的研究。这一时期的重大成果主要如下。

1941 年，比德尔（G. W. Beadle）与其同事在红色面包霉（学名为脉孢霉）上进行了大量工作，系统地研究了生化合成与基因的关系，提出了“一个基因一个酶”的理论，证明基因通过它所控制的酶决定生物代谢中的生化反应步骤，进而决定遗传性状。

1944 年，艾弗里（O. Avery）等的细菌转化试验有力地证明了遗传物质为脱氧核糖核酸（DNA）。

1953 年，美国分子生物学家沃森（J. D. Watson）和英国分子生物学家克里克（F. H. Crick）根据 X 射线衍射分析提出了著名的 DNA 右手双螺旋结构模型，更清楚地说明了基因组成成分就是 DNA 分子，它控制着蛋白质的合成过程。基因化学本质的确定，标志着遗传学又进入了一个新阶段——分子遗传学发展的新时代。沃森和克里克在 1962 年获得了诺贝尔生理学或医学奖。

1961年，法国分子遗传学家雅各布（F. Jacob）和莫诺（J. L. Monod）在研究大肠杆菌乳糖代谢的调节机制中发现了结构基因和调节基因的差别，发现了原核生物基因表达“开”和“关”的机制，提出了操纵子（operon）学说，从而深刻地揭示了基因的活动。

从1961年开始，美国生化学家尼伦伯格（M. W. Nirenberg）和出生于印度的美国生化学家科拉纳（H. G. Khorana）等逐步搞清了基因是以一组核苷酸三联体来编码氨基酸的，并于1967年完成了全部64个遗传密码的破译工作。遗传密码的发现，将生物界统一了起来，遗传信息的概念把基因的核酸密码和蛋白质的合成联系了起来，从而提出了遗传信息传递的中心法则（central dogma），揭示了生命活动的基本特征。

1970年，史密斯（H. O. Smith）等发现并分离了能切割DNA分子的限制性内切核酸酶（restriction enzyme），为基因拼接工作铺平了道路。

1972年，美国遗传学家伯格（P. Berg）第一次把两种不同生物的DNA（SV40和λ噬菌体的DNA）人工地重组在一起，首次获得了杂种分子，建立了DNA重组技术。从此，基因工程的研究便蓬勃发展起来。1982年，经美国食品药品监督管理局批准，采用基因工程方法在细菌中表达生产的人胰岛素进入市场，成为基因工程产品直接造福于人类的首例。目前，人类可利用遗传工程来改造和创建新的生命形态，生产药品、疫苗和食品，诊断和治疗遗传疾病。

1985年，由美国科学家率先提出，并于1990年正式启动的人类基因组计划（human genome project），针对人体23对染色体全部DNA的碱基对（3×10^9）序列进行测序，对大约25 000个基因进行染色体定位。这项计划于2000年完成了人类基因组“工作框架图”，2001年公布了人类基因组图谱及初步分析结果，2004年人类基因组精图绘制完成。中国在1999年加入该项计划，完成了约占总体1%的测序任务。

1996年，苏格兰罗斯林研究所（Roslin Institute）培育出转基因克隆羊多莉，这是世界上第一只用已经分化成熟的体细胞克隆出的羊，是克隆技术研究领域的巨大突破，它证明了分化的动物细胞核同植物细胞一样也具有全能性。

2008年，由英国桑格研究所、中国深圳华大基因研究院、美国国立人类基因组研究所发起了“千人基因组计划”（1000 Genome Project），测序包括来自全球27个族群的2500个人的全部基因组信息，目标是建成开放、公共的人类基因组参照数据库。

2010年，美国私立科研机构克雷格·文特尔研究所（J. Craig Venter Institute）宣布世界首例人造生命Synthia诞生，Synthia只含有人工合成的基因组序列，能够自我复制，是一个有生命的人造生物体。

21世纪初，对人类、拟南芥、果蝇、黑猩猩、小鼠、大鼠及水稻等重要生物的全基因组序列的测序相继完成，标志着遗传学研究进入了后基因组时代（postgenome era），后基因组时代将进一步阐明基因组编码的蛋白质的功能，即DNA序列所包含遗传信息的生物学功能。在后基因组研究的推动下，转基因技术、克隆技术、试管婴儿、基因诊断、器官移植、环境保护、药物设计和重大疾病防治等领域的研究必将获得更大的发展。

（三）表观遗传学阶段

表观遗传现象在20世纪中期就已被发现，但直到20世纪90年代随着人类基因组计划的实施才逐步开始对其进行深入研究。科研工作者发现有许多遗传现象是经典遗传学所不能解释的，在DNA序列不改变的情况下，基因功能却发生了可遗传的变异，这就是表观遗传。表观遗传学的研究让人们意识到，生物体中除了DNA编码的遗传信息外，还有大量的遗传信息隐藏在DNA序列之中或之外，它们调控着基因的表达，并受到环境因素的影响。因此这一阶段将进一步阐明基因的表达调控机制，以及环境因素对遗传的影响等难题。目前，表观遗传学还处于发展起始阶段。

回顾遗传学100余年的发展历史，不难看出这是一门发展极快的学科，差不多每隔10年就有一次重大的突破。今天的遗传学已从孟德尔、摩尔根时代的个体水平、细胞水平，发展到分子水平和表观水平。分子遗传学已进入人工合成基因和改造基因的新时期，朝着定向改造生物遗传结构的新水平迈进。表观遗传学也正在兴起，其发展将对生物体的基因表达调控、发育的遗传控制和生物进化等领域产生重大影响。

遗传学不仅从宏观水平向微观水平发展，同时还从个体水平向群体水平发展，在群体遗传学的基础上又诞生了生态遗传学、数理遗传学、进化遗传学等分支学科。迄今，现代遗传学的影响已渗透到生物学的每一学科中，已发展出包括医学遗传学、微生物遗传学、行为遗传学、人类遗传学、遗传工程、基因组学、生物信息学等在内的30多个分支，成为生命科学的中心学科。

第三节　遗传学的应用

遗传学既是一门十分重要的理论科学，同时又是一门紧密联系生产实际的基础科学，对农业、工业、医药卫生和国防事业都有重要的影响。

一、遗传学与农牧业

遗传学是动物、植物和微生物育种的理论基础。遗传学的基本原理在植物育种方面主要用于改进光合作用，提高农作物产量，增强植物抗病虫害的能力，培育综合性状优良的杂交种。这些育种目标在水稻、小麦、玉米、大麦及棉花等作物中都不同程度地获得了实现，先后育成了如杂交水稻、杂交玉米、优质高产小麦、油菜等大量优良品种，为提高农作物产量和品质做出了重要贡献。

同样，通过对动物的遗传改良，也培育出了大量优良动物品种。例如，通过系统选育培育出的速生鸡在肉的质量和年产蛋量方面都得到了显著提高。在大牲畜如猪、牛等动物方面，采用人工授精的方法，可以将一头具有优良性状的雄性动物精液提供给数千头母畜使之受孕，产生性状优良的超级子代群体。人们还育成了具有更高产奶量的奶牛及更能适应当地环境的牛、羊、猪等新品种。

定向控制生物的遗传性状是人们梦寐以求的长期愿望，随着DNA重组技术的发展，人们利用基因工程已能定向改良生物品质、抗性等性状，高效培育出动植物新品种。例如，抗虫棉花、抗除草剂大豆、抗虫玉米、耐储藏番茄等许多转基因植物已培育成功；在动物中也育成了牛乳中含干扰素的转基因牛等。

二、遗传学与工业

遗传学的发展使工业生产发生了一些革命性的变革，特别使医药工业有了较大的突破。在抗生素生产上，不断选育出高产菌株，使抗生素的产量成百倍地增长。20 世纪 70 年代，通过基因工程技术，成功地合成了人脑激素、胰岛素和干扰素，从而引起了世界范围内的震动。到 20 世纪 80 年代，胰岛素等遗传工程产品便已投放市场。今天，生长激素、细胞因子及单克隆抗体等多种基因工程药物已生产上市。

遗传学在工业方面还有一个重要的应用，就是利用遗传工程技术培育一些与重金属有特殊亲和力的菌类，便于人们从废物、矿渣和海水中回收汞、金、铂等重金属。人们也正在设计利用微生物法处理“三废”，并已取得了许多进展。遗传学的研究也为致癌物质的检测提供了有效方法，如利用染色体畸变、姊妹染色单体交换等技术可对环境中的致癌物质进行检测。此外，采用基因工程的方法还能生产有机物和乙醇等石油的替代品。

三、遗传学与医学

遗传学不仅提高了人们对许多严重疾病的认识，还开辟了治疗各种遗传疾病的新途径和预防诊断的新方法。人类现有大约 6000 多种遗传病，通过遗传学的研究，已能对不少遗传疾病进行基因诊断，并预期发病的可能性而加以控制。同时这些疾病多属于先天性代谢失调，即由于基因有缺陷而不能合成正常的蛋白质或酶。因此，全世界正在开展以正常基因替换缺陷基因的基因疗法（gene therapy）来直接治疗遗传疾病，并已经取得了一定的成功。

在抗癌领域，科学家正在研究癌基因的作用机制，希望能彻底治愈癌症。同时针对癌症的基因治疗也在积极探索之中，已经有一些成功的经验。2009 年，*Science* 杂志评选出年度十大科学突破，位列第七的就是“基因疗法卷土重来”。

此外，在国防上，分子遗传学的研究对防治原子武器、化学武器及生物武器对人类的损伤也很重要。而且基因武器和人造病毒等生物武器就是利用遗传学的成就发展起来的，我们要警惕和防备将转基因生物、疫苗及人造病毒作为生物武器的袭击。

遗传学的应用还涉及社会的其他方面，如亲子鉴定、身份识别、考古中的 DNA 鉴定、种子真伪识别及体育人才选拔等。总之，无论是在科学研究领域还是在社会及生产实践中，遗传学一直都发挥着重要的作用。

阅读资料：谈家桢的故事

谈家桢（1909～2008），浙江宁波人，1927 年高中毕业后被保送至苏州东吴大学，主修生物学。1930 年 8 月被推荐到北京燕京大学攻读硕士学位，师从李汝祺教授。在此期间，谈家桢以亚洲瓢虫为实验材料，进行了色斑遗传规律的研究，并完成了具有较高学术水平的硕士论文《异色瓢虫鞘翅色斑的变异和遗传》，获得了硕士学位。

经李汝祺教授的推荐，谈家桢将论文的核心部分寄往闻名遐迩的摩尔根实验室。摩

尔根审阅后，接受谈家桢到自己的实验室来攻读博士学位。1934年夏，谈家桢只身漂洋过海，成了摩尔根和杜布赞斯基的研究生。在摩尔根实验室的两年里，他利用果蝇唾液腺染色体研究的最新成果，分析了果蝇在种内和种间的结构和变异情况，探讨了不同种的亲缘关系，并进行了遗传图的研究和绘制工作。1936年，谈家桢的博士论文《果蝇常染色体的遗传图》通过答辩，获得了博士学位。

这时谈家桢收到了浙江大学校长竺可桢聘他为生物系教授的聘书，他婉拒了导师的挽留，回国任教于浙江大学，并将“基因”一词首次带入中文。在这以后的6年里，谈家桢在研究上取得了重要成就，他的一些代表性论文就是在这段时间完成的。1944年，谈家桢发现了瓢虫色斑变异的镶嵌显性现象，并在1946年发表了论文《异色瓢虫色斑遗传中的镶嵌显性》。这一成果引起国际遗传学界的巨大反响，认为其丰富和发展了摩尔根的遗传学说。

1952年全国院系调整，谈家桢来到复旦大学，历任生物系主任、遗传研究所主任、副校长、生命科学学院院长等职。在复旦大学他培养了大批优秀人才，相继建立了中国第一个遗传学专业、第一个生命科学学院和第一个遗传学研究所。谈家桢培养学生着重抓住三点，即基础知识、基础理论和基本实验技术。他认为只有把基础打好了，在实践中才能具有较强的适应能力和独立工作能力。他反对家长式的教育方法，提倡调动学生的主观能动性。他讲课时常从历史发展观点来阐明生物学理论，既让学生容易理解和记忆，又能启示学生接受前人的经验教训，以便更深入地揭示科学规律。

谈家桢从事遗传学教学和研究70余年，把毕生精力贡献给了遗传学事业，为中国遗传学的发展做出了重要贡献。他不仅是中国现代遗传学奠基人之一，也是国际著名遗传学家、杰出的科学家和教育家。谈家桢1980年当选中国科学院院士，1985年当选美国国家科学院外籍院士和第三世界科学院院士，1999年中国科学院紫金山天文台将国际编号为3542号的小行星命名为“谈家桢星”，同年谈家桢当选纽约科学院名誉终身院士。谈家桢于2008年11月1日在上海逝世，享年100岁。2009年，谈家桢入选中国世界纪录协会中国遗传学第一人。

习题

第1章
习题答案

1. 什么是遗传、变异？它们的相互关系如何？
2. 为什么奥地利神父孟德尔被称为遗传学之父？
3. 如何认识拉马克的获得性状遗传学说？
4. 遗传学对提高农业产量起了什么作用？

第2章 遗传的细胞学基础

本章知识主线：本章围绕遗传物质的载体——染色体，介绍了染色体的形态与数目特征、在细胞分裂中的行为变化及在生物生活史中的行为变化。

细胞是生物体生命活动的基本结构单位。生物的生长发育、繁殖、遗传变异和进化等重要生命活动均以细胞为基础。19世纪末期，由于细胞学的发展，生物学家认识到，细胞核中的染色体可能是遗传的物质基础。因此研究生物遗传与变异的规律及其机制，必须首先了解细胞分裂中的染色体行为及其与遗传的关系。

第一节 染 色 体

一、染色体的形态特征

染色体（chromosome）是指细胞分裂过程中，由染色质聚缩而呈现一定数目和形态的复合结构。在间期的细胞核中看不到染色体，在细胞分裂过程中，染色体的形态和结构会发生一系列规律性变化，其中有丝分裂中期和早后期染色体因极度折叠变短，形态最为明显可见，所以通常都以这一时期的染色体作为形态模式加以识别和研究。

虽然不同物种的染色体在形态数目上各不相同，但中期染色体一般由着丝粒（centromere）、染色体臂（chromosome arm）、次缢痕（secondary constriction）、随体（satellite）及端粒（telomere）五部分构成（图2-1）。染色体上有一个缢缩的部位，即主缢痕（primary constriction），此处有着丝粒，是染色体识别的最显著特征。中期染色体被碱性染料染色后，着丝粒处的颜色较浅。在细胞分裂中，纺锤丝就附着在着丝粒区域。有的染色体在一条臂上还有一个次缢痕，是除主缢痕外的另一缢缩区域。某些特定染色体的次缢痕与核仁的形成有关，又称为核仁形成区。在次缢痕的末端呈圆形或略长形的染色体区段称为随体。不同生物染色体的形态、大小、着丝粒和次缢痕的位置，以及随体的有无，都是相对恒定的，是染色体识别的主要标志。

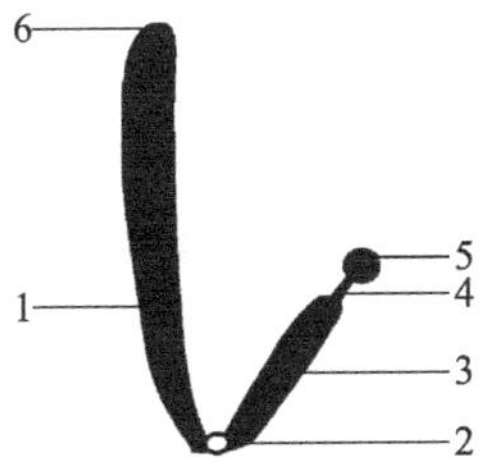

图2-1 中期染色体形态模式图

1. 长臂；2. 着丝粒；3. 短臂；4. 次缢痕；5. 随体；6. 端粒

染色体上着丝粒的位置是相对稳定的。着丝粒将染色体分为两个臂，长臂（q）和短臂（p），根据这两个臂长短的比值，可将染色体分为以下几类（图2-2）：①中着丝粒染色体（metacentric chromosome），两臂大致等长，在细胞分裂后期向两极移动时呈“V”形；②近中着丝粒染色体（submetacentric chromosome），两臂一长一短，在细胞分裂后期移动时呈“L”形；③近端着丝粒染色体（acrocentric chromosome），着丝粒靠近染色体末端，因而一条臂极短，染色体近似于棒状；④端着丝粒染色体（telocentric chromosome），着丝粒就在染色体末端，由于只有一条臂，故也呈棒状。此外，有些染色体两臂都很粗短，呈颗粒状。染色体的划分标准及特点见表 2-1。

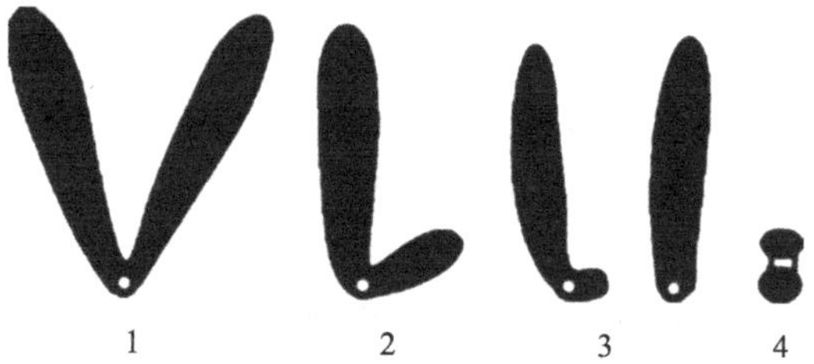

图 2-2 后期染色体形态模式图（引自杨业华，2006）
1. “V” 形染色体；2. “L” 形染色体；3. 棒状染色体；4. 颗粒状染色体

表 2-1 四类染色体分类标准（引自刘庆昌，2010）

染色体类型	臂比（长臂 / 短臂）	分裂后期形态	染色体臂数	表示符号
中着丝粒染色体	1.00～1.70	V	2	M
近中着丝粒染色体	1.71～3.00	L	2	SM
近端着丝粒染色体	3.01～7.00	I	2	ST
端着丝粒染色体	7.01～∞	I	1	T

端粒是染色体臂末端的特化部分，没有明显的外部特征，表现为对碱性燃料着色较深的区域。它是一条完整染色体所不能缺少的，当缺失端粒时染色体便不能正常发挥作用。通常同物种的端粒含有相同串联重复序列的 DNA，而不同物种的端粒重复序列有差异。端粒对染色体具有保护作用，并与染色体的行为、DNA 的复制、细胞的寿命及核骨架的组成等有一定关系。

二、染色体的数目

各种生物染色体的数目是相对恒定的，这是一个重要的生物学特征。在染色体数目上，生物的体细胞是其性细胞的 2 倍，通常分别以 $2n$ 和 n 表示。例如，水稻 $2n$=24，n=12；普通小麦 $2n$=42，n=21；人类 $2n$=46，n=23；家蚕 $2n$=56，n=28 等。在生物的体细胞内，染色体通常是成对存在的，这种形态、结构和功能相似的一对染色体称为同源染色体（homologous chromosome）；形态、结构和功能彼此不同的染色体互称为非同源染色体（non-homologous chromosome）。

各物种的染色体数目往往差异很大。例如，一种马蛔虫 *Ascaris* sp. 的变种只有一对染色体（n=1），而一种蝶类 *Lysandra nivescens* 有 382 条染色体（n=191），菊科植物 *Haplopappus gracilis* 有 4 条染色体（n=2），而蕨纲瓶尔小草属（*Ophioglossum*）的一些植物中含有 600 对以上的染色体。染色体数目的多少并不反映物种的进化程度，但其数目和形态特征对于鉴别种间亲缘关系及近缘物种的分类具有重要意义。

一些常见生物的染色体数目列于表 2-2。

表 2-2　一些常见生物的染色体数目

物种名称	染色体数（2*n*）	物种名称	染色体数（2*n*）
水稻（*Oryza sativa*）	24	大麦（*Hordeum sativum*）	14
普通小麦（*Triticum aestivum*）	42	玉米（*Zea mays*）	20
大豆（*Glycine max*）	40	茶（*Thea sinensis*）	30
蚕豆（*Vicia faba*）	12	家蚕（*Bombyx mori*）	56
豌豆（*Pisum sativum*）	14	黑腹果蝇（*Drosophila melanogaster*）	8
马铃薯（*Solanum tuberosum*）	48	小白鼠（*Mus musculus*）	40
甘蔗（*Saccharum officinarum*）	80、126	鸡（*Gallus domesticus*）	78
亚洲棉（*Gossypium arboreum*）	26	鸭（*Anas platyrhynchos*）	80
陆地棉（*Gossypium hirsutum*）	52	兔（*Oryctolagus cuniculus*）	44
花生（*Arachis hypogaea*）	40	马（*Equus calibus*）	64
西瓜（*Citrullus vulgaris*）	22	黄牛（*Bos taurus*）	60
黄瓜（*Cucumis sativus*）	14	猪（*Sus scrofa*）	38
大白菜（*Brassica pekinensis*）	40	猫（*Felis catus*）	38
萝卜（*Raphanus sativus*）	18	狗（*Canis familiaris*）	78
梨（*Pyrus pyrifolia*）	34	猕猴（*Macaca mulattas*）	42
番茄（*Lycopersicum esculentum*）	24	智人（*Homo sapiens*）	46
苹果（*Malus pumila*）	34	粗糙脉孢霉（*Neurospora crassa*）	*n*=7（单倍体）
桃（*Prunus persica*）	16		

有些生物的细胞中除具有正常恒定数目的染色体以外，还常出现额外的染色体。通常把正常的染色体称为 A 染色体，把额外染色体统称为 B 染色体。现已在 1300 多种植物和 500 多种动物中发现了 B 染色体，最常见的有玉米、黑麦、山羊草等植物。

第二节　细 胞 分 裂

细胞分裂是实现生物体生长、繁殖和世代之间遗传物质连续性的必要方式。细胞分裂有无丝分裂（amitosis）、有丝分裂（mitosis）和减数分裂（meiosis）三种形式，减数分裂通常被认为是有丝分裂的一种特殊形式。

一、细胞周期

细胞周期是细胞分裂增殖的周期，是细胞从上次分裂结束到下次分裂结束所经历的时期。根据细胞内染色体形态的变化可将细胞周期分为间期（interphase）和分裂期（mitotic phase，M 期）两个阶段。

（一）间期

细胞从上次分裂结束到下次分裂开始前的一段时期称为间期。间期细胞处于新陈代谢

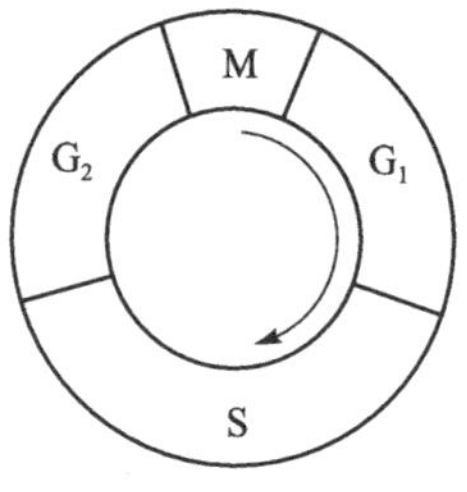

图 2-3 细胞周期模式图

高度活跃的状态，DNA 的复制加倍，组蛋白、RNA 及有关酶的合成也相应增加，从而为细胞分裂准备物质条件。间期又包括以下几个时期（图 2-3）。

1）G_1 期（gap 1 phase，DNA 合成准备期）：从上一次细胞分裂结束到 DNA 合成前的间隙。此期细胞体积明显增大，蛋白质合成旺盛，合成脱氧核糖及脱氧核糖核苷酸（dNTP），储备能量，为 DNA 合成做准备。

2）S 期（synthetic phase，DNA 合成期）：DNA 复制，DNA 含量加倍，着丝粒没有复制，组蛋白大量合成，DNA 缠绕在组蛋白核心上。

3）G_2 期（gap 2 phase，DNA 合成后期）：从 DNA 合成结束到细胞开始分裂前的间隙。此期主要储备能量，合成蛋白质（微管蛋白），为纺锤丝的形成做准备。

4）G_0 期：G_2 期结束后细胞进入分裂期，但有些细胞不再进入下一次分裂，暂时退出细胞周期，通常把这一时期称为 G_0 期。

（二）分裂期

分裂期（M 期）由核分裂和胞质分裂两个阶段构成，核分裂是细胞核一分为二，产生两个在形态和遗传上相同的子核的过程；胞质分裂则是在两个新的子核之间形成细胞壁，把一个母细胞隔成两个子细胞的过程。

（三）细胞周期的时间分布

细胞周期各时期的长短因物种、细胞种类和生理状态的不同而不同。一般 S 期时间较长，且较稳定；G_1 期和 G_2 期时间较短，变化也较大；M 期最短。例如，蚕豆根尖细胞的有丝分裂周期：G_1 期为 5h，S 期为 7.5h，G_2 期为 5h，M 期只有 2h。在正常情况下，细胞沿着 G_1 期→ S 期→ G_2 期→ M 期的路线运行（图 2-3）。

二、有丝分裂*

（一）有丝分裂的过程

高等生物的细胞分裂主要以有丝分裂方式进行，有丝分裂先是核分裂，然后是胞质分裂。根据染色体的形态变化，一般把核分裂划分为前期（prophase）、中期（metaphase）、后期（anaphase）和末期（telophase）4 个时期（图 2-4）。

1）前期：细胞核内出现光学显微镜下可见的细长而卷曲的染色体，每个染色体含有两个由着丝粒相连的染色单体，动物细胞的中心体一分为二，并向两极分开，周围出现星状线，并逐渐形成丝状的纺锤丝。高等植物细胞两极也出现纺锤丝。前期末大多数物种的核仁崩溃消失，核膜也崩解。

2）中期：核仁和核膜均消失，标志着前期结束中期开始。细胞内出现清晰可见的由纺

* 双下画线表示这部分内容与中学生物教材相关，后同

锤丝所构成的纺锤体（spindle），染色体的着丝点均排列在纺锤体中央的赤道板上，而其两臂则自由地分散在赤道板的两侧。由于中期染色体具有典型的形状，因此是进行染色体鉴别和计数的最佳时期。

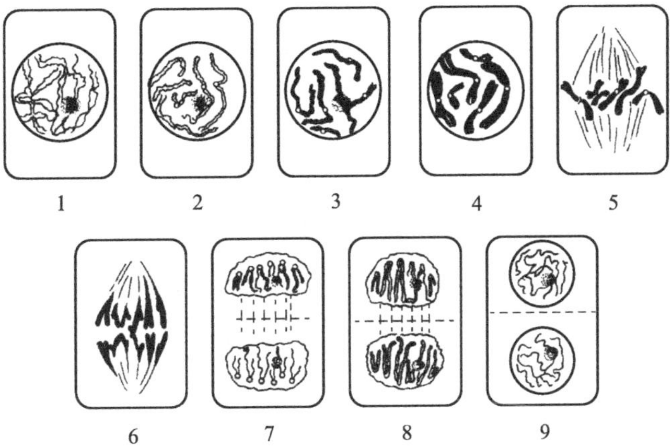

图 2-4　植物细胞有丝分裂模式图（引自杨业华，2006）

1. 极早前期；2. 早前期；3. 中前期；4. 晚前期；5. 中期；6. 后期；7. 早末期；8 中末期；9. 晚末期

3）后期：每条染色体的着丝粒一分为二，染色单体分别变为独立的染色体，并在纺锤丝的牵引下彼此分离移向两极，因而两极各具有与原来细胞同样数目的染色体。

4）末期：染色体到达两极，核仁、核膜重新出现，染色体变为染色质状态。接着细胞质分裂，在纺锤体的赤道板区域形成细胞板，将细胞分裂为两个子细胞。

有丝分裂全过程所经历的时间，因物种和外界条件的不同而不同，一般以前期的时间最长，可持续 1～2h，中期、后期和末期的时间都较短，为 5～30min。

（二）有丝分裂的意义

有丝分裂是体细胞的分裂方式，在遗传学上具有重要意义。在有丝分裂时，染色体复制一次，细胞分裂一次，复制的各对染色体规则而均匀地分到子细胞中去，从而使两个子细胞和母细胞具有同样质量和数量的染色体。这种均等的分裂方式既维持了个体的正常生长和发育，也保证了物种的连续性和稳定性。植物采用无性繁殖所获得的后代之所以能保持母本的性状，就在于它们是通过有丝分裂产生的。

三、减数分裂

（一）减数分裂的过程

减数分裂（meiosis），又称成熟分裂（maturation division），是性母细胞成熟时，配子形成过程中所发生的一种特殊的有丝分裂。由于这种分裂方式可使子细胞内的染色体数目比母细胞减少一半，因此称为减数分裂。它包括连续进行的两次分裂过程，在这一过程中染色体复制一次，联会分离一次，分裂一次，细胞分裂两次，结果使产生的子细胞中的染色体数目只有母细胞的一半。

构成减数分裂的两次连续分裂，通常称为减数第一次分裂和减数第二次分裂，它们都可划分为前、中、后、末 4 个时期，习惯上以前期Ⅰ、中期Ⅰ和前期Ⅱ、中期Ⅱ等来表示。现将整个分裂过程概述如下（图 2-5）。

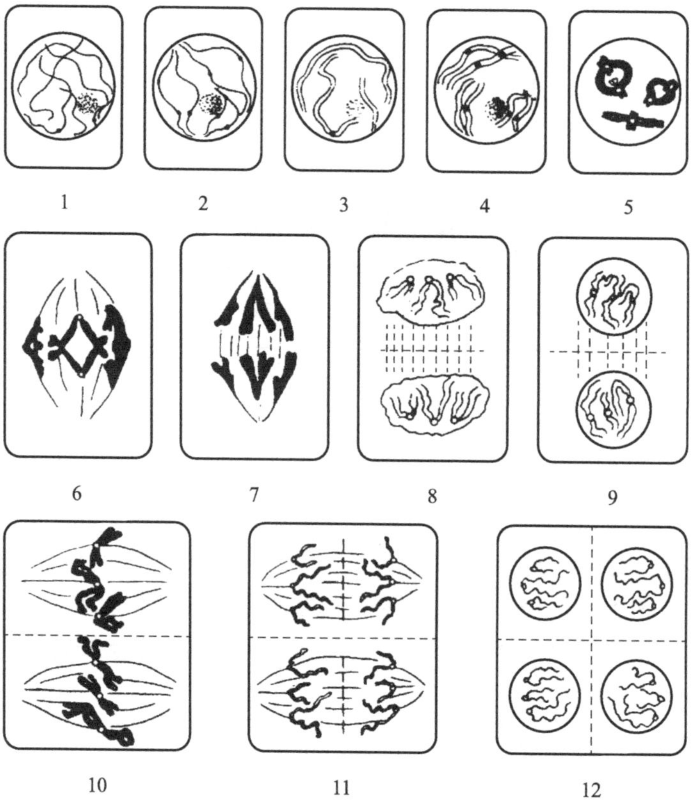

图 2-5　植物细胞减数分裂模式图（引自杨业华，2006）

1. 细线期；2. 偶线期；3. 粗线期；4. 双线期；5. 终变期；6. 中期Ⅰ；7. 后期Ⅰ；8. 末期Ⅰ；9. 前期Ⅱ；10. 中期Ⅱ；11. 后期Ⅱ；12. 末期Ⅱ

1. 减数第一次分裂

（1）前期Ⅰ　在减数分裂过程中历时最长，其间染色体发生一系列的复杂变化，又可依次分为以下 5 个时期。

1）细线期（leptotene）：核内出现细长如丝的染色体，彼此缠绕在一起。此时染色体已经复制为双重结构，但在光学显微镜下难以识别。

2）偶线期（zygotene）：染色体变短变粗，同源染色体相互靠拢并进行准确配对，称为联会（synapsis）。在同源染色体联会的区域形成了一种特殊的复合体，称为联会复合体（synaptonemal complex）（图 2-6），将为遗传物质的交换提供条件。联会复合体主要由边侧的同源染色体和蛋白质组成的中央成分构成，中央成分伸出侧丝将同源染色体固定在一起。互相配对的同源染色体叫二价体。同源染色体中由着丝粒连接的两条染色单体称为姊妹染色单体，不同着丝粒连接的染色单体之间互称非姊妹染色单体。

3）粗线期（pachytene）：配对的染色体进一步变短变粗，非姊妹染色单体之间相应的

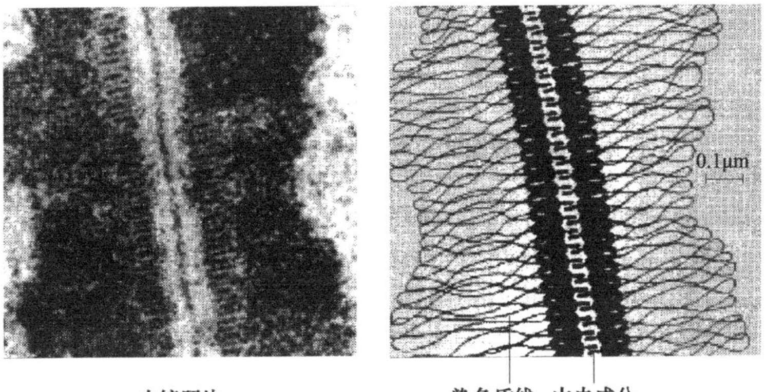

图 2-6　电镜下联会复合体的纵切面图（引自 Klug and Cummings，2002）

部位发生断裂、错接，这个过程叫交换（crossing over）。发生染色体片段的交换，必然导致遗传物质的交换。

4）双线期（diplotene）：染色体继续变短变粗，同源染色体之间相互排斥分开，但因有的同源染色体发生交叉，故出现交叉缠绕。此期可看到 4 个染色单体。

5）终变期（diakinesis）：染色体最短最粗，均匀地分布在细胞核里面。随着同源染色体的彼此分开，交叉点向同源染色体的两端移动，逐渐接近染色体末端，此过程称为交叉端化（terminalization）。

（2）中期Ⅰ　核仁解体，核膜消失，细胞内出现纺锤体。染色体移动到赤道板上，实际上是着丝粒排列在赤道板的两侧，同源染色体之间在赤道板上下的排列是随机的。中期Ⅰ也是鉴定染色体形态和数目的最好时期。

（3）后期Ⅰ　在纺锤丝的牵引下，同源染色体分开，以着丝点为先导，分别移向两极。每一极将含每对同源染色体中的一条，因此每极只获得了 n 条染色体。

（4）末期Ⅰ　染色体到达两极后，核膜、核仁重新形成，接着胞质分裂形成两个子细胞，染色体数目为 n，只有原来母细胞的一半。在某些物种中，如芍药属（*Paeonia*）植物在末期Ⅰ细胞质并不发生分裂，而是在减数第一次分裂完成后才进行分裂。

在末期Ⅰ后有一个短暂的分裂间期，没有 DNA 的复制，因而染色体也不再复制。

2. 减数第二次分裂

减数第二次分裂与有丝分裂过程相似，分前期Ⅱ、中期Ⅱ、后期Ⅱ、末期Ⅱ 4 个时期。

（1）前期Ⅱ　染色体逐渐变粗短，每条染色体都由同一着丝粒相连的两条染色单体组成，染色体呈“X”形。

（2）中期Ⅱ　核膜、核仁消失，细胞内出现纺锤体，染色体的着丝粒排列在赤道板上。

（3）后期Ⅱ　着丝粒一分为二，每个染色单体具有独立的着丝粒，并在纺锤丝的牵引下分别移向两极。

（4）末期Ⅱ　移向两极的染色体解螺旋化恢复到染色质状态，核膜、核仁相继出现，随后细胞质分裂。这样经过一次减数分裂，母细胞形成 4 个子细胞，称为四分体（tetrad）。每个子细胞中的染色体数目都为 n。

（二）减数分裂的意义

减数分裂是配子形成过程的必要阶段，在遗传学上具有重要意义。

1）在减数分裂过程中染色体复制一次，细胞连续分裂两次，所形成的配子中染色体数目减半（n）。在有性生殖过程中，通过雌雄配子的结合，合子的染色体数目又恢复为 $2n$，从而保证了亲代与子代间染色体数目的恒定性，维持了物种的稳定性。

2）在中期Ⅰ，各对同源染色体在赤道板上的排列方式是随机的，非同源染色体在后期Ⅰ的组合方式是多样的，从而导致不同配子中染色体组合方式的多样性，使受精后的群体产生遗传多样性变异。

3）联会后，同源染色体的非姊妹染色单体间可发生片段的交换，遗传物质也随之而交换，从而为生物的变异提供了重要的物质基础，有利于生物的适应与进化。

第三节 染色体周史

从染色体数目的变化来观察生物个体发育的周史，即染色体周史。

一、高等动物的生活史

多细胞动物的性腺中有许多性原细胞（gonium），雄性性腺（睾丸）中是精原细胞，雌性性腺（卵巢）中是卵原细胞（oogonium），它们的染色体数目与体细胞一样。性原细胞经过多次有丝分裂后停止分裂，长大成为初级母细胞，雄性称为初级精母细胞（primary spermatocyte），雌性称为初级卵母细胞（primary oocyte）。

初级精母细胞（$2n$）通过减数第一次分裂产生两个次级精母细胞（secondary spermatocyte）（n），再通过减数第二次分裂产生 4 个精细胞（spermatid）（n）。精细胞再经过一系列变化形成精子，这个过程叫作精子形成（spermatogenesis）。

初级卵母细胞（$2n$）通过减数第一次分裂产生一大一小两个细胞，大的叫次级卵母细胞（secondary oocyte）（n），小的叫第一极体（first polar body）（n）。次级卵母细胞再经过一次分裂也产生大小悬殊的两个细胞，大的叫卵细胞（n），小的叫第二极体（second polar body）（n）。第一极体有的再分裂一次，有的不再分裂，最后跟第二极体一起退化。因此一个初级卵母细胞经过一次减数分裂只产生一个有效的配子——卵细胞。

在受精时，精子进入卵细胞内，使卵细胞成为受精卵，即合子，精卵结合使合子的染色体数又恢复为 $2n$。合子经过有丝分裂而产生下一代个体的全身细胞，发育为子代个体。以家蚕为例的动物生活周期见图 2-7。

二、高等植物的生活史

植物的生活史以玉米为例来说明（图 2-8）。玉米为雌雄同株，同一植株上既有雄花序也有雌花序。雄花序着生在茎的顶端，雄蕊的花药发育到一定阶段，其内部孢原组织分化为小孢子母细胞（microsporocyte）（$2n$），小孢子母细胞经过减数分裂形成 4 个小孢子——花粉（n），小孢子经过一次有丝分裂，形成两个单倍体核，其中一个核不再分裂，成为管核或营养核，另一个核再进行一次有丝分裂，成为两个精核，这种含 3 个单倍体核的成熟花粉称为雄配子体（male gametophyte）。

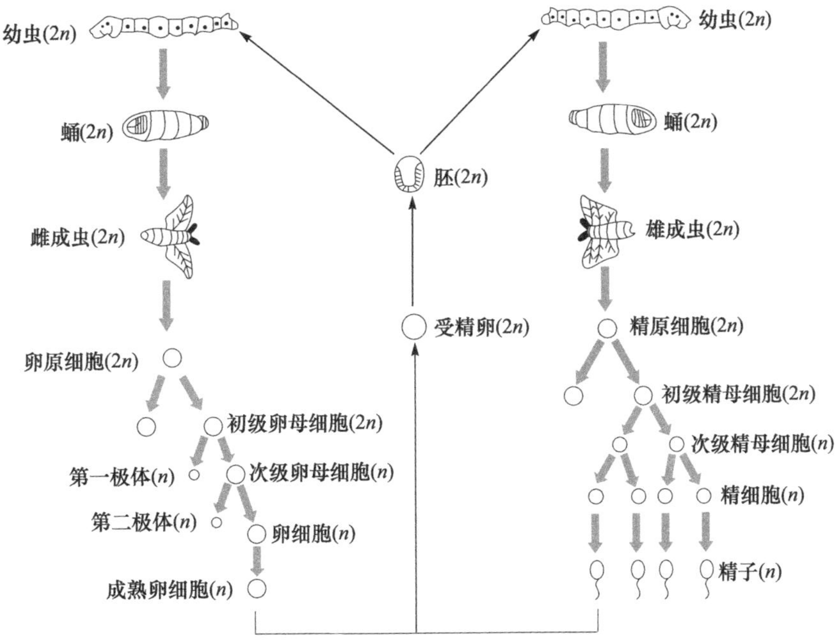

图 2-7　家蚕生活周期示意图（引自刘祖洞等，2013）

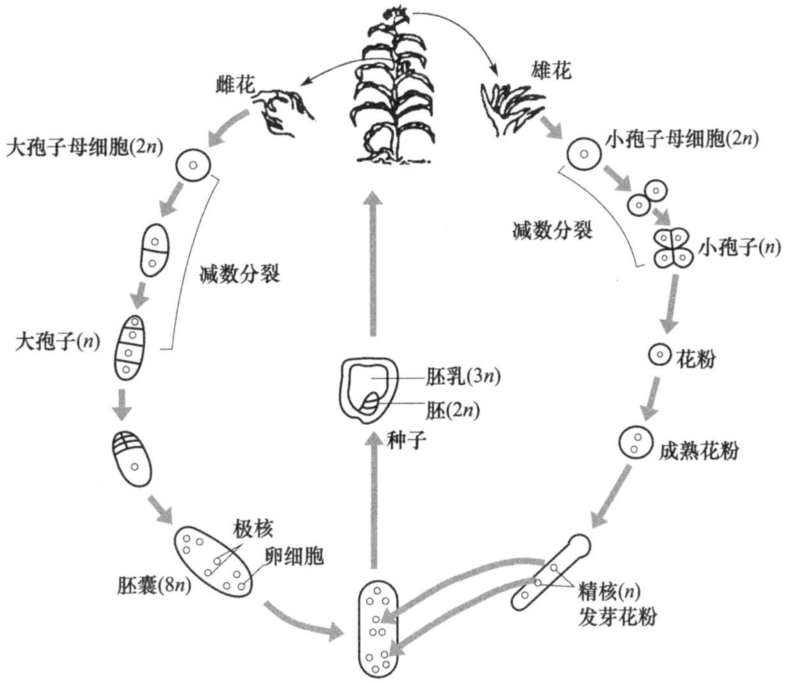

图 2-8　玉米生活周期示意图（引自刘祖洞等，2013）

在玉米植株上部叶腋间着生雌花序，雌蕊胚珠的珠心细胞发育到一定阶段，分化为大孢子母细胞（megasporocyte）（2*n*）。大孢子母细胞经减数分裂形成呈直线排列的4个大孢子（macrospore）（*n*），其中靠近珠孔的3个大孢子退化消失，只有远离珠孔的一个再经过3次有丝分裂，核分裂而胞质不分裂从而形成含有8个单倍体核的胚囊，即雌配子体（female gametophyte）。在这8个核中，位于顶端的3个核发育为反足细胞（antipodal cell），两个核移至中部，成为极核（polar nucleus），还有3个核移至胚囊底部的珠孔处，中间一个发育为卵细胞，两侧的为助细胞（synergid）。

受粉后，花粉发芽，花粉管沿着花柱长到胚囊，一个精核与卵细胞结合为合子（2*n*），发育为种子的胚；另一个精核与两个极核结合，产生一个三倍体的核，发育为种子的胚乳。被子植物所特有的这种两个精核参与受精的过程称为双受精（double fertilization）。胚和胚乳合在一起就构成了种子，种子萌发，又可长成一个新的植株。

三、低等生物的生活史

以粗糙脉孢霉（*Neurospora crassa*）为例来说明低等生物的生活史（图2-9）。粗糙脉孢霉的孢子（*n*）或菌丝片段落在面包等营养物上，孢子萌发，菌丝生长，形成菌丝体（*n*），菌丝体上面的分生孢子落在面包上发芽又可形成新的菌丝，这是粗糙脉孢霉的无性繁殖世代。

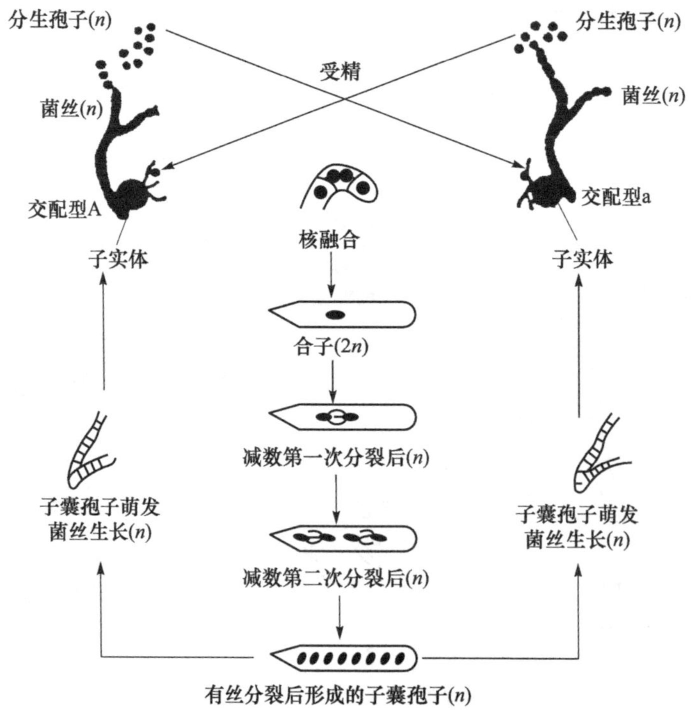

图2-9　粗糙脉孢霉生活周期示意图（引自刘祖洞等，2013）

有性繁殖时，需要两种不同交配型的菌丝体，其中一种交配型的分生孢子进入另一种交配型的子实体中，核融合形成合子（2*n*）。因为细胞质主要来自子实体，所以视子实体为雌体，分生孢子为雄体。粗糙脉孢霉只有在这个短暂时间内是二倍体世代。合子经过一次减数分裂产生 4 个核，称为四分孢子（tetraspore），四分孢子的每个核再进行一次有丝分裂，形成 8 个子囊孢子（ascospore），顺序地排列在一个子囊中。子囊孢子在适宜环境中萌发，产生新的菌丝体，开始新一轮的无性繁殖。

阅读资料：克隆羊——多莉

1997 年 2 月 27 日，英国 *Nature* 杂志报道了一项震惊世界的研究成果：由英国苏格兰罗斯林研究所的伊恩·维尔穆特（Wilmut）领导的一个科研小组，在 1996 年 7 月 5 日，利用克隆技术培育出一只小母羊——多莉。这是世界上第一只用已经分化成熟的体细胞克隆出的羊，是克隆技术领域研究的巨大突破，这一成果被美国 *Science* 杂志评为 1997 年世界十大科技进步的第一项。

多莉是采用体细胞克隆技术培育的。科学家将一只 6 岁的芬兰多塞特（Finn Dorset）白面母绵羊的乳腺细胞和一只苏格兰黑面母绵羊的去除了细胞核的卵细胞融合，并使融合细胞像受精卵一样进行细胞分裂、分化，从而形成胚胎细胞（从 277 个乳腺细胞中只得到了 29 个胚胎）。再将胚胎细胞分别转移到其他苏格兰黑面母绵羊的子宫内，进一步分化和发育，最后只有一只母羊持续怀孕并产下了多莉。多莉与提供了乳腺细胞，即细胞核的那只白面绵羊一模一样。

多莉的出生在理论上证明了：分化了的动物细胞核同植物细胞一样也具有全能性，在分化过程中细胞核中的遗传物质没有不可逆变化。同时在实践上也证明了利用体细胞进行动物克隆的技术是可行的，从而为大规模复制动物优良品种和生产转基因动物提供了有效方法。

在理论上，利用同样方法也可以复制“克隆人”，这意味着以往科幻小说中的独裁狂人克隆自己的想法是完全可以实现的。因此，多莉的诞生在世界各国科学界、政界乃至宗教界都引起了强烈反响，并引发了一场由克隆人所衍生的道德问题的讨论。各国政府及有关人士、民间都认为克隆人类有悖于伦理道德，在多莉出生以前，英国政府就已禁止人的克隆，美国、中国和瑞士等政府也相继出台类似的禁令。

1999 年多莉以普通方式受孕，之后顺利产下两雄一雌三胞胎，从而证明克隆羊具有正常的繁殖能力。但多莉只活了 6 岁，而绵羊通常能活 12 年左右。2003 年 2 月，兽医检查发现多莉患有严重的进行性肺病，这种病在目前还是不治之症，于是研究人员对它实施了安乐死。多莉的早夭再次引起了人们对克隆动物是否会早衰的担忧，因为进行性肺病是一种老年绵羊的常见疾病。多莉的尸体被制成标本，存放在苏格兰国家博物馆。

第 2 章
习题答案

习题

1. 有丝分裂与减数分裂的区别有哪些？为何减数分裂在进化中如此重要？

2. 水稻正常的孢子体组织，染色体数目是12对，问下列各组织的染色体数目是多少？

①胚乳；②卵细胞；③胚囊；④叶；⑤根尖；⑥胚；⑦反足细胞；⑧营养核；⑨精核。

3. 人的染色体数为$2n$=46，写出下列各时期的染色体数和染色单体数。

①初级精母细胞；②次级卵母细胞；③第一极体；④有丝分裂前期；⑤末期Ⅱ；⑥前期Ⅱ；⑦前期Ⅰ。

4. 用基因型*Aabb*的玉米花粉给基因型*AaBb*的玉米雌花授粉，请预期子代胚乳的基因型类型和比例。

5. 蚕豆的体细胞有12条染色体，即6对同源染色体（6条来自父本，6条来自母本）。一位学生说，在减数分裂时，只有1/4的配子的6条染色体完全来自父本或母本，你认为他的回答对吗？

6. 在玉米中：①5个小孢子母细胞能产生多少配子？②5个大孢子母细胞能产生多少配子？③5个花粉细胞能产生多少配子？④5个胚囊能产生多少配子？

7. 马的二倍体染色体数是64，驴的二倍体染色体数是62，则：

（1）马和驴的杂种染色体数是多少？

（2）如果马和驴的染色体在减数分裂时很少或没有配对，请说明马-驴杂种是否可育。

8. 小麦杂合体细胞内染色体数为$2n$=42，理论上它能分别产生多少种含不同染色体的雌雄配子？

第3章 孟德尔遗传定律

本章知识主线：本章围绕孟德尔遗传定律，先从现象、解释到验证的发现历程介绍了孟德尔遗传定律及遗传的染色体学说对孟德尔遗传定律的解释，然后讲述如何应用统计学原理对杂交子代进行分析，最后从基因与环境的相互关系、等位基因的相互作用、非等位基因的相互作用三方面对孟德尔遗传定律进行了拓展。

孟德尔是奥地利布隆的神父，但他利用部分时间进行了植物杂交试验。1856～1864年，孟德尔以豌豆为主要材料，辅以菜豆、石竹等，进行了8年的杂交试验，并发现了前人未认识到的规律，这些规律后来被称为孟德尔定律，即孟德尔遗传定律（Mendel’s laws of inheritance）。在孟德尔之前，也有生物学家做过植物杂交试验，但孟德尔指出，他们的试验都有缺点，如没有对子代中不同类型的植株进行计数，没有把各代分别统计等。

孟德尔之所以能够成功发现遗传规律，主要有以下原因。

1. 选择了合适的试验材料

孟德尔找到了一种非常适合做杂交试验的材料——豌豆，这是他成功的一个重要原因之一：①豌豆是闭花的自花授粉植物，这样就不易发生由外来花粉导致的天然杂交而干扰试验结果；②作为试验的杂交亲本是纯系，孟德尔从商人手中得到了34个不同的豌豆品种，经过两年试种后，大部分都产生了完全稳定和各自相似的后代，孟德尔从中选出22个品种作为试验亲本；③所选择的豌豆具有稳定、可区分的性状，如红花、白花等，差异明显并能稳定遗传给下一代；④生长周期短，即试验周期短。

2. 采取了由简单到复杂的试验观察方法

孟德尔从豌豆中选择的有明显区别的性状共有32对，但他没有对这32对都进行观察，而是从中选取了简单而区别明显的7对性状，他把这7对性状分成7组，每组只观察1对性状，这样发现了分离定律。之后再同时观察两对性状，又发现了自由组合定律。

3. 进行了系谱观察和记载，并且运用了数理统计的方法

孟德尔对杂种及其后代都进行了观察和记载，并且运用了统计学的方法对数据进行归纳整理和分析，从而发现了3∶1的分离比。

实践证明，孟德尔所采用的这些方法既正确又重要，他所建立的这些方法至今仍是进行杂交试验的基本方法。

第一节 分离定律

孟德尔从豌豆中选择了许多稳定、易于区分的性状进行观察。所谓性状（character）是指生物体所表现的形态特征和生理特征的总称，如花的颜色、形状、香味等。其中，被区分开来的每一个具体性状称为单位性状（unit character），如豌豆的花色、种子形状、子叶颜色等。而同一单位性状在不同个体间所表现出来的相对差异，称为相对性状（contrasting），如豌豆花色的红色和白色、种子形状的圆形和皱缩、子叶颜色的黄色和绿色等。孟德尔首先进行了一对相对性状的杂交试验。

一、一对相对性状的杂交试验

孟德尔首先对一对相对性状的遗传现象进行了研究。豌豆的花色有红色和白色，孟德尔以红花为母本、白花为父本进行杂交，这两个杂交的植株叫亲代（parent generation），用 P 表示。用白花花粉给红花授粉后，在红花植株的豆荚中结的种子就是子一代（first filial generation，F_1），其长出的植株全开红花。孟德尔发现，如果以白花为母本，红花为父本，F_1 代的植株也开红花。如果把前一个杂交组合作为正交的话，后一个杂交组合就是反交，也就是说无论正反交，子一代都开红花。孟德尔将子一代表现出来的性状称为显性性状（dominant character），如红花；未表现出来的性状称为隐性性状（recessive character），如白花。子一代出现显性性状的现象称为显性现象。

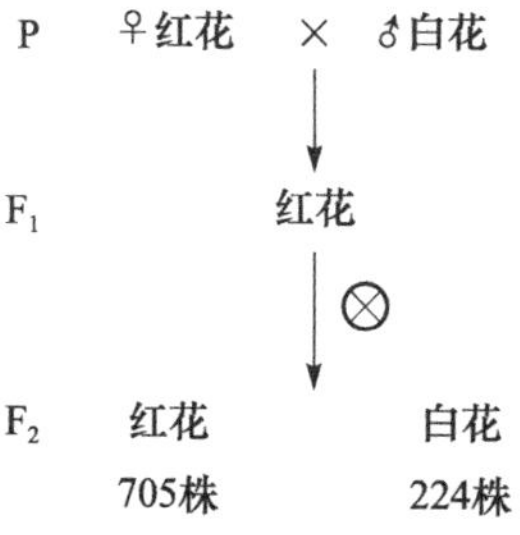

图 3-1 豌豆花色的遗传

子一代的红花植株自花授粉，所得的种子及其长出的植株叫作子二代（F_2）。子二代中，除红花植株外，又出现了和亲代一样的白花植株。F_1 代都是显性性状，F_2 代则同时出现了显性性状和隐性性状，这种现象叫作分离现象（segregation），即子二代中分离出了白花类型。其中红花植株 705 株，白花植株 224 株，两者之比接近 3∶1（图 3-1）。

除了红花和白花这一对相对性状外，孟德尔还研究了其他 6 对相对性状，它们的遗传方式和上述试验很相似，都有 3 种共同的现象，即在子一代出现显性现象，在子二代出现分离现象，并且显性性状和隐性性状之比接近 3∶1（表 3-1）。怎么来解释这些现象呢？

表 3-1 孟德尔豌豆杂交实验的子二代结果

性状	杂交组合	F_1 代表现的显性性状	F_2 代的表现		
			显性性状	隐性性状	比例
花色	红花 × 白花	红花	705 红花	224 白花	3.15∶1
种子形状	圆粒 × 皱粒	圆粒	5474 圆粒	1850 皱粒	2.96∶1
子叶颜色	黄色 × 绿色	黄色	6022 黄色	2001 绿色	3.01∶1
豆荚形状	饱满 × 缢缩	饱满	882 饱满	299 缢缩	2.95∶1
未熟豆荚色	绿色 × 黄色	绿色	428 绿色	152 黄色	2.82∶1
花着生位置	轴生 × 顶生	轴生	651 轴生	207 顶生	3.14∶1
植株长度	长茎 × 短茎	长茎	787 长茎	277 短茎	2.84∶1

二、分离现象的解释

孟德尔为了解释这些结果，提出了以下几点假设。

1）遗传性状由遗传因子决定，每对相对性状由一对遗传因子控制。

2）遗传因子在体细胞中是成对存在的，一个来自父方，一个来自母方。在形成配子时，彼此分开，分别进入不同的配子中。

3）F_1 代中的不同遗传因子各自独立，互不混杂，且存在显隐性关系，即控制红花的遗传因子和控制白花的遗传因子是同一遗传因子的两种存在形式，控制红花的遗传因子对控制白花的遗传因子为显性。

4）F_1 代在形成配子时，每对遗传因子相互分开，分别进入生殖细胞中，形成两种数目相等的配子，每一生殖细胞中只含有成对遗传因子中的一个。

5）配子的结合是随机的。

根据孟德尔的假设，在上面的杂交试验中，假设决定红花性状的遗传因子为 C，决定白花性状的遗传因子为 c。遗传因子在亲代红花植株中是成对的，应为 CC，白花植株就为 cc。红花植株所产生的配子，只有一种 C，白花植株所产生的配子只有一种 c，雌雄配子受精结合形成 Cc，这就是 F_1 代。由于 C 对 c 显性，故 F_1 代只出现红花的性状。F_1 代所产生的配子只能得到成对遗传因子中的一个，所以 C 与 c 分开，分别进入配子中，这样就形成了两种数目相等的配子 C 和 c。雌配子有这两种，雄配子也有这两种，受精时就有 4 种不同的组合（图 3-2）。

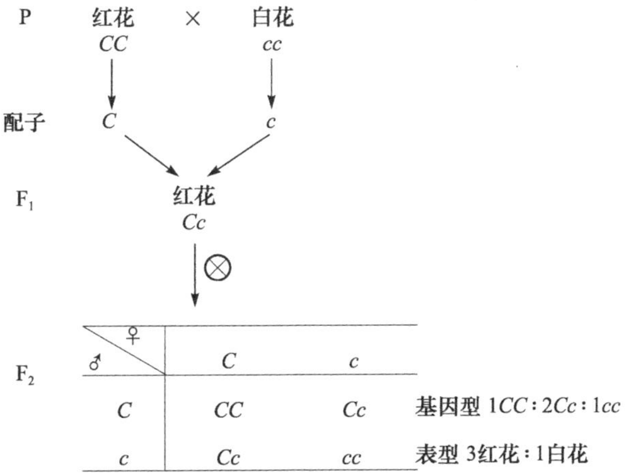

图 3-2　孟德尔对性状分离现象的解释

由于配子的结合是随机的，因此这 4 种组合方式的发生概率相等，各为 1/4。由于其中有两种都形成 Cc 合子，这样就形成了 3 种合子，其比值为 $CC:Cc:cc=1:2:1$，其中 CC 和 Cc 植株都开红花，cc 开白花，F_2 代中就有两种性状出现，这就是分离现象，并且红花植株与白花植株之比是 3∶1。可见，通过孟德尔的假设可以很圆满地解释一对相对性状的遗传现象。

1909 年丹麦的约翰逊（W. L. Johannsen）将孟德尔的遗传因子改名为基因，通常显性基因用大写字母表示，隐性基因用小写字母表示。遗传学中将控制一对相对性状位于同源染色体上对应位点的两个基因称为等位基因（allele），如红花基因 C 和白花基因 c 互为等位基因。生物体的遗传组成称为基因型（genotype），如亲本红花 CC、白花 cc 和 F_1 代 Cc。基因型是生物性状表现的内在遗传基础，是肉眼看不到的，一般要通过杂交试验来鉴定。表型

（phenotype）是指生物体表现出来的性状，如红花和白花等。表型是基因型和外界环境作用下的具体表现，是可以直接观测的。从基因组合来看，*CC* 和 *cc* 这两种基因型，由同是显性或同是隐性的基因组合而成，称为纯合体（homozygote），*CC* 为显性纯合体，*cc* 为隐性纯合体；如果是由不同的等位基因组合而成则称为杂合体（heterozygote），如 *Cc*。

三、孟德尔假设的验证

任何一个理论或假设能否成立，除了能对已有的事实做出解释外，还必须进行验证。分离定律是建立在假设的基础上的，假设的实质是成对的基因在配子形成的过程中彼此分离、互不干扰，因而配子中只有成对基因中的一个，这样 F_1 代就形成了两种数目相等的配子，雌雄配子随机结合后，在 F_2 代表现出分离现象并出现 3∶1 的分离比。为了证明假设是正确的，孟德尔采用了测交法和自交法进行验证。

（一）测交法

测交（test cross）是指被测验的个体与隐性纯合个体间的杂交。测交所得的后代称为测交子代，根据测交子代的表型种类和比例可以确定被测个体的基因型。因为隐性纯合体只产生一种含隐性基因的配子，它和另一种配子结合，其子代都只能表现另一种配子所含基因的表型，即测交子代表型的种类和比例正好反映了被测个体产生的配子种类和比例，从而可以确定被测个体的基因型。

将前述孟德尔试验中的 F_1 代红花植株与隐性纯合的白花植株杂交（图 3-3），测交子代共得 166 株，其中红花 85 株，白花 81 株。纯合的白花亲本只产生一种配子 *c*，测交子代中的红花植株要表现出红花表型，必须含有 *C* 基因，这说明 F_1 代红花产生的一种配子是 *C*；测交子代中的白花植株要表现出白花表型，基因型肯定是 *cc*，这说明 F_1 代红花产生的另一种配子是 *c*。可见，F_1 代红花植株产生了两种配子，成对的基因在形成配子时确实彼此分离了。

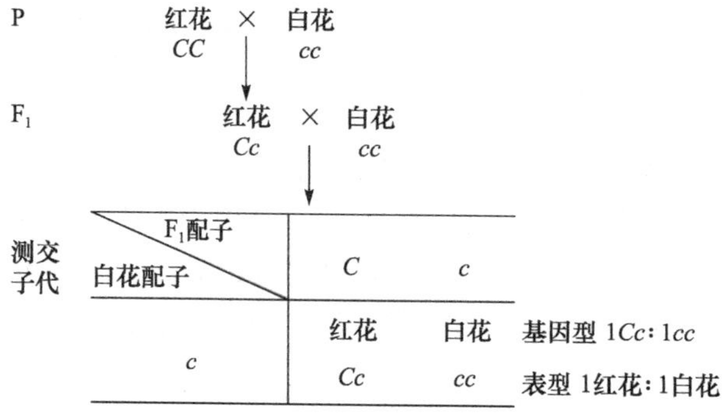

图 3-3　豌豆花冠颜色的测交试验

测交子代的红花植株与白花植株数量比大致是 1∶1，由于用于测交的纯合白花植株只产生一种配子，因此测交子代的比值能够反映 F_1 代红花产生的两种配子的比值，这说明 F_1 代红花植株产生的两种配子确实数目相等。

（二）自交法

孟德尔为了验证 F_1 代植株中遗传因子的分离，继续让 F_2 代植株自交，然后根据自交所产生的 F_3 代推测 F_2 代的基因型，以验证是否与自己的假设一致。根据孟德尔的假设，如果 F_1 代的遗传因子彼此分离的话，将形成两种数量相等的配子，雌雄配子随机结合后，在 F_2 代将得到 3 种基因型，其比值为 *CC*∶*Cc*∶*cc*=1∶2∶1，因此如果能够验证 F_2 代的基因型种类和比值确实如此，也就证实了孟德尔的假设。

孟德尔在前面的试验中共得到 929 株 F_2 代，其中 705 株是红花，他在这 705 株中任意选取了 100 株，让它们自花授粉得到 F_3 代。他发现 100 株 F_2 代红花植株中，有 36 株的自花授粉后代全是红花，说明这 36 株红花植株的基因型为 *CC*；有 64 株红花植株的自交后代出现了分离现象，即出现了红花和白花两种表型的植株且比值为 3∶1，说明这 64 株红花植株的基因型为杂合体 *Cc*，36∶64 接近 1∶2。F_2 代中的白花植株自花授粉后，后代全是白花，表明这些 F_2 代白花植株的基因型是 *cc*。由于 F_2 代的 705 株红花∶224 株白花接近 3∶1，而 36 株 *CC* 红花∶64 株 *Cc* 红花接近 1∶2，说明 F_2 代植株的基因型种类和比值确实为 *CC*∶*Cc*∶*cc*=1∶2∶1，这也验证了孟德尔的假设，即 F_1 代的遗传因子确实彼此分离，并形成了两种数量相等的配子（图 3-4）。

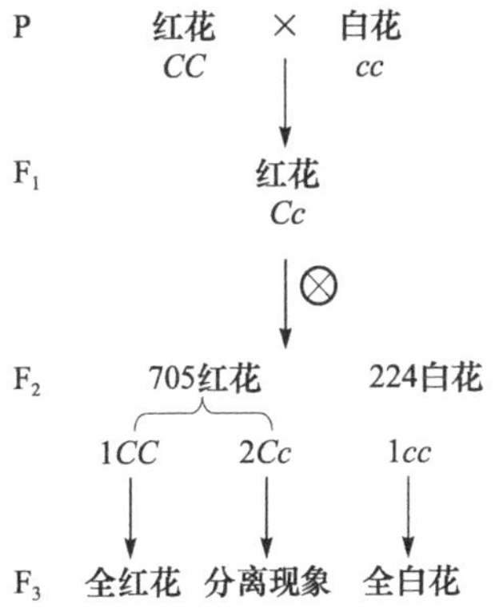

图 3-4　豌豆花冠颜色的自交试验

（三）F_1 花粉鉴定法

孟德尔之后，科学工作者对病毒、细菌及人类所做的许多实验，都证实了分离定律。如前所述，分离定律假设的实质是在形成配子的时候发生了成对遗传因子的分离，那是否有直观的证据能够证明这个假设呢？这需要找到能够在配子时期就表现出性状的基因，控制水稻糯性与非糯性的基因就是这样一对基因。

水稻的糯性品系含有支链淀粉，由隐性基因 *wx* 控制，用碘液处理后，米粒呈红褐色，这是碘液原有的颜色；非糯性品系含有直链淀粉，由显性基因 *Wx* 控制，用碘液处理后，米粒呈蓝黑色，这是直链淀粉和碘液起化学反应的结果。这一对基因的作用在花粉中就已经表现出来了。以非糯性品系为母本，糯性品系为父本进行杂交，F_1 代为非糯性。用碘液处理非糯性亲本的花粉，在显微镜下所有的花粉都染成了蓝黑色；糯性亲本的花粉加上碘液，则全是红褐色。如以碘液处理 F_1 代植株上的花粉，在显微镜下，大约半数的花粉是蓝黑色，半数是红褐色，这表明 F_1 代产生了 *Wx* 和 *wx* 两种类型的配子，并且数目之比为 1∶1。这进一步证明了孟德尔的假设，即 F_2 代出现分离现象的原因是 F_1 代基因的分离，而且两种配子的比例是 1∶1。这种基因分离的情况在玉米、高粱、黍等其他禾本科作物中也有同样的表现。

孟德尔一对相对性状的实验结果，后人称为分离定律（law of segregation）。分离定律是指一对基因在杂合子中各自保持其独立性，在形成配子时，可独自进入不同的配子中。一般情况下，配子分离比是 1∶1，F_2 代基因型分离比为 1∶2∶1，F_2 代表型分离比为 3∶1。

（四）分离比实现的条件

根据分离定律，一对相对性状的遗传，在 F_1 代表现显性现象，F_2 代出现 3∶1 的分离比，测交后代的分离比为 1∶1，但这些分离比的出现必须满足以下条件：①研究的生物是二倍体。②子一代个体形成的两种配子的数目相等且生活力相同。③子一代两种配子的结合机会是相等的。例如，雌配子 *C* 与雄配子 *C*、*c* 的结合机会相等，雌配子 *c* 与雄配子 *C*、*c* 的结合机会也相等。④ 3 种基因型个体的存活率到观察时为止是相等的，如基因型 *CC*、*Cc* 和 *cc* 的存活率相同。⑤显性是完全的。也就是说，*C* 对 *c* 是完全显性。

应该指出，即使上面这些条件都满足，F_2 代中得到的 3∶1 也往往是近似的。这是由于所形成的雌雄配子虽然是大量的，但能够参与受精并发育成个体的却很少。也就是说，参与受精的两种不同类型的配子数不可能完全相等，因此 F_2 代的分离比就是近似的 3∶1。

四、分离定律的应用

孟德尔发现的分离现象在生物界是普遍存在的，人的许多性状就存在显隐性关系和分离现象，是一对等位基因控制的一对相对性状，如大拇指的直与弯、有酒窝与无酒窝、有雀斑与无雀斑、有耳垂与无耳垂、双眼皮与单眼皮等，这些性状都是前者对后者为显性。

分离定律在生产实践特别是育种中有许多应用。

1）通过自交选择所需的品种。分离定律表明，杂种通过自交将产生性状分离，同时也将导致基因的纯合。因此生产上将杂种后代连续自交，目的就是促使个体的性状分离和个体基因型的纯合，以便从中选择需要的并能稳定遗传的性状。

2）根据分离定律还可以比较准确地预计后代分离的类型和出现的频率，从而可以有计划地种植杂种后代，提高选择效果。例如，水稻对稻瘟病的抗病性和感病性分别由显性基因和隐性基因控制，根据分离定律，F_2 代中出现的抗病植株有纯合和杂合两种基因型，杂合的抗病植株仍会出现分离，因此还必须通过自交才能选出稳定遗传的抗病植株。

3）利用纯种不分离、杂种要分离的规律也可以鉴定品种或品系是否纯合，从而可以区别真假杂种。

4）根据分离定律的启示，杂种产生的配子在基因型上是纯粹的，因此可以通过花粉培养纯合的二倍体植株。

第二节　自由组合定律

孟德尔在揭示了一对相对性状的遗传规律后，从简单到复杂，进一步研究了两对相对性状的遗传规律，揭示了独立分配规律，又称自由组合定律。

一、两对相对性状的杂交试验

孟德尔仍以豌豆为材料，用种子饱满而子叶黄色的一个亲本与种子皱缩而子叶绿色的另一亲本杂交，F_1 代都是饱满、黄色子叶的种子，表明这两个性状都是显性。F_1 代自花授粉，得到 556 粒 F_2 代种子，共有 4 种类型，其中两种和亲本相同，称为亲组合（parental combination），另外两种类型是亲本性状的重新组合，称为重组合（recombination）。而且 F_2 代 4 种类型的比例接近 9∶3∶3∶1（图 3-5）。

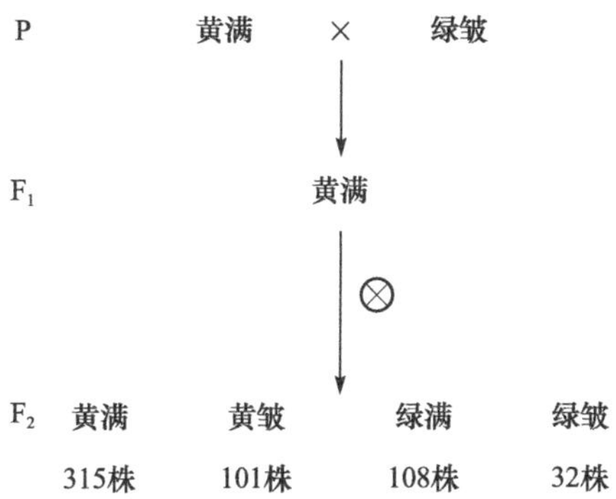

图 3-5　豌豆两对性状的杂交试验

如何分析这个结果呢？首先来看其中每对相对性状是否符合分离定律，在 F_2 代中：

黄色∶绿色 =（315+101）∶（108+32）=416∶140 ≈ 3∶1

饱满∶皱缩 =（315+108）∶（101+32）=423∶133 ≈ 3∶1

可见，其中每对相对性状都符合分离定律，黄色和饱满在 F_2 代中各占 3/4，绿色和皱缩在 F_2 代中各占 1/4，这两对相对性状都是彼此独立地从亲代遗传给子代的。在试验中，F_2 代出现了两对相对性状的重组合类型，如果这种组合是随机的，根据概率的相乘法则，两个独立事件同时出现的概率等于它们各自概率的乘积，那么组合后的性状的概率应是：

黄色饱满（黄满）= $\frac{3}{4}\times\frac{3}{4}=\frac{9}{16}$　　绿色饱满（绿满）= $\frac{1}{4}\times\frac{3}{4}=\frac{3}{16}$

黄色皱缩（黄皱）= $\frac{3}{4}\times\frac{1}{4}=\frac{3}{16}$　　绿色皱缩（绿皱）= $\frac{1}{4}\times\frac{1}{4}=\frac{1}{16}$

这样，黄满∶黄皱∶绿满∶绿皱 =9∶3∶3∶1，试验结果正是如此，4 种类型的籽粒数比值接近 9∶3∶3∶1，可见这两对相对性状的重组是自由组合的。

二、自由组合现象的解释

如何解释以上现象呢？孟德尔的解释是，在配子形成时，控制一对相对性状的等位基因与控制另一对相对性状的等位基因的分离和组合是互不干扰的，各自独立分配到配子中去。这就是自由组合定律。

按照这一解释，在上述杂交试验中，控制子叶黄色和绿色的基因分别为 *Y* 和 *y*，控制籽粒饱满和皱缩的基因分别为 *R* 和 *r*。这样，黄色饱满亲本的基因型为 *YYRR*，产生的配子只有 *YR* 这一种；绿色皱缩亲本的基因型为 *yyrr*，产生的配子全是 *yr*。雌雄配子结合后，F_1 代的基因型为 *YyRr*。F_1 代在形成配子时，*Y* 和 *y* 这一对等位基因要分开，分别进入配子中去，这样，有 1/2 的配子带有 *Y* 基因，1/2 的配子带有 *y* 基因；同样，*R* 与 *r* 也要分开，也有 1/2 的配子带有 *R* 基因，1/2 的配子带有 *r* 基因。如果 *Yy* 和 *Rr* 的分离和组合互不干扰，根据概率的相乘法则，两个独立事件同时出现的概率等于它们各自概率的乘积，则形成 *YR* 配子的概率为 1/2×1/2，即 1/4；同理，形成 *Yr*、*yR*、*yr* 配子的概率也都是 1/4，这 4 种配子的数目是相等的。雌配子是这 4 种，雄配子也是这 4 种，雌雄配子结合后，有 16 种组合，将表型相同的加起来，则有 9 种黄满，3 种黄皱，3 种绿皱和 1 种绿满，这正好与上述试验结果相符（图 3-6）。

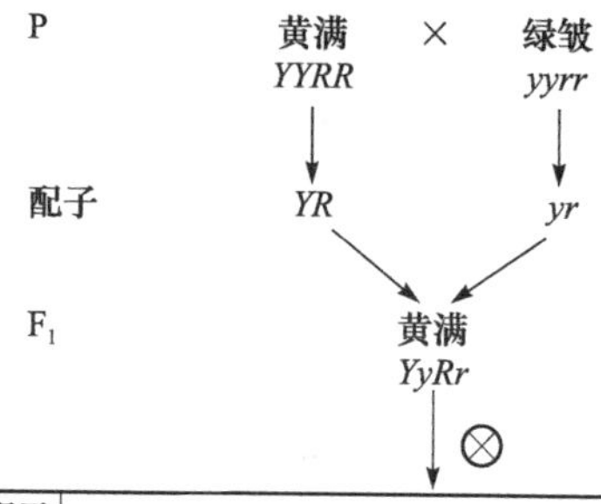

F_2

雄配子＼雌配子	YR	Yr	yR	yr
YR	YYRR 黄满	YYRr 黄满	YyRR 黄满	YyRr 黄满
Yr	YYRr 黄满	YYrr 黄皱	YyRr 黄满	Yyrr 黄皱
yR	YyRR 黄满	YyRr 黄满	yyRR 绿满	yyRr 绿满
yr	YyRr 黄满	Yyrr 黄皱	yyRr 绿满	yyrr 绿皱

图 3-6　豌豆两对性状的自由组合

三、自由组合定律的验证

为了验证两对基因的自由组合定律，孟德尔同样采用了测交法和自交法。如果两对基因的分离和组合互不干扰，那么 F_1 代杂合体将形成 4 种类型的配子，并且是 1∶1∶1∶1 的比例，雌雄配子结合后在 F_2 代就能得到 9∶3∶3∶1 的比例。

（一）测交法

将上述试验中的 F_1 代杂合体与双隐性亲本 *yyrr* 测交，由于 *yyrr* 只产生一种配子 *yr*，因此测交子代种子的表型种类和比例能够反映 F_1 代杂合体所产生的配子种类和比例。测交结果共得到 55 粒黄满、49 粒黄皱、53 粒绿满、52 粒绿皱，比例约是 1∶1∶1∶1，因此可以推导出 F_1 代杂合体共产生了 *YR*、*Yr*、*yR*、*yr* 4 种配子，比例就是 1∶1∶1∶1，这与孟德尔的解释是一致的（图 3-7）。

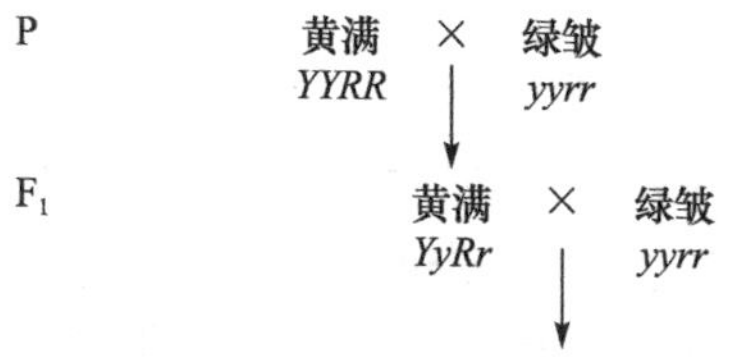

测交子代

隐性亲本配子＼F_1配子	YR	Yr	yR	yr
yr	YyRr 黄满 1 ∶	Yyrr 黄皱 1 ∶	yyRr 绿满 1 ∶	Yyrr 绿皱 1

图 3-7　两对性状的测交试验

（二）自交法

和验证分离定律的自交法一样，孟德尔也让 F_2 代植株自交，然后根据自交所产生的 F_3

代推测 F_2 代的基因型，以验证是否与自己的假设一致。根据孟德尔的假设，如果 F_1 代杂合体的两对基因是自由组合的话，将形成 4 种数量相等的配子，雌雄配子随机结合后，在 F_2 代将得到如表 3-2 所示的 9 种基因型，以及 9：3：3：1 的表型分离比。因此如果能够验证 F_2 代的基因型种类和比值确实如此，也就证实了两对基因是自由组合的。

表 3-2　两对基因杂交 F_2 代的表型和基因型

表型	基因型		F_3 代的分离情况
9 黄满	9*Y_R_*	1*YYRR*	不分离
		2*YYRr*	在满皱这一性状上要分离
		2*YyRR*	在黄绿这一性状上要分离
		4*YyRr*	在黄绿、满皱这两个性状上都要分离
3 黄皱	3*Y_rr*	1*YYrr*	不分离
		2*Yyrr*	在黄绿这一性状上要分离
3 绿皱	3*yyR_*	1*yyRR*	不分离
		2*yyRr*	在满皱这一性状上要分离
1 绿皱	1*yyrr*		不分离

F_2 代自交后，得到的 F_3 代的试验数据见表 3-3，从表中可见，通过 F_3 代推导出的 F_2 代的基因型种类和比值与表 3-2 中的预期完全符合，从而验证了孟德尔假设的正确性。

表 3-3　两对基因杂交 F_2 代与 F_3 代的试验数据

F_2 代种子表型	F_2 代植株数目	F_3 代种子表型	从 F_3 代种子推导的 F_2 代基因型
黄满	38	全部黄满	*YYRR*
黄满	65	黄满、黄皱	*YYRr*
黄满	60	黄满、绿皱	*YyRR*
黄满	138	黄满、黄皱、绿满、绿皱	*YyRr*
黄皱	28	全部黄皱	*YYrr*
黄皱	68	黄皱、绿皱	*Yyrr*
绿满	35	全部绿满	*yyRR*
绿满	67	绿满、绿皱	*yyRr*
绿皱	30	全部绿皱	*yyrr*

四、多对基因的自由组合

当有 3 对以上基因杂交的时候，是否仍然符合自由组合定律呢？只要决定 3 对性状的基因分别位于 3 对不同的染色体上，它们的遗传就都是符合自由组合定律的。假使 F_1 代是两对基因的杂合体（如 *YyRr*），那么将产生 4 种配子（如 *YR*、*Yr*、*yR*、*yr*），雌雄配子相互结合将有16种组合。在F_2代有9种基因型，显性完全时，有4种不同的表型，表型分离比为（3+1）^{2}=9+3+3+1。如果F_1代是3对基因的杂合体，那么就产生8种配子，有64种组合。在F_2代有27种基因型，显性完全时，有8种不同的表型，表型分离比为（3+1）^{3}的展开。只要各对基因是独立遗传的，*n*对基因杂合体后代的分离情况就有规律可循，具体如表3-4所示。

表3-4 杂交中包含的基因对数与基因型和表型的关系

杂交中包含的基因对数	显性完全时F_2代的表型数	F_1代杂种形成的配子数	F_2代的基因对数	F_1代配子的可能组合数	F_2代的表型分离比
1	2	2	3	4	$(3+1)^1$
2	4	4	9	16	$(3+1)^2$
3	8	8	27	64	$(3+1)^3$
4	16	16	81	256	$(3+1)^4$
⋮	⋮	⋮	⋮	⋮	⋮
n	2^n	2^n	3^n	4^n	$(3+1)^n$

从表3-4来看，杂交是一种增加变异组合的方法，所以育种上常应用这种方法。

五、自由组合定律的应用

自由组合定律在分离定律的基础上，进一步揭示了多对基因之间的自由组合关系，它解释了不同基因的独立分配是生物发生变异的主要来源之一。生物有了丰富的变异类型，可以广泛适应各种不同的自然条件，有利于生物的进化。

1）在杂交育种中，可以根据自由组合定律来指导亲本选配，培育优良品种。例如，有一个小麦品种抗霜害，但容易感染锈病；而另一个小麦品种抗锈病，但不能经受霜冻，所以可将这两个品种杂交，在F_2代中就会出现既能抗锈病又能抵抗霜害的重组合类型。

2）自由组合定律还可增加育种工作中的计划性和预见性。例如，将黄色饱满豌豆*YYRR*与绿色皱缩豌豆*yyrr*杂交，根据自由组合定律可推知F_2代将出现的类型和比例，其中绿色皱缩豌豆占1/16，若想在F_2代中得到10株绿色皱缩的植株，那么，F_2代至少要种160株。

六、遗传的染色体学说

1900年，孟德尔遗传定律的重新发现引起了人们对它的极大兴趣。1903年，美国的萨顿（W. S. Sutton）和德国的博韦里（T. Boveri）各自独立地发现染色体的行为与基因的行为很相似。两者行为间的平行现象表现在以下几点。

1）染色体有一定的形态结构，而每对等位基因在杂交中有一定的完整性和独立性。

2）在真核生物中基因是成对存在的，染色体也是成对存在的；在配子中只有等位基因中的一个，也只有同源染色体中的一条。

3）在个体中成对的基因一个来自母本，一个来自父本；成对的同源染色体也是如此。

4）不同对基因在形成配子时的分离组合与不同对染色体在减数分裂后期的分离组合都是独立的。

因此，两位研究者各自独立地提出了细胞核中的染色体可能是基因的载体的学说，即遗传的染色体学说（chromosome theory of inheritance）。如果基因在染色体上，那么就可以十分圆满地解释孟德尔的分离定律与自由组合定律了。

以控制豌豆子叶的黄色 *Y* 和绿色 *y* 这一对基因为例，假设这对基因位于某对同源染色体上，F_1 代杂合体 *Yy* 在减数第一次分裂时，同源染色体互相分开，分别进入子细胞中，这样 *Y* 和 *y* 基因也就分开了；减数第二次分裂是有丝分裂过程，染色单体从着丝粒处分开，分别进入两个子细胞中，这样就形成了 4 个子细胞，其中两个子细胞的染色体上带有 *Y* 基因，两个子细胞的染色体上带有 *y* 基因，两种不同类型配子的比值为 1∶1（图 3-8）。可见，同源染色体的分离可导致这一对等位基因的分离，这样就产生了两种类型不同而数目相等的配子。

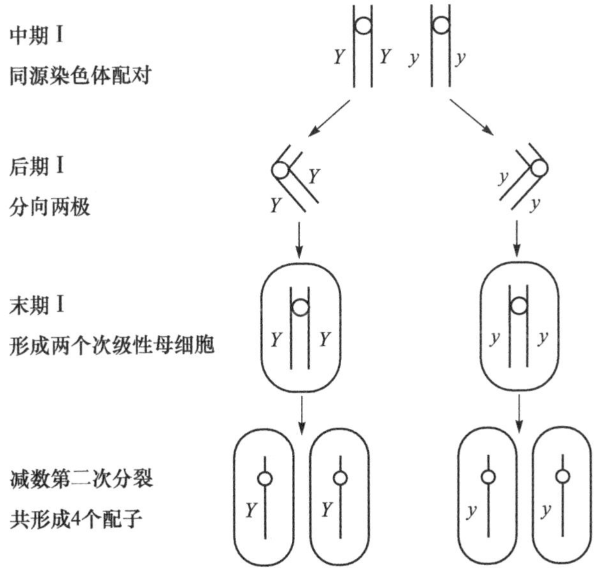

图 3-8　染色体学说对分离定律的解释

再看两对基因的情况，豌豆黄圆与绿皱杂交所得的 F_1 代为 *YyRr* 植株，假设 *Y* 和 *y* 在一对同源染色体上，*R* 和 *r* 在另一对同源染色体上。在减数第一次分裂的中期，同源染色体配对，后期 I 同源染色体分开，这时有两种分开的情形，一种是 *Y* 和 *R* 所在的染色体分到一边，*y* 和 *r* 所在染色体分到另一边，这样在减数分裂形成的 4 个配子中，两个为 *YR*，两个为 *yr*；另一种是 *Y* 和 *r* 所在的染色体分到一边，*y* 和 *R* 所在染色体分到另一边，最后形成的 4 个配子中两个为 *Yr*，另外两个为 *yR*。由于这两种情形的发生机会相等，因此 4 种配子的比例应是 1∶1∶1∶1（图 3-9）。由此可见，同源染色体上等位基因分离，非同源染色体上非等位基因以同等的机会自由组合，就可产生 4 种数目相等的配子。

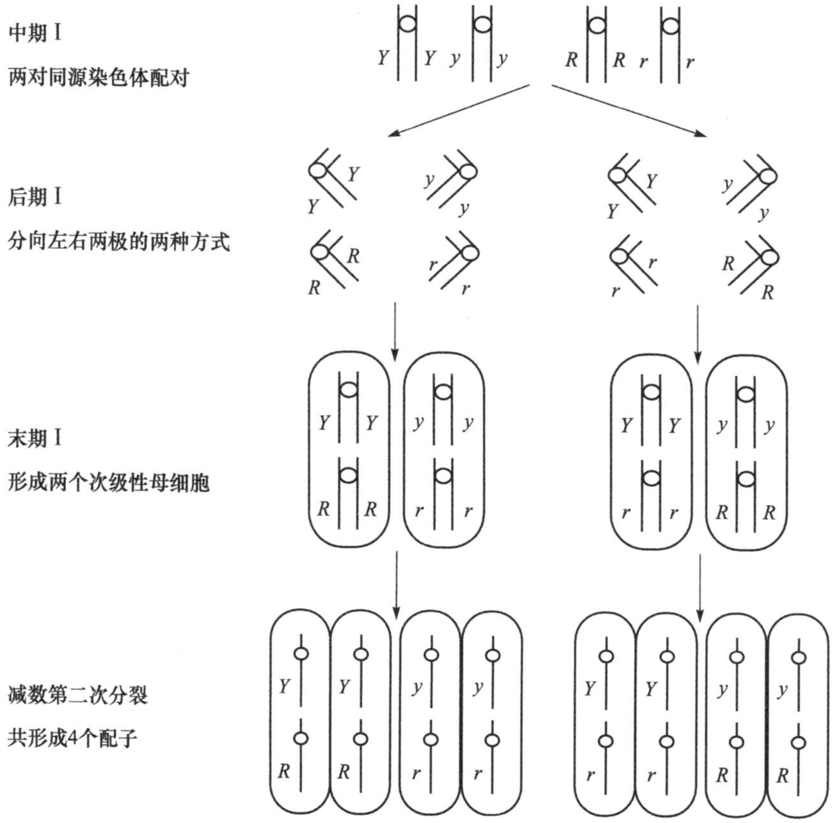

图 3-9　染色体学说对自由组合定律的解释

综上所述，只要假定基因在染色体上，就可以十分圆满地解释孟德尔的两个定律。萨顿的这个假设引起了广泛的关注，但要证明这个假设，必须把某一特定的基因和某一特定染色体联系起来，首先证明这一点的是美国胚胎学家摩尔根，其内容将在第 5 章介绍。

第三节　统计学原理在遗传学中的应用

孟德尔成功的原因之一是采用了统计分析的方法，对于科学研究而言，采取适当的研究手段对得出正确的结果是非常重要的。那么应该如何运用统计学上的一些方法来处理和分析遗传学中的问题呢?

一、概率及应用

（一）概率

所谓概率（probability）是指某一事件发生的机会和可能性的大小。例如，拿一枚硬币向空中抛去，落下来时，不是字面向上就是画面向上，两者出现的机会都是 1/2，因此该硬币出现字面或画面的概率都是 1/2。

概率的计算公式为：$P=M/N$，其中，M 为某一事件在 N 次实验中所出现的次数，N 为实验的总次数。P 可以从直接测定中获得，也可以由事件本身的性质推得。

概率中常用的原则有相乘法则和相加法则。

（二）相乘法则

这一法则认为，两个（或两个以上）独立事件同时发生的概率等于它们各自概率的乘积。例如，在豌豆的杂交试验中，F_2 代出现黄色子叶的概率是 3/4，出现饱满籽粒的概率也是 3/4，这是两个独立事件，所以同时出现黄满的概率是 3/4×3/4，为 9/16。

（三）相加法则

如果两个事件是非此即彼，不能同时发生的，那么出现这一事件或另一事件的概率是这两个事件各自概率之和。例如，一粒豌豆，不可能既是黄色又是绿色的，这是两个非此即彼的互斥事件，那么，豆粒是黄色或绿色的概率是它们各自的概率之和，既 1/2 加上 1/2 等于 1。

（四）遗传比例的计算

在遗传研究中，可以通过概率来推算遗传比例，常用的计算遗传比例的方法有以下几种。

1. 棋盘法

例如，要计算杂合体 *Aa* 自交后代的基因型和表型比例，将形成的雌配子类型和比例写作竖行，将形成的雄配子类型和比例写作横行，再在棋盘中将雌雄配子进行组合，就可求出子代的基因型和表型的比例（图 3-10）。

Aa×*Aa*

↓

雄配子 雌配子	*A*(1/2)	*a*(1/2)
A(1/2)	*AA* 1/4	*Aa* 1/4
a(1/2)	*aA* 1/4	*aa* 1/4

图 3-10　用棋盘法计算遗传比例

棋盘法也可以用来计算两对基因自由组合时的概率，但如果要计算两对以上的基因时，用棋盘法就比较烦琐且容易出错。例如，3 对基因的杂合体，雌雄配子各有 8 种，就有 64 种组合，需要 64 个棋盘格，很烦琐，这时可以采用下面的分枝法。

2. 分枝法

分枝法是先将每对基因分别考虑，然后再通过相乘法则合在一起。例如，一个亲本的基因型是 *AAbbCc*，另一个亲本的基因型是 *aaBbCc*，先分别计算每对基因的杂交结果，再利用分枝的方法通过相乘法则将 3 对基因的结果合起来（图 3-11）。通过分枝法既可以计算子代基因型的种类和比例，也可以计算表型的种类和比例。

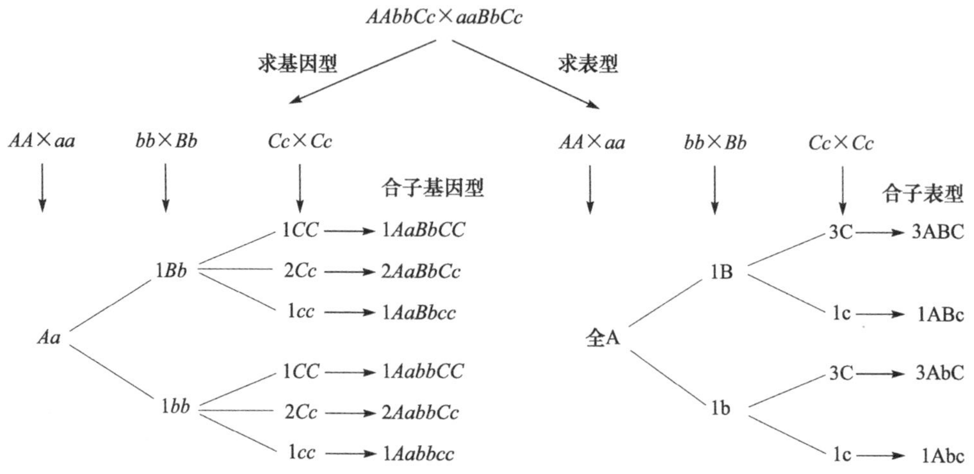

图 3-11　用分枝法计算遗传比例

A、*B* 和 *C* 分别代表每对基因中的显性表型；*a*、*b* 和 *c* 分别代表每对基因中的隐性表型

二、二项式展开的应用

有些概率是关于某些事件组合的，如 *Aa*×*aa* 交配得到两个子代，如何求这两个子代基因型都是 *Aa*，或一个是 *Aa* 一个是 *aa*，或两个都是 *aa* 的概率呢？子代中得到 *Aa* 和 *aa* 基因型的概率各是 1/2，而某一子代是某一基因型并不影响另一子代的基因型，所以这些是独立事件。

两个子代都是 *Aa* 的概率为：$\frac{1}{2}\times\frac{1}{2}=\frac{1}{4}$

子代中一个是 *Aa* 一个是 *aa* 的概率为：$\frac{1}{2}\times\frac{1}{2}+\frac{1}{2}\times\frac{1}{2}=\frac{2}{4}$

两个子代都是 *aa* 的概率为：$\frac{1}{2}\times\frac{1}{2}=\frac{1}{4}$

这个分布型的比值为 1∶2∶1，正好是二项式分布 $(p+q)^2=1p^2+2pq+1q^2$ 的系数。如果用 *Aa* 代替 *p*，*aa* 代替 *q*，那么：

$$(Aa+aa)^2=1Aa^2+2Aa\ aa+1aa^2$$

如果有 3 个子代，用二项式展开来计算子代各种组合的概率，则：

$$(Aa+aa)^3=1Aa^3+3Aa^2aa+3Aa\ aa^2+1aa^3$$

所有系数加起来为 8，从上式可知，3 个子代的基因型都是 *Aa* 的系数为 1，则其概率为 1/8。一般来讲，假设 *p* 为某一基因型或表型出现的概率，而 *q* 或 1−*p* 是另一基因型或表型出现的概率，$p+q=1$ 时，这一事件的每一组合的概率就可用二项式展开来说明。如果不考虑出现的顺序，基因型或表型的某一特定组合的概率（*P*）可用以下通式计算：

$$P=\frac{n!}{s!(n-s)!}p^sq^{n-s}$$

式中，*n* 为后代总数；*s* 为某一基因型或表型的后代数目；*n*−*s* 为另一基因型或表型的后代数目。例如，$Aa \times aa$ 的杂交中，产生了 5 个后代，计算其中 3 个是 Aa，2 个是 aa 的概率。由于 $p+q=1$，因此可用通式进行计算：

$$P = \frac{5!}{3!(5-3)!}\left(\frac{1}{2}\right)^3\left(\frac{1}{2}\right)^2 = \frac{5}{16} = 0.3125$$

三、χ^2 测验

在实际工作中，得到的实验值和用来解释实验的理论值之间常常存在一定的偏差，考察这种偏差是由实验误差造成的，还是必须抛弃这个理论比值，用其他的理论来解释，通常需要进行适合度测验。适合度测验是比较实验数据与理论假设是否符合的假设测验，统计学上通常采用卡方测验来判断，即 χ^2。

现举例说明。用抗白叶枯病水稻植株与敏感植株杂交，共获得 20 株子代植株，其中 14 株为抗性，6 株为敏感。那这是否是由一对基因控制的一对相对性状呢？是否符合孟德尔遗传定律呢？先假设这就是一对基因控制的一对相对性状，*S* 基因控制抗性，*s* 基因控制敏感，双亲的基因型为 *Ss* 和 *ss*，这样子代应有两种基因型和表型，并且比值是 1∶1。实验的结果是得到了两种表型，现在需要考察 14∶6 是否符合 1∶1，如果符合，说明前面的假设能够解释实验结果，假设是正确的；反之，假设就不正确，这不是由一对基因控制的一对相对性状。

那如何检测 14∶6 是否符合 1∶1 呢？其实就是计算在假设的情形之下得到 14∶6 这个比值的概率有多大，也就是计算双亲为 $Ss \times ss$ 时，得到 14∶6 的概率。如果概率比较大，说明在假设的情况下是可以得到 14∶6 的比值的，假设可以解释实验结果，是正确的；反之，说明在假设的情况下很难得到 14∶6 的比值，假设无法解释实验结果，需要寻找其他的解释。

那如何计算双亲为 $Ss \times ss$ 时，子代得到 14∶6 的概率呢？可以通过 χ^2 测验。χ^2 测验是一种近似的计算方法，先计算 χ^2 值，再通过查 χ^2 表求得概率的大小。χ^2 值的计算公式如下。

$$\chi^2 = \sum \frac{(\text{实得数}-\text{预期数})^2}{\text{预期数}}$$

在上例中，实得数是 14∶6，在假设的情况之下，子代的表型比值应是 1∶1，共有 20 株子代，按 1∶1 的假设，预期数应为 10∶10，将这些值代入公式，得

$$\chi^2 = \frac{(14-10)^2}{10} + \frac{(6-10)^2}{10} = 3.20$$

算出 χ^2 值后，再查 χ^2 表（表 3-5）就可求得概率 *P*。表中的 *n* 表示自由度，意思是在各项预期数确定后，实得数中有几项能自由变动，自由度一般等于子代分类数减 1。在上例中，子代共有两类，自由度 $n=2-1=1$，即两个实得数中，只有一个能自由变动，因为总数 20 是一定的，当抗性植株变为 12 株时，敏感植株只可能是 8 株，不能自由变动。在 χ^2 表自由度为 1 的那一行中，3.2 介于 2.71 和 3.84 之间，相对应的 *P* 值为 0.05 与 0.1，以上就是用 χ^2 测验求近似概率的计算方法。

表 3-5　χ^2 表

n \ P	0.99	0.95	0.50	0.10	0.05	0.02	0.01
1	0.000 16	0.003 9	0.46	2.71	3.84	5.41	6. 64
2	0.020 1	0.103	1.39	4.61	5.99	7.82	9. 21
3	0.115	0.352	2.37	6.25	7.82	9.84	11. 35
4	0.297	0.711	3.36	7.78	9.49	11.67	13. 28
5	0.554	1.145	4.35	9.24	11.07	13.39	15. 09
⋮	⋮	⋮	⋮	⋮	⋮	⋮	⋮
10	2.558	3.940	9.34	15.99	18.31	21. 6	23. 21

注：表内数字是各种 χ^2 值，n 为自由度，P 是在一定自由度下 χ^2 值大于表内数字的概率

概率求出后，如何判断大小呢？一般情况下，当 $P<0.05$ 时，就算比较小了，也就是在假设的情况下，不容易得到现有的实得资料，实得资料与理论假设间有显著的差异，理论假设不成立；当 $P<0.01$ 时，实得资料与理论假设间有极显著的差异，自然更有把握认为假设不成立了。在上例中求出的 P 值是大于 0.5 的，说明实得资料与理论假设间没有显著的差异，也就是说假设可以解释实验结果，这是由一对基因控制的一对相对性状。如果实得数是 15∶5，代入 χ^2 公式计算出 χ^2=5.00，查 χ^2 表知道，P 在 0.02 与 0.05 之间，表明实得资料与理论假设间有显著的差异，实验数据不宜用一对基因的杂交来解释。

子代分类数在两项以上时，计算方法也一样。例如，香豌豆（*Lathyrus odoratus*）中，花冠的紫色和红色由一对等位基因控制，花粉的长形和圆形由另一对等位基因控制。将紫色长形和红色圆形的植株杂交，F_1 代都是紫色圆形的，F_1 代植株自花授粉，共得到 419 株 F_2 代，其中紫色长形 226，紫色圆形 95，红色长形 97，红色圆形 1。问 F_2 代的分离比是否符合 9∶3∶3∶1？

先按照 9∶3∶3∶1 的分离比计算预期数：

$$\text{紫色长形}\quad 419\times\frac{9}{16}=235.69 \qquad \text{紫色圆形}\quad 419\times\frac{3}{16}=78.56$$

$$\text{红色长形}\quad 419\times\frac{3}{16}=78.56 \qquad \text{红色圆形}\quad 419\times\frac{1}{16}=26.19$$

再按照表 3-6 求 χ^2 值。

表 3-6　香豌豆两对基因杂交 F_2 代资料的 χ^2 测验

	紫长	紫圆	红长	红圆	合计
实得数	226	95	97	1	419
预期数	235.69	78.56	78.56	26.19	419
实得数 – 预期数	−9.69	16.44	18.44	−25.19	0
$\frac{(\text{实得数}-\text{预期数})^2}{\text{预期数}}$	0.40	3.44	4.33	24.23	32.40

在上例中，子代共有 4 种类型，故 $n=4-1=3$，查 χ^2 表，χ^2 值为 32. 4 时，$P<0.01$，这说明实得数与理论比值之间差异极显著，实得数不符合 9∶3∶3∶1 的分离比。也就是说，这两对基因几乎不可能是自由组合的，这也是自由组合定律第一次发现的明显例外，这两对基因符合的是将在第 4 章讨论的连锁定律。

χ^2 测验的结果只是科学论据之一，科学工作者不是单凭 χ^2 测验来证明或否定一个假设的，还应该根据重复实验及科学上已有的其他论据来全面考虑。如果根据 χ^2 测验来否定一个假设，应该提出另一个假设，并做实验进行证明。

第四节　孟德尔遗传定律的扩展

基因与环境之间并不是一对一的关系，一方面，环境因素能够调节基因的表达过程；另一方面，不同等位基因相互作用也可共同调控某一性状。因此，从基因型到表型的过程受到了环境因素和遗传因素的双重影响。

一、基因的作用与环境的关系

（一）基因与环境的相互作用

任何生物都是在一定的环境中生长发育的，各种性状也必须在一定的环境条件下才能实现，环境条件不同也可使性状发生差异。例如，玉米中的显性基因 *A* 是形成叶绿体的必要条件，含有 *A* 基因的玉米种子在光照下发芽，长成绿色幼苗，但在暗处发芽，则长成白化苗。可见，基因型仅提供某一性状实现的可能性，而这一可能性能否实现，还要看环境条件是否满足，环境条件会影响性状的发育，因此，基因型相同的个体在不同的环境条件下可能出现不同的表型。例如，水毛茛（*Ranunculus aquatilis*）的叶片形态在不同环境中是不同的，同一植株，长在水面下的叶片呈丝状，长在水面上的叶片呈掌状。

然而基因型为 *aa* 的种子无论在光照还是暗处都长成白化苗，这说明基因型是发育的内因，环境条件是发育的外因。辩证唯物主义告诉我们，内因是事物发展的根本原因，外因要通过内因起作用，因此，如果没有 *A* 基因，环境条件再好，也不可能发育成绿苗。可见，表型是基因型和环境条件相互作用的结果，生物的性状发育既与遗传有关，又与环境因素有关。

这提示我们，在生产上，优良品种的推广要注意其适应范围。某一优良品种要表现出优良性状，必须提供能满足其需要的光照、水肥、土壤、气候等条件才能实现。否则，就如没有光照的玉米 *AA* 白化苗一样，没有了品种优势。

（二）多因一效与基因的多效性

1. 多因一效

同一性状的发育受许多基因的控制，这叫多因一效。例如，果蝇的复眼颜色由 40 多个基因控制，任何一个基因异常，都会导致色素基因合成受阻，形成白眼。又如，玉米籽粒糊粉层颜色也与多对基因有关，显性基因 A_1 和 A_2 决定花青素的有无，*C* 决定糊粉层颜色的有无，*R* 决定植株颜色的有无，当这 4 个显性基因都存在时，显性基因 *Pr* 决定胚乳呈现紫色，隐性基因 *pr* 决定胚乳红色。但如果前面 4 个基因中有一个是隐性，即使有 *Pr* 基因存在，也不显示紫色，而是无色。可见要呈现紫色胚乳，植株的基因型必须是 $A_1\_A_2\_C\_R\_Pr\_$。

我们说某一性状是由某个基因控制，并不意味着产生这一性状仅由这一对基因决定。其实任何一个性状都是经过一系列生化连锁反应的结果，在反应的过程中可能存在多个步骤，而每一步也都由相应的酶进行催化，这一系列的酶同样是由一系列基因控制合成的，因此许多基因经过一系列生化过程决定一个性状，这就表现为多因一效了。既然每一个性状都涉及多个基因，那么当我们说单个基因控制某个性状时，就是指当其他基因都相同时，两个个体之间某一性状的差异由一对基因的差异决定。也就是说，突变型和野生型的差异并不是一系列基因都发生了突变，而仅仅是其中一个基因发生了突变，导致整个生化反应不能完成，从而不能表现出正常的性状。

2. 基因的多效性

一方面一个性状可以受到若干基因的控制，另一方面一个基因也可影响若干性状的发育，这叫基因的多效性。例如，控制豌豆红花和白花的 *C* 和 *c* 基因，不但影响花色，还控制种皮的颜色（褐色或灰色）和叶腋上红斑的有无及其他性状。

为什么会这样呢？这是因为生物发育过程中各种生理生化过程是相互联系、相互制约的，既然基因是通过这些生理生化过程影响性状的，那么基因的作用也必然是相互影响、相互制约的。所以，一个基因会影响到若干性状。例如，有一种翻毛鸡，由 *F* 基因控制，羽毛是反卷的，正常鸡由 *f* 基因控制。翻毛鸡与正常鸡在许多性状上有差异。翻毛鸡羽毛的保温性不如正常鸡，身体热量散失较多，因此，翻毛鸡的体温比正常鸡低。由于体温散失多，因此就会增强代谢作用以补偿消耗，这样一来，心跳增加，心脏慢慢变大，血液增加，与血液紧密相关的脾脏也慢慢变大。同时，由于代谢作用增强，进食就会增多，因此消化器官、消化腺和排泄器官都会发生变化。最后，代谢作用又影响了肾上腺、甲状腺等重要的内分泌腺体，使生殖能力下降。可见，*F* 和 *f* 这对基因影响了许多性状。

（三）表现度与外显率

1. 表现度

有些基因在不同个体中的表达很一致，但另外一些基因的表型效应在不同个体中则有差异。具有相同基因型的个体间基因表达的变化程度称为表现度（expressivity）。例如，人类的先天性成骨不全（osteogenesis inperfecta）是一种显性单基因遗传病，杂合体患者可以同时有多发性骨折、蓝色巩膜和耳聋等症状，也可以只有其中一种或两种临床表现。相同基因型的患者症状不同，说明这个基因的表现度不一致。导致表现度不一致的原因可能是环境变化，也可能是其他基因的影响，或者是环境与基因共同作用的结果。又如，黑腹果蝇（*Drosophila melanogaster*）中有 20 多个基因与眼睛色泽有关，相同基因型果蝇的眼睛色泽是一样的，说明这些基因的表现度一致。

2. 外显率

外显率（penetrance）是指某一基因型个体显示出预期表型的比率，这是基因表达的另一种变异方式。例如，某显性基因 A 的效应总是表达出来，则外显率为 100%，外显率为 100% 时称为完全外显（complete penetrance）；若 100 个个体中仅有 40 个出现相应的表型，则外显率为 40%。黑腹果蝇中，隐性间断翅脉基因 i 的外显率只有 90%，也就是说，基因型为 ii 的果蝇，只有 90% 表现间断翅脉，另有 10% 的果蝇表现为野生型性状。这种外显率低于 100% 的情况称为不完全外显（incomplete penetrance）。

（四）表型模拟

如前所述，表型受到环境与遗传的共同影响，因此，环境改变表型也常随着改变。有时环境改变所引起的表型改变与某基因引起的表型改变很相似，这叫作表型模拟（phenocopy）。例如，黑腹果蝇的野生型是长翅，突变型是残翅，长翅为显性。用一定的高温处理残翅果蝇的幼虫，长大羽化为成虫后，翅膀长成接近野生型的长翅，但其基因型还是残翅，是高温处理使残翅果蝇出现了与野生型相近的表型，这就是表型模拟。表型模拟中的表型改变由于不涉及基因型的变化，因此是不能遗传的。在人类中也有很多表型模拟的例子。例如，人类的短肢畸形（phocomelia）遗传病，受隐性基因控制，由于该基因抑制了四肢长骨的发育，因此患者的臂和腿部分缺失。1959～1961 年，人们发现孕妇在妊娠第 3～4 周若服用名为反应停（thalidomide）的安眠药也会使孩子产生同样的表型，这是药物引起的表型变化。

研究表型模拟有以下两点意义：①何时进行人工处理，可以引起表型改变，由此可以推测基因在什么时候发生作用；②用一些物理条件或化学药剂处理，可以引起哪一些表型，类似哪一类突变型，由此可以推测基因如何发挥作用。

二、等位基因的相互作用

（一）显隐性关系

孟德尔所研究的豌豆的 7 对性状，杂合体与显性纯合体在表型上完全相同，显性现象是完全的。后来人们发现在有些相对性状中，显性现象是不完全的，或者显隐性关系可以随所依据的标准而改变，这是孟德尔遗传定律的进一步发展和扩充。

1. 完全显性

显性遗传时，杂合体 Aa 的表型与显性纯合体 AA 完全一样，这是完全显性。例如，豌豆的红花杂合体 Cc 与显性纯合体 CC 的表型完全相同，说明 C 基因对 c 基因是完全显性。

2. 不完全显性

不完全显性是指杂合体的表型介于显性纯合体和隐性纯合体之间。例如，将紫茉莉（*Mirabilis jalapa*）中开红花的显性纯合体 RR 和开白花的隐性纯合体 rr 杂交，F_1 代杂合体 Rr 的花为粉红色，介于双亲之间；F_1 代自交，F_2 代出现红花、粉红花和白花 3 种表型的植株，比值为 1∶2∶1，分别对应 RR、Rr 和 rr 三种基因型，这与孟德尔遗传定律的基因型比例是一致的（图 3-12）。

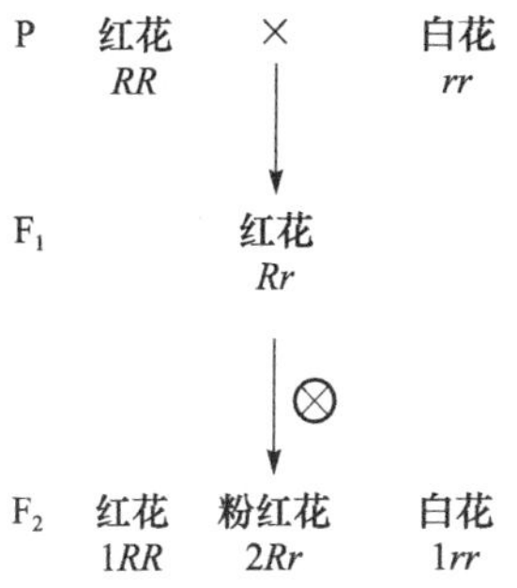

图 3-12　紫茉莉花色的遗传

控制人天然卷发的一对等位基因之间也是不完全显性，显性纯合体 *WW* 的头发十分卷曲，*ww* 为直发，杂合体 *Ww* 的头发为中等程度的卷曲。

3. 共显性

一对等位基因在杂合体中都表现出相对应的表型称为共显性（codominance）。例如，控制人 AB 血型的基因 I^A 和 I^B，I^A 基因控制产生 *N*-乙酰-*D*-半乳糖胺转移酶，能将 *N*-乙酰-*D*-半乳糖胺转移到血细胞表面的蛋白质多肽链上，构成寡多糖侧链，形成 A 抗原；I^B 基因控制产生 *D*-半乳糖胺转移酶，能将 *D*-半乳糖胺转移到血细胞表面的蛋白质多肽链上，构成寡多糖侧链，形成 B 抗原。这样，I^A 和 I^B 基因控制的性状在杂合体中同时得到表现，产生了两种酶，形成了两种不同的抗原，表现为 AB 血型。

另外，控制 MN 血型的 L^M 和 L^N 基因也是共显性的，决定了人群中有 M 型（L^ML^M）、N 型（L^NL^N）、MN 型（L^ML^N）三种表型的个体。M 型个体的红细胞上有 M 抗原，N 型有 N 抗原，MN 型既有 M 抗原也有 N 抗原。

4. 镶嵌显性

镶嵌显性（mosaic dominance）是指双亲的性状同时在后代个体的不同部位表现出来。一对等位基因在杂合体中也都有表型效应，但与共显性的不同之处在于，镶嵌显性主要强调了基因的定位作用。例如，我国学者谈家桢先生对异色瓢虫（*Harmonia axyridis*）色斑遗传的研究。他用黑缘型（$S^{Au}S^{Au}$）鞘翅瓢虫（鞘翅前缘呈黑色）与均色型（S^ES^E）鞘翅瓢虫（鞘翅后缘呈黑色）杂交，F_1 代杂合体（$S^{Au}S^E$）既不表现黑缘型，也不表现均色型，而是出现了一种新的色斑，瓢虫鞘翅的上下缘均呈黑色，也就是说 S^{Au} 和 S^E 基因控制的性状在后代个体的不同部位都得到了表现。F_1 代雌雄交配，F_2 代出现黑缘型、新类型和均色型 3 种表型，比值为 1∶2∶1，分别对应 $S^{Au}S^{Au}$、$S^{Au}S^E$、S^ES^E 3 种基因型（图 3-13）。

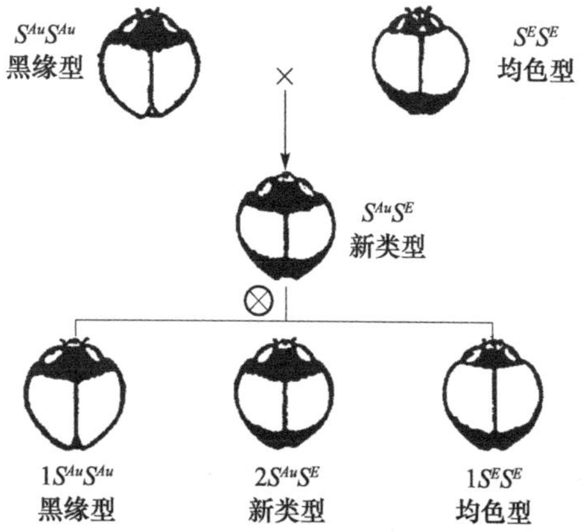

图 3-13 瓢虫鞘翅色斑的遗传
（引自刘祖洞等，2013）

5. 显隐性可随依据的标准而改变

例如，人类的镰状细胞贫血（sickle cell anemia）是由一对隐性基因 Hb^sHb^s 控制的，患者严重贫血，发育不良，多在幼年死亡。将患者的血液放在显微镜下观察，不使其接触氧气，发现全部红细胞都变为镰刀状。基因型杂合（Hb^AHb^s）的人不患病，表型正常，因此从临床上是否患病来看，Hb^A 对 Hb^s 是完全显性的；但如果将杂合体人的血液放在显微镜下检查，不使其接触氧气，会发现有一部分红细胞呈镰刀状，另一部分红细胞则是正常的碟形，而正常人的红细胞都是碟形的，因此从细胞水平来看，Hb^A 对 Hb^s 又是不完全显性。可见，依据不同的标准，Hb^A 与 Hb^s 之间的显隐性关系不同。

（二）致死基因

致死基因（lethal gene）是指使生物体或细胞不能存活的基因。致死作用可以发生在个体发育的各个时期。1904 年，法国学者库恩奥（L. Cuenot）第一次发现黄色毛皮小鼠永远不会是纯种，该性状的遗传比例也不遵循孟德尔比例。他所做的实验如下。

$$黄鼠 \times 黑鼠 \longrightarrow 黄鼠\ 2378 : 黑鼠\ 2398 \approx 1 : 1$$

$$黄鼠 \times 黄鼠 \longrightarrow 黄鼠\ 2396 : 黑鼠\ 1235 \approx 2 : 1$$

从第一个实验来看，子代两种表型的比例为 1∶1，说明亲代黄鼠和黑鼠的基因型应该一个为杂合体，一个为纯合体。第二个实验用黄鼠雌雄杂交，子代出现了分离现象，说明黄鼠为杂合体，但子代的分离比是 2∶1，不是通常应有的 3∶1。他发现黄鼠 × 黄鼠的每窝小鼠比黄鼠 × 黑鼠的每窝小鼠都少了约 1/4，这说明比例不符合 3∶1 的原因是有一部分小鼠在胚胎期就死亡了。既然杂合体黄鼠可存活，那死去的应是纯合体的黄鼠。设黄鼠的基因型为 A^Ya，黑鼠的基因型为 aa，则上述的杂交结果可用图 3-14 解释。

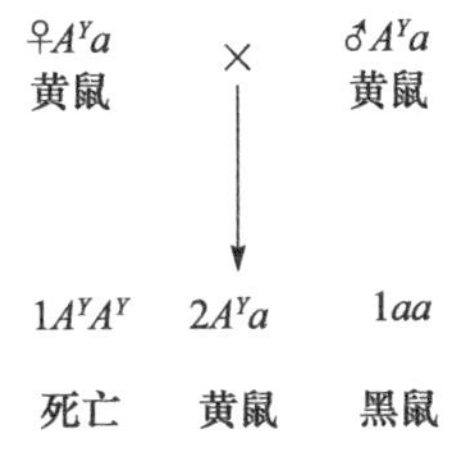

图 3-14　致死基因的遗传

这里，A^Y 基因影响了两个性状，一个是毛皮的颜色，一个是生存能力。在控制毛色时，这是一个显性基因，所以杂合体的表型是黄鼠。但 A^Y 在致死作用方面又是一个隐性基因，因为杂合体是存活的，只有纯合体才引起合子的死亡。

因此 A^Y 就是一个致死基因，在致死作用方面是一个隐性基因，这种由隐性基因导致的死亡也叫隐性致死（recessive lethal），隐性致死基因在纯合状态才会表现出致死效应。前述控制镰状细胞贫血的基因及植物的白化基因都是隐性致死的。如果是显性基因导致的死亡则称为显性致死（dominant lethal），在杂合状态下就会表现出致死效应。例如，人的结节性硬化症（tuberose sclerosis，TS）表现为皮肤的畸形生长、严重的智力缺陷和多发性肿瘤，杂合子个体在很年轻时就会丧失生命。另外，由显性基因 *RB* 引起的视网膜母细胞瘤是人类的一种眼科致死性遗传病，常在幼年发病，肿瘤会长入患者的单侧或双侧眼内玻璃体，晚期向眼外扩散，最后转移到全身而使患者死亡。

在生命早期起作用的显性致死基因，将随着个体的死亡而消失；但在性成熟以后才起作用的显性致死基因可传递到下一代。隐性致死基因由于杂合体是存活的，因此可以在群体中长期存在。

（三）复等位基因

复等位基因（multiple allele）是指在群体中存在于同源染色体相同座位上的、两个以上的、决定同一性状的基因。在正常的二倍体生物中，一个个体内最多只能有两个等位基因，也就是说复等位基因不会存在于同一个个体内。但在同一物种的不同个体内，同源染色体的相同座位上可以存在两个以上的等位基因。

例如，人的 ABO 血型就是由一组复等位基因控制的，分别是 I^A、I^B 和 i，这 3 个基因位于同源染色体的同一座位上。对于同一个人来说，最多只能具有其中的两个基因，但在人群中却可以存在三个复等位基因。其中 I^A、I^B 之间为共显性，i 为隐性基因，I^A、I^B 对 i 都为显性。这 3 个复等位基因可组成 6 种基因型，表现 4 种表型（表 3-7）。在血型遗传中，根据父母的血型及分离规律就可推测子女中可能出现的血型和不可能出现的血型。例如，父母是 AB 型血和 O 型血，子女的可能血型为 A 型或 B 型，而不可能是其他血型。所以 ABO 血型的鉴定有时也可作为亲子鉴定及排除嫌疑犯的依据之一。

表 3-7　ABO 血型的基因型、表型及可输给血型

基因型	表型	抗原（在红细胞上）	抗体（在血清中）	可输给血型
I^AI^B	AB	A、B	—	AB
I^AI^A、I^Ai	A	A	β	A、AB
I^BI^B、I^Bi	B	B	α	B、AB
ii	O	—	α、β	O、A、B、AB

因为 ABO 血型有天然抗体，所以输血时要避免抗原与抗体结合引起的凝集反应。每种血型中存在的抗原和抗体见表 3-7。在输全血时，最好是输同血型人的血。如果需要输不同血型的血，则要考虑不能发生凝集反应。A 抗原与 α 抗体、B 抗原与 β 抗体间会引起凝集反应。怎样判断某种血型可以输给哪些血型呢？一般来讲，在输血时主要考虑输入者血细胞上的抗原与接受者血浆中的抗体之间是否会发生凝集反应。因为 O 型血的血细胞上没有抗原，可以输给任何其他的血型，所以说 O 型血的人是万能输血者（表 3-7）。尽管如此，通常还是不提倡不同血型之间的输血。由于输入者的血被接受者的血液所稀释，血浆中的抗体浓度大大降低，一般不会引起明显的凝血反应，但不能完全排除与接受者血细胞上的抗原发生反应的可能性。因此，尽可能以同血型人之间输血为好。

事实上，O 型血的人也有相应的抗原，这个抗原就是 H 物质，每个人都携带有 H 物质，人体中没有抗 H 的天然抗体存在。H 物质是 ABO 血型的前体分子，它的合成受到显性基因 H 的控制，在 I^A 基因或 I^B 基因的作用下，H 物质又可进一步形成 A 抗原或 B 抗原，ABO 血型的形成过程见图 3-15。

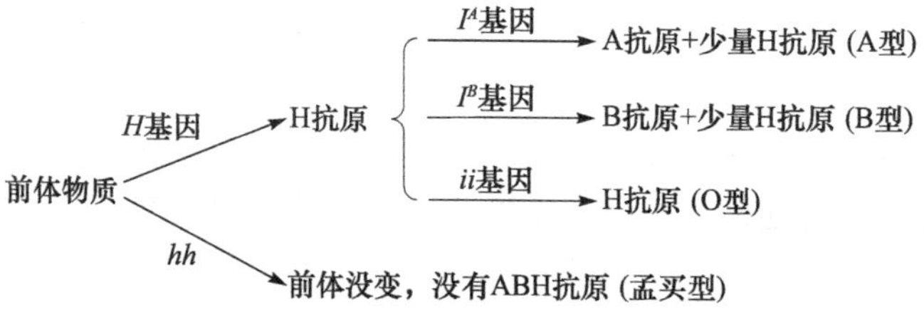

图 3-15　ABO 血型及孟买型的形成

由图 3-15 可知，带有显性基因 H 的个体能形成 H 物质，而带有隐性基因 h 的个体不能形成 H 物质，这样的血型称为孟买型（Bombay phenotype），这是因为这一罕见血型最早是在孟买发现的。孟买型血的人没有 H 物质，即使有 I^A 基因或 I^B 基因，也不能形成 A 抗原或 B 抗原。图 3-16 是一个孟买型个体的家系。在这个家系中，妇女Ⅱ-2 是 O 型血，她的丈夫（Ⅱ-1）是 A 型血，他们生了一个 AB 型血的孩子（Ⅲ-2）。

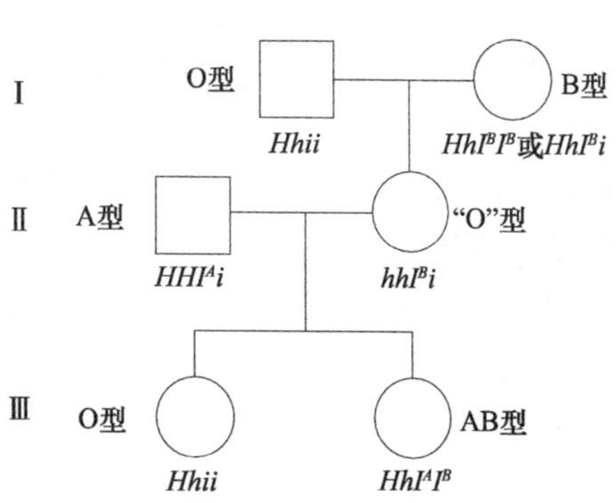

图 3-16　一个孟买型个体的家系

ABO 血型的基因型分析告诉我们，父母是 O 型血和 A 型血时，是不可能有 AB 型血的孩子的。从图 3-16 这个家系的分析来看，AB 型血的孩子的 I^B

基因只可能来自于母亲，所以这个妇女是有 I^B 基因的，但她由于没有显性基因 H，就不能形成 H 抗原，从而也不能形成 B 抗原，在表型上就表现为 O 型血。她的基因型应该是 hhI^Bi。

复等位基因在动植物中广泛存在。家兔中也有决定毛色的一系列复等位基因：C（全灰或全黑）、c^{ch}（银灰）、c^h（喜马拉雅型）、c（白化）。C 基因对后面的 3 个基因为完全显性，c^{ch} 对后面两个基因为不完全显性，c^h 对 c 为完全显性。植物中的自交不亲和基因（S）也构成了一个复等位基因系列，在烟草中发现至少有 15 个（S_1，…，S_{15}），在红三叶草中发现有 41 个（S_1，…，S_{41}）。

三、非等位基因的相互作用

两对基因是自由组合的，但这并不意味着它们在作用上没有关系。非等位基因之间可以通过相互作用影响同一性状的表现，其结果是孟德尔 9∶3∶3∶1 的表型比例被修饰。

（一）基因互作

两对非等位基因相互作用，出现了新的性状，这叫基因互作（gene interaction）。例如，鸡冠形状的遗传。鸡冠的形状很多，除了常见的单冠，还有玫瑰冠、豌豆冠和胡桃冠等（图 3-17）。如果将豌豆冠的鸡与玫瑰冠的鸡交配，F_1 代的鸡是胡桃冠。F_1 代个体间相互交配，得到 F_2 代，共有 4 种表型：胡桃冠、豌豆冠、玫瑰冠和单冠，比值大体上接近 9∶3∶3∶1（图 3-18）。从这个实验来看，F_1 代的鸡冠不像任何一个亲本，而是一种新类型，并且 F_2 代中出现了两种新类型。

玫瑰冠　豌豆冠　胡桃冠　单冠

图 3-17　鸡冠的形状

P	豌豆冠 *rrPP*	×	玫瑰冠 *RRpp*	
F_1		胡桃冠 *RrPp*		
F_2	胡桃冠 *R_P_*	玫瑰冠 *R_pp*	豌豆冠 *rrP_*	单冠 *rrpp*
	9	3	3	1

图 3-18　鸡冠形状的遗传分析

怎么解释这种遗传现象呢？假定控制玫瑰冠的基因是显性基因 *R*，控制豌豆冠的是显性基因 *P*，玫瑰冠的鸡没有显性豌豆冠基因，所以基因型是 *RRpp*；豌豆冠的鸡没有显性玫瑰冠基因，所以基因型是 *rrPP*。这两个亲本杂交，F_1 代的基因型是 *RrPp*，由于显性基因 *R* 与 *P* 相互作用，出现了一种新的性状胡桃冠。F_1 代雌雄鸡交配时形成 4 种配子，数目相等。根据自由组合定律，F_2 代应出现 4 种类型的基因型：*R_P_*、*R_PP*、*rr_P* 和 *rrpp*，比值为 9 : 3 : 3 : 1，这正好与结果中出现的胡桃冠、玫瑰冠、豌豆冠和单冠 4 种表型的比例相同。因此可以认为胡桃冠的形成是 *R* 与 *P* 的互作，而另一新性状单冠的形成是 *r* 与 *p* 互作的结果。

（二）互补作用

两对非等位的显性基因同时存在时，共同决定一种性状的发育。其中任一基因变为隐性都会导致另一种性状出现，这两个互作的基因叫作互补基因（complementary gene）。这种基因互作的类型称为互补作用（complementary effect），孟德尔 9 : 3 : 3 : 1 的表型比例被修饰为 9 : 7。

例如，香豌豆（*Lathyrus odoratus*）花色的遗传。香豌豆的白花品种 A、白花品种 B 分别与普通红花品种杂交时，F_1 代都是红花，F_2 代红花与白花的比例都为 3 : 1。但如果将白花品种 A 与白花品种 B 杂交，F_1 代全是红花，F_2 代则出现红花与白花之比为 9 : 7。这又是一种新的比例，因为有 16 种组合，应该涉及两对基因的自由组合。

从 F_1 代出现红花表型来分析，白花品种 A 与白花品种 B 在基因型上应该是不同的，应由不同的隐性基因决定。我们假定品种 A 有隐性基因 *rr*，品种 B 有隐性基因 *cc*，那么品种 A 的基因型应该是 *CCrr*，品种 B 的基因型应该是 *ccRR*。这两个品种杂交，F_1 代的基因型是 *CcRr*，由于显性基因 *C* 与显性基因 *R* 的互补作用，出现了新的性状，因此花冠为红色。F_1 代自交，F_2 代的 4 种基因型为：9/16 是 *C_R_*，3/16 是 *C_rr*，3/16 是 *ccR_*，1/16 是 *ccrr*。同样的，由于显性基因 *C* 与显性基因 *R* 间的互补作用，*C_R_* 在表型上是红花。但这两个显性基因中任一个突变为隐性时，都不能表现红花的性状，因此其余 7/16 都是白花（图 3-19）。

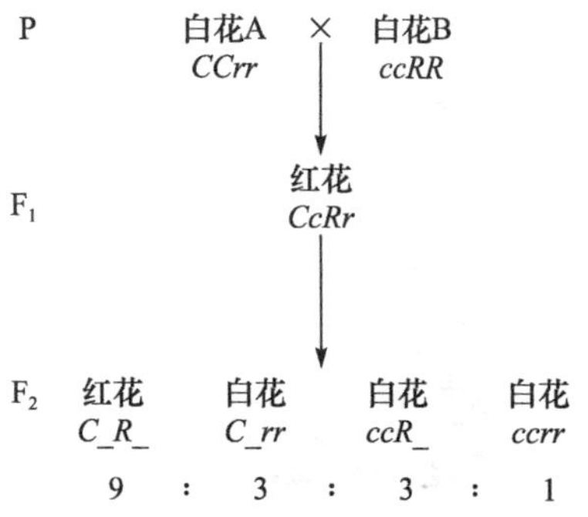

图 3-19 香豌豆花冠颜色的遗传分析

（三）上位效应

上位效应（epistasis）是指某对基因的表型效应被另一对非等位基因的表型效应所掩盖的现象。其中掩盖者称为上位基因（epistatic gene），被掩盖者称为下位基因（hypostatic gene）。上位效应又分隐性上位和显性上位。

1. 隐性上位

由隐性基因掩盖或阻碍了另一对基因的表型效应称为隐性上位（recessive epistasis）。此时，孟德尔表型比例被修饰为 9 : 3 : 4。

例如，在家兔中，将灰兔与白兔杂交，F_1 代全是灰兔，F_2 代出现了灰兔 9 : 黑兔 3 : 白兔 4 的比例（图 3-20）。这里共有 16 种组合，说明涉及两对基因的遗传。在 F_2 代中，有色

（包括灰色和黑色）与白色个体之比是 3∶1，而在有色个体内，灰色和黑色个体之比也是 3∶1，所以可以假设，有色和白色由 *C* 和 *c* 控制，灰色和黑色由 *G* 和 *g* 控制。由于灰色和黑色都属于有色，说明只有当显性基因 *C* 存在时，*G* 和 *g* 才有表型效应。也就是说，当 *C* 存在时，带有 *G* 基因的兔子表现为灰色，基因型为 *gg* 的兔子表现为黑色；但在 *cc* 个体中，由于没有 *C* 基因的存在，*G* 和 *g* 基因就无法表现表型效应，兔子是白色的。这里，*C*、*c* 基因对 *G*、*g* 基因是上位效应，而让 *G*、*g* 基因都没有表型效应的是隐性基因 *c*，所以这是隐性上位。

进一步研究发现，*C* 基因可能决定了黑色素的形成，而 *G* 和 *g* 控制黑色素在毛内的分布。没有黑色素的存在，就谈不上黑色素的分布，所以凡是 *cc* 的个体，*G* 和 *g* 的作用都无法表现。在前述的孟买型血型例子中，*hh* 的存在，使 I^A 基因或 I^B 基因不能发挥作用，这也是隐性上位效应。

2. 显性上位

由显性基因阻碍了另一对非等位基因的作用称为显性上位（dominant epistasis）。此时，孟德尔表型比例被修饰为 12∶3∶1。

例如，燕麦（*Avena sativa*）中，黑颖品系和黄颖品系杂交，F_1 代全是黑颖，F_2 代的分离比是黑颖 12∶黄颖 3∶白颖 1（图 3-21）。这里也涉及两对基因的自由组合，因为黑颖与非黑颖之比是 3∶1，在非黑颖内部，黄颖和白颖之比也是 3∶1。所以假定，基因 *B* 和基因 *b* 分别控制黑颖和非黑颖，另一对基因 *Y* 和基因 *y* 分别控制黄颖和白颖。由于黄颖和白颖是属于非黑颖的，说明没有显性基因 *B* 时，有 *Y* 基因表现黄颖，*yy* 表现白颖。但只要有一个显性基因 *B*，植株就表现黑颖，这样就能很好地说明上述杂交结果。由于是显性基因阻碍了下位基因 *Y* 和 *y* 的表型效应，因此这是显性上位。

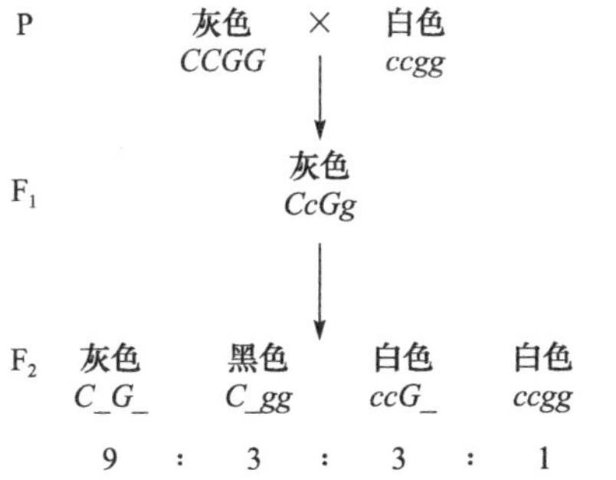

图 3-20　家兔毛色的遗传分析

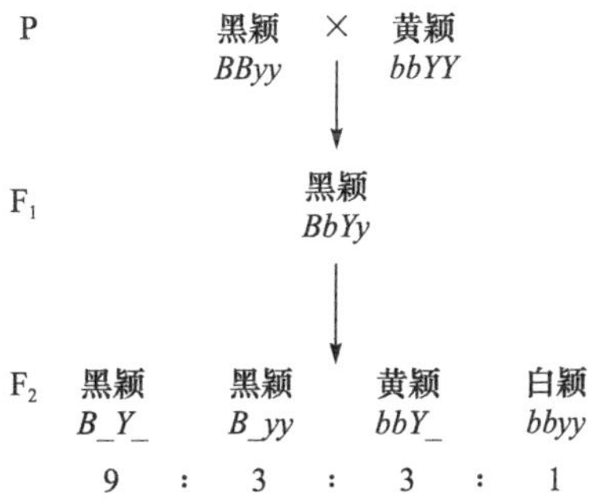

图 3-21　燕麦颖壳颜色的遗传分析

这个例子很容易理解：*B* 基因控制黑色素的形成，*Y* 和 *y* 基因分别控制黄色素与白色素的形成，黑色素颜色比较深，所以有黑色素时，有没有黄色素等就区别不出来，要没有黑色素存在，才能看出有没有黄色素或白色素。

（四）叠加作用

不同对基因互作时，对同一性状的表型具有相同的效应，这种基因互作称为叠加作用（duplicate effect）。这类表现相同作用的基因，称为叠加基因（duplicate gene）。

例如，荠菜（*Capsella bursa-pastoris*）中常见的植株为三角形蒴果，极少数植株是卵形蒴果，将这两种植株杂交，F_1 代全是三角形蒴果。F_2 代分离为 15/16 三角形蒴果，1/16 卵形蒴果。卵形蒴果的后代不再分离；三角形蒴果的后代有一部分不分离，有一部分分离为 3/4 三角形蒴果和 1/4 卵形蒴果，还有一部分分离为 15/16 三角形蒴果和 1/16 卵形蒴果。可见，上述实验中 F_2 代出现的 15∶1 比例，实际上是 9∶3∶3∶1 比例被修饰的结果，只是前三种基因型的表型相同。由此可推断有两对非等位基因决定了同一性状的表达，即每对基因中的显性基因具有使蒴果表现为三角形的相同作用，如果缺少显性基因，才表现为卵形蒴果。如用 T_1 和 T_2 表示这两个显性基因，则三角形蒴果亲本的基因型为 $T_1T_1T_2T_2$，卵形蒴果亲本的基因型为 $t_1t_1t_2t_2$，杂交结果如图 3-22 所示。

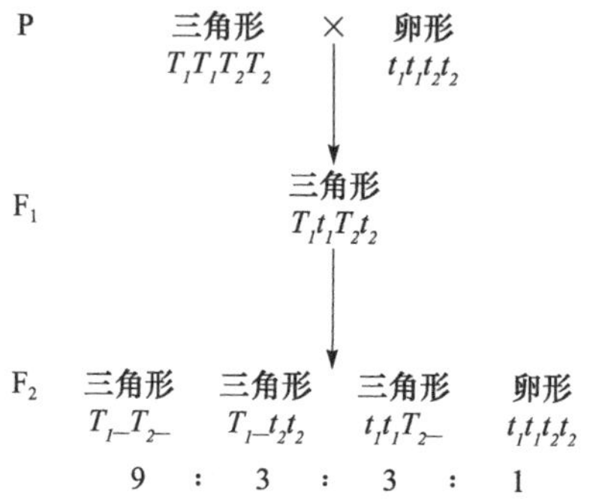

图 3-22　荠菜蒴果形状的遗传分析

实验结果也说明荠菜蒴果的形状是由双重发育途径决定的，其一由显性基因 T_1 决定，其二由显性基因 T_2 决定，每一条途径都能发育形成三角形蒴果。只有当两条途径都被纯合隐性等位基因阻断后，三角形表型才会被抑制，最终发育为罕见的卵形蒴果表型。

（五）抑制基因

有些基因本身并不能独立地表现任何可见的表型效应，但可以完全抑制其他非等位基因的作用，这类基因称为抑制基因（inhibitor）。

家蚕中有结黄茧和结白茧两种类型，把黄茧的家蚕品种跟白茧的中国品种交配，F_1 代全是黄茧，这说明中国品种的白茧是隐性。但如果把黄茧品种跟白茧的欧洲品种交配，F_1 代全是白茧，这表明欧洲品种的白茧是显性，将 F_1 代的白茧家蚕相互杂交，发现 F_2 代白茧与黄茧的比例是 13∶3，这是一种新的比例（图 3-23）。

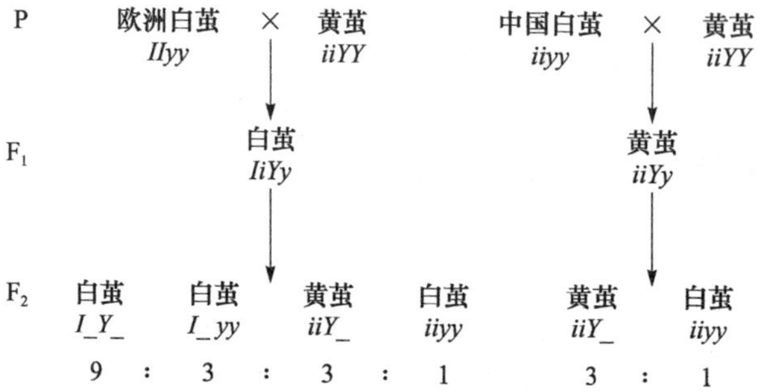

图 3-23　家蚕茧色的遗传分析

由于有 16 种组合，说明这里涉及两对基因的自由组合。设黄茧基因为 Y，白茧基因为 y，另外还有一个非等位的抑制基因 I。当有 I 时，抑制了黄茧基因 Y 的作用，使 Y 不能表现出来。只有 I 不存在时，Y 的作用才能表现。根据这样的假定，亲本黄茧品种的基因型是 $iiYY$，显性白茧的基因型是 $IIyy$，两者杂交，F_1 代为杂合体 $IiYy$，因为 I 对 Y 的抑制作用，Y 的作用不能显示出来，所以 F_1 代的表型是白茧。F_1 代的个体相互交配，F_2 代中应该 9/16 是 $I\_Y\_$，3/16 是 I_yy，3/16 是 $iiY\_$，1/16 是 $iiyy$。同样的，由于 I 对 Y 的抑制作用，因此 F_2 代的表型比是白茧 13∶黄茧 3。当黄茧品种 $iiYY$ 与中国白茧品种 $iiyy$ 杂交时，F_1 代的基因型为 $iiYy$，由于没有 I 基因的抑制，故 F_1 代的表型是黄茧。这里只有一对基因的差异，所以 F_2 代的分离比为 3∶1。

从上述几个例子可以看出，性状往往受到若干基因的影响，基因互作一般体现在表型比例的修饰上，而基因型比例是不变的，因此，发生基因互作的非等位基因仍遵循孟德尔遗传定律，是对孟德尔遗传定律的扩展。

阅读资料：哈布斯堡的下巴——欧洲贵族中的一个不完全显性性状

从中世纪到 20 世纪早期，哈布斯堡王朝统治了欧洲的许多国家，许多国家的皇帝和皇后都是该家族的成员。而哈布斯堡王朝在欧洲的权力能够得到扩张至少应部分归功于其家族的政治联姻。政治联姻也使得哈布斯堡家族的基因在欧洲扩散，随着基因的扩散，也扩散了与这些基因相关的表型。其中最著名的表型就是“哈布斯堡的下巴”。这是一种下颚骨突出的下巴，上下齿不能正常咬合，以致咀嚼困难，难以闭嘴。该性状又被称为下颌前突（mandibular prognathism），在哈布斯堡家族成员的肖像中，包括各种油画、硬币、雕像及现代的照片中，都能够见到这一性状。

这种下颌前突的性状最早出现在奥地利皇帝马西米连（Maximilian）一世（1459～1519）的肖像中（图 3-24A），马西米连的儿子菲利普（Philip）一世，与西班牙国王菲德南特（Ferdinand）和王后伊莎贝拉（Isabella）的女儿琼娜（Joanna）结了婚。此后，菲利普一世成为西班牙的国王，并在西班牙建立了哈布斯堡家族的一个分支。菲利普一世是否具有“哈布斯堡的下巴”尚不清楚，但他的儿子，查理斯（Charles）五世（1500～1558）有非常明显的下颌前突（图 3-24B），并且严重的下颌前突导致他的嘴一直是张开的。据说当他从生长的弗兰德斯第一次来到西班牙时，有个农夫曾向他大叫：“国王陛下，请合起您的嘴，这个国家的苍蝇是非常无礼的。”尽管查理斯五世患有这种疾病，但他仍是位出色的领袖，在他统治期间，西班牙成为欧洲最强大的国家。

查理斯五世退位后，他的儿子菲利普二世接任王位。肖像证明菲利普二世也有“哈布斯堡的下巴”。他的儿子菲利普三世是否具有这一性状尚不清楚。但是，菲利普三世的儿子菲利普四世（1771～1847）确定有“哈布斯堡的下巴”（图 3-24C）。西班牙画家委拉斯开兹在菲利普四世 18 岁时，为他创作了一幅出色的画像。画像中菲利普四世有着明显的下颌前突。1700 年，随着菲利普四世的儿子卡洛斯（Carlos）二世的去世，哈布斯堡家族在西班牙的这一分支也就结束了。在卡洛斯二世逝世前，他指定法国皇室的菲利普作为自己的继任者。这个菲利普是波旁王朝的成员，然而波旁王朝在几代前也曾与哈布斯堡家族通婚，因此西班牙的波旁后裔仍然遗传了“哈布斯堡的下巴”，20 世纪早期的一位西班牙国王阿方索（Alfonso）十三世也有这一性状（图 3-24D）。

哈布斯堡家族 500 年来的肖像说明了下颌前突性状是由一个不完全外显且表现度可变的显性基因引起的。因为这一性状在男性和女性中有不同程度的表现。虽然已经证明该性状是典型的显性基因控制的性状，但是它有时会跳过一个世代，因此该基因可能是不完全外显的。这一基因效应的生理学基础目前还不清楚。

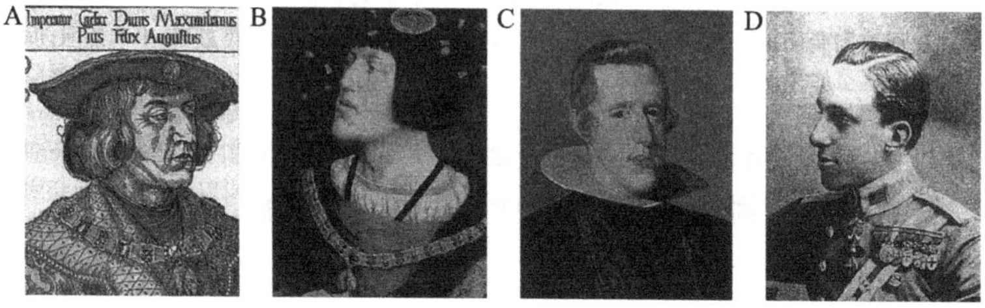

图 3-24 哈布斯堡的下巴的遗传（引自 Snustad and Simmons，2011）

A. 奥地利皇帝马西米连一世；B. 查理斯五世；C. 菲利普四世；D. 阿方索十三世

第 3 章
习题答案

习题

1. 在豌豆中，蔓茎（T）对矮茎（t）是显性，绿豆荚（G）对黄豆荚（g）是显性，圆种子（R）对皱种子（r）是显性。现有两种杂交组合，问它们后代的表型如何？

① $TTGgRr \times ttGgrr$；② $TtGgrr \times ttGgrr$。

2. 小麦毛颖基因 P 为显性，光颖基因 p 为隐性，写出下列杂交组合的亲本基因型。

（1）毛颖 × 毛颖，后代全部毛颖。

（2）毛颖 × 毛颖，后代 3/4 毛颖：1/4 光颖。

（3）毛颖 × 光颖，后代 1/2 毛颖：1/2 光颖。

3. 真实遗传的紫茎缺刻叶植株（$AACC$）与真实遗传的绿茎马铃薯叶植株（$aacc$）杂交，F_2 代结果如下：紫茎缺刻叶 247 株、紫茎马铃薯叶 90 株、绿茎缺刻叶 83 株、绿茎马铃薯叶 34 株。

（1）请进行 χ^2 测验。

（2）这两对基因是否是自由组合的?

4. 如果两对基因 A 和 a、B 和 b 是独立分配的，而且 A 对 a、B 对 b 是显性，则

（1）从 $AaBb$ 个体中得到 AB 配子的概率是多少?

（2）$AaBb$ 与 $AaBb$ 杂交得到 $AABB$ 合子的概率是多少?

（3）$AaBb$ 与 $AaBb$ 杂交得到 AB 表型的概率是多少?

5. 有一对夫妇打算生 5 个孩子：①5 个孩子都是儿子的概率是多少？②5 个孩子的性别都一样的概率是多少？③5 个孩子中 1 个是儿子 4 个是女儿的概率是多少?

6. 遗传性共济失调（hereditary ataxia）的临床表型是四肢运动失调、木讷、眼球震颤。

该病有以显性方式遗传的，也有以隐性方式遗传的。下面是该病患者的一个家系，请分析可能是哪一种遗传方式，并注明家系中各成员的基因型（该病由显性基因引起符号用 A 表示，由隐性基因引起用符号 a 表示）。

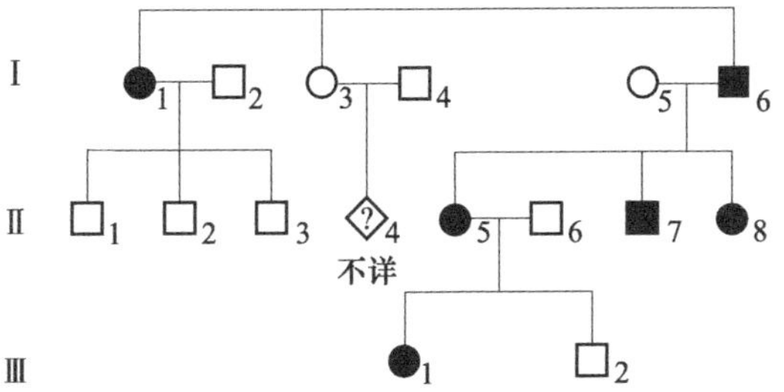

7. 下面家系的个别成员患有极为罕见的病，已知该病是以隐性方式遗传的，所以患者个体的基因型是 aa。

（1）请注明Ⅰ-1、Ⅰ-2、Ⅱ-4、Ⅲ-2、Ⅳ-1 和Ⅴ-1 的基因型。这里Ⅰ-1 表示第一代第一人，余类推。

（2）Ⅴ-1 个体的弟弟是杂合体的概率是多少？

（3）Ⅴ-1 个体的两个妹妹是杂合体的概率是多少？

（4）如果Ⅴ-1 与Ⅴ-5 结婚，那么他们第一个孩子有病的概率是多少？

（5）如果他们第一个孩子已经出生，而且已知有病，那么他们第二个孩子有病的概率是多少？

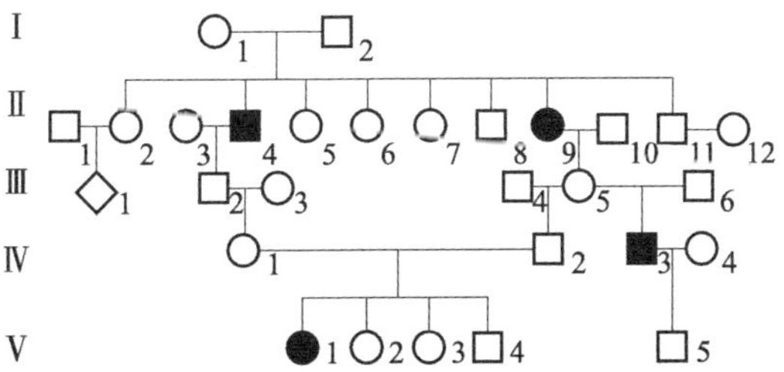

8. 从事玉米研究的遗传学家有 3 个纯种品系，其基因型分别是 $aaBBCC$、$AAbbCC$、$AABBcc$。由等位基因 a、b、c 所决定的性状会提高玉米的市场价值，由此该专家想培育出纯种品系 $aabbcc$。请设计一个有效的杂交方案，并写出得到 $aabbcc$ 个体的概率（假定 3 个基因是独立分配的，玉米可以方便地自交或杂交）。

9. 怎样理解基因型、表型及环境三者之间的关系？

10. 一名 AB 型血的男子与一名 A 型血的女子结婚，若此女子的父亲为 O 型血，问这对夫妇的孩子预期会有怎样的血型？

11. 如果父亲的血型是 B 型，母亲是 O 型，有一个孩子是 O 型，问第二个孩子是 O 型的概率是多少？是 B 型的概率是多少？是 A 型或 AB 型的概率是多少？

12. 一名女子和一名男子结婚，生了 4 个孩子，基因型如下：$iiRRL^ML^N$、$I^AiRrL^NL^N$、

$iiRRL^NL^N$、$I^BirrL^ML^M$，请问这对夫妻的基因型是什么？

13. 兔子有一种病，叫作 Pelger 异常。有这种病的兔子并没有什么严重的症状，就是某些白细胞的核不分叶。如果把患有典型 Pelger 异常的兔子与纯质正常的兔子杂交，下一代有 217 只显示 Pelger 异常，237 只正常。请分析 Pelger 异常的遗传基础。

14. 当有 Pelger 异常的兔子相互交配时，得到的下一代中 223 只正常，439 只显示 Pelger 异常，39 只极度病变。极度病变的个体除了有不正常的白细胞外，还显示骨骼系统畸形，出生后不久就几乎全部死亡。这些极度病变的个体的基因型是怎样的？为什么只有 39 只，你如何解释？

15. 在小鼠中有一复等位基因系列：A^Y= 黄色，纯质致死；A= 鼠色，野生型；a= 非鼠色（黑色）。这一复等位基因系列位于常染色体上，列在前面的基因对列在后面的基因为显性。A^YA^Y 个体在胚胎期死亡。现有下列 5 个杂交组合，问它们子代的表型如何？

① A^Ya（黄色）×A^Ya（黄色）；② A^Ya（黄色）×A^YA（黄色）；③ A^Ya（黄色）×aa（黑色）；④ A^Ya（黄色）×AA（鼠色）；⑤ A^Ya（黄色）×Aa（鼠色）。

16. 假定进行很多 $A^Ya \times Aa$ 的杂交，平均每窝生 8 只小鼠，问在同样条件下，进行很多 $A^Ya \times A^Ya$ 的杂交，平均每窝生几只小鼠？

17. Nilsson-Ehle 用两种燕麦杂交，一种是白颖，一种是黑颖，两者杂交 F_1 代是黑颖。F_2 代（$F_1 \times F_1$）共得 560 株，其中黑颖 418、灰颖 106、白颖 36。

（1）请说明颖壳颜色的遗传方式。

（2）写出 F_2 代中白颖和灰颖植株的基因型。

（3）请进行 χ^2 测验。实得结果符合你的理论假定吗？

18. 白羽鸡与黑羽品系杂交，F_1 代全是棕色的，F_2 代中 9/16 为棕色，3/16 为黑色，4/16 为白色。问：

（1）这一杂交中共涉及几对等位基因？

（2）基因间发生了怎样的互作？

（3）写出亲本、F_1 代及 F_2 代的基因型。

19. 在小鼠中，已知黄鼠基因 A^Y 对正常的野生型基因 A 是显性，另外还有一个短尾基因 T 对正常野生型基因 t 也是显性。这两个基因在纯合态时都是胚胎期致死，它们相互之间是独立分配的。

（1）问两个黄色短尾个体相互交配，子代的表型比例怎样？

（2）假定在正常情况下，平均每窝有 8 只小鼠，问在这样一个交配中，平均每窝有几只小鼠？

第4章 连锁定律

本章知识主线：本章围绕连锁基因，先介绍了连锁遗传的现象、解释、遗传机制，以及连锁基因的基因定位方法，然后讲述了在基因定位上比较特殊的人类及粗糙脉孢霉的连锁遗传分析，最后介绍了与遗传图谱制作有关的几种分子标记。

1900年孟德尔遗传定律被重新发现后，引起了生物学界的广泛重视。人们用更多的动植物材料进行杂交试验，获得了大量的遗传资料。在两对相对性状的遗传中，有的符合自由组合定律，有的不符合，因此不少学者对孟德尔遗传定律曾一度产生怀疑。

就在这个时期，摩尔根（T. H. Morgan）以果蝇为试验材料对此问题开展了深入细致的研究，最后确认所谓不符合自由组合定律的一些例证，实际上不属于独立遗传，而属于另一类遗传，即连锁（linkage）遗传。于是继孟德尔揭示的两条遗传定律之后，摩尔根揭示了遗传学中的第三条遗传定律——连锁定律。摩尔根还根据自己的研究成果创立了基因理论（theory of the gene），把抽象的基因概念落实在染色体上，极大地发展了遗传学。摩尔根生于1866年，由于其在遗传学上的成就，于1933年荣获诺贝尔生理学或医学奖，他是第一位因为遗传学研究而获此殊荣的科学家。

第一节 连锁与交换现象

一、连锁遗传现象的发现

连锁遗传现象是贝特生（W. Bateson）和庞尼特（R. C. Punnett）于1906年首先发现的。贝特生用香豌豆做了两对性状的杂交研究，试验的杂交亲本，一个是紫花、长花粉粒，另一个是红花、圆花粉粒。已知紫花（P）对红花（p）为显性，长花粉粒（L）对圆花粉粒（l）为显性，杂交试验的结果如图4-1所示。

P　　紫花、长花粉粒×红花、圆花粉粒
　　$PPLL$　↓　$ppll$

F_1　　紫花、长花粉粒
　　$PpLl$
　　↓ ⊗

F_2	紫、长	紫、圆	红、长	红、圆	总数
	$P\_L\_$	P_ll	$ppL\_$	$ppll$	
实际个体数	4831	390	393	1338	6952
按9∶3∶3∶1推算的理论数	3910.5	1303.5	1303.5	434.5	6952

图4-1　香豌豆两对相对性状的遗传试验（一）

从试验结果可以看出，F_2代中虽然也出现4种表型，但并不符合独立遗传的9∶3∶3∶1的分离比例。不仅与9∶3∶3∶1的理论数相差较大，而且其中亲本性状组合（紫、长和红、圆）的实际数明显多于理论数，而重新组合类型（红、长和紫、圆）的实际数却明显少于理论数，这很难用独立分配规律来解释。

在这个杂交试验中，其中一个亲本的两个性状都是显性，而另一个亲本的两个性状都是隐性。贝特生设计了另一个两对性状的杂交试验，两个杂交亲本分别是紫花、圆花粉粒和红花、长花粉粒，即每个亲本都有一个显性性状和一个隐性性状。杂交试验结果如图4-2所示。

P　紫花、圆花粉粒×红花、长花粉粒

PPll　　*ppLL*

↓

F_1　紫花、长花粉粒

PpLl

↓ ⊗

F_2	紫、长	紫、圆	红、长	红、圆	总数
	*P_L_*	*P_ll*	*ppL_*	*ppll*	
实际个体数	226	95	97	1	419
按9∶3∶3∶1推算的理论数	235.8	78.5	78.5	26.2	419

图4-2　香豌豆两对相对性状的遗传试验（二）

这一试验结果与前一试验基本相同，F_2代的4种表型比例仍然与9∶3∶3∶1的独立遗传比例不相符，并且仍然是亲组合（紫、圆和红、长）的实际数多于理论数，重组合（紫、长和红、圆）的实际数少于理论数，同样不能用独立遗传规律来解释。

以上两个试验有两个共同的特点：①在F_2代的4种表型中，亲组合比理论值多，重组合比理论值少，不能用独立分配规律来解释；②原来为同一亲本所具有的两个性状，在F_2代中常常有连在一起遗传的倾向，这种现象称为连锁遗传（linkage inheritance）。

所不同的是，在第一个试验中，是两个显性性状集中在一个亲本中，两个隐性性状集中在另一个亲本中。而第二个试验是每个亲本中都有一个显性性状和一个隐性性状。遗传学上把第一种杂交组合称为相引相（coupling phase），把第二种杂交组合称为相斥相（repulsion phase）。

贝特生和庞尼特从他们的杂交试验中发现了连锁遗传的现象，但当时他们并未对此做出圆满的解释，直到后来摩尔根和他的同事以果蝇为材料做杂交试验，才给出解释并发现了遗传学上的第三个规律——连锁定律。

二、连锁遗传的解释

对于上述两个试验结果，先就单个性状进行分析。

相引相：紫花∶红花＝(4831+390)∶(1338+393)≈3∶1

　　　　长花粉粒∶圆花粉粒＝(4831+393)∶(1338+390)≈3∶1

相斥相：紫花：红花 =(226+95) : (97+1)≈3 : 1

长花粉粒：圆花粉粒 =(226+97) : (95+1)≈3 : 1

可见，无论是相引相还是相斥相，F_2 代群体中紫花对红花，长花粉粒对圆花粉粒的分离比都接近 3 : 1。这说明，仅就每个单位性状而言，仍然符合分离规律。但若同时考虑两对相对性状，则不符合独立分配规律。

我们知道，在独立遗传的情况下，F_2 代群体中 9 : 3 : 3 : 1 的分离比例是以 F_1 代形成 4 种配子且数量相等为前提条件的。但在这里，F_2 代群体的表型分离比例并不符合独立分配规律，那 F_1 代产生的配子种类和比例又是怎样的呢？摩尔根以果蝇为材料用测交法来检验了相似试验中 F_1 代产生的配子种类和比例。通过前一章的学习我们知道，测交后代的表型种类及比例就是 F_1 代产生的配子种类和比例的直接反映。

果蝇中有两对相对性状，一对是红眼（pr^+）和紫眼（pr），另一对是长翅（vg^+）和残翅（vg），摩尔根用双显性红眼长翅果蝇（$pr^+pr^+vg^+vg^+$）与双隐性紫眼残翅果蝇（$prprvgvg$）进行杂交，F_1 代的杂合雌果蝇再与双隐性的雄果蝇测交，试验结果如图 4-3 所示。

结果显示，F_1 代虽然形成了 4 种配子，但数目不等，不符合 1 : 1 : 1 : 1 的比例，而且两种亲本型的配子（pr^+vg^+ 和 $prvg$）多，两种重组型的配子（pr^+vg 和 $prvg^+$）少，亲本型的两种配子数大致相等，为 1 : 1，重组型的两种配子数也大致相等，为 1 : 1。

接下来，摩尔根又做了相斥相的杂交试验，并且也将 F_1 代进行了测交，结果如图 4-4 所示。相斥相的试验结果与相引相基本相同，也是 F_1 代的 4 种配子数不相等，而且两种亲本型配子（pr^+vg 和 $prvg^+$）数多，两种重组型配子（pr^+vg^+ 和 $prvg$）数少，亲本型的两种配子和重组型的两种配子比值分别都为 1 : 1。这说明由于 F_1 代产生的 4 种配子数不相等，因此在 F_2 代不能得到 9 : 3 : 3 : 1 的分离比。由于亲本型的配子数多于重组型，表明原来为同一亲本所具有的两对非等位基因不是独立分配的，而常常是连在一起遗传的，于是就出现了连锁遗传现象。

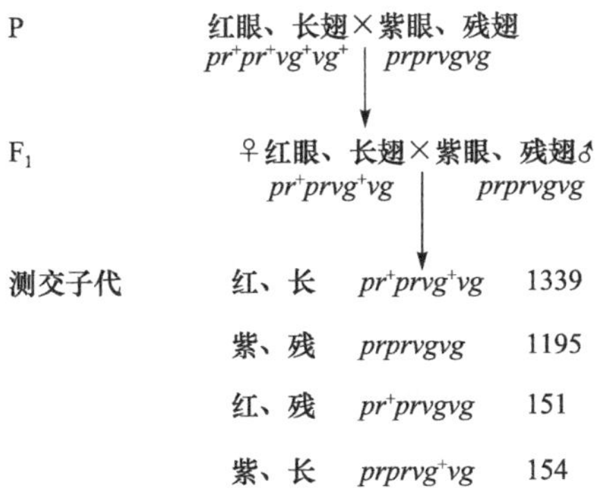

图 4-3 果蝇两对相对性状相引相的遗传试验

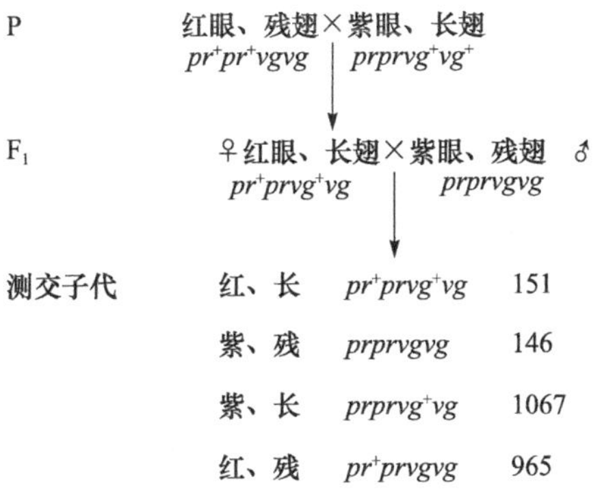

图 4-4 果蝇两对相对性状相斥相的遗传试验

三、连锁与交换的遗传机制

（一）连锁的遗传机制

在上述试验中，为何原来为同一亲本所具有的两对非等位基因常常连在一起遗传呢？

摩尔根依据对果蝇遗传的研究，提出了基因连锁的观点，他指出具有连锁遗传关系的基因是位于同一染色体上的非等位基因，即控制眼色和翅长的两对基因是位于一对同源染色体上的，是连锁基因。因此在相引相中 pr^+ 和 vg^+ 连锁在一条染色体上，而 *pr* 和 *vg* 连锁在同源的另一染色体上，连锁在一条染色体上的基因随着这条染色体进入同一配子，受精后又随着染色体进入同一合子，于是连锁基因所控制的性状就总在同一个体中出现，从而表现出连锁遗传现象。

对于连锁的表示法，是用一条短横线表示一条染色体，然后将连锁的基因写在这条短横线的上方或下方，如果蝇眼色和翅长的双因子杂合体可表示为 $\frac{prvg}{pr^+vg^+}$。为了书写方便，也可表示为 $pr^+vg^+/prvg$，应注意的是斜线两边的基因顺序应保持一致，在不引起混淆的情况下，野生型基因可仅用“+”表示。

（二）交换的遗传机制

既然基因连锁在一条染色体上，又为何会有重组类型的出现，而且两种亲本型配子比值为 1∶1，两种重组型配子的比值也为 1∶1 呢？摩尔根认为是 F_1 代在减数分裂时，部分性母细胞中的同源染色体在两对基因间发生了非姊妹染色单体的交叉与交换（crossing over），随着染色单体的交换基因也发生了交换，交换后 pr^+ 和 *vg*、*pr* 和 vg^+ 就分别位于同一染色体上了，成为重组型，并且随着同源染色体分开而分别进入不同的配子，这样就形成了两种数目相等的重组型配子。而两对基因间没有发生交换的性母细胞在减数分裂后，所形成的就是两种数目相等的亲本型配子。

既然相引相和相斥相的 F_1 代都能产生重组型配子，那为什么重组型配子数总是比亲本型的少呢？这要从减数分裂的全过程来看，现以玉米 9 号染色体上的 *Cc* 和 *Shsh* 两对连锁基因为例来加以说明（图 4-5）。F_1 代基因型为 *CSh*/*csh*，当它进行减数分裂产生配子时，9 号染色体的两条同源染色体配对，然后在非姊妹染色单体间发生交换。交换有两种情况，一种发生在 *Cc* 和 *Shsh* 两对基因之外，最后只形成两种亲本型配子（*CSh* 和 *csh*）。另一种情况是交换正好发生在 *Cc* 和 *Shsh* 两对基因之间，这样所形成的配子中，半数是亲本型（*CSh* 和 *csh*），半数是重组型（*Csh* 和 *cSh*）。性母细胞是大量的，假设有 40% 的性母细胞是前一种交换形式，60% 的性母细胞是后一种交换形式，最后则有 70% 的配子为亲本型，30% 的配子为重组型，亲本型多于重组型。假如 100% 的性母细胞都在 *Cc* 和 *Shsh* 两对基因之间发生了交换，则最后亲本型和重组型配子各占一半，因此，重组型配子最多只占 50%，不会超过这个值。但是这种情况是很难发生的，几乎不可能，而只要有性母细胞在 *Cc* 和 *Shsh* 两对基因之外发生交换，最后一定是亲本型配子数多于重组型配子数。

（三）交换及其发生机制

同一染色体上相互连锁的基因间为何会出现交换进而导致重组型配子的出现呢？在摩尔根等确立遗传的染色体学说之前，让森斯（F. A. Janssens）根据对两栖类和直翅目昆虫减数分裂的观察，提出了一个假设，称为交叉型假说（chiasmatype hypothesis）。这个假说有以下两个要点。

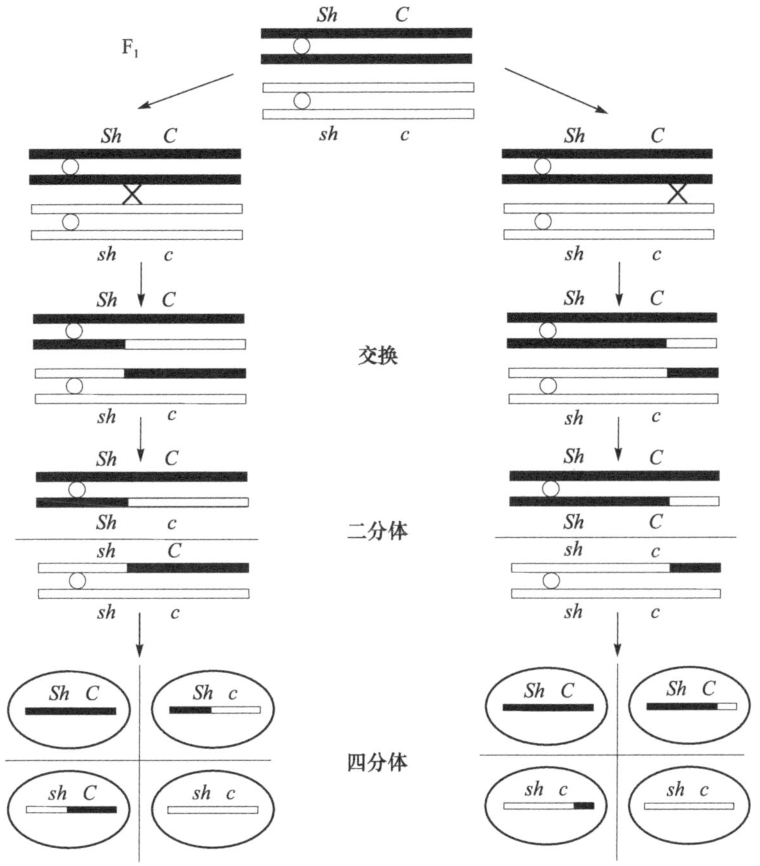

图 4-5 重组型配子的形成过程

1）在减数分裂前期，尤其是双线期，配对中的染色体不是简单地平行，而是在某些点上显出交叉缠结的图像。每一个这种图像称为一个交叉（chiasma），是同源染色体间对应片段（homologous segment）发生交换的地方（图 4-6）。

2）相互连锁的两个基因位于同一染色体的不同位置，如果这两个位置之间发生同源染色体对应片段间的交换，就会导致这两个连锁基因的重组（recombination）。

这个假说的核心是：交叉是交换的结果，而不是交换的原因，也就是说，遗传学上的交换发生在细胞学上的交叉出现之前。大多数遗传学家相信，交叉仅仅是实际发生的交换的残余痕迹，是已经交换的染色单体在减数分裂前期保持的彼此缠绕。

1931 年，克赖顿（H. Creighton）和她的老师著名遗传学家麦克林托克（B. McClintock）报道了染色体交换和遗传重组的实验证据。她们利用玉米有染色体畸变的 9 号染色体进行实验，这条染色体带有色素基因 *C* 和糯质基因 *wx*，另外在其短臂上带有一个扭结（knob），在长臂上附加了 8 号染色体的一个片段。在正常的 9 号染色体上没有扭结和附加片段。

她们用基因型为 *Cwx*/*cWx* 的杂合体与双隐性纯合体 *cwx*/*cwx* 测交，其中连锁基因 *Cwx* 所在的染色体就是带有扭结和附加片段的畸变染色体。图 4-7 是杂合体的染色体构型。

如果杂合体植株发生遗传重组，那么它将产生 4 种配子，测交后代将有 4 种表型。实验结果确实产生了 4 种测交子代，克赖顿等根据表型将重组型和亲本型分开进行细胞学检查，发现所有非重组型保留了亲本的染色体构型，而所有的重组型染色体构型如图 4-8 所示。

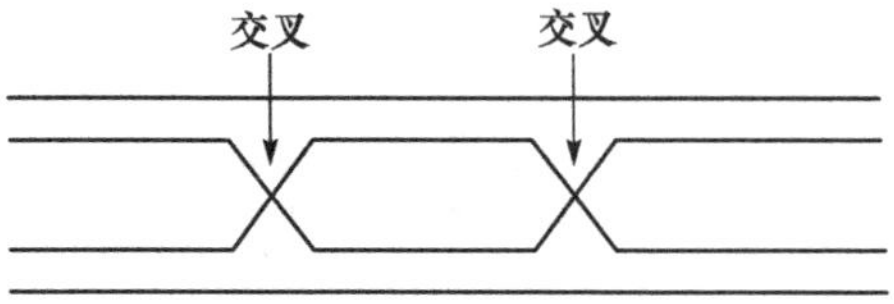

图 4-6 减数分裂时期同源染色体的交叉现象

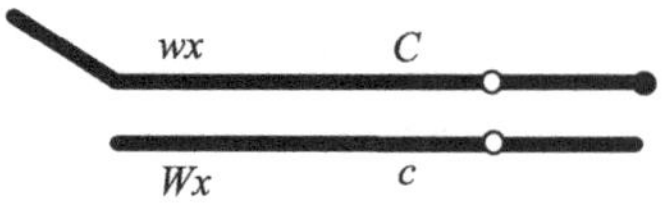

图 4-7 杂合体的染色体构型

图 4-8 重组型染色体构型

这个实验证实了 *Cc* 与 *WXwx* 之间的重组确实伴随着染色体之间的交换，从而为染色体的交换提供了细胞学上的证据。同样，在 1931 年斯特恩（C. Stern）以果蝇为材料也直接观察证实了交换的发生。这些发现有力地证明了重组是配对染色体间发生交换的结果。

四、完全连锁和不完全连锁

所谓完全连锁（complete linkage），是指同源染色体的两个非等位基因间不发生非姊妹染色单体间交换的连锁遗传，即这两个非等位基因总是连在一起遗传的现象。在生物界中，完全连锁的情况是很少见的，极个别的例子存在于果蝇的雄性和家蚕的雌性中，现以果蝇为例来说明。

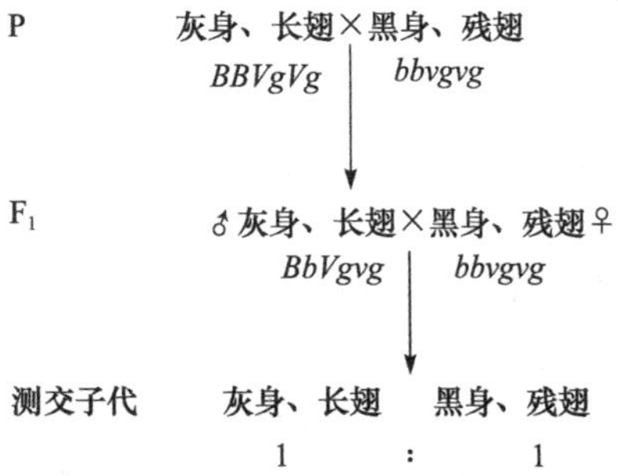

图 4-9 果蝇的完全连锁

摩尔根等用纯种灰身长翅果蝇与纯种黑身残翅果蝇交配，F_1 代都是灰身长翅的，由此可以推出，果蝇的灰身（*B*）对黑身（*b*）是显性；长翅（*Vg*）对残翅（*vg*）是显性。所以，纯种灰身长翅果蝇的基因型与纯种黑身残翅果蝇的基因型应该分别是 *BBVgVg* 和 *bbvgvg*，F_1 代的基因型应该是 *BbVgvg*（图 4-9）。摩尔根又让 F_1 代的雄果蝇 *BbVgvg* 与双隐性的雌果蝇 *bbvgvg* 测交，测交结果只出现了两种亲本类型：灰身长翅（*BbVgvg*）和黑身残翅（*bbvgvg*），并且两者的数量各占 50%。

由于测交后代的类型和数目可以反映杂种个体所形成的配子类型和数目，因此，上述测交结果表明，F_1 代雄蝇只形成了 *Bvg* 和 *bVg* 两种类型的雄配子，也就是说 *Bb* 和 *Vgvg* 两对非等位基因之间完全没有交换发生，是完全连锁在一起遗传的，因此测交后代只出现了两种亲本型个体，而且数目相等。从现象上看，与一对等位基因的遗传类似。

不完全连锁（incomplete linkage）是指同源染色体上的非等位基因间或多或少地发生了非姊妹染色单体间的交换。这样 F_1 代将产生 4 种类型的配子，亲本型多，重组型少，在测交后代中大部分为亲组合，少部分为重组合。例如，前面所介绍的香豌豆等的连锁遗传现象就是不完全连锁。

第二节　基因定位与连锁遗传图

一、交换值及其测定

（一）交换值

由于减数分裂时同源染色体片段的交换，在非姊妹染色单体间发生重组形成重组型配子，重组型配子占总配子数的百分比称为重组值（recombination value）或重组率（recombination frequency）。重组值通常也称为交换值（crossing-over value），交换值即两基因间发生交换的次数与总配子数的平均比率。但严格说来，交换值不能等同于重组值，因为非等位基因间可能会发生多次交换，但不一定形成重组型配子，用重组值代表交换值会造成低估。

重组值是可以测定的，但交换值只不过是一个理论上的数值，因此通常用重组值来估算交换值，估算公式如下。

$$交换值=\frac{重组型配子}{总配子数}\times 100\%$$

（二）交换值的测定

1. 测交法

该法是将杂种 F_1 代与隐性纯合体测交，然后根据测交子代的表型种类和数目来计算重组型配子和亲本型配子的数目。

例如，用玉米籽粒的有色饱满（*CCShSh*）与无色凹陷（*ccshsh*）杂交，杂合体 F_1 代再与双隐性亲本测交，测交结果如图 4-10 所示。

P　　*CCShSh*×*ccshsh*
↓
F_1　　*CcShsh*×*ccshsh*
↓

测交子代	*CcShsh*	*Ccshsh*	*ccShsh*	*ccshsh*
实际个体数	4032	149	152	4035

图 4-10　玉米两对连锁基因的测交试验

可以求得：重组型配子数 =149+152=301，总配子数 =4032+149+152+4035=8368。

$$交换值=\frac{重组型配子}{总配子数}\times 100\%=\frac{301}{8368}\times 100\%=3.6\%$$

2. 自交法

利用测交法测定交换值因作物的不同而难易程度不同。像玉米这样的作物属于比较容易的，它授粉方便，一次授粉能得到大量种子。但是像小麦、水稻、豌豆及其他自花授粉植物进行测交就比较困难，它们不仅去雄和授粉比较困难，而且进行一次授粉只能得到少量种子。因此这类植物在测定交换值时不是利用测交结果，而是利用自交结果（F_2 代）。利用自交估算交换值的方法很多，这里只介绍其中的一种。

前述香豌豆连锁遗传的资料就是利用自交方法获得的。现以其相引相为例（图 4-1）来说明估算交换值的理论依据和具体方法。香豌豆的 F_2 代有 4 种表型，可以推出它的 F_1 代形成了 4 种配子，其基因型为 *PL*、*Pl*、*pL* 和 *pl*。假定各种配子的比率分别为 *a*、*b*、*c*、*d*，经过自交而组合起来的 F_2 代结果自然是这些配子的平方，即（aPL：bPl：cpL：dpl）^{2}，其中表型为红花、圆花粉粒的基因型只有一种，即纯合双隐性 *ppll*，其个体数是 d 的平方，即 $d \times d = d^2$。反过来，F_2 代中 *ppll* 的 F_1 代配子必然是 *pl*，其频率为 d^2 的开方，即 d。本例中 *ppll* 的个体数 1338 为总数 6952 的 19.2%，其 F_1 代配子 *pl* 的频率为 0.44，即 44%。配子 *PL* 同 *pl* 的频率是相等的，也应为 44%，它们在相引相中都是亲本型。那么重组型配子 *Pl* 和 *pL* 的频率就各为（50−44）%=6%，因此 F_1 代形成的 4 种配子比率是 44*PL*：6*Pl*：6*pL*：44*pl*。交换值等于两种重组型配子频率之和，那么交换值就为 6%+6%=12%。这是估算相引相交换值的方法，对于相斥相的交换值也可用同样方法进行计算。

（三）交换值的意义

1. 交换值的变动幅度为 0～50%，可据此判断连锁类型

当交换值为 0 时，说明在两个连锁的非等位基因间没有发生非姊妹染色单体间的交换，这两个基因是完全连锁。如果交换值大于 0 而小于 50%，说明同源染色体上的非等位基因间或多或少地发生了非姊妹染色单体间的交换，这两个基因是不完全连锁。倘若交换值等于 50%，则重组型配子与亲本型配子的数量相同，杂合的 F_1 代将形成 4 种数量相等的配子，在 F_2 代 4 种表型的比值将为 9：3：3：1，表现出的是独立遗传现象。

2. 交换值的大小可反映基因连锁的强度

交换值越大，说明在两个连锁的非等位基因之间发生交换的孢子母细胞数越多，两对基因越不容易连在一起遗传，基因间的连锁强度越小；反之，当连锁基因间的连锁强度越大时，在两基因间发生交换的孢子母细胞数就越少，交换值就越小。

3. 可用交换值表示基因在染色体上的距离

交换值具有相对稳定性。虽然年龄、性别、温度等条件都会影响交换值，但对于同一生物来讲，在同样的外界环境下，在生物正常的生长条件下，交换值是相对稳定的。

连锁基因间相距越远，在它们之间发生交换的机会就越大，发生交换的孢子母细胞数就越多，交换值也就越大；连锁基因间的距离越近，在它们之间发生交换的孢子母细胞数越少，交换值就越小。由于交换值的大小与基因在染色体上的距离成正比，因此通常用交换值来表示基因在染色体上的相对距离，也叫遗传距离（genetic distance）或图距（map distance）。一般定义，交换值为 1%，则基因间相距 1 个遗传单位（map unit）或一个图距。例如，*Cc* 和 *Shsh* 这两对连锁基因的交换值为 3.5%，则可说它们在玉米 9 号染色体上相距 3.5 个遗传单位。

二、基因定位

试验已证明，基因在染色体上各有一定的位置。基因定位就是确定基因在染色体上的排列顺序和基因间的遗传距离。而它们之间的距离可用交换值来表示，因此，只要准确估算出交换值，并确定基因在染色体上的相对位置就可以把基因标示在染色体上。基因定位的方法主要有两点测验法和三点测验法，目前常用的方法为三点测验法。

（一）两点测验法

两点测验法是最基本的基因定位方法，它是以两对基因为基本单位来计算交换值的。

首先通过一次杂交得到 F_1 代，再利用 F_1 代与双隐性亲本测交来确定两对基因是否连锁，如果连锁，再计算交换值来确定它们在同一染色体上的位置。

例如，已知玉米籽粒的有色（*C*）对无色（*c*）为显性，饱满（*Sh*）对凹陷（*sh*）为显性，非糯性（*Wx*）对糯性（*wx*）为显性，那应该如何通过两点测验来对这三对基因进行基因定位呢？两点测验只能以两对基因为单位测定，因此先进行 *C* 与 *Sh* 之间的两点测验，确定这两对基因之间是否连锁。用有色、饱满（*CCShSh*）的纯种玉米与无色、凹陷（*ccshsh*）的纯种玉米杂交，得到 F_1 代，F_1 代再与无色、凹陷（*ccshsh*）的双隐性纯合体测交，得到测交子代（表 4-1）。

表 4-1 玉米的三个两点测验的结果

试验类别	亲本及子代	表型及基因型		种子粒数
		种类	组合类别	
*C-Sh*之间	亲本	有色、饱满（*CCShSh*）× 无色、凹陷（*ccshsh*）		
	测交子代	有色、饱满（*CcShsh*）	亲组合	4032
		无色、饱满（*ccShsh*）	重组合	152
		有色、凹陷（*Ccshsh*）	重组合	149
		无色、凹陷（*ccshsh*）	亲组合	4035
*Sh-Wx*之间	亲本	糯性、饱满（*wxwxShSh*）× 非糯性、凹陷（*WxWxshsh*）		
	测交子代	糯性、饱满（*wxwxShsh*）	亲组合	5991
		非糯性、饱满（*WxwxShsh*）	重组合	1531
		糯性、凹陷（*wxwxshsh*）	重组合	1488
		非糯性、凹陷（*Wxwxshsh*）	亲组合	5885
*C-Wx*之间	亲本	有色、非糯性（*CCWxWx*）× 无色、糯性（*ccwxwx*）		
	测交子代	有色、非糯性（*CcWxwx*）	亲组合	2542
		有色、糯性（*Ccwxwx*）	重组合	717
		无色、非糯性（*ccWxwx*）	重组合	739
		无色、糯性（*ccwxwx*）	亲组合	2716

测交试验结果表明，亲组合多重组合少，说明这两对基因是连锁的，计算其交换值为

$$[(152+149)\div(4032+149+152+4035)]\times 100\%=3.6\%$$

即 *C-Sh* 之间相距 3.6 个图距。

再进行 *Sh* 与 *Wx* 之间的两点测验，确定两对基因间的连锁关系，结果如表 4-1 所示。测交子代仍然是亲组合多重组合少，说明 *Sh* 与 *Wx* 是连锁基因，计算交换值为

$$[(1531+1488)\div(5885+1531+1488+5991)]\times 100\%=20\%$$

即 *Sh-Wx* 之间相距 20 个图距。*C-Sh* 之间连锁，*Sh-Wx* 之间也连锁，说明 *C* 与 *Wx* 也是连锁基因，但这时还不能确定三个基因在染色体上的排列顺序，因为可能存在两种排列情况，即 *C*—*Sh*—*Wx* 和 *Sh*—*C*—*Wx*，所以还必须进行 *C* 与 *Wx* 之间的两点测验。据第三个试验，*C* 与 *Wx* 之间的交换值为

$$[(739+717)\div(2542+739+717+2716)]\times 100\%=22\%$$

说明这两对基因间相距最远，则三对基因的排列顺序和图距如下。

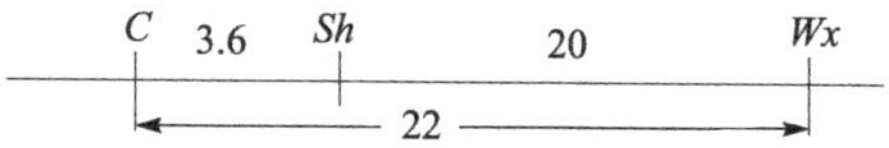

从以上计算可以看出，*C-Sh* 之间的交换值加上 *Sh-Wx* 之间的交换值并不等于 *C-Wx* 之间的交换值，而是大于该值，因此，用两点测验法进行基因定位存在以下两个缺点：一是不太准确，不能计算双交换值。当三对基因，如 *abc* 顺序地排列在一对同源染色体上时，如果相邻的基因间分别发生一次交换，称为单交换（single crossing over），如 *a* 与 *b* 或 *b* 与 *c* 之间发生的交换。如果在三对基因的每对基因间同时发生了单交换，就称为双交换（double crossing over），如 *a* 与 *b* 和 *b* 与 *c* 之间同时发生交换。二是比较烦琐。若要进行三对基因的基因定位，必须进行三次杂交和三次测交，既烦琐又不能保证三次试验的环境条件相同，从而增大误差。下面介绍的三点测验法则可克服这些缺点。

（二）三点测验法

基因定位的三点测验法

三点测验法是基因定位的常用方法。它是以三对基因为测量单位，进行一次杂交和一次测交，可同时确定三对基因在染色体上的位置。现仍以玉米 *Cc*、*Shsh* 和 *Wxwx* 三对基因为例，说明三点测验法的具体步骤。

用籽粒有色、凹陷、非糯性玉米与籽粒无色、饱满、糯性玉米杂交，所得 F_1 代再与无色、凹陷、糯性隐性纯合体测交，为便于说明，以“+”代表显性基因，隐性基因仍以小写字母表示，测交结果如图 4-11 所示。

P　有色、凹陷、非糯性 × 无色、饱满、糯性

　　++*shsh*++　　　*cc*++*wxwx*

　　↓

F_1　有色、饱满、非糯性 × 无色、凹陷、糯性

　　+*c*+*sh*+*wx*　　　*ccshshwxwx*

　　↓

测交子代表型	据表型推知的 F_1 代配子基因型	籽粒数	组合类型
有色、凹陷、非糯性	+*sh*+	2538	亲组合
无色、饱满、糯性	*c*+*wx*	2708	
无色、饱满、非糯性	*c*++	626	单交换Ⅰ
有色、凹陷、糯性	+*shwx*	601	
有色、饱满、糯性	++*wx*	116	单交换Ⅱ
无色、凹陷、非糯性	*csh*+	113	
无色、凹陷、糯性	*cshwx*	2	双交换
有色、饱满、非糯性	+++	4	
总粒数		6708	

图 4-11　玉米的三点测验结果

由图 4-11 可知，测交子代有 8 种表型，根据其类型和数目可做如下分析。

首先可判断这三对基因是连锁基因，并且位于一对同源染色体上。因为如果是独立遗传，测交后代的 8 种表型比例应该相等，但现在是亲组合多重组合少，这正是连锁遗传的特征。同时这三对基因也不是其中的两对连锁在一对同源染色体上，另一对位于另一对染色体上，如果是这种情况，子代的 8 种表型中就应该每 4 种的比例一样，总共只有两类比例，而现在是测交后代每两种表型一样，总共有 4 种不同的比例，这正是三对基因连锁在一对同源染色体上的特征。

其次判断三对基因的排列顺序。在三对基因间如果只有单交换发生，那么在子代将只有 6 种表型，如果还发生了双交换，那么在子代就会有 8 种表型。由于双交换发生的概率较低，因此从数量上极易判断，数量最少的两种表型就是双交换类型，而亲组合类型是数量最多的两种表型。由于在发生双交换时，位于中间的基因发生了交换，分别被交换到对面的染色体上，因此将亲组合类型和双交换类型进行比较，观察是哪一对基因被交换到了对面的染色体上，就说明这个基因是位于三对基因的中间的，这样就可确定三对基因在染色体上的排列顺序。

从试验结果可知，测交子代有 8 种表型，说明有双交换发生，有色、饱满、非糯性和无色、凹陷、糯性的数量最多为亲组合类型，无色、饱满、糯性和有色、凹陷、非糯性的数量最少则为双交换类型。再比较两种亲本型配子 *c+wx*、*+sh+* 和两种双交换配子 +++、*cshwx*，发现亲本型配子中的基因 *sh* 被交换到对面的染色体上，就变成了两种双交换的配子，这说明基因 *sh* 是位于 *c* 与 *wx* 之间的，三对基因的排列顺序就确定了。

最后计算交换值确定基因之间的距离。先计算 *c-sh* 之间的交换值。判断 *c-sh* 之间发生交换的交换型配子是将其他类型与亲组合类型进行比较，这两对基因的亲本型配子为 *c+* 和 *+sh*，与亲本型不同的则为交换型。则 *c-sh* 之间的交换值为

$$交换值=\frac{116+113+4+2}{6708}\times 100\%=3.5\%$$

再计算 *sh-wx* 之间的交换值。同理，*sh-wx* 之间的亲本型配子为 *+wx* 和 *sh+*，与之比较不同的则为交换型。则 *sh-wx* 之间的交换值为

$$交换值=\frac{601+626+4+2}{6708}\times 100\%=18.4\%$$

那么 *c-wx* 之间的交换值为

$$交换值=3.5\%+18.4\%=21.9\%$$

这样三对基因在染色体的距离和位置如下。

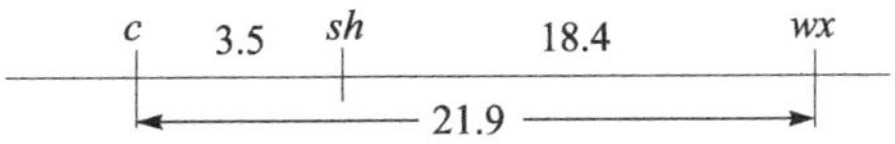

这里需要说明的是，如果通过公式计算 *c-wx* 之间的交换值，算出的值会小于 *c-sh* 和 *sh-wx* 的交换值之和，这是因为未将双交换计算在内。在双交换类型中，表型因为不能反映出 *c-wx* 之间有交换发生，所以未能将其计算在内，这样算出的值是被低估的，不准确的。必须要加上 2 倍的双交换值（双交换类型除以总数），才等于 *c-sh* 和 *sh-wx* 的交换值之和。这很烦琐，而将 *c-sh* 和 *sh-wx* 的交换值直接相加则既简便又准确。

如果没有发生双交换，则测交子代只有 6 种表型，这时判断基因的排列顺序，必须计算两两基因间的交换值，也就是要计算三个交换值才能确定。计算了交换值，基因间的排列顺序和位置就同时确定了。这时最远的两个基因间的交换值正好等于另外两个交换值之和。以上试验结果表明，基因在染色体上有一定的位置、顺序和距离，它们是呈线性排列的。

（三）干涉与并发系数

从理论上讲，除着丝点以外，沿着染色体的任何一点都有发生交换的可能。但是邻近的两个交换彼此之间是否会产生影响，即一个单交换的发生是否会影响到另一个单交换的发生呢？根据概率定律，如果两个单交换的发生是彼此独立的，那么两个单交换同时发生的概率即双交换值就应该等于两个单交换各自发生概率的乘积，即理论上的双交换值应该是：单交换值 1×单交换值 2。以上述玉米三点测验为例，如果两个单交换间互不影响，那么理论双交换值为 3.5%×18.4%=0.64%，而实际测得的双交换值只有 0.09%，这说明一个单交换的发生可能会影响它邻近的另一个单交换的发生，这种现象称为干涉（interference）。干涉程度的大小，通常用并发系数（coefficient of coincidence）来表示。并发系数的计算公式为

$$\text{并发系数}=\frac{\text{实际双交换值}}{\text{理论双交换值}}$$

并发系数经常变动，为 0～1，并发系数越大，干涉越小，并发系数为 1 时，说明实际双交换值等于理论双交换值，两个单交换互不干扰。并发系数越小，干涉越大，当等于 0 时，表示发生了完全的干扰，即在一点发生了单交换后，其邻近就不会发生交换。

三、连锁遗传图

通过两点测验和三点测验，可将一对同源染色体上各个基因的位置确定下来，位于同一染色体的所有基因构成一个连锁群（linkage group）。把一种生物已知的基因标定在各自的染色体上就构成了该种生物的连锁遗传图或遗传学图（genetic map）。对于二倍体生物来说，其连锁群的数目与染色体的对数是一致的，有 *n* 对同源染色体就有 *n* 个连锁群。例如，小麦有 21 对同源染色体，所以有 21 个连锁群；玉米有 10 对同源染色体，所以有 10 个连锁群（图 4-12）。连锁群的数目一般不会超过染色体的对数，但有些动物的 1 对性染色体就是两个不同的连锁群。例如，人有 22 对常染色体和 1 对性染色体，X 和 Y 是两个不同的连锁群，则人的连锁群数目应该是 24。

绘制连锁遗传图时，先绘出全部的同源染色体，在染色体的一侧标明图距，另一侧标明基因符号，并以最先端的基因位点为 0，依次向下累加图距排列。如果新发现有更先端者，那就以新发现的更先端的基因位点为 0，重新累加图距，如图 4-12 所示。

关于遗传学图还要补充说明几点：①交换值在 0 到 50% 之间，但从遗传学图上看，基因之间的距离却有超过 50 的。例如，第一个连锁群上，*sr* 与 *br* 之间的图距是 82，这是因为图距是累加起来的，说明在这两个基因间发生了多次交换。②从图上只能计算相邻两个基因间的交换值。③位于同一连锁群的基因间是连锁，位于不同连锁群的基因间是独立遗传。

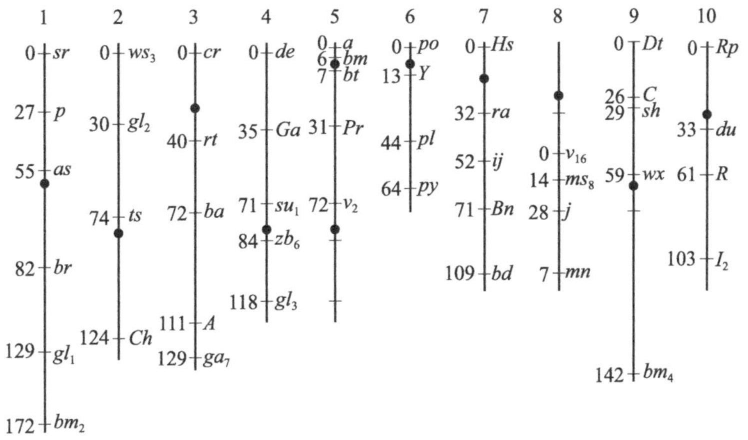

图 4-12 玉米连锁图（引自刘祖洞等，2013）

图中仅标出了已定位的部分基因，圆形黑点表示着丝粒，9 号染色体上的零点同时也是细胞学上的零点

四、人类基因定位

人类基因组制图的工作始于 1936 年，其连锁分析像其他生物一样，同样面临着两个问题：①所研究的基因是否是连锁的？②连锁基因间的遗传距离是多少？由于人类的家庭成员少，世代长，又不能按计划进行婚配，因此针对人类的基因定位难度较大。传统的方法是进行家系分析，但进展缓慢，1970 年以后体细胞杂交法、原位杂交法、基因剂量效应法等新技术的应用，才使这项工作有了新的进展。

（一）家系分析法

家系分析法是通过分析家系中基因间的连锁关系和重组值来进行基因定位的方法。该方法针对家族中所有成员进行症状、体征和血缘关系的调查，记录并绘制成系谱图，除常规调查外，还通过病理检测诊断、染色体检查、生化检查和分子生物学检查来分析家系中基因间的连锁关系。

有时得到一个合适的家系，也可简单地计算交换值。例如，有一指甲髌骨综合征患者的家系（图 4-13），他们的 ABO 血型已经知道，从家系中可以判断，血型基因和致病基因

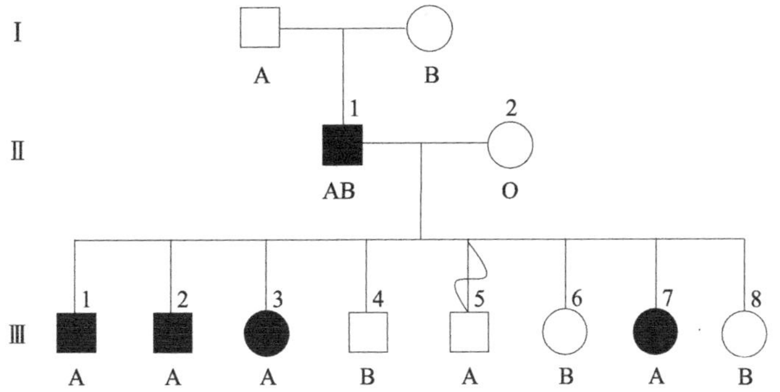

图 4-13 一个指甲髌骨综合征患者的家系

之间存在连锁关系。家系中患病的父亲Ⅱ-1 带有一个显性突变的指甲髌骨基因 *Npa*，他的血型为 AB 型，因此可推断出他的基因型为 $Npa\ I^A/npa\ I^B$，母亲Ⅱ-2 为 O 型血正常个体，因此基因型为双隐性 *npa i/npa i*，这一婚配相当于一个测交。在第三代子女中，B 型个体都正常，而 A 型个体几乎都患病，只有一个例外，Ⅲ-5 的男性为 A 型血正常个体。从第三代分析可以判断 *Npa* 与 I^A 基因应连锁在一条染色体上，因此Ⅲ-5 个体为重组类型，其基因型为 $npa\ I^A/npa\ i$，计算重组率为 1/(7+1)=12.5%（表 4-2）。

表 4-2 指甲髌骨综合征和 ABO 血型的连锁遗传

双杂合体产生的配子 / 双隐性个体产生的配子	$Npa\ I^A$	$Npa\ I^B$	$npa\ I^A$	$npa\ I^B$
npa i	$\frac{Npa\ I^A}{npa\ i}$	$\frac{Npa\ I^B}{npa\ i}$	$\frac{npa\ I^A}{npa\ i}$	$\frac{npa\ I^B}{npa\ i}$
	4	0	1	3
	亲组合	重组合	重组合	亲组合

（二）体细胞杂交法

体细胞杂交法是应用最多的人类基因定位方法。该法用体外细胞培养的方法，将人与小鼠的细胞进行融合，形成杂种细胞，杂种细胞在有丝分裂过程中会选择性地丢失人染色体，并保留所有的小鼠染色体。最终几次分裂后，杂种细胞趋于稳定，保留了一条或是很少的几条人染色体，从而获得含有不同人染色体的细胞系，形成不同的杂种细胞系，见图 4-14。这些不同的杂种细胞系可以通过细胞学分析加以辨别，并且化验出特定的基因产物。

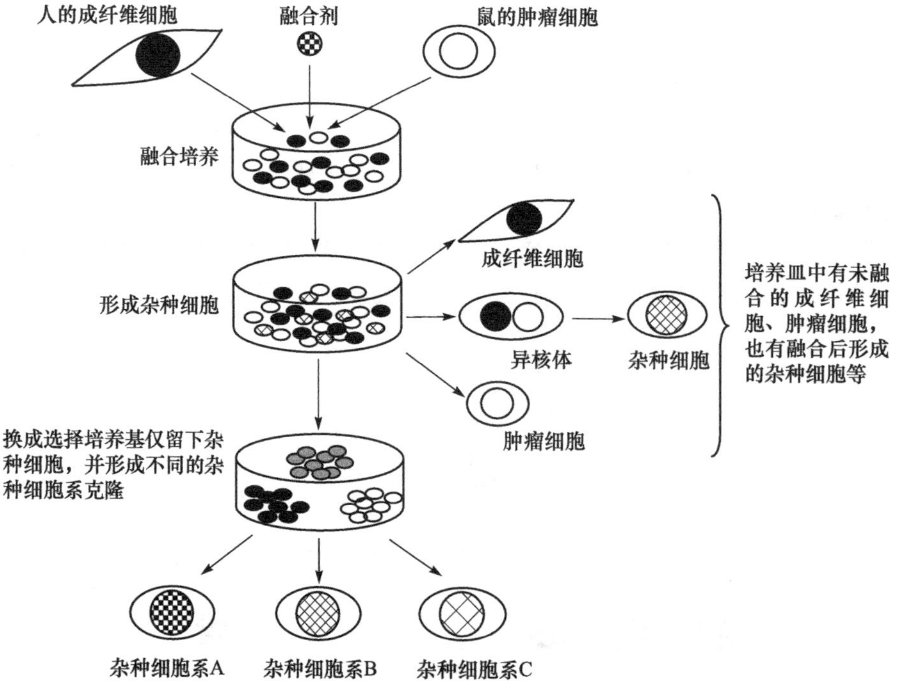

图 4-14 杂种细胞的形成

我们把一组杂种细胞系称为克隆嵌板，利用克隆嵌板，通过分析不同克隆中所含有的人染色体与特定基因产物之间的同线性（基因与染色体的同时出现或消失），可将某一特定基因定位于某一染色体上，如表 4-3 所示。

表 4-3 克隆嵌板定位法

		杂种细胞系				
		A	B	C	D	E
人体基因	1	+	–	–	+	–
	2	–	+	–	+	–
	3	+	–	–	+	–
	4	+	+	+	–	–
人体染色体	1	–	+	–	+	–
	2	+	–	–	+	–
	3	–	–	–	+	+

从表 4-3 中可以看出，基因 1 和基因 3 在不同的杂种细胞系中是同时出现或同时消失的，因此可以推断这两个基因是连锁的。而且这两个基因在或不在与 2 号染色体的出现或消失同步，说明基因 1 和基因 3 位于 2 号染色体上。根据同样的推理，可以判断基因 2 位于 1 号染色体上，但是基因 4 的位置尚不能确定。用这种方法已将相当数量的基因定位于特定的染色体上。

对于仅含有一条人染色体的杂种细胞系，在分析基因定位时会相对方便些。例如，白喉毒素受体蛋白基因使人的细胞不能生长在含有白喉毒素的培养基上，将含有一条人染色体的杂种细胞系分别培养在添加了白喉毒素的培养基中，发现带有人 5 号染色体的杂种细胞系不能生长，这说明人的白喉毒素受体蛋白基因位于 5 号染色体上。

运用杂种细胞可以对许多人类基因进行定位，唯一的要求是杂种细胞可表达人类基因的产物，并且该产物是可检测和可与小鼠产物相区别的。另外，这种方法还不能像对连锁群分析那样，把基因的顺序和基因间的距离都推算出来。

（三）原位杂交法

体细胞杂交法可以把基因定位于某条染色体上，但无法确定到染色体上的某一具体位置。利用原位杂交法就可把特定的基因定位到特定染色体的某一位置，前提是对该基因是已知的。具体方法是对分裂中期的染色体进行显微制片，除去其中的 RNA，并使 DNA 变性为单链。再把通过同位素标记或荧光标记的已知基因探针（probe）与变性的 DNA 进行分组杂交，通过放射自显影或荧光显微摄影，可确定该基因在染色体上的具体位置。人的胰岛素基因就是通过原位杂交法定位于 11p15（基因位点的表示方法，即表示该基因位于 11 号染色体短臂 15 区）上的。

（四）基因剂量效应法

基因剂量效应法是利用缺失或重复等染色体畸变所导致的某染色体特定片段拷贝数目

的变化引起的某一基因剂量效应的变化，而把该基因定位于该染色体或该染色体特定区段的方法。

例如，某一患者的 2 号染色体短臂缺失了一小段，而该患者的红细胞酸性磷酸酶 1（ACP1）的活性明显降低，说明控制这个酶的基因就位于 2 号染色体的短臂上。

第三节　真菌类的连锁和交换

无论二倍体的高等生物还是二倍体的低等生物，都普遍具有连锁和交换的遗传现象，本节以粗糙脉孢霉为例来说明低等生物真菌类的连锁与遗传现象。

粗糙脉孢霉（*Neurospora crassa*）属于真菌类中的子囊菌，是真核类生物，它的生活史已在第 2 章中做了介绍（见图 2-9）。粗糙脉孢霉具有很多优点，是遗传学分析的好材料。

1）它的个体小、生长速度快，便于培养，一次杂交可产生大量后代，便于分析，且可检出低至 10^{-8} 的变异。

2）单倍体，不存在显隐性的复杂问题，基因型可直接在表型上表现出来。

3）可直接分析减数分裂的产物，不需要像二倍体生物那样通过测交试验来分析 F_1 代杂合体减数分裂所产生的配子种类和比例，操作简单。

4）进行有性生殖，染色体的结构和功能类似于高等动植物，可作为真核生物的研究模型。

一、四分子分析

粗糙脉孢霉在进行有性生殖时，单一减数分裂所形成的 4 个单倍体子囊孢子称为四分子（tetrad）。由于 4 个子囊孢子以直线方式排列在子囊中，因此称为顺序四分子（ordered tetrad），对四分子进行遗传分析称为四分子分析（tetrad analysis）。四分子分析在遗传研究中具有重要价值，因为减数分裂所产生的 4 个产物呈现有规律的排列，并直接反映基因与性状之间的关系，所以，通过四分子分析可以提供等位基因分离的直接证据，可以直接观察分析基因转换的类型和性质。本节将重点介绍通过四分子分析进行着丝粒作图，以及计算连锁交换中的重组值等知识。

二、着丝粒作图

着丝粒作图

着丝粒作图（centromere mapping）是以着丝粒作为一个座位（locus），来计算某一基因与着丝粒之间的距离单位，并根据这一数据确定基因在染色体上的位置并制图。现举一例来说明什么是着丝粒作图。

野生型粗糙脉孢霉能在简单的已知成分的培养基上生长和繁殖，而某些粗糙脉孢霉菌株一定要在培养基中添加某种营养物质才能生长，这种菌株叫作营养缺陷型（auxotroph）。例如，有一菌株需要在培养基中添加赖氨酸才能生长，因而称为赖氨酸缺陷型（记作 lys^- 或 −），其子囊孢子是灰色的，相对应的野生型菌株可在基本培养基上生长

（记作 lys^+ 或 +），子囊孢子是黑色的，孢子的表型可直接反映基因型。要求着丝粒与 lys^- 基因之间的距离，也就是要计算这两者之间的交换值。现用 lys^+ 与 lys^- 菌株杂交，合子核经过减数分裂后形成 4 个单倍体核，即四分孢子，其中两个为黑色，两个为灰色。由于子囊是狭长形的，染色单体是如何分离的子囊孢子就是如何排列的，当着丝粒与基因间没有交换发生时，四分孢子在子囊中的排列顺序有两种；当着丝粒与基因间发生交换时，四分孢子在子囊中的排列顺序有 4 种（图 4-15）。

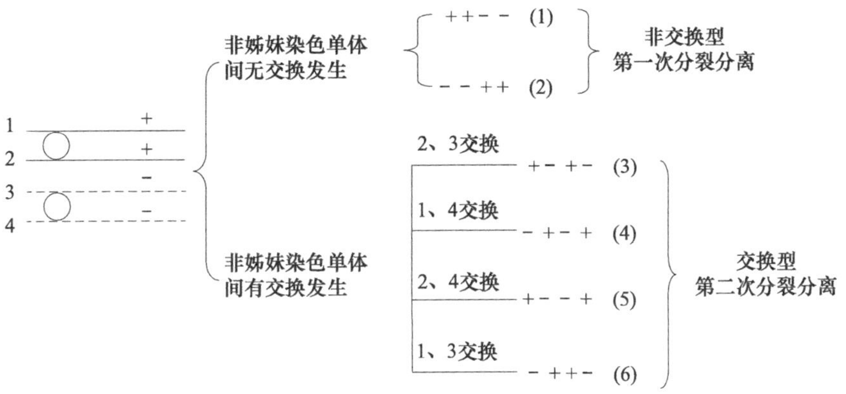

图 4-15　孢子在子囊中的排列顺序

这里，（1）（2）子囊型在着丝粒与基因间没有交换发生，因此，在减数第一次分裂（M_1）时带有 lys^+ 的两条染色单体与带有 lys^- 的两条染色单体就分开了，不在一个核中，因而非交换型子囊（1）（2）属于第一次分裂分离（first division segregation）。（3）～（6）子囊型在着丝粒与基因间发生了交换，是交换型子囊。当减数第一次分裂完成后，形成两个核，在每个核中，均同时含有带有 lys^+ 的染色单体与带有 lys^- 的染色单体，减数第二次分裂（M_2）完成后 lys^+ 与 lys^- 基因才不在一个孢子中，因此（3）～（6）子囊型属于第二次分裂分离（second division segregation）。可见非交换型子囊的等位基因间都在 M_1 分离，而交换型子囊的等位基因间都在 M_2 分离，并且在交换型子囊中有一半的孢子发生了遗传物质的交换（图 4-16）。

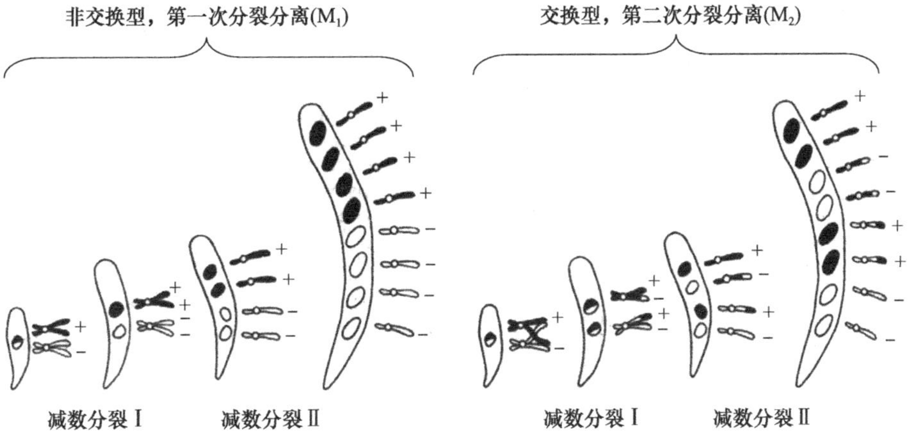

图 4-16　子囊孢子的形成

在杂交后通过观察子囊中孢子的颜色可判断其基因型，并确定其排列顺序，通过 8 个子囊孢子的排列顺序可推出四分孢子的排列顺序。由于子囊是狭长形的，子囊孢子的排列顺序反映了染色体单体是如何分离的，因此通过分析四分孢子中带有 + 与 - 基因的染色单体是 M_1 分离还是 M_2 分离就可判断是交换型子囊还是非交换型子囊。因为粗糙脉孢霉减数分裂的产物是子囊孢子，根据交换值的定义，着丝粒与有关基因之间的重组值应该等于交换型子囊孢子数除以总子囊孢子数再乘上 100%，由于一个子囊含有 8 个子囊孢子，且交换型子囊中只有一半是交换型子囊孢子，因此在粗糙脉孢霉中，着丝粒与有关基因的交换值可按下式计算：

$$
\begin{aligned}
\text{重组值} &= \frac{\text{交换型子囊孢子数}}{\text{总子囊孢子数}} \times 100\% \\
&= \frac{\text{交换型子囊数} \times 8 \times 1/2}{(\text{交换型子囊数} + \text{非交换型子囊数}) \times 8} \times 100\% \\
&= \frac{\text{交换型子囊数}}{\text{交换型子囊数}+\text{非交换型子囊数}} \times 100\% \times 1/2
\end{aligned}
$$

例如，杂交后观察发现，有 9 个子囊是非交换型的，有 5 个子囊是交换型的，因而着丝粒与 lys^- 基因之间的重组值为：[5 ÷ (9+5)]×100%×1/2=18%，即 lys^- 基因与着丝粒之间的图距是 18。这就是着丝粒作图。

三、重组作图

通过着丝粒作图可以标定一个基因的距离和位置，此外也可采用通常的重组作图来标定，或者在着丝粒作图时，进行重组作图。

例如，有两种不同的交配型进行杂交，*nic*+×+*ade*，*nic* 为菸酸（nicotinic acid）依赖型，需在培养基中添加菸酸才能生长；*ade* 为腺嘌呤（adenine）依赖型，要在培养基中添加腺嘌呤才能生长。上面已讨论过，一对基因杂交，可能出现 6 种不同的子囊型，两对基因杂交，则可能有 6×6=36 种不同的子囊型。由于半个子囊的基因型次序可忽视，如一条同源染色体既可形成“*nic*+ +*ade*”也可形成“+*ade nic*+”的排列顺序，就看“*nic*+”这条染色单体在上面还是“+*ade*”这条染色单体在上面，反映的只是着丝粒的随机走向不同，而实质上是一种类型，因此可把这 36 种子囊型归纳为 7 种基本类型（表 4-4）。

表 4-4 *nic*+×+*ade* 得到的 7 种基本子囊型

子囊型	（1）	（2）	（3）	（4）	（5）	（6）	（7）
四分孢子的排列顺序	+ *ade* + *ade* *nic* + *nic* +	++ ++ *nic ade* *nic ade*	++ + *ade* *nic* + *nic ade*	+ *ade* *nic ade* ++ *nic* +	+ *ade* *nic* + + *ade* *nic* +	++ *nic ade* ++ *nic ade*	++ *nic ade* + *ade* *nic* +
分离发生的时期	M_1M_1	M_1M_1	M_1M_2	M_2M_1	M_2M_2	M_2M_2	M_2M_2
子囊型分类	（PD）	（NPD）	（T）	（T）	（PD）	（NPD）	（T）
实得子囊数	808	1	90	5	90	1	5

考虑到各型子囊的起源，还可进行如下分类。

1）亲二型（parental ditype，PD），如子囊型（1）和（5），子囊孢子只有两种基因型，并且与亲代相同。

2）非亲二型（non-parental ditype，NPD），如子囊型（2）与（6），子囊孢子也只有两种基因型，但都与亲代不同，是重组类型。

3）四型（tetratype，T），如子囊型（3）（4）与（7），子囊孢子有 4 种基因型，其中两种与亲代相同，两种与亲代不同。

以上子囊的来源见图 4-17。

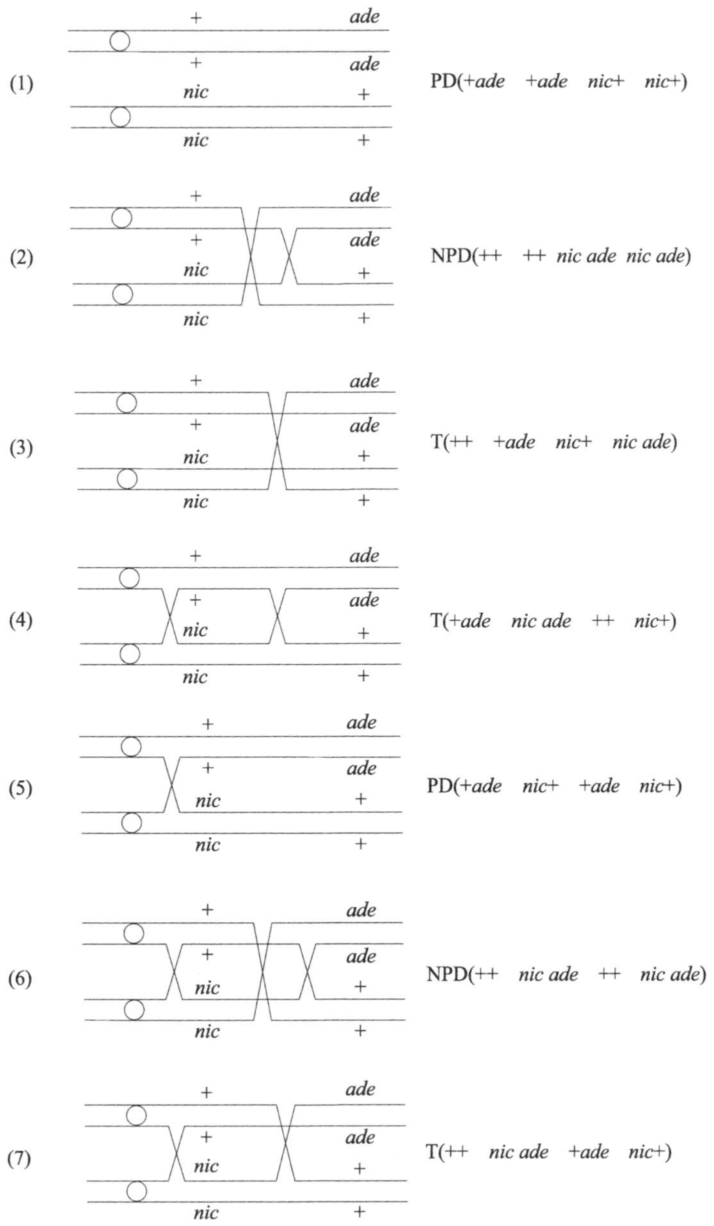

图 4-17　7 种子囊型的来源

先根据公式计算 *nic* 和 *ade* 与着丝粒的距离：

$$\begin{aligned} nic\text{和着丝粒的重组值} &= \frac{\text{交换型子囊数}}{\text{总子囊数}} \times 100\% \times 1/2 \\ &= \frac{(4)+(5)+(6)+(7)}{\text{总子囊数}} \times 100\% \times 1/2 \\ &= \frac{5+90+1+5}{1000} \times 100\% \times 1/2 \\ &= 5.05\% \end{aligned}$$

$$\begin{aligned} ade\text{和着丝粒的重组值} &= \frac{\text{交换型子囊数}}{\text{总子囊数}} \times 100\% \times 1/2 \\ &= \frac{(3)+(5)+(6)+(7)}{\text{总子囊数}} \times 100\% \times 1/2 \\ &= \frac{90+90+1+5}{1000} \times 100\% \times 1/2 \\ &= 9.30\% \end{aligned}$$

算出重组值后，分析这两对基因的位置，可能有 3 种（图 4-18）：①非连锁，*nic* 与 *ade* 位于不同的染色体上（图 4-18A）；② *nic* 与 *ade* 连锁，分别位于着丝粒的两侧（图 4-18B）；③ *nic* 与 *ade* 连锁，位于着丝粒的同侧（图 4-18C）。

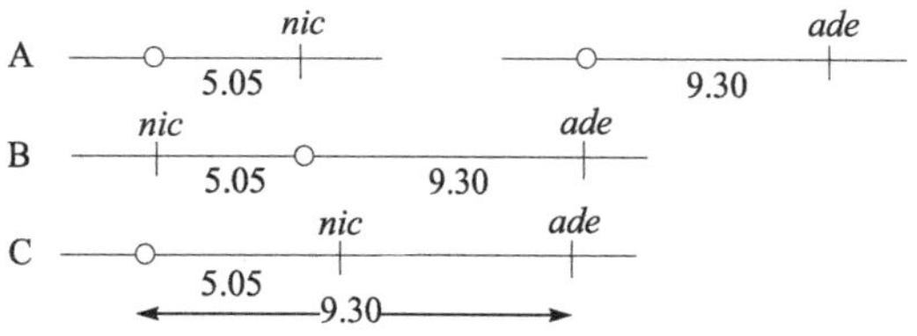

图 4-18 *nic* 与 *ade* 位置的 3 种可能性

对于上述 3 种可能作如下分析。

1）在 1000 个子囊中亲二型有 808+90=898 个，占大多数，说明这两对基因不可能是自由组合，而是连锁的。

2）先按照分离时期来排列所得子囊数（表 4-5）。假如是第二种基因定位，当交换发生在着丝粒与 *nic* 之间时（分离发生的时期是 M_2），那么着丝粒与 *ade* 之间并未交换（分离发生的时期是 M_1），分离时期的子囊类型是 M_2M_1；同理当着丝粒与 *ade* 之间有交换时（M_2），着丝粒与 *nic* 之间并未交换（M_1），子囊类型是 M_1M_2。这时 *nic* 与着丝粒的重组值与 *ade* 与着丝粒的重组值的比值应等于 M_2M_1 与 M_1M_2 的子囊数之比。由上文数据分析可知，*nic* 与着丝粒的重组值和 *ade* 与着丝粒的重组值之比为 5.05/9.30，而 M_2M_1 与 M_1M_2 的子囊数之比为 5/90，两者相差悬殊，因此 *nic* 与 *ade* 分别位于着丝粒两侧的可能性被排除。

表 4-5 *nic*+×+*ade* 所得结果按分离时期归纳

+/*nic*	+/*ade*	子囊数
M_1	M_1	809
M_1	M_2	90
M_2	M_1	5
M_2	M_2	96

3）从表 4-5 可见，+/*nic* 在 M_2 分离的子囊有 5+96=101 个，这当中有 96 个子囊也是 +/*ade* 在 M_2 分离的，说明当着丝粒与 *nic* 发生交换时，在着丝粒与 *ade* 之间也大多发生了交换，

这就证明了 *nic* 与 *ade* 应该位于着丝粒的同一侧（图 4-19A）。

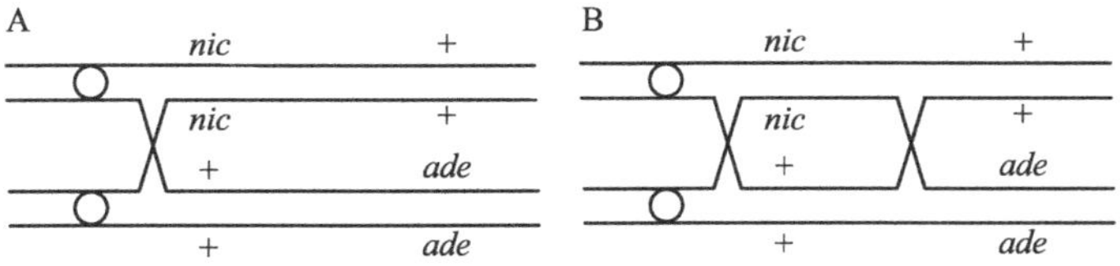

图 4-19 两个基因位于着丝粒同侧的分析

A. 着丝粒与 *nic* 的交换也是着丝粒与 *ade* 交换；B. 着丝粒与 *ade* 之间发生的双交换

通过以上分析，可以确定 *nic* 与 *ade* 位于着丝粒的同一侧，现在来求 *nic* 与 *ade* 之间的重组值。*nic* 与 *ade* 之间的重组值能不能直接用着丝粒与 *ade* 之间的图距减去着丝粒与 *nic* 之间的图距呢？当着丝粒与 *nic* 发生交换时，本来在着丝粒与 *ade* 之间也应发生交换，但是在上面的分析中，我们发现只有 96 个子囊表现出了交换，不是 100%，这表明在有些子囊中着丝粒与 *ade* 之间发生了双交换（图 4-19B），这部分发生双交换的子囊由于在表型上未表现出重组，因此在计算着丝粒与 *ade* 之间的重组值时，并未计算在内，得到的着丝粒与 *ade* 之间的重组值是被低估了的。因此计算 *nic* 与 *ade* 之间的重组值不能直接用着丝粒与 *ade* 之间的图距减去着丝粒与 *nic* 之间的图距，而要通过交换值的公式来重新计算两基因间的重组值。

从图 4-17 可以看到，在非亲二型（NPD）子囊中，4 个孢子对都是重组型的，而四型（T）子囊中，有一半孢子对是重组型，所以计算 *nic* 与 *ade* 之间的重组值可用以下公式：

$$\text{重组值}=\frac{\text{NPD}+\frac{1}{2}(\text{T})}{\text{总子囊数}}\times 100\%=\frac{(1+1)+\frac{1}{2}(90+5+5)}{\text{总子囊数}}\times 100\%=5.2\%$$

根据上述分析及数据，就可绘制出如图 4-20 所示的遗传学图。

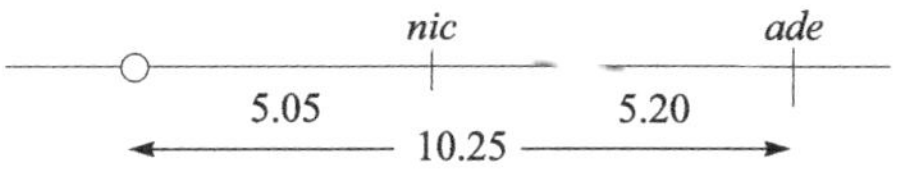

图 4-20 *nic* 和 *ade* 的遗传学图

第四节 分子标记

一、遗传图谱与分子标记

前面介绍了一些针对人类基因的遗传作图方法，但这些方法大都只能将某基因定位到某条染色体上的大致区域，而无法确定基因的具体位置和基因间的图距。由于人类不能指定婚配，可供追踪家系的数目和大小也非常有限，而且人类有 23 对染色体，已知的性状标记在基因组中的覆盖率极低，因此，传统的基于性状决定基因的遗传作图在人类基因组中的应用受到限制。随着分子生物学技术的发展，许多新颖的分子水平的遗传标记，即 DNA 分子标记（molecular marker）被开发出来，极大地拓展了遗传标记的数量。

所谓 DNA 分子标记，是指能反映个体或种群间基因组中某种差异特征的 DNA 片段，它能够稳定遗传，能代表个体或群体的遗传特征和直接反映基因组间DNA的差异。与其他遗传标记（形态标记、细胞学标记等）相比，分子标记具有明显的优越性：由于分子标记直接以DNA形式呈现，因此不存在表达与否的问题，在生物体的各个组织、各发育时期均可检测到；同时分子标记符合孟德尔分离定律，数量众多，分布广泛，具有高度多态性和共显性，基因型可直接由表型确定，因而被广泛地应用到人类及其他高等生物的连锁分析中，极大地促进了这些生物遗传图谱的制作。

二、分子标记的种类

目前被应用的分子标记已有数十种，大致可分为三类：第一类是基于全基因序列的分子标记，是第一代分子标记，如限制性片段长度多态性（restriction fragment length polymorphism，RFLP）、随机扩增多态性DNA（randomly amplified polymorphic DNA，RAPD）和扩增片段长度多态性（amplification fragment length polymorphism，AFLP）等；第二类是基于简单重复序列的分子标记，是第二代分子标记，如简单重复序列（simple sequence repeat，SSR）、内部简单序列重复（inter-simple sequence repeat，ISSR）；第三类是基于已知的特定序列的分子标记，是第三代分子标记，如单核苷酸多态性（single nucleotide polymorphism，SNP）、序列标签位点（sequence tagged site，STS）、表达序列标签（expressed sequence tag，EST）。下面分别从这三类分子标记中各选一种进行介绍。

（一）RFLP标记

限制性内切核酸酶是一种能够在特定DNA序列上切割DNA分子的酶类，经它处理之后，一条DNA可被消化成特异大小的限制性片段。当DNA发生点突变或部分片段的缺失、插入等改变时，可能导致酶切位点的改变。新切点的出现可使限制性片段的长度缩短，而旧切点的丢失可使限制性片段增大。这样经某限制性内切核酸酶消化后，在不同个体的同一基因间或同一个体的两个等位基因间会出现酶切片段长度的不同，也就是出现了RFLP（图4-21）。因此根据酶切位点产生的不同长度的片段，可以来鉴定和区别不同的个体。

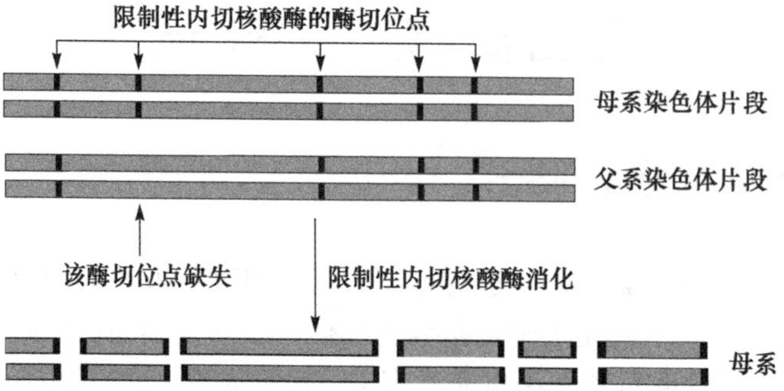

图4-21　限制性片段长度多态性的产生（引自刘祖洞等，2013）

来自母系染色体的某一片段有5个某限制性内切核酸酶的酶切位点，而来自父系染色体的该区段只有4个该酶的酶切位点，因此在酶切后产生了大小不同、数目也不同的限制性酶切片段

RFLP 可用 Southern 杂交的方法进行检测。将经限制性内切核酸酶剪切过的 DNA 样品经电泳分离后转移到硝酸纤维膜或尼龙膜上，再用放射性标记的和多态位点互补的核酸探针进行杂交，最后通过放射自显影显示杂交带，可判断酶切片段的位置和分子长度。

利用 RFLP 可对致病基因进行诊断。β^{o} 地中海贫血是一种不能产生 β-珠蛋白的遗传性重症贫血症，由 β-珠蛋白基因部分缺失而引起，属常染色体隐性遗传。有一妇女生育过 β^{o} 地中海贫血的儿子，患儿于出生后一年死亡，该妇女现又怀孕，要求对她的胎儿进行产前诊断。用限制性内切核酸酶 *Pst* Ⅰ 消化正常人、胎儿（从羊水细胞提取的 DNA）及其父母的基因组 DNA 后，与 β-珠蛋白基因的探针杂交，杂交结果如图 4-22 所示。正常人得到一条 4.4kb 的 RF 信号带，说明正常的 β-珠蛋白基因在该 DNA 片段上，即与该信号带连锁。胎儿父母先前生过一位患儿，因此两人都是隐性致病基因的携带者，在夫妻俩的 DNA 样品中出现了 4.4kb 和 3.7kb 两条 RF 信号带，说明发生缺失的 β^{o}-珠蛋白基因应该与 3.7kb 的信号带相连锁。需检测的胎儿仅有 3.7kb 的 RF 信号带，说明这一胎儿是隐性 β^{o}-珠蛋白基因的纯合子，因此也将是一位 β^{o} 地中海贫血患者，家属随后进行了人工流产。

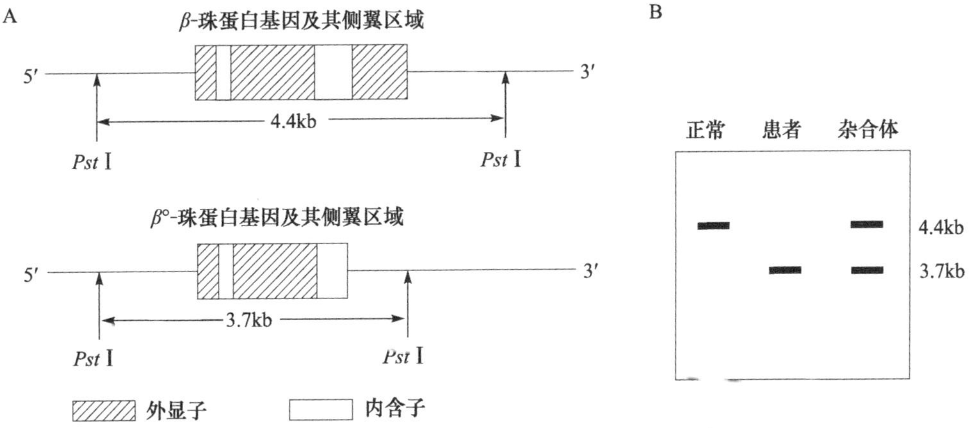

图 4-22　β^{o} 地中海贫血的基因诊断（引自刘祖洞等，2013）

A. 基因结构示意图；B. 杂交结果

RFLP 还可用于遗传连锁图谱的构建，在 20 世纪 80 年代末 90 年代初的疾病基因定位克隆中发挥了重要作用。1987 年，H. Donis-Keller 发表了一张使用 RFLP 绘制的人类基因组遗传图谱，这也是第一张人类基因组遗传图谱。由于 RFLP 只有能被限制性内切核酸酶切割或不能被切割两种状态，因此所产生的不同长度的酶切片段一般只有 2 或 3 个，能提供的“多态性”信息有限，而且许多核苷酸的改变是不能用限制性内切核酸酶检出的，这大大地限制了它在人类基因组作图中的应用。

（二）STR 标记

短串联重复序列（short tandem repeat，STR）或简单重复序列（SSR），是基因组中以 2～6 个核苷酸为基本单位串联重复数次而形成的一段 DNA，是一类微卫星标记（microsatellite marker）。STR 的重复次数在人群中存在差异，经限制性内切核酸酶切割后，会形成不同长度的等位片段，这就产生了多态性（图 4-23）。在 STR 中应用较多的是“CA”两碱基的重复序列。

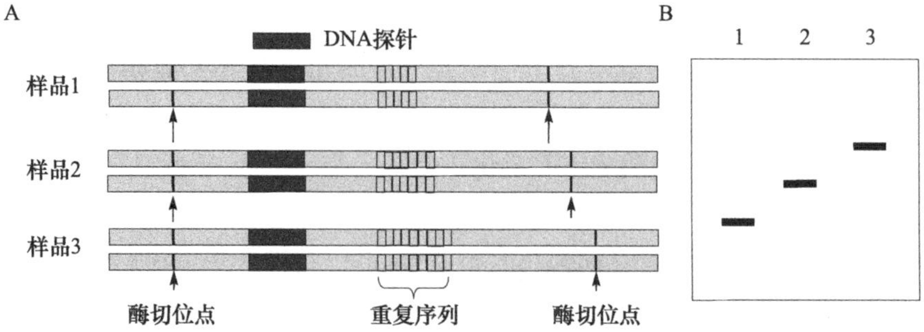

图 4-23 STR 重复差异导致的多态性

A. 在不同人中 STR 的重复数目不同，酶切后的 DNA 片段长度出现差异；B. 不同长度的酶切片段电泳后，与放射性标记的针对该片段的 DNA 探针杂交，可判断酶切片段的位置和分子长度

STR 有三个较为突出的优点：①高度多态性。像“CA”等简短重复序列因不受进化上的选择，在同一位点其重复次数变化很大，可形成多达几十种不同长度的等位片段。②出现频率高。STR 位点在基因组中出现的频率很高，且广泛分布于染色体的几乎所有区域。在哺乳动物中，几乎每个基因都存在一个微卫星标记。③操作简便。在重复序列两侧的特异性单拷贝序列可作为其在基因组中定位的标记，针对两侧的保守序列设计引物可进行 PCR 扩增，使操作实现自动化。因此 STR 既可以通过核酸杂交，也可以通过聚合酶链反应进行检测。此外，由于 STR 还具有多为共显性遗传且符合孟德尔遗传定律等特点，目前已成为在基因定位研究中应用较多的分子标记，是取代 RFLP 的第二代分子标记。1996 年，Did 等绘制了一张含有 5264 个 STR 的人类基因组图谱。STR 的遗传学图距与常规遗传学图距一样，是通过计算减数分裂过程中，两个位点之间发生交换、重组的百分率得到的。

（三）SNP 标记

① G-A-C-C-G-T-C-A 95%

② G-A-C-C-A-T-C-A 5%

图 4-24 单核苷酸多态性示意图

①某 DNA 片段上的某碱基为 G（阴影），在人群中的频率为 95%；②该 DNA 片段上的 G 变异为 A，在人群中的频率为 5%

基因组中同一位点的单个核苷酸变异引起的 DNA 序列多态性称为单核苷酸多态（SNP）（图 4-24）。SNP 就是基因组内特定核苷酸位置上可以存在两种或两种以上不同的核苷酸。尽管人类 99.9% 的基因密码是相同的，但基因组中大约每 1000 个核苷酸中就有 1 个 SNP。定义一个 SNP 要求任何一种核苷酸变异在群体中的频率不小于 1%，否则可视为点突变。人类基因组 3 亿个碱基对中分布着大约 300 万个 SNP 位点。

SNP 和 RFLP、STR 不同，它不再以 DNA 片段的长度差异作为检测手段，而是直接以序列变异作为标记。因此，常用的 SNP 检测方法是分子杂交技术，根据多态位点邻近的核苷酸序列设计探针，只有完全匹配的 DNA 序列可以和探针稳定结合。同时理论上任何用于单碱基突变或多态性检测的技术都可用于 SNP 标记的检测。

1996年，美国的E. S. Lander最早发表了用SNP绘制的第三代遗传连锁图。SNP在基因组中的分布比微卫星标记广泛，是人群差异的主要来源，人类基因组中大约90%的遗传变异都是以SNP的形式存在的，基于全基因组的SNP扫描有望能筛选出遗传病和复杂疾病的候选基因及易感因素。此外，以寡核苷酸杂交为基础的DNA芯片技术和计算机数据分析技术也被应用到了SNP的检测中，使之实现了自动化的批量检测。利用这些芯片，科学家已经在肿瘤、衰老、糖尿病等复杂疾病的候选基因筛选中取得了突破性进展。

阅读资料：果蝇与遗传学

果蝇是目前研究得最为深入的一种昆虫，它作为一种模式生物用来进行科学研究已有将近100年的历史，为遗传学和发育生物学的发展做出了巨大贡献。

果蝇为果蝇科（Drosophilidae）果蝇属（*Drosophila*）的双翅目昆虫，约有1000种。作为实验动物，果蝇有很多优点。①饲养容易，用一只牛奶瓶，放一些捣烂的香蕉，就可以饲养数百甚至上千只果蝇。②繁殖快、生活周期短，在25℃温度下10天左右就繁殖一代，一只雌果蝇一代能繁殖数百只。③果蝇基因组相对简单，只有4对染色体，数量少而且形状有明显差别。果蝇的遗传背景清楚：果蝇基因组的全部180Mbp中常染色体部分的120Mbp及总共14 000个果蝇基因序列测定工作已完成，14 000个果蝇基因全部被破译。④果蝇与人的基因组有高度的同源性，目前发现75%的人类遗传性疾病基因可以在果蝇中找到同源基因。⑤果蝇的神经系统对于脊椎动物等其他物种来说相对简单，但果蝇可以完成觅食、交配、求偶、学习记忆及昼夜节律等复杂行为。⑥果蝇性状变异很多，如眼睛的颜色、翅膀的形状等性状都有多种变异。由于具有这些特点，果蝇成了遗传学和发育生物学研究的最佳材料。

遗传学上，黑腹果蝇在1830年首次被描述，在1901年，动物学家和遗传学家卡斯特（W. E. Castle）第一次将黑腹果蝇用作试验研究对象。后来卡斯特将其介绍给了摩尔根，1910年，摩尔根开始在实验室内培育果蝇并对它进行系统的研究，之后，很多遗传学家开始用黄果蝇作为研究材料，并且取得了很多研究成果。

科学家不但用果蝇证实了孟德尔遗传定律，而且摩尔根还用其证明了基因存在于染色体上，发现了果蝇白眼突变的性连锁遗传，提出了连锁定律，1933年因此被授予诺贝尔生理学或医学奖。1946年，摩尔根的学生，被誉为“果蝇的突变大师”的穆勒，证明X射线能使果蝇的突变率提高150倍，也成为诺贝尔生理学或医学奖的获得者。

在近代发育生物学研究领域中，果蝇也“独领风骚”，为进一步阐明基因、神经（脑）、行为之间关系的研究提供了理想的动物模型。从1998年开始人们利用转基因技术构建了很多果蝇的神经退行性疾病模型，这些疾病模型与人类神经退行性疾病有许多相似的表型，如运动功能受损、爬行能力下降、寿命缩短等。因此可以帮助人们深入了解疾病的发病机制，进而为研究疾病的治疗方法提供线索与依据。

果蝇已经为生物学的发展做出了巨大贡献，在生物科学迅速发展的今天，虽然研究的生物及研究领域逐步多元化，但果蝇作为经典模式生物，在生物学领域的研究和发展中仍然有着极其重要的地位。

习题

第 4 章
习题答案

1. 名词解释：

完全连锁、不完全连锁、交换值、并发系数、连锁遗传图、着丝粒作图、顺序四分子。

2. 连锁与交换规律的特点是什么？为什么重组合类型总是少于 50%？

3. 在番茄中，圆形（O）对长形（o）是显性，单一花序（S）对复状花序（s）是显性。这两对基因是连锁的，现有一杂交 $\frac{OS}{oS}\times\frac{os}{os}$ 得到下面 4 种植株：

圆形、单一花序（OS）23　　长形、单一花序（oS）83

圆形、复状花序（Os）85　　长形、复状花序（os）19

问 O-S 间的交换值是多少？

4. 有一杂合体 abY，a 和 b 之间的交换值为 6%，b 和 y 之间的交换值为 10%。在没有干扰的条件下，这个杂合体自交，能产生几种类型的配子？比例如何？在并发系数为 0.26 时，配子的比例又如何？

第 5 题
习题解析

5. 在家鸡中，px 和 al 是引起阵发性痉挛和白化的伴性隐性基因。今有一双因子杂种公鸡与正常母鸡交配，孵出 74 只小鸡，其中 16 只是白化小鸡。假定小鸡有一半是雌的，没有一只早期死亡，而 px 与 al 之间的交换值是 10%，那么在小鸡 4 周龄，显出阵发性痉挛时：

（1）在白化小鸡中有多少只显出这种症状？

（2）在非白化小鸡中有多少只显出这种症状？

6. 基因 A 和 B 在同一条染色体上，而基因 C 在另一条自由组合的非同源染色体上。每一个基因都有两个等位基因，假如 A 对 a 显性，B 对 b 显性，C 对 c 显性。$ABC/ABC\times abc/abc$ 产生 F_1 代，F_1 代再与纯合隐性亲本 abc/abc 回交，在下列两种情况中，你预期 F_2 代表型比是多少？

（1）如果 A 和 B 完全连锁，它们之间不发生重组。

（2）如果 A 和 B 之间有 20% 重组。

7. 在果蝇中，有一品系的常染色体隐性基因 a、b 和 c 是纯合的，a、b、c 不一定在同一条染色体上，这个品系与显性野生型等位基因 A、B、C 是纯合的另一品系杂交，F_1 代雌性个体再与纯合的隐性雄性亲本回交，得到下列结果：

表型	数目
abc	211
ABC	209
aBc	212
AbC	208

（1）哪些基因是连锁的？

（2）连锁基因之间的重组值是多少？

8. 在番茄中，基因 O（oblate=flattened fruit）、P（peach=hairy fruit）和 S（compound inflorescence）在第二染色体上。对这三个基因是杂合的 F_1 代，用对这三个基因是纯合的隐性个体进行测交，得到下列结果：

第8题
习题解析

测交的子代表型	数目
$+++$	73
$++s$	348
$+p+$	2
$+ps$	96
$o++$	110
$o+s$	2
$op+$	306
ops	63

（1）这三个基因在第二染色体上的顺序如何？

（2）两个纯合亲本的基因型是什么？

（3）这些基因间的图距是多少？

（4）并发系数是多少？

9. 已知某生物的两个连锁群如下：

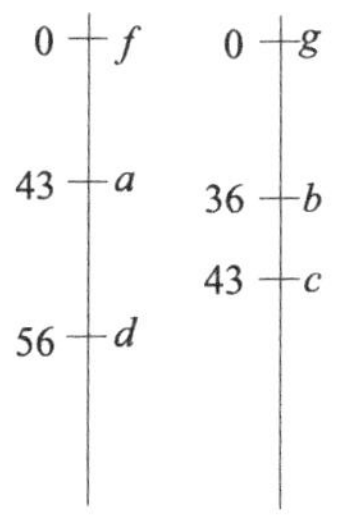

试求杂合体 *AaBbCc* 可能产生配子的类型和比例。

10. 雌果蝇 X 染色体的遗传组成如下：

$$\frac{+++++}{abcdef}$$

有一隐性致死基因 l 位于上面一条 X 染色体的某处，但不知其确切位置。经杂交后，统计此雌蝇产下的1000个雄性子代，其表型如下：

表型	数目
$abcdef$	750
$abcde$	60
$abcd$	20
abc	30
def	70
$cdef$	40
$bcdef$	30
合计	1000

为简易起见，不考虑多次交换，而且已经知道所给的基因顺序是正确的。请写出这些基因间的距离及致死基因 *l* 的位置。

11. 红色脉孢霉 +，- - 两个品系杂交，得到下列结果：

子囊类型	数目
- - + + - -	7
- - - - + +	105
+ - - - - +	5
+ - - + - -	12
+ + - - - -	110
- - + - - +	14
总计	253

请计算该座位与着丝点的距离。

12. 什么是分子标记？有何作用？常见的分子标记有哪些？

13. 下图是某家系及其 RFLP 遗传方式，请解释该性状的遗传方式及其 RFLP 与该性状的关系。

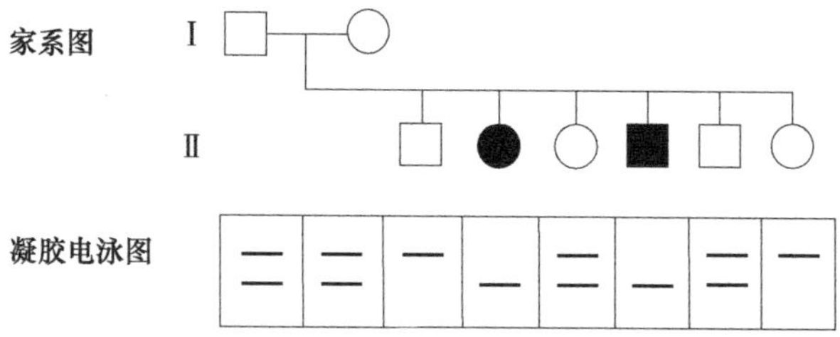

第5章 性别决定与伴性遗传

本章知识主线： 本章围绕伴性遗传，先介绍了几种性别决定现象，然后着重讲述了果蝇的伴性遗传现象及对遗传的染色体学说的证明，并进一步从人类、高等植物、鸟类等不同角度阐述了伴性遗传现象。随后介绍了与性染色体基因表达有关的剂量补偿效应，最后讲述了性染色体异常造成的人类性别畸形。

雌雄性别是生物界最普遍、最引人注意的现象之一，也是遗传学研究的一个重要领域。在自然条件下，两性生物中的雌雄个体比例接近于1∶1，是典型的孟德尔比例，这说明，性别也是按孟德尔方式遗传的，和其他性状一样与染色体及染色体上的基因有关。因为1∶1是测交比例，这意味着某一性别是纯合体，而另一性别是杂合体。

性别的发育必须经过两个步骤：一是性别决定，是指细胞内遗传物质对性别的作用；二是性别分化，是在性别决定的基础上，经过与一定内外环境条件的相互作用而发育成一定性别的过程。雌雄同花或同株的高等植物及雌雄同体的某些低等动物，在同一个体中能同时形成雌雄两种配子，所以对它们来说，不存在性别决定的问题，而只有性别分化的问题。

第一节 性别决定

性别是怎样决定的？为什么性别差异表现在许多性状上？为什么雌雄个体数大致相等？关于性别决定的机制问题，曾有过许多假说，直到1902年，C. E. McClung在直翅目昆虫中首次发现了性染色体后，性别决定就自然而然地和性染色体联系了起来，逐步形成了性染色体决定性别的学说，这是目前最流行的学说。

一、性染色体与性别决定

（一）性染色体

性染色体（sex chromosome）是指体细胞内形态互不相同，且与性别决定有关的染色体。性染色体以外的染色体称为常染色体（autosome），常染色体的一对同源染色体在形态上是基本相同的。例如，人类体细胞中有23对染色体，其中22对是常染色体，一对是性染色体。在男性体细胞中，这对性染色体在形态、结构和大小上具有明显区别，大的叫X染色体，小的叫Y染色体，Y染色体大约只有X染色体的1/3。X染色体和Y染色体既有同源区也有非同源区（图5-1）。同源区又叫拟常染色体区（pseudoautosomal region），在同源区，X染色体和Y染色体在减数分裂时可发生联会与重组，同源区以外的非同源区域为

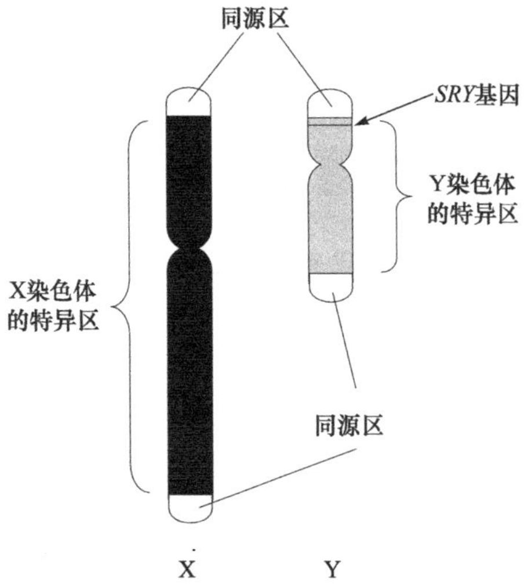

图 5-1　人类性染色体的同源区和特异区示意图

X 染色体和 Y 染色体各自的特异区。从进化角度看，性染色体是由常染色体分化来的。随着分化程度的逐渐增加，同源部分逐渐缩小，或 Y 染色体逐渐缩短，有的最后甚至消失。例如，雄蝗虫的性染色体最初可能是 XY 型，在进化过程中，Y 染色体逐渐消失而成为 XO 型。

（二）性染色体决定性别

生物类型不同，性别决定方式也往往不同。多数雌雄异体或异株的动植物，其雌雄性的性染色体组成不同，它们的性别是由性染色体差异决定的。性染色体决定性别的类型主要有以下几种。

1. XY 型性别决定

凡雄性是两个异型性染色体，雌性是两个同型性染色体的性别决定方式称为 XY 型性别决定。人类属于 XY 型性别决定，男性的性染色体为 XY，女性为 XX。在形成配子时，男性形成两种，即 22 条常染色体 +X 染色体和 22 条常染色体 +Y 染色体，女性只形成 22 条常染色体 + X 染色体这一种。

人类 X 染色体和 Y 染色体的形态差异较大，并且在人类性别决定中的作用是不同的。有 Y 染色体时，性腺原基会发育成睾丸，分泌雄性激素促进形成附睾等男性的生殖器官；无 Y 染色体时，性腺原基则发育成卵巢，产生雌性激素促进子宫等女性生殖器官的形成。Y 染色体之所以有如此强的性别决定作用是因为它带有对睾丸发育起决定作用的基因 *SRY*（sex-determining region of the Y）（图 5-1）。*SRY* 基因只在睾丸中特异表达，所以合子中只要有 Y 染色体，就将发育为男性，因此 XY 是男性（正常），XXY、XXXY、XXXXY 也是男性（异常）；XX 是女性（正常），XO 也是女性（异常）。由于 *SRY* 基因紧邻 X 染色体与 Y 染色体能够发生交换的同源区，有时候由于不正常交换会从 Y 染色体上转移到 X 染色体上，这样形成的含 Y 染色体的配子中将缺乏 *SRY* 基因，而形成含 X 染色体的配子中将具有 *SRY* 基因，就会形成 XY 的女性和 XX 的男性。

XY 型性别决定在生物界较为普遍，很多雌雄异株植物、昆虫，某些鱼类、两栖类和所有哺乳动物的性别决定都是 XY 型。

2. ZW 型性别决定

凡雌性是两个异型性染色体，雄性是两个同型性染色体的性别决定方式称为 ZW 型性别决定。其性别决定方式正好与 XY 型相反。家蚕就是这种性别决定方式，家蚕体细胞的染色体数为 28 对，其中 27 对为常染色体，1 对为性染色体。雄家蚕中的性染色体为 ZZ，只产生一种精子，即 27 条常染色体 +Z 染色体；雌家蚕中的性染色体为 ZW，可以产生两种卵，即 27 常染色体 +Z 染色体和 27 常染色体 +W 染色体。

ZW 型性别决定在鳞翅目昆虫，以及某些两栖类、爬行类和鸟类中比较普遍。有些雌性动物中不存在 W 染色体，其性染色体构成记为 ZO 型。

二、其他类型的性别决定

除了性染色体决定性别外，还有一些生物的性别决定和基因的作用、受精与否及环境影响等有关。

（一）性指数决定性别

果蝇体细胞中有 8 条染色体，其中 3 对为常染色体，1 对为性染色体（图 5-2）。虽然也有 X 染色体和 Y 染色体，但其 Y 染色体上没有决定性别的基因。果蝇的性别是由早期胚胎的性指数（sex index）决定的，即 X 染色体的数目和常染色体组套数的比值（X∶A）。性指数为 0.5 时，果蝇为雄性，如二倍体果蝇含有两套染色体组（A=2），若只有 1 条 X 染色体，则 X∶A=1∶2=0.5，将发育为雄蝇；性指数为 1 时果蝇为雌性，二倍体果蝇如果有 2 条 X 染色体，则 X∶A=2∶2=1（图 5-2）；性指数为 0.5～1 时，果蝇为中间性；性指数小于 0.5 时，如三倍体果蝇含有 1 条 X 染色体，果蝇为超雄性；性指数大于 1.0 时，如二倍体果蝇含有 3 条 X 染色体，果蝇为超雌性。超雌性与超雄性果蝇的生活力都很低，是高度不育的。因此，果蝇的性别决定既与 X 染色体的数目有关，也与常染色体组的套数有关，而其 Y 染色体只决定雄蝇的可育性。故 XO 的果蝇是不育的雄蝇，而 XXY 的果蝇是正常的雌蝇。

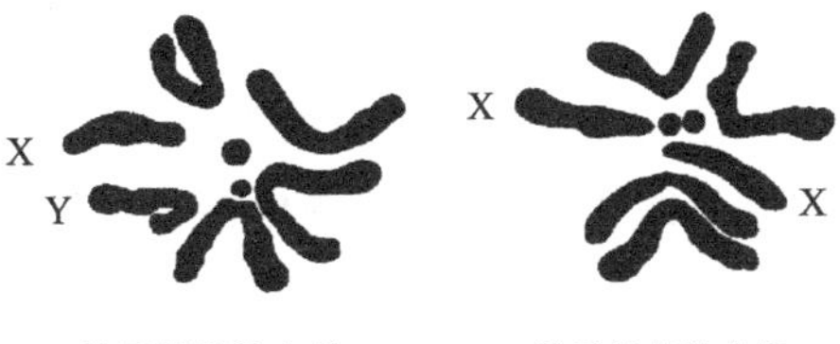

图 5-2　果蝇的染色体示意图
（引自刘祖洞等，2013）

那 X∶A 这一性指数是如何调控果蝇的性别发育的呢？研究发现，这一过程涉及一系列基因和基因间的级联反应。当 X∶A 的比值大时，性别相关基因 *Sxl* 在卵受精后的最初 2h 内被激活，该基因再通过激活一系列基因间的级联反应，促使胚胎朝雌性方向发育；X∶A 的比值小时，*Sxl* 基因处于关闭状态，个体就发育为雄性。因此，*Sxl* 基因发生突变的 XX 果蝇是雄性。

（二）染色体组的倍性决定性别

膜翅目昆虫中的蚂蚁、蜜蜂、黄蜂和小蜂等，其性别与染色体的倍数有关，也与环境有关。蜜蜂的蜂皇产下的每一窝卵中，有少数是不受精的，经孤雌生殖发育为雄峰，其染色体数为 n=16，是单倍体。受精卵孵化出的幼虫，如果只吃 2～3 天质量较差的蜂王浆，21 天后将发育为工蜂，没有生育能力。如果吃 5 天质好量多的蜂王浆，16 天就可发育为蜂皇，即雌蜂，可生育。也就是说，蜂皇和工蜂的染色体数均为 $2n$=32，是因为环境影响（蜂王浆）的不同而发育不同（图 5-3）。那单倍体的雄蜂是如何形成精子的呢？雄蜂的精母细胞也经过了相继的两次分裂，但第一次并未减数，仅在细胞的一极挤出一个无核的细胞质芽体；第二次就是一次有丝分裂过程，所以每一个精母细胞仅形成两个精细胞，染色体数为 n=16。

图 5-3　蜜蜂的性别决定（引自刘祖洞等，2013）

（三）基因决定性别

1. 单基因性别决定

石刁柏（*Asparagus officinalis*）为雌雄异株，其性别由单基因决定。显性基因 *A* 决定雄株，雌株的基因型为 *aa*。杂合体的雄株接受雌株花粉后，其种子长成的后代植株，雄：雌接近 1：1。

2. 双基因性别决定

玉米的性别是由两对基因决定的。玉米是雌雄同株植物，植株顶端的雄花为圆锥花序，生长在植株中部叶腋间的雌花为穗状花序。显性基因 *Ts* 控制雄花序，显性基因 *Ba* 控制雌花序，基因型 *BaBaTsTs* 的植株为正常的雌雄同株玉米；当 *Ba* 突变为 *ba* 时，基因型 *babaTs_* 的植株不能长出雌花序而只有雄花，成为雄株；当基因 *Ts* 突变为 *ts* 时，基因型 *Ba_tsts* 的植株在顶端长出了雌花序，整个植株只开雌花，基因型 *babatsts* 的植株则只在顶端开雌花，这两种植株都是雌株（图 5-4）。

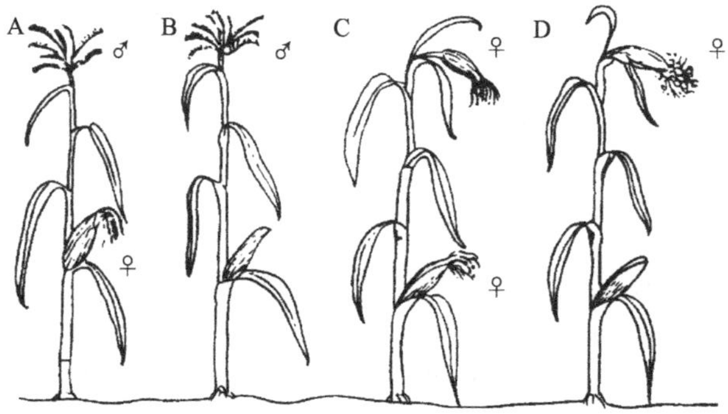

图 5-4 玉米的性别（引自杨业华，2006）

A. 正常植株，基因型为 *Ba_Ts_*；B. 雄性植株，基因型为 *babaTs_*；C. 雌性植株，基因型为 *Ba_tsts*；D. 双隐性雌性植株，基因型为 *babatsts*

如果用基因型 *babatsts* 的雌株与基因型 *babaTsts* 的雄株杂交，后代只产生雄株和雌株，比例为 1：1。如果进行很多这样的杂交，就会产生一个雌雄异株的群体，这样就在玉米中建立起一个新的性别决定系统，*Ts* 所在的染色体就成了“性染色体”，雄株可产生 *Ts* 和 *ts* 两种配子，是异配性别，与其他雌雄异株植物的雄性一样。

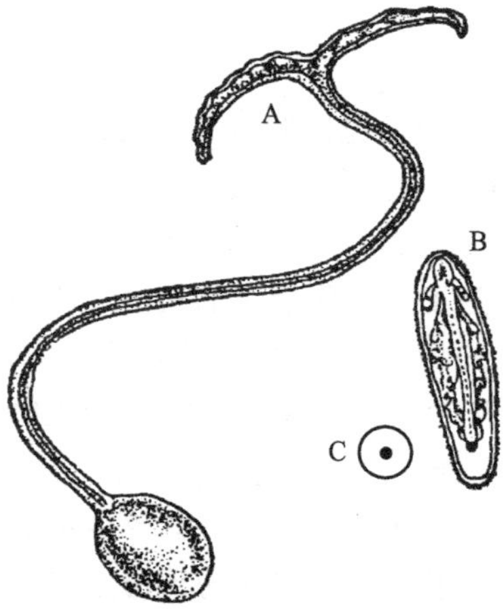

图 5-5 后螠的两性个体（引自刘祖洞等，2013）

A. 雌虫，图比实际的大些；B. 雄虫；C. 雄虫的实际大小（中间的小点）

（四）环境决定性别

在某些低等动物中，性别取决于外界环境。例如，后螠（*Bonellia viridis*）是一种海生蠕虫，其雌雄个体大小差异悬殊。雌虫体大，长 5cm，体形像豆子，口吻很长，吻的顶端分叉；雄虫很小，寄生在雌虫的子宫里（图 5-5）。成熟的后螠在海里产卵，卵发育为幼虫，这些幼虫不具有性别。幼虫如果落在海底就发育为雌虫，如果落在雌虫的吻部，就发育为雄虫。如果把已经落在吻部的幼虫取下来，让它在离开雌虫的条件下继续发育，它就成为中间性，而且中间性偏向雄性或雌性的程度取决于它们在雌虫吻部停留时间的长短。这说明雌虫吻部有某种影响性别形成的化学物质。这是环境在性别决定上发挥重要作用的例子。

三、性别分化与环境条件

性别分化与环境有密切关系，当环境条件符合性别分化的要求时，就会按照遗传基础所规定的方向分化为正常的雌性和雄性；环境条件不符合要求时，性别分化就会受到影响，从而偏离遗传基础所规定的方向，形成不正常的雄性和雌性。

（一）激素的影响

高等动物性腺分泌的性激素对性别分化的影响非常明显。第二性征，如人声调的高低、胡须的有无等一般都是在性激素的控制下发育起来的。第一性征，如睾丸和卵巢的发育也受性激素的直接影响。激素在个体发育中的作用发生越早，对性别的影响也就越大。

例如，牛一般是怀单胎的，但有时也怀双胎，如果双胎的性别不同，生下的雌犊的性腺很像睾丸，所以没有生育能力，这是为什么呢？原来在双胎中，往往雄性胎儿的睾丸先发育，先分泌雄性激素，两个胎儿的胎盘又是共通的，雄性激素可通过绒毛膜血管流入雌性胎儿，从而影响雌性胎儿的性腺分化，生出的牛犊，虽然外生殖器很像正常雌牛，但性腺很像睾丸，性别成为中间性而失去生育能力。另外，胎儿的细胞也可通过绒毛膜血管流向对方，所以在双生雄犊中曾发现有 XX 组成的雌性细胞，在双生雌犊中也曾发现有 XY 组成的雄性细胞。鉴于 Y 染色体在哺乳动物中具有强烈地决定雄性的作用，所以 XY 组成的雄性细胞可能会干扰双生雌犊的性分化，造成不育。以上事实说明，虽然性别在受精时已经决定，但性别分化的方向可以受到激素或外来异性细胞的影响而发生改变。

性激素还可通过影响性别发育导致性反转。在家鸡中，有的产过蛋的正常母鸡，会变成公鸡，这种由雌性变成雄性，或由雄性变成雌性的现象称为性反转（sex reversal）。母鸡性反转为公鸡时，会长出雄性鸡冠并啼晨，还可追逐母鸡和母鸡交配，是能生育的公鸡，这主要是性激素影响的结果。因为母鸡的体内同时存在雌雄两种生殖腺，其中雄性生殖腺是退化的。产过卵的正常母鸡，若由于某种原因如病变等使卵巢机能退化，于是，处于退化状态的精巢便开始发育，产生雄性激素，在雄性激素的作用下，母鸡的性征逐渐被公鸡的性征所代替，并可产生正常的精子，母鸡就变成了公鸡。但这只鸡的性染色体组成并未改变，还是 ZW。这说明，性别也是一种表型，可以在环境影响下发生改变，但基因型是不会发生相应改变的。

（二）外界环境条件的影响

既然性别也是一种表型，那么其就会受到环境条件的影响，环境条件影响性别分化的例子很多。例如，某些蛙类是 XY 型性别决定，如果让蝌蚪在 20℃条件下发育，雌雄比例大约为 1∶1；如果让蝌蚪在 30℃条件下发育，则全部发育为雄蛙。但高温只能改变性别的表型，不能改变其基因型，XX 的蝌蚪，虽然发育为雄蛙，但其性染色体的组成仍然不变。

另外，温度对某些爬行动物的性别分化起着很重要的作用。例如，鳄鱼卵在 33℃下全发育为雄性，在 31℃下又全发育为雌性，在这两种温度之间则雌雄各半。有人认为，外界温度之所以能影响爬行动物的性别分化，主要是可对爬行类雌性激素、雄性激素的合成产生直接影响。

植物性别也易受环境条件影响而发生改变。例如，葫芦科植物黄瓜，在发育早期如果大量施用氮肥，雌花的数量会显著增多；如果延长日照时间，雄花会增多，缩短日照时间，雌花又会增多。又如，雌雄异株的大麻，如果夏天播种，会发育成正常的雄株或雌株；冬天在温室内播种的话，有 50%～95% 的雌株会逐渐出现性反转，最后全变成雄株。

第二节 伴 性 遗 传

性染色体是决定性别的主要物质基础，位于性染色体上的基因所控制的性状在遗传方式上与常染色体有所不同，是跟性别相关联的。例如，Y 染色体上的基因只能随 Y 染色体传给儿子，不能传给女儿。这种性染色体上的基因在遗传时与性别相连锁的遗传现象，称为伴性遗传或性连锁遗传（sex-linked inheritance）。

一、果蝇的伴性遗传

（一）果蝇的伴性遗传分析

摩尔根在 1905 年发现果蝇是极好的实验材料，体型小，繁殖快，生活史短，生命力强，容易饲养。因此他从 1909 年开始用果蝇作实验材料，1910 年摩尔根在正常的红眼果蝇中发现了一只白眼果蝇。他将这只白眼果蝇与正常的红眼雌蝇交配，F_1 代无论雌雄都是红眼，这说明白眼是隐性性状。F_2 代出现了 3 红眼 ∶ 1 白眼，这显然是孟德尔比例，但与一般的孟德尔比例不同之处在于，白眼全是雄蝇（图 5-6）。摩尔根又做了测交实验，将那只白眼雄蝇与 F_1 代的红眼雌蝇交配，测交子代得到 1/4 红眼雌蝇、1/4 红眼雄蝇、1/4 白眼雌蝇、1/4 白眼雄蝇，这也是孟德尔比例。该实验证明了 F_1 代的红眼雌蝇是杂合体。

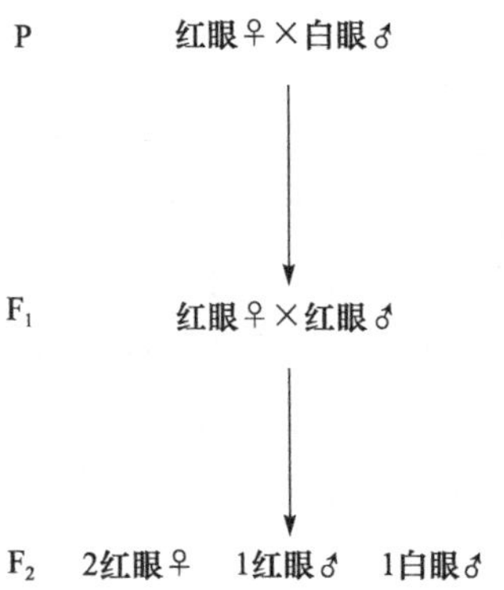

图 5-6 果蝇白眼性状的遗传

为了解释为何 F_2 代中白眼全是雄蝇，摩尔根提出了他的假设，他假设控制白眼的基因 w 位于 X 染色体上，并且是非同源区，在 Y 染色体上没有其等位基因。为明确起见，位于 X 染色体上的白眼基因记作 X^w，其等位的红眼基因记作 X^+。那么最初发现的那只雄蝇的基因型为 X^wY，与之交配的雌蝇的基因型为 X^+X^+。根据这一假设，上述遗传现象可得到圆满解释（图 5-7）。

P　红眼♀×白眼♂

X^+X^+ ↓ X^wY

F_1　红眼♀×红眼♂

X^+X^w ↓ X^+Y

F_2

精子 / 卵子	X^+	Y
X^+	X^+X^+ 红眼♀	X^+Y 红眼♂
X^w	X^+X^w 红眼♀	X^wY 白眼♂

图 5-7　摩尔根假设对果蝇白眼性状遗传的解释

摩尔根为了验证他的假设，又设计了其他的实验。

1）根据摩尔根的假设，F_2 代的红眼雌果蝇应该有两种基因型，一种为杂合体 X^+X^w，一种为纯合体 X^+X^+，各占一半，因此，如果将 F_2 代的红眼雌果蝇与白眼雄果蝇交配，应该有半数的雌果蝇（基因型为 X^+X^+）后代都是红眼，另外半数的雌果蝇（基因型为 X^+X^w）后代是 1/4 红眼雌蝇、1/4 红眼雄蝇、1/4 白眼雌蝇、1/4 白眼雄蝇。摩尔根进行了实验，发现结果与预期的完全一致，从而验证了他的假设。

2）根据摩尔根的假设，如果将白眼雌蝇与红眼雄蝇杂交，那么子代雌蝇都是红眼，雄蝇都是白眼。实验结果也与假设完全相符（图 5-8A），像这种父亲把性状传给女儿，母亲将性状传给儿子的现象称为交叉遗传（criss-cross inheritance）。

A　白眼♀×红眼♂

X^wX^w ↓ X^+Y

精子 / 卵子	X^+	Y
X^w	X^+X^w 红眼♀	X^wY 白眼♂

B　白眼♀×白眼♂

X^wX^w ↓ X^wY

精子 / 卵子	X^w	Y
X^w	X^wX^w 白眼♀	X^wY 白眼♂

图 5-8　摩尔根的验证实验

A. 白眼雌蝇与红眼雄蝇杂交结果；B. 白眼雌蝇与白眼雄蝇杂交结果

3）根据摩尔根的假设，白眼雌蝇如果与白眼雄蝇杂交，子代应都是白眼，并且以后也能真实遗传，成为稳定的品系（图 5-8B）。这一实验结果也与预期完全相符，假设得到了证实。

白眼基因 *w* 位于 X 染色体上的假设得到了以上实验的证明。在雄果蝇中只有一条 X 染色体，白眼基因 *w* 仅存在于 X 染色体上，而 Y 染色体上没有其等位基因，因此也称为半合子（hemizygote）。正因为如此，位于 X 染色体上的隐性基因可得到表现而呈现交叉遗传的特点。因为有关的基因在 X 染色体上，所以又称为 X 连锁遗传（X-linked inheritance）。

从果蝇的红眼与白眼遗传规律中可归纳出伴性遗传的几个特点：①正反交的结果不同；②后代性状的分布和性别有关；③常呈一种交叉遗传现象。

（二）遗传的染色体学说的证明

摩尔根第一次把一个特定的基因与一个特定的染色体联系起来，为萨顿的遗传的染色体学说提供了有力的证据。但是仍有少数科学家认为伴性基因的行为和性染色体行为的平行只是偶然的巧合。直至摩尔根的学生 C. B. Bridges 在 1916 年提供了直接证据，才无可辩驳地证明了遗传的染色体学说（chromosome theory of inheritance）。

Bridges 在重复摩尔根的白眼果蝇伴性遗传实验时，发现了例外现象，大约每 2000 个子代个体中，有一个白眼雌蝇或不育的红眼雄蝇，Bridges 称其为初级例外，当他把初级例外的白眼雌蝇和正常的红眼雄蝇交配时，下一代又有 4% 的次级例外白眼雌蝇和红眼雄蝇，只是这些雄蝇是可育的（图 5-9）。

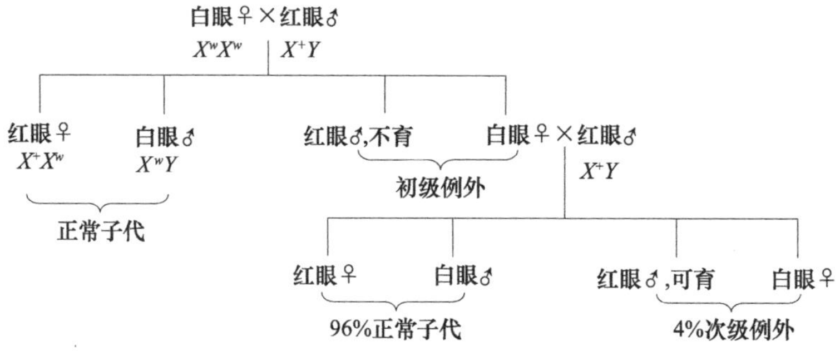

图 5-9　白眼雌蝇与红眼雄蝇交配中的例外子代（引自刘祖洞等，2013）

这些例外红眼雄蝇的红眼基因只可能来自其红眼父亲的 X 染色体，那父亲的 X 染色体是如何传给子代雄蝇的呢？Bridges 假定，在减数分裂时，极少数卵母细胞的两条 X 染色体不发生分离一并进入了同一极，形成了 X^wX^w 和无 X^w 的卵细胞，X^wX^w 卵细胞与 X^+ 精细胞结合，形成 $X^+X^wX^w$ 个体，这种个体大多数情况下是死亡的；如果 X^wX^w 卵细胞被 Y 精细胞受精，则形成 X^wX^wY 个体，表现为例外的白眼雌蝇。无 X^w 的卵细胞如果被 X^+ 精细胞受精，形成 X^+O 个体，这是例外的红眼雄蝇，因为没有 Y 染色体，所以没有生育能力；无 X^w 的卵细胞如果被 Y 精细胞受精，则形成 YO 个体，是死亡的（图 5-10A）。

A

白眼♀×红眼♂

X^wX^w | X^+Y

卵子＼精子	X^+	Y
X^wX^w	$X^+X^wX^w$ 死亡	X^wX^wY 白眼♀
O	X^+O 红眼♂，不育	YO 死亡

B

白眼♀×红眼♂

X^wX^wY | X^+Y

卵子＼精子	X^+	Y
X^wX^w (4%)	$X^+X^wX^w$ 死亡	X^wX^wY 白眼♀
Y(4%)	X^+Y 红眼♂，可育	YY 死亡

图 5-10　果蝇 X 染色体不分离的遗传效应

A. 初级例外果蝇的产生；B. 次级例外果蝇的产生

那次级例外中的果蝇又是如何形成的呢？初级例外的 X^wX^wY 白眼雌蝇在减数分裂时，

通常是一对 XX 染色体配对，Y 染色体游离，这样将形成 X^{w} 和 $X^{w}Y$ 的卵细胞。但也有部分（约 16%）是 X 染色体与 Y 染色体配对，另一 X 染色体游离的，这样将形成一半（8%）的 X^{w} 和 $X^{w}Y$ 卵细胞，以及一半（8%）的 $X^{w}X^{w}$ 和 Y 卵细胞。$X^{w}X^{w}$ 卵细胞与 Y 精细胞结合，就形成 $X^{w}X^{w}Y$ 的次级例外白眼雌蝇；Y 卵细胞如果被 X^{+} 精细胞受精，则形成 $X^{+}Y$ 个体，就是有生育能力的次级例外红眼雄蝇（图 5-10B）。

可见，如果假定果蝇的白眼基因 *w* 位于 X 染色体上，并且在形成卵的减数分裂过程中，X 染色体偶尔发生不分开现象，就可圆满地说明例外个体的出现。为了验证这一推测，Bridges 观察了果蝇成虫性原细胞的有丝分裂核型，结果，根据 X 染色体不分离现象所做的各项预期都得到了细胞学观察的证实，这就无可辩驳地证明了基因在染色体上，即遗传的染色体学说。

二、人类的伴性遗传

调查发现，常染色体上基因控制的疾病在男女中发病相同，但有些病是男性比女性多，如色盲，因此判断其不是由常染色体上基因控制的，而与性染色体有关。如前所述，人类的 X 染色体和 Y 染色体既有同源区也有非同源区，仅存在于 X 染色体非同源区的基因表现为 X 连锁遗传，仅存在于 Y 染色体非同源区的基因表现为 Y 连锁遗传（Y-linked inheritance）。存在于 X 染色体和 Y 染色体同源区的等位基因并不遵循 X 连锁或 Y 连锁的遗传模式，而与常染色体上基因的遗传相似。

（一）X 连锁遗传

X 连锁基因若为隐性，则为 X 隐性连锁遗传，其遗传方式与果蝇白眼的遗传方式相同。血友病（hemophilia）是研究较为深入的 X 隐性连锁遗传病之一，有甲型和乙型两种，在患者的血液里缺少一种凝血因子，所以受伤流血时血液不易凝结。图 5-11 是一个血友病的家系，从中我们可以发现以下几个特点：①得病的几乎都是男性；②男性患者的子女都正常，与上代间有明显的不连续性；③男性患者的女儿虽然正常，但可生下有病的外孙。此外，红绿色盲（red-green color blindness）、进行性假肥大性肌营养不良（Duchenne muscular dystrophy）、自毁性综合征（莱施－奈恩综合征，Lesch-Nyhan syndrome）等也是 X 隐性连锁遗传病。

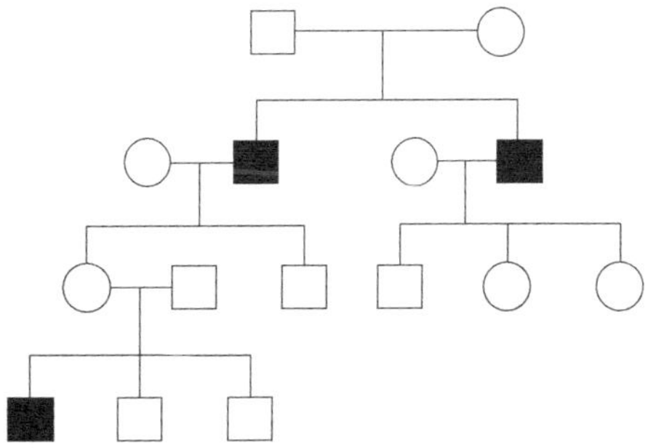

图 5-11　一个甲型血友病患者的家系

X 连锁基因若为显性，则为 X 显性连锁遗传，如抗维生素 D 佝偻病（vitamin D resistant rickets）的遗传，由于该病患者的肾小管对磷的重吸收发生了障碍，因此其身材矮小，下肢弯曲。图 5-12 是一个抗维生素 D 佝偻病的家系，从中可以看出 X 显性连锁遗传具有以下几个特点：①每代都有患者，且女性多于男性，由于致病基因位于 X 染色体上，因此拥有两条 X 染色体的女性的发病

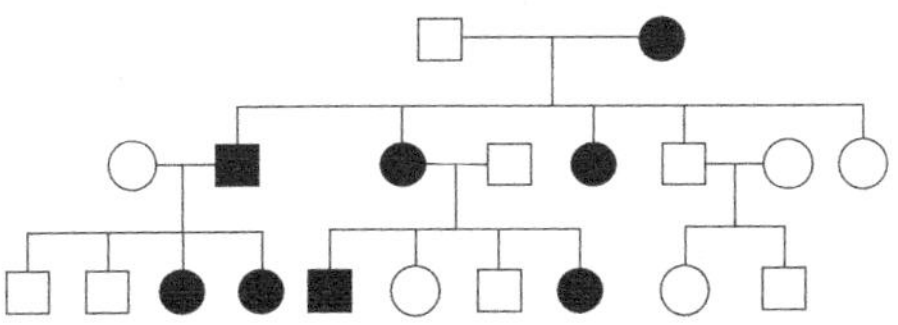

图 5-12　一个抗维生素 D 佝偻病的家系

率高于男性；②男性患者的女儿都为患者，儿子正常；③女性患者子女患病的概率一般为1/2。人类疾病中属于X显性连锁遗传的疾病比较少。

（二）Y连锁遗传

Y染色体上的基因很少，存在于Y染色体非同源区上的基因控制的性状，只能在雄性中表现，这种现象叫限雄遗传（holandric inheritance），也叫Y连锁遗传。人类中有种毛耳性状，即在耳轮上长出浓密而硬的长毛，具有该性状的都是男性，只在父子间传递，说明这是Y连锁遗传。另外，在决定性别上起重要作用的*SRY*基因也是Y连锁遗传。

（三）脆性X综合征

1940年，遗传学家发现人类智力低下患者的发病率总是男性高于女性，怀疑这种疾病可能与X染色体有关。1969年，通过对一个患病家系的分析，发现两个患病男孩的X染色体与正常男性不同，在其长臂近末端处有一很深的缢痕。由于患者细胞在缺乏胸腺嘧啶或叶酸的环境中培养时容易从缢痕处断裂，因此将这种疾病命名为脆性X综合征（fragile X syndrome）（图5-13A）。

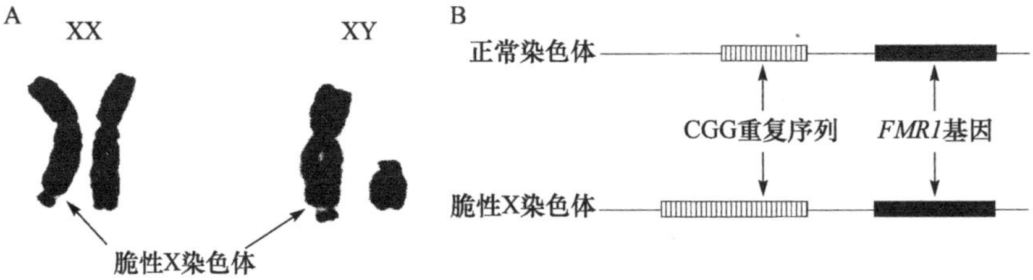

图5-13　脆性X染色体（引自Snustad and Simmons, 2011）

A. 脆性X染色体；B. 脆性X综合征的分子基础

脆性X综合征的男性发病率为1/2500～1/1200，除了智力低下还伴有大睾丸症，女性发病率为1/5000～1/1650。1991年，发现脆性X综合征的脆性位点与*FMR1*（fragile X mental retardation 1）基因5′端的短重复序列CGG有关。在正常人中CGG重复的数目为6～50，在患者中重复数则增加到200～4000。重复数在50～200时，将出现不同程度的症状，如果重复数超过了230，就表现出严重的疾病症状（图5-13B）。该重复序列似乎与DNA的化学修饰有关，这种修饰会影响*FMR1*基因的正常表达，可能是造成脆性X综合征的原因。

三、高等植物的伴性遗传

种子植物有少数是雌雄异株的，如菠菜、大麻和女娄菜等。女娄菜（*Melandrium album*）是XY型性别决定，其叶有阔叶和细叶两型。若将纯合的阔叶雌株与细叶雄株交配，子代只有阔叶雄株；若将杂合的阔叶雌株与阔叶雄株交配，子代雌株都是阔叶的，雄株中阔叶和细叶各占一半，如何解释这一遗传现象呢？从实验结果来看，该性状与性别有关，所以假设控制该性状的基因位于X染色体上，阔叶为显性，由基因*B*控制，

细叶由基因 b 控制，同时带有基因 b 的花粉是致死的，这样就可圆满地解释上述实验了（图 5-14）。

实验一

阔叶♀×细叶♂

X^BX^B ↓ X^bY

雌配子 \ 雄配子	X^b(死亡)	Y
X^B	—	X^BY 阔叶♂

实验二

阔叶♀×阔叶♂

X^BX^b ↓ X^BY

雌配子 \ 雄配子	X^B	Y
X^B	X^BX^B 阔叶♀	X^BY 阔叶♂
X^b	X^BY 阔叶♀	X^bY 细叶♂

图 5-14 女娄菜叶形的伴性遗传现象

四、鸡的伴性遗传

上面介绍的都是 XY 型性别决定，鸟类和鸡等的伴性遗传基因是位于 Z 染色体上的，它们的遗传方式又是怎样的呢？以鸡的芦花斑纹遗传为例进行说明，如用芦花母鸡与非芦花的公鸡交配，F_1 代的公鸡都是芦花，而母鸡都是非芦花，在 F_2 代，母鸡和公鸡都是一半芦花，一半非芦花，这如何解释呢？从 F_1 代可见，该性状与性别有关，因此假设芦花基因 B 位于 Z 染色体上，而且是显性，这样亲本芦花母鸡的基因型为 Z^BW，公鸡的基因型为 Z^bZ^b，F_1 代的母鸡基因型为 Z^bW，都是非芦花，公鸡基因型为 Z^BZ^b，都是芦花，与实验结果吻合。F_2 代中，雌鸡有两种基因型：Z^BW 和 Z^bW，各占一半，雄鸡也有两种基因型：Z^BZ^b 和 Z^bZ^b，也各占一半（图 5-15）。

P 芦花♀×非芦花♂

Z^BW ↓ Z^bZ^b

F_1 非芦花♀×芦花♂

Z^bW ↓ Z^BZ^b

F_2

卵子 \ 精子	Z^B	Z^b
Z^b	Z^BZ^b 芦花♂	Z^bZ^b 非芦花♂
W	Z^BW 芦花♀	Z^bW 非芦花♀

图 5-15 鸡芦花斑纹的伴性遗传

由于芦花鸡的头上有黄色斑点，成羽有黑白相间的横纹，因此在养鸡场里，芦花母鸡 × 非芦花公鸡是可供利用的一种交配组合，孵化小鸡时只要根据绒羽上是否有黄色头斑，就可将小鸡的雌雄区别开来。

伴性遗传在理论和实践上都具有重要意义。理论上为遗传的染色体学说提供了论据。实践中：①根据伴性遗传规律，可预防某些伴性遗传疾病，如伴 X 染色体的显性或隐性遗传病，根据父母双方的情况，可预测子代的患病概率；②利用伴性遗传可进行雌雄鉴别，如在养鸡场中，根据雏鸡羽毛进行雌雄鉴别已得到了广泛应用。

五、从性遗传和限性遗传

与性别相关的遗传方式除了伴性遗传外，还有从性遗传和限性遗传，统称为性相关遗传（sex-related inheritance），但三者的特点是不同的。

（一）从性遗传

从性遗传（sex-influenced inheritance）是指常染色体基因所控制的性状，由于受到性激素的影响，在不同性别中的表达不同的遗传现象。例如，绵羊的有角基因为 *H*，无角基因为 *h*，位于常染色体上，纯合体在雌雄中的表型相同，但杂合体却出现了差异。*Hh* 母羊表现无角，*h* 基因在母羊中是显性；但 *Hh* 公羊则表现有角，*H* 基因在公羊中是显性。相同的例子还有人类秃发（baldness）这一性状，受常染色体上基因 *B* 和 *b* 的控制。纯合体在男女中的表现也一样，但杂合体 *Bb* 的男性是秃发，*B* 在男性中为显性；*Bb* 的女性则表现正常，*b* 基因在女性中为显性。

可见，从性遗传虽然也与性别有密切关系，但它与伴性遗传是两种截然不同的遗传方式，从性遗传的基因位于常染色体上，并且受性激素的影响，往往杂合体在两性中有不同的表型。

（二）限性遗传

限性遗传（sex-limited inheritance）是性状只在某种性别中表现的遗传现象。控制性状的基因可以在性染色体上，也可以在常染色体上。例如，前面介绍的毛耳性状只在男性中表现，既是 Y 连锁遗传，也是限性遗传。而子宫阴道积水是由常染色体上的基因控制的，但该性状只在女性中表现。此外，像单睾、泌乳量、产蛋量等性状也仅在某一性别中表现，是限性遗传。限性遗传常与体内的性激素或第二性征有关。

第三节　剂量补偿效应

一、剂量补偿效应的概念

在哺乳动物和果蝇中，雌性比雄性多一条 X 染色体，位于 X 染色体上的基因就比雄性多一份，可是由 X 染色体上的基因决定的性状在雌雄个体之间并无多少差异。因此，有人认为必然存在一种基因数量上的剂量补偿效应（dosage compensation），以保持雌雄个体的基因平衡。所谓剂量补偿效应就是在 XY 型性别决定的生物中，性染色体上的基因在两种性别中有相等或近乎相等的有效剂量的遗传效应。

二、莱昂假说

为了解释哺乳动物 X 染色体的剂量补偿效应，英国学者莱昂（M. Lyon）提出了一种假说，即莱昂假说（Lyon hypothesis），其主要内容如下。

1）雌性体细胞的两条 X 染色体中只有一条在遗传上有活性，另一条则失活。这样就保证了雌雄个体具有相同的有效基因产物。

2）X 染色体的失活是随机的，并且发生在胚胎发育的早期。例如，人类在胚胎发育的第 16 天发生失活，而且失活的那条 X 染色体在以后的细胞增殖中永久失活。

3）杂合体雌性在 X 连锁基因的作用上是嵌合体（mosaic）。由于 X 染色体的失活是随机的，因此某些细胞中是来自母亲的 X 连锁基因表达，某些细胞中是来自父亲的 X 连锁基因表达，这两类细胞相嵌存在。

失活的那条 X 染色体称为巴氏小体（Barr body），1949 年巴尔（M. L. Barr）等发现在雌猫神经细胞的间期核中有一个深染的小体，雄猫中却没有。这是一个高度浓缩的、惰性的、异染色质化的小体，在一些组织细胞的间期核中可见（图 5-16）。

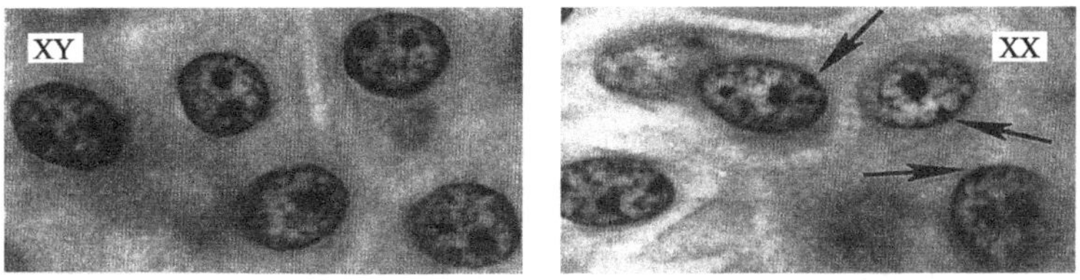

图 5-16　人类细胞核中的巴氏小体（引自 Snustad and Simmons，2011）
只在右图女性的细胞核中才可见巴氏小体（箭头所示）

莱昂假说被以后的研究证明基本是正确的。

例如，人的 X 染色体上有一个基因编码葡萄糖-6-磷酸脱氢酶（G-6-PD），G-6-PD 有 A、B 两型，彼此只有一个氨基酸的差异，是由一对等位基因 Gd^A 和 Gd^B 控制的。该酶的活性在男女间没有区别，男性细胞的 G-6-PD 进行电泳时，只显示一条染色带，或是 A 型，或是 B 型；在女性中有的显示两条染色带，表明她们是杂合体，进一步检测单个细胞培养物时，发现有的显示 A 型，有的显示 B 型，但没有一个细胞培养物是显示两条染色带类型的，这说明女性的两条 X 染色体中有一条随机失去了活性。经显微镜观察发现，失活的 X 染色体以巴氏小体的形式显现在间期核膜内侧。

又如，有一种玳瑁猫，只有雌性有黄、黑、白三种颜色，也叫三色猫。黄色和黑色由 X 染色体上的基因 *O* 和 *o* 控制，白色由常染色体上的基因 *S* 控制。*Oo* 雌猫的黄毛和黑毛呈花斑状分布，这是因为两条 X 染色体中，只有一条处于活性状态。由于失活是随机的，有的细胞中是带有基因 *O* 的染色体有活性，有的细胞则是带有基因 *o* 的染色体有活性，两种毛色相嵌就呈花斑状了。

深入的研究发现，X 染色体的失活是一种局部失活，而不是所有 X 染色体上的基因都发生失活。例如，位于 X 染色体短臂末端与 Y 染色体同源的区域不发生失活，它们在遗传和表达中的行为也与成对的常染色体一致。另外，在 X 染色体的其他部位也有一些特殊的基因不失活。更重要的是，雌性在其生殖细胞的发生过程中，失活的 X 染色体将恢复活性，和另一条有活性的 X 染色体配对后，被随机分配到子细胞中。因此，拥有两条 X 染色体对雌性哺乳动物是必需的。

剂量补偿在不同物种中的策略有所不同：在哺乳动物中是利用 X 染色体的失活来实现补偿的；但在果蝇中是通过增加雄蝇 X 染色体的转录活性来实现补偿的，这样雄果蝇虽然只有一条 X 染色体，但表达的量与具有两条 X 染色体的雌果蝇相同；在 XX 的线虫中则是通过降低两条 X 染色体一半的转录活性来实现补偿的。

第四节 人类的性别畸形

人类的性别主要是由性染色体决定的，性染色体数目的增减，会引起人类在性别分化上的异常而出现性别畸形。下面介绍几种常见的人类性别畸形。

一、性染色体与性别畸形

（一）克兰费尔特（Klinefelter）综合征

该类患者性染色体的组成是XXY，染色体数为$2n=47$，外貌为男性，身长较一般男性高，但睾丸发育不全，不能产生精子，因此没有生育能力，又称为先天性睾丸发育不全。并且尿中促性腺激素较多，常出现女性似的乳房，智力一般较差，患者的母亲年龄一般偏大。

（二）XYY综合征

该类患者性染色体的组成是XYY，体细胞的染色体数也是$2n=47$。患者的外貌是男性，比普通人身材高，行为异常，性情暴烈，常有攻击性行为，智力一般稍差，但有的智力较高。生殖器官发育不全，生殖能力减弱。

（三）特纳（Turner）综合征

又称先天性卵巢发育不全，性染色体的组成是XO，染色体数为$2n=45$。患者外貌是女性，身材矮小（1.2～1.4m），常有蹼颈和手肘外翻，往往有先天性心脏病。第二性征发育不良，卵巢完全缺失，或仅存少量结缔组织，原发性闭经，无生育能力。特纳综合征患者的发生率比克兰费尔特综合征的低，这可能是其受精卵的致死率较高的缘故。

此外，还有XXX、XXXX及XXXY等性别畸形。

这些性别畸形的发生是由在减数分裂时，来自父方或母方的染色体不发生分离导致的。雌性生殖细胞在减数分裂时如果染色体不发生分离，则形成XX卵细胞和O卵细胞；雄性生殖细胞在减数分裂时如果染色体不发生分离，则形成XY精细胞和O精细胞。当正常或不正常的卵细胞与正常或不正常的精细胞结合为合子时，则可能形成性别畸形（表5-1）。

表5-1 性别畸形的形成

卵子 \ 精子	X	Y	XY	O
X	XX 正常女性	XY 正常男性	XXY 克兰费尔特综合征	XO 特纳综合征
XX	XXX 多X女性	XXY 克兰费尔特综合征	XXXY 多X男性	XX 正常女性

续表

卵子＼精子	X	Y	XY	O
O	XO 特纳综合征	YO 死亡	XY 正常男性	OO 死亡

二、基因与性别畸形

睾丸女性化（testicular feminization）是由基因突变引起的性别畸形。患者的外貌和正常女性一样，有丰满的乳房和女性外生殖器，但没有子宫和输卵管。体内有睾丸，能产生精子和分泌正常的雄性激素，但没有输精管，不能生育。患者的性染色体组成为XY，这种性别畸形是如何形成的呢？原来在X染色体上有一个决定雄性激素受体的基因 *Tf*，可形成雄性激素的受体，雄性激素能发挥正常作用，从而形成正常的男性。当 *Tf* 突变为隐性基因 *tf* 时，就不能产生受体，此时，即使有雄性激素，也不能发挥作用，从而导致输精管、精囊腺、附睾等直接依赖雄性激素的性器官不能发育，患者自然向女性方向发展。此外，Y染色体上的 *SRY* 基因、常染色体上的5α-还原酶基因均会影响男性的性别分化。

随着分子遗传学的不断发展，相信基因调节性别发育的分子途径及相应的生化代谢途径会更加清晰。但归根结底，性别是生物众多性状中的一种，是由染色体及其携带的基因所决定的，其分化也受到环境条件的影响。

阅读资料：人类Y染色体

X染色体和Y染色体起源于3亿年前的远古常染色体，由于与男性和女性的生殖系统发育有关的始祖 *dazl* 基因被复制到了Y染色体长臂末端，从而引起了性别差异的进化，X染色体和Y染色体出现了功能的分化。Y染色体刚问世时，它的长度和拥有的基因数量与X染色体相差无几，然而，随着时间的推移，环境和发育过程中失误等原因的影响，导致分化加剧，Y染色体上的一些基因由于积累了很多的突变，要么被关闭，变成了失去功能的假基因；要么丢失了，失去了与X染色体在重组过程中的片段交换能力，逐渐退化和小型化，成为人类最小的染色体。

人类Y染色体大约有6000万个碱基，截至2006年12月，在Y染色体上约有115个编码蛋白质的基因列在基因库中。1959年，Ford对特纳综合征的研究和1966年Jacobs对克兰费尔特综合征的研究表明，Y染色体可能携带关键性别决定因子——睾丸决定因子（testis-determining factor，TDF）。1990年Sinclair等从Y染色体短臂近末端区（Yp11.3）35kb的区域中分离克隆出候选基因——Y染色体性别决定区（sex-determining region of Y，*SRY*），编码由204个氨基酸残基组成的多肽，目前学术界普遍认为 *SRY* 基因是TDF的最佳候选基因。正常男性的Y染色体上都有 *SRY* 基因，如果Y染色体上 *SRY* 基因缺失或突变，则不能形成睾丸而表现为女性。

1976年，Tiepolo和Zuffardi等通过细胞遗传学研究发现，低生育和无精子患者的Y染色体长臂末端有缺失，由此推测Y染色体长臂上可能存在与精子发生相关的基因，称为 AZF（azoospermia factor）。

由于 Y 染色体重组能力下降，不能有效更正突变了的基因，结果其基因逐渐丢失，因此有遗传学家认为一段时间（约 500 万年）后，原始 Y 染色体的功能就会不复存在，最终 Y 染色体将从地球上消失。然而，人类基因组计划启动后，通过对 Y 染色体的分子遗传学研究，发现人类 Y 染色体与其他染色体相比所含基因最少，但其重复序列的发生比例却最高，含有大段的重复区域。也就是说，在此区域内每个基因都有两份拷贝，并以“回文”结构排列。研究者认为染色体内部存在的这些“回文结构”，可能有基因修复作用，使它在一定程度上能够自我修复有害的基因变异。这可能也是人们发现近 0.25 亿年里，Y 染色体上非同源区的基因丢失速度放缓的一种原因。此外，研究者还认为 Y 染色体可能会通过转座或染色体融合获得新基因以维持其基因数目及形态大小。

由于所有的 Y 连锁基因都以半合子的状态存在，发生突变时能够得到表达，因此呈现单倍型遗传的特点，使 Y 染色体成为研究父系遗传的好材料。Y 染色体在大量人群的个体识别、性侵犯案件的分析、亲子鉴定、民族的迁移和进化等方面有着广泛的应用。

第 5 章
习题答案

习题

1. 试比较伴性遗传、从性遗传和限性遗传的差异。

2. 在果蝇中，长翅（*Vg*）对残翅（*vg*）是显性，该基因在常染色体上；红眼（*W*）对白眼（*w*）是显性，该基因在 X 染色体上。果蝇的性别决定是 XY 型，问下列交配所产生的子代，基因型和表型如何？

（1）$WwVgvg \times wvgvg$。

（2）$wwVgvg \times WVgvg$。

3. 在鸡中，羽毛的显色需要显性基因 *C* 的存在，基因型 *cc* 的鸡总是白色。已知，羽毛的芦花斑纹是由伴性（或 Z 连锁）显性基因 *B* 控制的，而且雌鸡是异配性别。一只基因型是 ccZ^bW 的白羽母鸡跟一只芦花公鸡交配，F_1 代都是芦花斑纹，如果这些 F_1 代个体相互交配，它们的子代的表型分离比是怎样的？

注：基因型 $C\_Z^bZ^b$ 和 C_Z^bW 鸡的羽毛是非芦花斑纹。

4. 在火鸡的一个优良品系中，出现了一种遗传性的白化症，养禽工作者对 5 只有关的雄鸡进行测验，发现其中 3 只带有白化基因。当用这 3 只雄禽与无亲缘关系的正常母禽交配时，得到 229 只幼禽，其中 45 只是白化的，而且全是雌禽。育种场中可以进行一雄多雌交配，但是表型正常的 184 只幼禽中，育种工作者除了要消除白化基因外，想尽量多地保存其他个体。你认为火鸡的这种白化症的遗传方式是什么样的？哪些个体应该被淘汰？哪些个体可以放心地保存？你会怎样做？

5. 人类的褐眼（*B*）对蓝眼（*b*）显性，一个父亲是色盲的蓝眼女人（视觉正常）与一个母亲是蓝眼的褐眼男人（视觉正常）婚配，问其生育蓝眼且色盲的儿子的比例如何？

6. 一个没有血友病的男人与表型正常的女人结婚后，有了一个患血友病和克兰费尔特综合征的儿子。请说明他们两人的染色体组成和基因型（提示：在形成卵子的减数第二次分裂时，X 染色体可发生不分开现象）。

7. 人的色盲基因（c）和血友病基因（h）都在 X 染色体上，它们之间的重组值大约是 10%，在下面家系中，黑色符号表示该个体患有血友病，叉号表示该个体患有色盲症，请问Ⅲ-4 和Ⅲ-5 的儿子患血友病的概率分别有多大？

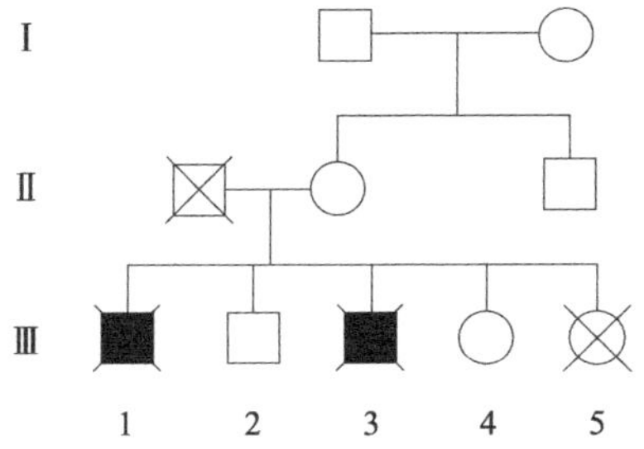

8. 假设果蝇的 X 染色体（X）和常染色体（A）的组成分别为（1X，2A）、（2X，2A）、（3X，3A）、（2X，4A）、（4X，4A），试分析这些果蝇的性别表型。

9. 在黑腹果蝇中，有一截刚毛（bobbed bristle）基因存在 X 染色体和 Y 染色体的同源区域，所以 X 染色体和 Y 染色体上都有这个基因，记作 bb，它对野生型基因（+）为隐性，隐性纯合体的刚毛短而细。如有一截刚毛雌蝇（$X^{bb}X^{bb}$）与纯合正常刚毛雄蝇（$X^{+}Y^{+}$）交配，问 F_1 代和 F_2 代的基因型和表型的比例如何？

10. 火鸡卵有时能进行孤雌生殖。这有三个可能的机制：①卵没有经过减数分裂，仍为二倍体；②卵核被极体受精；③卵核染色体加倍。请预期每一假设机制所产生的性别比例如何（假定雏鸡要能活下去，必须存在一个 Z 染色体）？

第6章　遗传物质的分子基础

本章知识主线：本章围绕遗传物质——核酸，先介绍了核酸作为遗传物质的证据，然后讲述了遗传物质的结构、功能的实现（遗传信息的表达）和调控，最后介绍了一种特殊的表达调控——表观遗传调控。

生物性状的遗传和变异都是由遗传物质控制的，遗传学自1900年诞生后，在差不多半个世纪的时间里，人们一直在探索到底什么是遗传物质。孟德尔称遗传物质为遗传因子，1909年，约翰逊用基因替代了孟德尔的遗传因子，沿用至今。那么，基因的化学本质是什么，又是怎样控制性状的呢？

第一节　核酸作为遗传物质的证据

由于基因存在于染色体上，要了解基因的化学本质，首先要考虑基因所在的染色体的化学成分。染色体主要由DNA、组蛋白、非组蛋白及RNA组成。DNA和组蛋白的分量大致相等，两者构成了染色体的大部分；非组蛋白的比率变化很大；RNA则含量很低。那么这些成分当中哪些是遗传物质呢？20世纪20年代，人们认识到蛋白质是由多种氨基酸连接而成的生物大分子，各种氨基酸的不同排列方式可以形成不同的蛋白质。这就使人们很自然地想到，氨基酸的多种排列方式可能蕴含着遗传信息，因此在很长的时间里蛋白质被错误地认为就是遗传物质。20世纪30年代，随着微生物遗传学、生物化学、生物物理学等学科的发展，大量证据表明，DNA才是主要的遗传物质，在缺乏DNA的某些病毒中，RNA是遗传物质。

一、DNA作为主要遗传物质的间接证据

DNA是遗传物质的间接证据很多，主要有下列几点。

1）稳定性：稳定性主要包括含量的稳定性和代谢的稳定性两个方面。同一种生物在不同发育时期或不同组织的细胞中，DNA的含量基本相等；而且配子中的DNA含量正好是体细胞的一半。一些多倍体物种，细胞中DNA的含量随染色体倍数的增加表现出倍数性的递增关系。放射性同位素示踪研究表明，DNA分子代谢较稳定，任何元素的原子一旦与DNA相结合成为其组成部分，则在细胞的生长发育过程中就可保持稳定，不会离开DNA。因此DNA不仅在量上是恒定的，在质上也是恒定的。而蛋白质和RNA的量不仅在不同细胞之间差别很大，而且一边迅速形成，一边又迅速分解。

2）连续性：DNA主要位于细胞核的染色体上，线粒体、叶绿体中也有少量DNA，因此它们都有复制和遗传的自主性。也就是DNA通过自我复制，可以向后代准确地传递，具

有自己的遗传连续性。

3）与突变有关：各类生物中，能改变 DNA 结构的化学物质均能引起生物的突变。

二、核酸作为遗传物质的直接证据

（一）肺炎链球菌的转化实验

肺炎链球菌（*Streptococcus pneumoniae*）属于革兰氏阳性菌。根据致病性的有无分为两种类型，光滑型（smooth，S）和粗糙型（rough，R）。光滑型细菌由于有一层多糖类的胶状荚膜保护层，在琼脂培养基上可形成明亮、光滑的菌落，它是一种致病性细菌，有毒性，人感染后会引起肺炎，小鼠感染后产生败血症；粗糙型细菌，细胞外无荚膜，在培养基上可形成粗糙型菌落，无致病性，无毒性。

1928 年，英国医生格里费斯（F. Griffith）等进行了肺炎链球菌的定向转化实验，他们将少量无毒的 R 型链球菌注入小鼠体内，再将大量有毒但已加热（65℃）杀死的 S 型细菌注入小鼠体内，发现小鼠发病死亡，并从死鼠体内分离到了大量活的 S 型细菌（图 6-1）。可是，如果只是单独将活的 R 型细菌，或是死的 S 型细菌注入小鼠体内都不会引起败血症。这表明可能是高温杀死的 S 型细菌中的某些活性物质使某些活的 R 型细菌转化（transformation）成了 S 型细菌，但当时并不知道这种活性物质是什么。

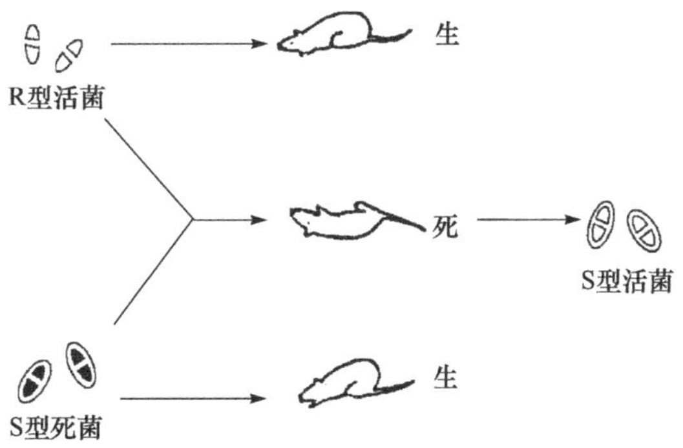

图 6-1　肺炎链球菌的转化实验（引自刘祖洞等，2013）

1944 年，美国科学家艾弗里（O. Avery）及其合作者通过实验证明：是 S 型细菌的 DNA 使 R 型细菌转化成了 S 型细菌。他们从 S 型细菌中分别抽提出 DNA、蛋白质和荚膜物质，并把每一种成分同活的 R 型细菌混合，悬浮在合成培养液中，结果发现只有 DNA 组分能够把 R 型细菌转变成 S 型细菌。他们又分别用 DNase 降解 DNA 成分，RNase 降解 RNA 成分，蛋白酶降解蛋白质组分，然后与活的 R 型细菌混合并转化，结果发现 RNA 和蛋白质发生降解后的细菌转化能力不受影响，而 DNase 处理后的 S 型细菌几乎完全丧失了转化 R 型细菌的能力，这说明 DNA 是转化因子。由于 DNA 可引起另一种不同基因型的细胞发生稳定的遗传变异，具有特定的遗传特性，因此艾弗里等推测 DNA 是遗传物质。艾弗里等的实验结果首次证明了转化因子是 DNA，取得了 DNA 是遗传物质的第一个直接证据，明确了 DNA 是遗传信息的载体。

虽然艾弗里等的工作非常出色，但在当时还是受到了怀疑，有人认为分离的核酸不纯，核酸成分中存在蛋白质的污染，蛋白质才是真正的转化因素。所以后来科学家不断提高 DNA 的纯度，随着 DNA 纯度的提高，转化效率也相应提高。但人们真正接受 DNA 是遗传物质还是在 1952 年赫尔希（A. Hershey）等发表了有关噬菌体实验的论文之后。

（二）噬菌体的感染实验

噬菌体由蛋白质外壳和DNA构成，结构简单。例如，大肠杆菌（*Escherichia coli*）T2噬菌体，由蛋白质外壳和DNA核心构成。1952年，赫尔希等用标记放射性同位素的方法进行了T2噬菌体感染实验，为证明DNA是遗传物质提供了更直接的证据（图6-2）。

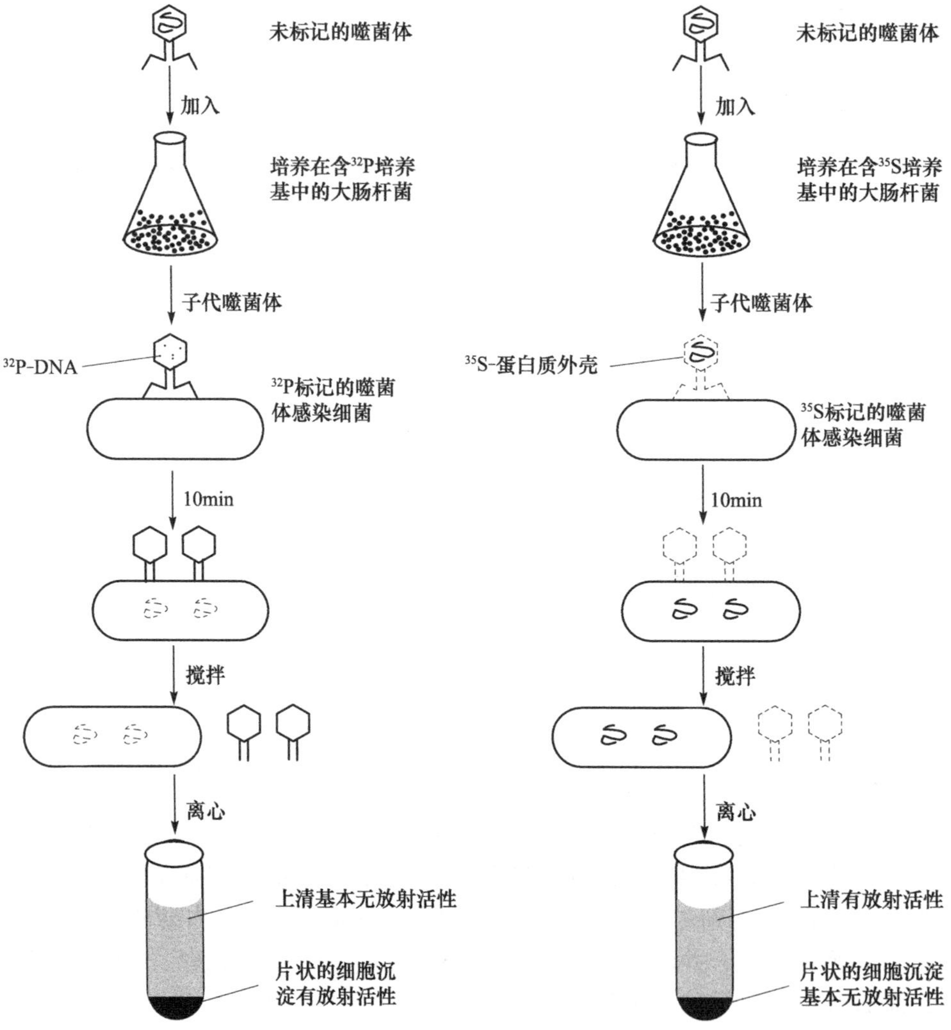

图6-2　噬菌体感染实验

在噬菌体中，蛋白质是唯一含硫（S）的物质，DNA是唯一含磷（P）的物质。利用这一特性，赫尔希等用放射性^{35}S和^{32}P分别标记蛋白质和DNA。他们先把细菌分别培养在含有^{35}S或^{32}P的培养基中，得到两组含有不同标记的细菌。然后用T2噬菌体去感染这两组细菌，使噬菌体进行繁殖，这样释放的子代噬菌体就被标记上了^{35}S或^{32}P。再用这种带有放射性标记的噬菌体去感染无放射性的大肠杆菌，10min后搅拌除去未吸附的噬菌体，再离心使噬菌体与大肠杆菌分开。经同位素测定发现，^{32}P标记时放射活性多见于细菌内（在细胞沉淀中），^{35}S标记时放射活性主要见于被甩掉的外壳中（在上清中）。这表明在感染时进入细菌的主要是 DNA，大多数蛋白质则留在了细菌外面，是 DNA 进入细胞内并产生了完整的子代噬菌体。在噬菌体的生活史中，只有 DNA 是连续物质，从而证明具有遗传作用的是 DNA 而不是蛋白质。由于进一步证明了 DNA 是遗传物质，赫尔希于 1969 年获得了诺贝尔生理学或医学奖。

（三）烟草花叶病毒的重建实验

大部分生物的遗传物质是 DNA，但随着对病毒研究的深入，人们发现很多病毒含有 RNA 和蛋白质，没有 DNA，烟草花叶病毒（tobacco mosaic virus，TMV）就是其中的一种。

烟草花叶病毒有一个圆筒状蛋白质外壳，内部是一条单链的 RNA 分子，不含 DNA，那么 RNA 和蛋白质哪一种是其遗传物质呢？ 1956 年，美国的弗兰科尔 - 康拉特（H. Fraenkel-Conrat）将烟草花叶病毒的蛋白质和 RNA 分开，分别用来感染烟草。他发现单独接种 TMV 的蛋白质无法感染烟草，而单独接种 TMV 的 RNA 则能感染烟草，并能形成新的 TMV 使烟草发病。但用 RNase 处理 RNA，再来感染烟草时就不能使烟草发病了（图 6-3）。该结果说明子代病毒的蛋白质外壳是由 RNA 决定的，RNA 是 TMV 的遗传物质。

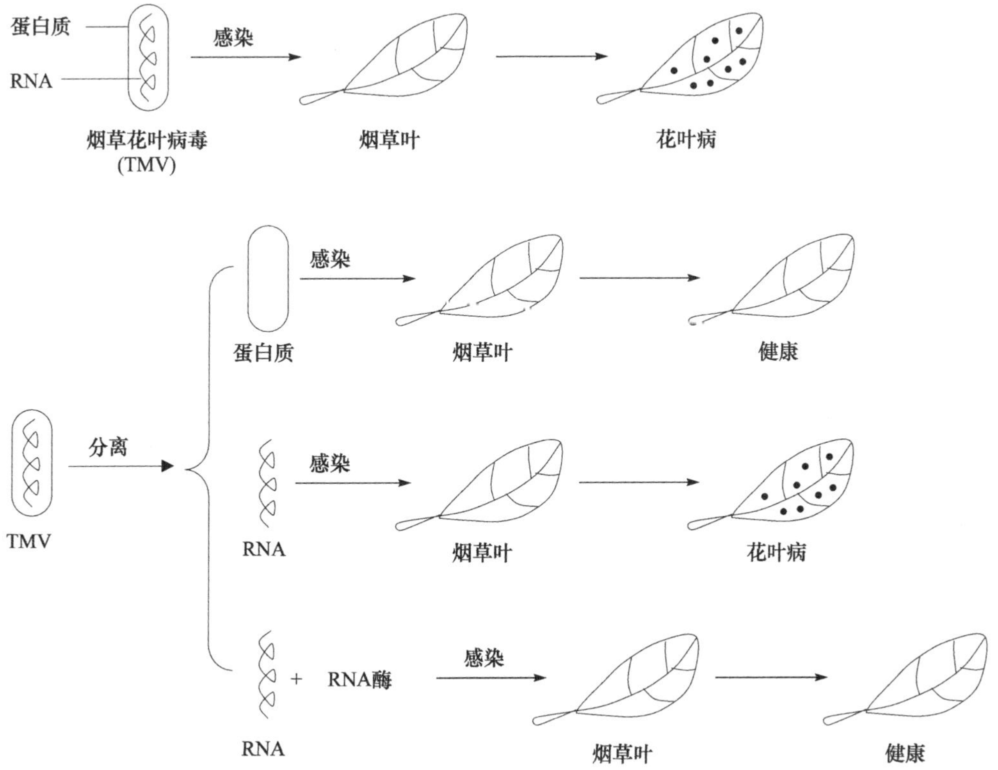

图 6-3　烟草花叶病毒感染实验

1957 年，弗兰科尔 - 康拉特与辛格尔（B. Singer）通过对病毒的重建进一步证实了上述结论。根据宿主植物不同和在宿主植物叶片上形成的病斑差异，烟草花叶病毒可分为很多株系。例如，S 株系（standard strain）和 HR 株系（holmes ribgrass strain），两种病毒的区别在于它们的蛋白质外壳不同：S 株系的蛋白质外壳不具有组氨酸和甲硫氨酸，而 HR 株系含有这两种氨基酸。弗兰科尔-康拉特将 S 株系的蛋白质外壳和 HR 株系的 RNA 结合起来形成杂种病毒，杂种病毒感染烟草叶片后，形成的病斑类型与 RNA 的供体，即 HR 株系相同，而且杂种病毒产生的第二代病毒具有 HR 株系的 RNA 和蛋白质外壳。当把 HR 株系的蛋白质外壳同 S 株系的 RNA 重建成杂种病毒，用来感染烟草时，得到的病毒颗粒具有 S 株系的 RNA 和蛋白质外壳。

这些实验令人信服地证明了在 RNA 病毒中，RNA 是遗传物质。

第二节　核酸的化学结构与自我复制

一、DNA 与 RNA 的分子结构

（一）DNA 的分子结构

1. DNA 的一级结构

DNA 的一级结构是指 DNA 分子中脱氧核苷酸的排列顺序。由于 DNA 分子中 4 种核苷酸的不同在于所含碱基的不同，因此碱基顺序即代表着核苷酸顺序。核苷酸的数量及碱基的排列顺序不同，构成的 DNA 的种类也各不相同。例如，一个由 1000 个核苷酸对组成的 DNA 分子，它的碱基对就可能有 4^{1000} 种排列方式，理论上可以表达出无限信息。而这种碱基排列顺序无穷无尽的变化，正是构成生物多样性的根本原因。

2. DNA 的二级结构

DNA 通过分子间相互作用形成的双螺旋结构，称为 DNA 的二级结构。1953 年，沃森（J. D. Watson）和克里克（F. Crick）根据 DNA 纤维 X 射线衍射图和碱基互补配对规律，提出了著名的 DNA 双螺旋结构模型，后来拍摄的电镜图片直观形象地证实了这个模型。DNA 双螺旋结构模型是继孟德尔遗传定律后遗传学上又一次伟大的发现。

沃森和克里克提出的 DNA 双螺旋结构模型的特点如下：① DNA 分子由两条反向平行的多核苷酸链（一条 5′→3′，另一条 3′→5′）组成，以一个共同轴为中心，形成双螺旋。②双螺旋直径是 2nm，螺距是 3.4nm，每个螺旋含 10 个核苷酸残基。A 与 T 间形成 2 个氢键，G 与 C 间形成 3 个氢键，所以 G 和 C 之间的连接更为稳定。这种 A 与 T、G 与 C 之间配对的规律称为碱基互补原则。③磷酸与核糖以 3′,5′磷酸二酯键连接成“糖-磷酸”的主链骨架，居双螺旋外侧；碱基平面位于链的内侧，并与中心轴垂直。④双螺旋分子表面有大沟和小沟，二者交替出现。大沟是 DNA 结合重要蛋白质的场所（图 6-4）。

（二）RNA 的分子结构

绝大多数 RNA 分子以单链形式存在，只有少数动物病毒含有双链 RNA。单链 RNA 中，碱基配对常形成局部双螺旋区，此即 RNA 的二级结构。无法配对的结构以环状形式突起，这种短的双螺旋区域和环状突起称为发夹结构（图 6-5）。RNA 分子的大小变化很大，少则含有几十个核糖核苷酸，多则含有几千个核糖核苷酸。

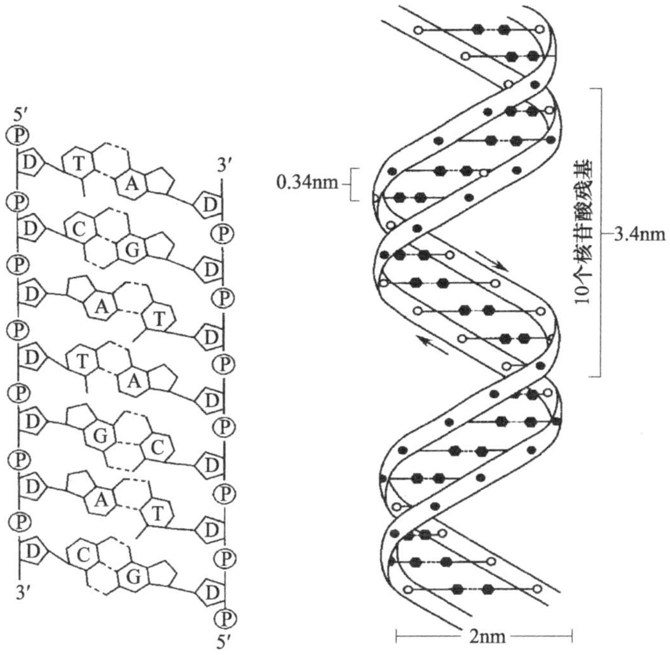

图 6-4　DNA 的二级结构模型（引自刘祖洞等，2013）

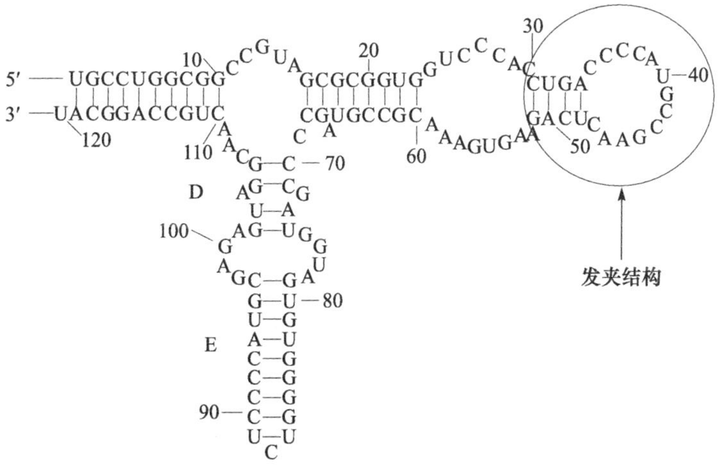

图 6-5　大肠杆菌 5S rRNA 的二级结构模型

二、DNA 与 RNA 的自我复制

DNA 复制（replication）是指以原来的 DNA 分子为模板合成相同 DNA 分子的过程。DNA 只有经过复制，才能在细胞减数分裂后将亲代的遗传信息传递给子代。

（一）半保留复制

DNA 复制时，形成的子代 DNA 分子中，一条单链是新合成的，另一条单链为亲本 DNA 分子中的一条，这种方式称为半保留复制（semiconservative replication）。半保留复制对保持生物遗传的稳定性具有非常重要的作用。1953 年，沃森和克里克在提出 DNA 双螺旋模型时，就设想了 DNA 的这种复制方式，这一设想于 1958 年首次在分子水平上由米西尔逊（M. Meselson）和斯塔尔（F. Stahl）设计的实验所证实（图 6-6）。

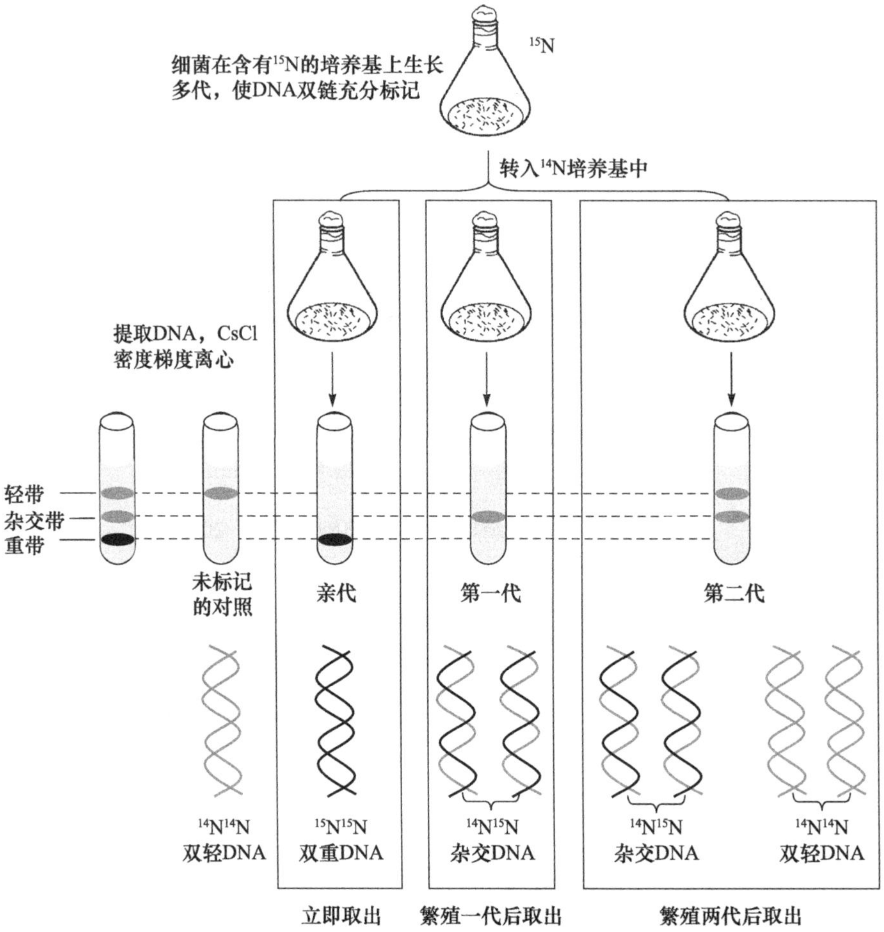

图 6-6 米西尔逊与斯塔尔的 DNA 半保留复制实验示意图（仿 Atherly et al., 1999）

他们首先将大肠杆菌置于含重同位素 ^{15}N 的氯化氨培养基中生长繁殖若干代，直到其 DNA 中所含的氮均为 ^{15}N。然后将这些细菌移入含轻同位素 ^{14}N 的氯化氨培养基中，经过 1 次、2 次和 4 次等细胞分裂后，抽取细菌试样，用氯化铯（CsCl）密度梯度离心方法测定 DNA 的密度。氯化铯浓盐液在 105g 以上的强大离心力作用下，盐离子被甩到离心管的底部。同时，扩散作用使溶液中 Cs^+和 Cl^-呈分散状态，与离心力的方向相反。经过长时间的离心，在溶液内部产生了一个连续的 CsCl 浓度梯度，离心管底部溶液的密度最大，上部的最小。通过氯化铯密度梯度离心可以将质量差异微小的分子分开。若将含 ^{15}N 的大肠杆菌在 CsCl 溶液中离心，在离心管中形成了一条位置较低的带，称为重带（heavy band）；将含有 ^{14}N 的大肠杆菌在 CsCl 溶液中离心，在离心管中形成的带，位置较高，称为轻带（light band）。

米西尔逊等将含有 ^{15}N 的大肠杆菌在 ^{14}N 的培养基中培养一代后，取样离心，形成的带恰好在重带和轻带的中间。如果 DNA 复制是半保留的，这恰是实验所预期的，因为含有 ^{15}N 的细菌在 ^{14}N 的培养基中繁殖一代后，其双链 DNA 分子中，应该一条是 ^{15}N 重链，一条是 ^{14}N 轻链。细菌在 ^{14}N 中生长两代后，从这些细胞抽取的 DNA 形成了两条带，一条在中间位置，另一条在轻带位置，这又是与预期相符合的。随后，他们将 $^{15}N/^{14}N$ 的 DNA 杂合分子缓慢加热（热变性），使其双链分开，再放在 CsCl 溶液中离心。结果发现离心管中出现高低两条带，一条重带、一条轻带。这更令人信服地证实了 DNA 的复制是半保留复制。

1963 年，半保留复制又被凯恩斯（J. Carins）通过放射自显影技术直观地显示出来。以后相继证明，该复制方式普遍存在于植物、动物、细菌、一部分噬菌体和动物病毒中。

（二）DNA 的复制过程

1. DNA 复制的起始

复制子（replicon）是指能独立进行复制的单位。在绝大多数细菌及病毒中，染色体只有一个复制起点，整个染色体也就是一个复制子。高等生物则有多个复制子（图 6-7）。复制开始时首先在解旋酶的作用下，DNA 双链在复制起点处解开，形成复制叉，单链结合蛋白（single-stranded-binding protein，SSB 蛋白）迅速结合到单链 DNA 上。然后引物酶（primase）以单链 DNA 为模板，根据碱基配对原则合成一段短的 RNA 引物，提供自由的 3′-OH，为 DNA 新链的延伸做准备。

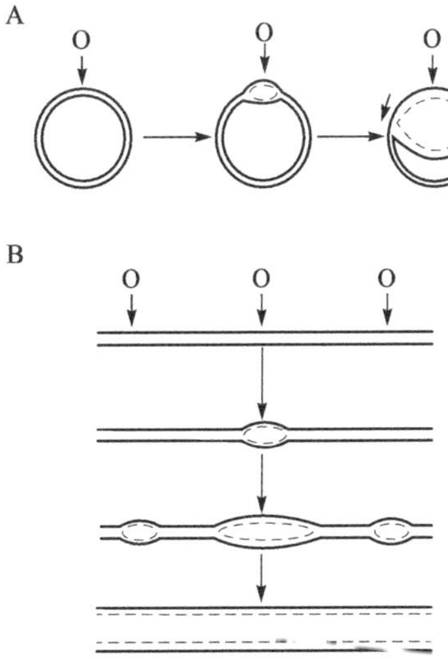

图 6-7　DNA 复制模式中的单复制子与多复制子（引自刘祖洞等，2013）

A. *E. coli* 染色体 DNA 的复制；B. 高等生物染色体 DNA 的复制，O 为复制起点

2. DNA 链的延伸

在 DNA 聚合酶Ⅲ的作用下，把第一个脱氧核苷酸加到引物 RNA 的 3′羟基上，根据碱基互补原则，进行 DNA 子链的延伸，新链的延伸方向是 5′→3′。

DNA 两条新链的合成从一个复制叉向着同一方向延伸。组成 DNA 双螺旋的互补双链是反向平行的，一条从 3′→5′，而另一条从 5′→3′。但 DNA 聚合酶Ⅲ只有 5′→3′聚合酶的功能，那两条 DNA 新链到底是如何合成的呢？原来只有一条 DNA 链的合成是连续的，而另一条链的合成是不连续的。从 5′→3′方向连续合成的链称为前导链（leading strand）。另一条合成方向相反的链先沿 5′→3′方向合成一些短片段，然后由连接酶将其连接起来，称为后随链（lagging strand）（图 6-8）。这种不连续合成是由冈崎等于 1968 年发现的，因此后随链上合成的 DNA 不连续单链小片段也称为冈崎片段（Okazaki fragment）。

前导链上，DNA 引物酶在复制起点只合成 1 次 RNA 引物，DNA 聚合酶Ⅲ就可以进行 DNA 的合成。而后随链上，每个冈崎片段的合成都需要先合成一段 RNA 引物，然后 DNA 聚合酶Ⅲ才能进行 DNA 的合成。随后，RNA 引物被切除，空缺在 DNA 聚合酶Ⅰ的

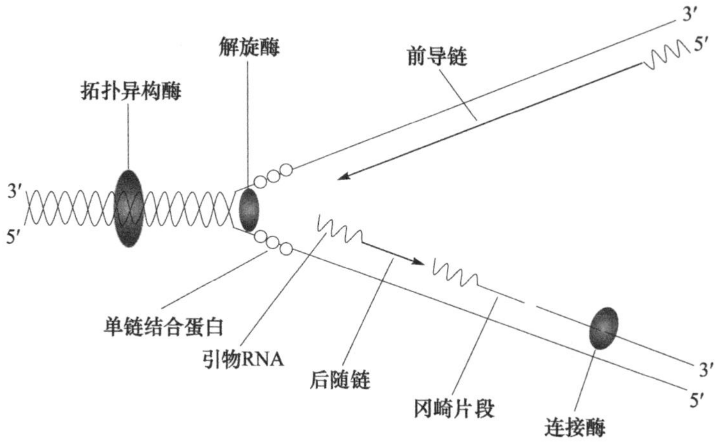

图 6-8　DNA 链的延伸模式图

催化下由新合成的 DNA 片段所代替，再由 DNA 连接酶将冈崎片段连接起来，形成一条完整的新链。

3. DNA 复制的终止

大量的证据表明，大多数 DNA 复制是双向的，即 DNA 的复制从复制起点开始，向两个方向同时进行，最后相遇，完成复制。原核生物的环状 DNA 复制到最后，由 DNA 拓扑异构酶Ⅱ切开双链 DNA，将两个 DNA 分子分开成为两个完整的与亲代一样的子代 DNA，复制就完成了。由于高等生物有多个复制子，因此染色体的整体复制速度要高于细菌。在大多数生物中，DNA 分子的两条链是同时复制的，但也有在一定时期内只复制一条链的情况，如线粒体的 D 环复制方式和一些噬菌体的滚环复制方式。

（三）DNA 复制中的末端隐缩问题

DNA 复制时，后随链的合成需要一小段 RNA 作为引物。由于 RNA 引物是在距前一个后随链大约 200bp 远的地方合成的，如果小于这个距离，就没有引物合成的地方，也就不能合成最后一个冈崎片段，从而留下空隙；另外最后一个冈崎片段的 RNA 引物被降解后，也无法填补从而留下空隙。这样每复制一次，DNA 末端都将缩短一个 RNA 引物的长度，这就是 DNA 复制中的末端隐缩问题。

这个问题的解决与端粒有关。端粒（telomere）是存在于真核细胞线状染色体末端的一小段 DNA-蛋白质复合体，它与端粒结合蛋白一起构成了特殊的“帽子”结构。端粒 DNA 是由简单的 DNA 高度重复序列组成的，沿着 5′→3′方向的链富含 GT。端粒 DNA 的主要功能有：①保护染色体末端不被核酸酶降解；②防止染色体相互融合；③为端粒酶（telomerase）提供底物，使每次复制后变短的端粒能够延伸，解决 DNA 复制的末端隐缩，保证染色体的完全复制。

端粒酶是基本的核蛋白反转录酶，能以物种专一的、内在的 RNA 为模板，将合成的端粒重复序列添加到染色体 DNA 的 3′端。它是如何解决染色体的末端隐缩问题的呢？首先端粒酶结合到 DNA 模板链的 3′端，以端粒酶自己的 RNA 亚基为模板通过转位不断重复复制出足够长的端粒 DNA，然后引物酶附着到端粒 DNA 的末端合成 RNA 引物，DNA 聚合酶再以延长了的亲链为模板继续合成后随链，从而补偿染色体复制过程中的末端隐缩，保证了端粒及染色体复制的完整性（图 6-9）。端粒酶仅在旺盛分裂或需要保持分裂潜能的细胞，如生殖细胞、干细胞和大多数癌细胞（85%）中有活性。在所有体细胞里尚未发现端粒酶的活性，所以，体细胞每分裂一次，端粒重复序列就将缩短一些。

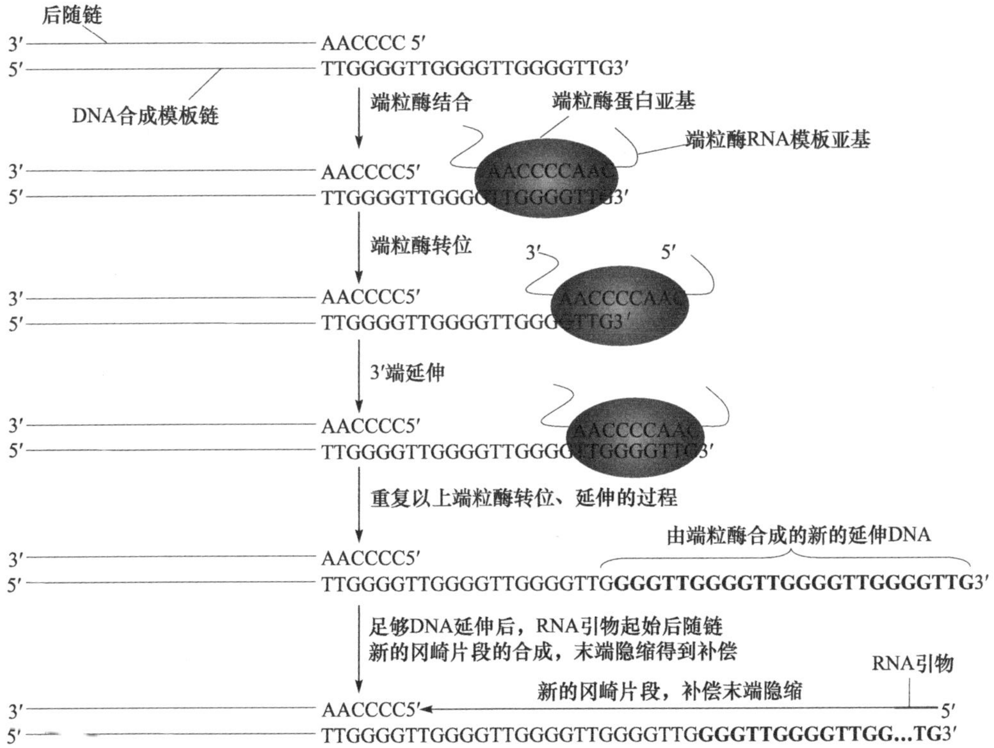

图 6-9　DNA 复制末端隐缩的修复（引自贺竹梅，2011）

（四）RNA 的自我复制

相对于 DNA 复制来说，RNA 的复制要简单得多。研究发现，一些 RNA 病毒如 R17、f2、MS2 等，可以进行 RNA 的自我复制。病毒 RNA 进入宿主细胞后，以 RNA 为模板，在 RNA 复制酶的作用下，按 5′→3′方向合成一条互补的单链，再以这条单链为模板复制出子代的 RNA 分子。由于 RNA 复制酶缺乏校正功能，因此 RNA 复制时错误率很高，这与反转录酶的特点相似。RNA 复制酶只特异地对病毒本身的 RNA 起作用，而不会作用于宿主细胞中的 RNA 分子。

第三节　遗传信息的传递

一、遗传信息的转录

遗传物质不管其化学性质如何，必须具有遗传、表达和变异三种基本功能。遗传信息的表达通常是 DNA 先转录（transcription）为 RNA，然后再由 RNA 翻译（translation）成蛋白质。转录是指以 DNA 为模板，在 RNA 聚合酶的催化作用下，以 4 种核糖核苷酸为原料，合成 RNA 的过程。通过转录，遗传信息由 DNA 传递到 RNA。

（一）RNA 分子的种类

遗传信息的表达过程中，主要涉及三种 RNA 分子：信使 RNA（messenger RNA，mRNA）、转运 RNA（transfer RNA，tRNA）和核糖体 RNA（ribosomal RNA，rRNA）。

1. mRNA

信使 RNA（mRNA）是以 DNA 为模板转录而来的、能指导蛋白质合成的一类单链核糖核酸。mRNA 的功能就是按照 DNA 提供的遗传信息，即碱基顺序来决定蛋白质的氨基酸顺序，以完成基因表达中遗传信息的传递过程。mRNA 存在于细胞质及真核细胞的某些细胞器中，如线粒体和叶绿体。真核生物 DNA 产生的原始转录产物称为核不均一 RNA（heterogeneous nuclear RNA，hnRNA），在核内能被迅速加工为成熟的 mRNA。

2. tRNA

转运 RNA 是具有携带并转运氨基酸功能的一类小分子核糖核酸。能根据 mRNA 的遗传密码依次准确地将它携带的氨基酸连接起来形成多肽链。一种 tRNA 转运一种氨基酸，而一种氨基酸可由 1～4 种 tRNA 转运，截至目前，发现的 tRNA 种类在 100 种以上。

tRNA 的二级结构为三叶草形，由含有双螺旋区的臂或茎、3 个环和 1 个附加环构成（图 6-10）。3′端的氨基酸臂以 CCA—OH 结尾，A 残基上的—OH 可在酶的催化下与氨基酸形成酯键，故命名为氨基酸臂。3 个环分别为二氢尿嘧啶环（D）、反密码子环和 TΨC 环。二氢尿嘧啶环因二氢尿苷酸（D）含量高而得名，此环与识别特定氨基酰-tRNA 合成酶有关；反密码子环的中部为反密码子，可识别 mRNA 上的密码子；TΨC 环因含胸苷酸（T）、假尿苷酸（Ψ）、胞苷酸（C）而得名，该环可能参与 tRNA 和核糖体的结合。附加环又称为可变环，位于反密码子环与 TΨC 环之间。

除附加环和 D 环外，其他各个部位的核苷酸数目和碱基对基本上是保守的，这有利于在二级结构的基础上进一步折叠成为倒“L”形的三级结构（图 6-10）。

3. rRNA

核糖体是合成蛋白质的工厂，rRNA 则是组成核糖体的主要成分。rRNA 是细胞中含量最多的 RNA，如大肠杆菌中的 rRNA 占细胞总 RNA 量的 75%～85%，tRNA 占 15%，mRNA 仅占 3%～5%。rRNA 分子是单链结构，但内部存在广泛的双链区域（图 6-5）。

除了以上 3 种 RNA 外，生物体内还有其他种类 RNA，如核小 RNA（small nuclear RNA，snRNA）、端粒酶 RNA 和反义 RNA 等。上述各种 RNA 分子均为转录的产物。

（二）转录

1. 原核生物的转录过程

RNA 的合成过程可分为三个阶段：转录开始、RNA 链的延长和 RNA 链的终止。

转录起点是指 DNA 上第一个核苷酸掺入的位点，起点往 5′端的顺序称为上游（upstream），向 3′端的顺序称为下游（downstream）。RNA 转录从 5′端向 3′端进行，转录起点为正 1，上游的第一个核苷酸为负 1，以此类推。

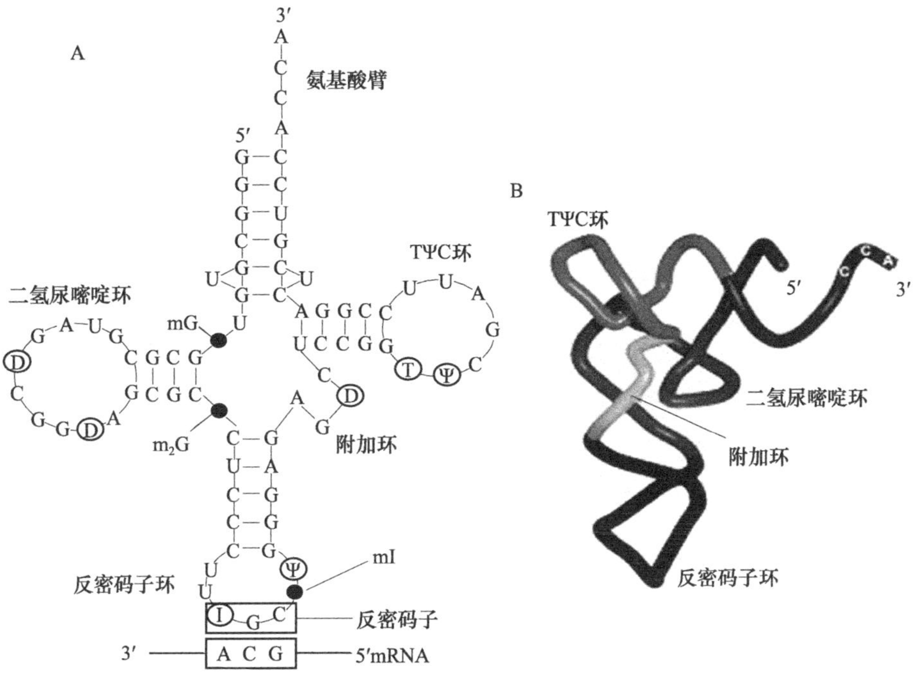

图 6-10　tRNA 的三叶草二级结构（A）和倒“L”形的三级结构（B）模式图

m. 甲基；I. 次黄嘌呤核苷

转录在 DNA 的特定部位开始，该部位称为启动子。启动子由依赖于 DNA 的 RNA 聚合酶识别。RNA 聚合酶是一种由多个蛋白亚基组成的复合酶。例如，大肠杆菌的 RNA 聚合酶全酶（holoenzyme）包括 6 个多肽，其中 5 个多肽（$\alpha\alpha\beta\beta'\omega$）紧密结合在一起，构成核心酶（core enzyme），核心酶与 RNA 链的延伸有关。另一个多肽为 σ 因子，可识别转录的起始位置，并使 RNA 聚合酶结合在启动子部位。

大肠杆菌的转录过程首先由 RNA 聚合酶的 σ 因子识别 DNA 模板上的启动子，然后核心酶结合到 DNA 模板上，形成由酶、DNA 和核苷三磷酸（NTP）构成三元起始复合物，转录自此开始。在 RNA 链伸长到 8～9 个核苷酸后，σ 因子被释放，然后由核心酶沿 5′→3′ 方向催化 RNA 链的延伸。当 RNA 链延伸遇到终止信号（termination signal）时，合成终止，RNA 转录复合体发生解体，新合成的 RNA 链释放出来（图 6-11）。

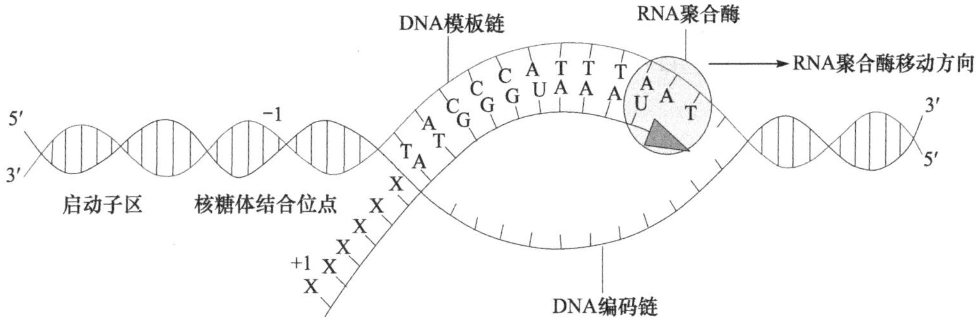

图 6-11　RNA 的合成示意图（引自贺竹梅，2011）

我们把作为 mRNA 模板的这条 DNA 链称为模板链（template strand），该链与 mRNA 互补，也称为反义链（antisense strand）；与模板链互补那条 DNA 链称为 DNA 编码链（coding strand）或有义链（sense strand），该链与 mRNA 序列一致。

2. 真核生物的转录特点

真核生物的转录过程与原核生物基本相同，但是，其过程要复杂得多，主要有以下几点不同。

1）真核生物 RNA 的转录在细胞核内进行。RNA 转录后必须从核内运输到细胞质内，才能指导蛋白质的合成。

2）真核生物一个 mRNA 分子一般只含有一个基因，原核生物的一个 mRNA 分子通常含有多个基因。

3）真核生物有 3 种 RNA 聚合酶，大多数原核生物中只有一种 RNA 聚合酶。真核生物的 3 种 RNA 聚合酶为 RNA 聚合酶Ⅰ、RNA 聚合酶Ⅱ和 RNA 聚合酶Ⅲ，分别催化不同类型 RNA 的合成。RNA 聚合酶Ⅰ存在于细胞核内，催化合成除 5S rRNA 以外的所有 rRNA 的合成；RNA 聚合酶Ⅱ催化合成 mRNA 前体，即核不均一 RNA（hnRNA）的合成；RNA 聚合酶Ⅲ催化 5S rRNA、tRNA 和核小 RNA 的合成。

4）真核生物的 3 种 RNA 聚合酶不能独立转录 DNA，都必须在转录因子（transcription factor，TF）的协助下才能进行 RNA 的转录；原核生物的 RNA 聚合酶可以直接起始转录合成 RNA。

3. 真核生物转录后 RNA 的加工

原核生物的基因转录和翻译偶联，RNA 转录后基本不需要什么加工即可直接进行翻译。但真核生物的 mRNA 前体在转录后还必须进行以下步骤的加工，才成为成熟的 mRNA，然后被运送到细胞质作为蛋白质合成的模板。

1）戴帽：在 mRNA 前体的 5′端加上 7- 甲基鸟嘌呤核苷的帽子。所有真核类的 mRNA 都有这个帽子，帽子结构可以保护 mRNA 不被 RNA 酶从 5′端分解，从而可以延长 mRNA 的寿命，同时可以促进核糖体识别 mRNA。

2）加尾：在 mRNA 前体的 3′端加上聚腺苷酸［poly（A）］的尾巴，长度大约 200 个腺苷酸。poly（A）尾巴对增加 mRNA 的稳定性，协助 mRNA 从细胞核向细胞质的运输具有重要作用。

3）甲基化：在 mRNA 帽子的 5′端，一般有 2～3 个核苷酸被甲基化。甲基化可以提高 mRNA 在蛋白质合成中的效能。

4）切除内含子：mRNA 前体既含有编码的外显子，也含有非编码的内含子，必须切除内含子，并将外显子连接在一起，才能进行蛋白质的翻译。

二、遗传密码

通过转录，DNA 将遗传信息传递给了 mRNA，那 mRNA 上的核苷酸顺序是如何决定多肽链中的氨基酸序列的呢？自然界中的蛋白质都是由 20 种氨基酸组成的，但组成 DNA 或 mRNA 的碱基只有 4 种。如果一种碱基决定一种氨基酸，那么只能决定 4 种氨基酸；如果两个碱基决定一种氨基酸，最多只能决定 $4^2=16$ 种；因此有人推测是三个碱基组成一个三联体（triplet）决定一个氨基酸，这样密码子的总数就有 $4^3=64$ 种，远远超过 20 种氨基酸。人们推测可能有的密码子并不编码氨基酸，而有的氨基酸则被两种以上的密码子所编码。上述推论很快就被实验所证实。mRNA 上，决定一个氨基酸的三联体碱基称为密码子（codon）。

1961 年，尼伦伯格（M. W. Nirenberg）和马泰（H. Matthaei）用酶促合成的只含尿嘧啶核苷酸的长链 poly（U）充当 mRNA，加入去除了正常 mRNA 的细胞抽提物中，结果发现只合成苯丙氨酸连接成的肽链，这表明 UUU 编码苯丙氨酸。相继又发现了 poly（A）编码赖氨酸长链，poly（C）编码脯氨酸长链。以后几年，尼伦伯格等用两种或多种核苷酸随机混合形成的多核苷酸替代 mRNA，继续密码子的破译工作，但进展缓慢。直到 1966 年，科拉纳（H. G. Khorana）用两种或三种具有规则重复碱基序列组成的多核苷酸做实验，如 GUGUGU…、AAGAAG…，才加快了密码子的研究进展。到 1967 年就破译了全部的密码子（表 6-1）。

表 6-1　20 种氨基酸的密码子字典

第一碱基 5′端	第二碱基 U		第二碱基 C		第二碱基 A		第二碱基 G		第三碱基 3′端
U	UUU	苯丙氨酸 Phe	UCU	丝氨酸 Ser	UAU	酪氨酸 Tyr	UGU	半胱氨酸 Cys	U
	UUC		UCC		UAC		UGC		C
	UUA	亮氨酸 Leu	UCA		UAA	终止信号	UGA	终止信号	A
	UUG		UCG		UAG		UGG	色氨酸 Trp	G
C	CUU	亮氨酸 Leu	CCU	脯氨酸 Pro	CAU	组氨酸 His	CGU	精氨酸 Arg	U
	CUC		CCC		CAC		CGC		C
	CUA		CCA		CAA	谷氨酰胺 Gln	CGA		A
	CUG		CCG		CAG		CGG		G
A	AUU	异亮氨酸 Ile	ACU	苏氨酸 Thr	AAU	天冬酰胺 Asn	AGU	丝氨酸 Ser	U
	AUC		ACC		AAC		AGC		C
	AUA		ACA		AAA	赖氨酸 Lys	AGA	精氨酸 Arg	A
	AUG	甲硫氨酸 Met	ACG		AAG		AGG		G
G	GUU	缬氨酸 Val	GCU	丙氨酸 Ala	GAU	天冬氨酸 Asp	GGU	甘氨酸 Gly	U
	GUC		GCC		GAC		GGC		C
	GUA		GCA		GAA	谷氨酸 Glu	GGA		A
	GUG		GCG		GAG		GGG		G

从表 6-1 可以看出，除色氨酸与甲硫氨酸只有一个密码子外，其他氨基酸都有 2～6 个密码子。两个或者多个密码子编码同一个氨基酸的现象称为简并（degeneracy）。简并的密

码子通常只有第三位碱基不同，如 CAA 和 CAG 都编码谷氨酰胺。同义的密码子越多，生物遗传的稳定性越大。当 DNA 分子上的碱基发生变化时，突变后所形成的密码子，可能与原来的密码子翻译成同样的氨基酸，或者化学性质相近的氨基酸，在多肽链上就不会表现任何变异或者变化不明显。因而简并现象对生物遗传的稳定性具有重要意义。此外，有 3 个密码子 UAA、UAG 和 UGA 不编码任何氨基酸，它们是蛋白质合成的终止信号。密码子 AUG 在原核生物中编码甲酰甲硫氨酸，在真核生物中编码甲硫氨酸，并起合成起点的作用。GUG 编码缬氨酸，在某些生物中也兼有合成起点的作用。整个生物界，从病毒到人类，遗传密码几乎是通用的，所有蛋白质都是由 20 种氨基酸组成的。密码子的通用性表明了生命的共同本质和共同起源。

三、遗传信息的翻译

DNA 的碱基序列决定氨基酸序列的过程就是基因的表达过程，包含了遗传信息的转录和翻译两个步骤。翻译是以 mRNA 为模板，把 tRNA 运来的各种氨基酸，按照 mRNA 的密码子顺序，相互连接起来成为多肽链的过程。核糖体是遗传信息翻译的场所。

（一）核糖体

核糖体是细胞内重要的细胞器，由 rRNA 和蛋白质组成，包含大小不同的两个亚基。大肠杆菌等原核生物的核糖体为 70S，由 50S 大亚基和 30S 小亚基结合而成；高等生物的核糖体为 80S，由 60S 大亚基和 40S 小亚基组成。在蛋白质合成过程中，核糖体以 70S（80S）存在，因为只有这种状态才能维持它们生理上的活性。

核糖体上存在多个蛋白质合成所需的活性位点，如结合起始 tRNA 的肽酰位（peptidyl site，P）和结合进入核糖体的 tRNA 的氨酰位（aminoacyl site，A）等。

（二）蛋白质的合成过程

翻译开始以前，各种氨基酸必须在 ATP 的参与下进行活化，然后在氨基酰 -tRNA 合成酶催化下，与其相对应的 tRNA 结合形成氨基酰 -tRNA。共有 20 种氨基酰 -tRNA 合成酶，即一种合成酶对应一种氨基酸。

下面以原核生物为例，简单介绍这一生物学过程的基本步骤，不同生物的蛋白质合成过程基本相似。蛋白质的合成可分为多肽链的起始、延伸和终止 3 个阶段。

1. 多肽链合成的起始

作为合成蛋白质的场所，一个核糖体可以合成所有种类的蛋白质。不合成蛋白质时，核糖体均以大亚基和小亚基的形式分散存在于细胞质中，只有在蛋白质合成过程中，才装配成完整的核糖体。

在原核生物中，蛋白质合成的起始密码子为 AUG，编码甲酰甲硫氨酸。蛋白质合成开始时，首先甲酰甲硫氨酰 -tRNA 与起始因子 IF2（initiation factor 2）结合形成第一个复合体。同时核糖体小亚基与起始因子 IF3 和 mRNA 结合形成第二个复合体。然后两个复合体在起始因子 IF1 和 1 分子 GDP 的作用下，形成一个完整的 30S 起始复合体。此时，甲酰甲硫氨酰-tRNA 通过 tRNA 的反密码子识别起始密码子 AUG，而直接进入核糖体 P 位并释放 IF3。50S 大亚基再结合到 30S 小亚基上，形成完整的 70S 核糖体，此过程需要水解 1 分子 GDP 以提供能量，同时释放出 IF1 和 IF2，完成肽链合成的起始。在蛋白质合成过程中或合成以后，起始的甲酰甲硫氨酸或其甲酰基会被分解，或者前几个氨基酸都会被分解，所以一般多肽链的第一个氨基酸可以是甲硫氨酸，也可以是其他氨基酸。

2. 肽链的延伸

当甲酰甲硫氨酰-tRNA 结合在 P 位后，与其相邻的一个密码子位于 A 位。按照反密码子与密码子配对的原则，第二个氨基酰-tRNA 进入 A 位。随后，在肽酰转移酶（peptidyl transferase）的催化下，在 A 位的氨基酰-tRNA 上的氨基酸与 P 位上的氨基酸形成肽键。然后核糖体向前移动一个密码子，原来在 A 位的多肽 tRNA 转入 P 位，而原来在 P 位的 tRNA 离开核糖体。这样空出的 A 位就可以结合另外一个氨基酰-tRNA 从而开始第二轮的多肽链延伸（图 6-12）。

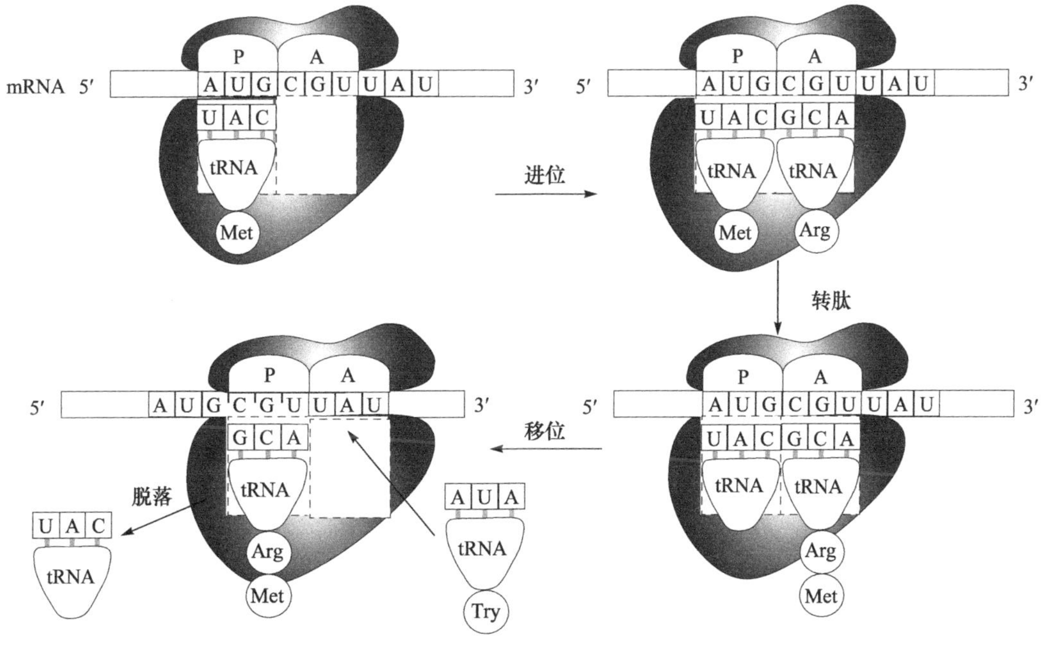

图 6-12 多肽链的延伸

通过不断重复以上进位、转肽、移位、脱落等过程多肽链可以不断延伸。在此过程中，进位、转肽和移位等都需要若干延伸因子（elongation factor，GF）的协助及 GTP 作为能源。多肽链的延伸速度非常快，在大肠杆菌中，多肽链上每增加一个氨基酸只需 0.05s，也就是说，合成一段 300 个氨基酸残基组成的多肽链只需要 15s。

3. 肽链的终止

当 UAA、UAG 和 UGA 等终止密码子进入核糖体的 A 位时，多肽链就不再延伸了。对终止密码子的识别，需要多肽链释放因子（release factor，RF）的参与。当 RF 结合在核糖体的 A 位后，紧接着产生三种效应：①多肽链与 P 位上的 tRNA 分子分开，离开核糖体；② tRNA 分子从核糖体上释放出来；③核糖体解体为 30S 和 50S 两个亚基，进入下一轮合成。

实际上随着多肽链的延伸，当 mRNA 上核糖体从蛋白质合成的起始位置移出后，另一个核糖体就可以识别起始位点，并与其结合，然后进行第二条多肽链的合成。此过程可以多次重复，因此一条 mRNA 分子可以同时结合若干核糖体，称为多聚核糖体（polyribosome）或者多核糖体（polysome）(图 6-13)。这样，若干核糖体可以同时翻译一个 mRNA 分子，这就大大提高了蛋白质合成的效率。

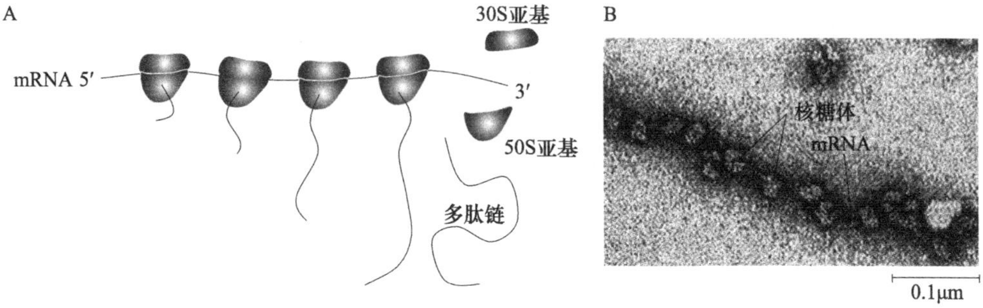

图 6-13　多聚核糖体（引自刘祖洞等，2013）

A. 多聚核糖体示意图；B. 多聚核糖体电镜照片

核糖体上合成的多肽链，经过链的卷曲或折叠，成为具有立体结构和生物活性的蛋白质，它们或者成为结构蛋白，作为细胞的组成部分；或者成为功能蛋白，如血红蛋白等；或者成为控制细胞各种化学反应的酶。

四、中心法则及其发展

遗传信息从 DNA→RNA→蛋白质的转录和翻译过程，以及遗传信息从 DNA→DNA 的复制过程，称为中心法则（central dogma）。这一法则被认为是从噬菌体到真核生物的整个生物界共同遵守的规律（图 6-14）。

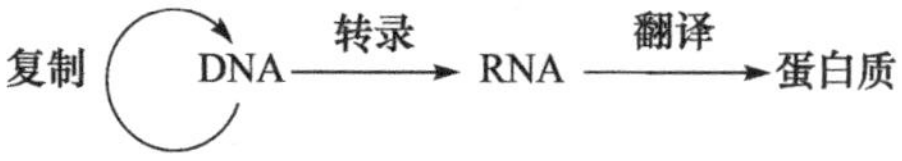

图 6-14　中心法则最初的形式

随着分子遗传学的迅速发展，中心法则得到进一步完善。近年来的研究发现，在许多 RNA 肿瘤病毒及艾滋病病毒中，存在着依赖于 RNA 的 DNA 聚合酶，即反转录酶（reverse transcriptase），它能以 RNA 为模板合成 DNA。这使人们认识到遗传信息也可以从 RNA→DNA→RNA→蛋白质。根据上述发现，中心法则修改为图 6-15。

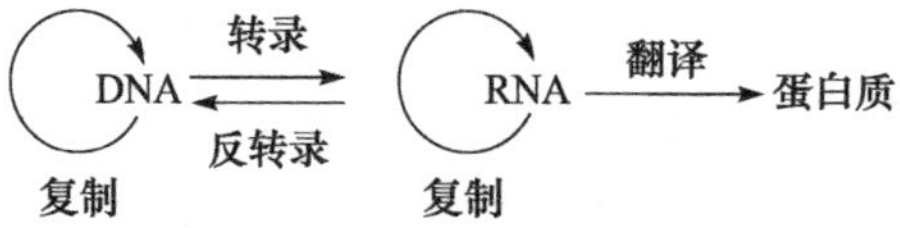

图 6-15　修改后的中心法则

此外，有人在离体实验中观察到，与核糖体相互作用的某些抗生素如链霉素和新霉素，能打乱核糖体对信使的选择，接受单链 DNA 分子代替 mRNA。然后由单链 DNA 指导，将其核苷酸顺序译成多肽链的氨基酸顺序。还有人发现，细胞核里的 DNA 还可以直接转移到细胞质的核糖体上，不需要通过 RNA 即可控制蛋白质的合成。但这些都没有真正威胁到中心法则的实质。迄今为止的研究表明，遗传信息的流向是从 DNA 到蛋白质的，还没有发现蛋白质的信息可以逆向地流向核酸，虽然朊病毒（prion）的行为曾对中心法则提出过严重的挑战。

朊病毒，又称朊粒，是一类能引起绵羊瘙痒病、疯牛病等多种疾病的蛋白质性传染粒子，不含核酸和脂类，能在宿主动物体内自行复制，是由宿主染色体上的基因编码产生的一种正常蛋白质的异构体。朊病毒可以在受感染的宿主细胞内产生与自身相同的分子，实现相同的生物学功能，引起相同的疾病，这似乎意味着该种蛋白质分子也是负载和传递遗传信息的物质，从而对中心法则产生了冲击。然而，深入的研究发现，朊病毒有其独特的复制方式，它是以构象异常的蛋白质分子为引子，诱使正常的蛋白质分子发生构象异常。因此它并不是传递遗传信息的载体，也不能真正地自我复制，它只不过是由基因编码产生的一种正常蛋白质的异构体，因而并没有对中心法则造成冲击。

第四节　基因概念的发展和基因作用的调控

一、经典的基因概念

孟德尔将控制生物性状的因子称为遗传因子。1909 年，丹麦遗传学家约翰逊提出了基因这个名词，取代了孟德尔的遗传因子，一直沿用至今。摩尔根及其同事以果蝇、玉米为材料，经过大量研究，证明了基因位于染色体上，建立了以基因和染色体为主体的经典遗传学。

经典遗传学关于基因的概念有如下几个要点：①基因是不连续的颗粒状因子，在染色体上有固定的位置，呈直线排列，具有相对的稳定性；②基因作为一个功能单位控制有机体的性状表达；③基因以整体进行突变，是最小的突变单位；④基因在交换中不再被分割，是最小的重组单位；⑤基因能自我复制，在上下代之间能通过减数分裂和受精作用有规律地传递。

交换、突变都涉及基因的结构，因此突变单位和重组单位也统称为结构单位。所以，经典遗传学认为基因既是一个结构单位，又是一个功能单位。

二、现代遗传学的基因概念

（一）顺反测验

假如在研究中发现有两个独立起源的隐性突变具有类似的表型，它们属于一个单位性状，那么应如何判断这两个突变是属于同一个基因的突变，还是分别属于两个基因的突变？例如，花的颜色这一单位性状，红色和粉红色是隐性突变型，而野生型花是紫色的，怎样确定红色和粉红色是两个不同基因的突变，还是同一个基因内两个不同位点的突变呢？通过做顺反测验可以帮助进行判断。判断两突变是否发生在一个基因座内的测验或确定两个基因是否等位的测验，称为顺反测验（*cis-trans* test）。

测验时，首先要建立一个双突变杂合二倍体，也就是说把两个隐性突变通过杂交引入同一个细胞。双突变杂合二倍体有两种排列方式：顺式（相引组）和反式（相斥组）。两个突变位点位于同源染色体的同一条染色体上为顺式排列，分别位于不同染色体上的为反式排列（图 6-16）。

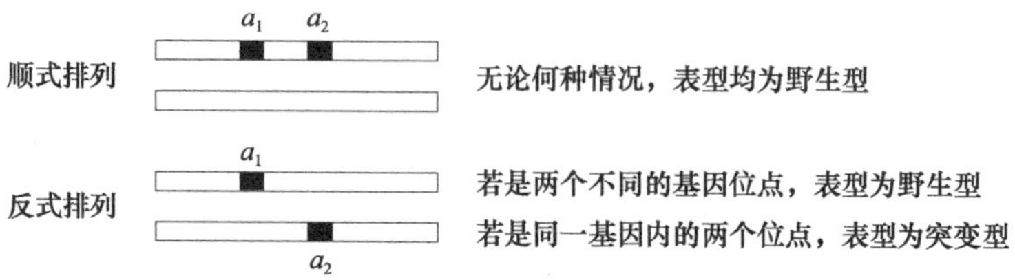

图 6-16　突变位点的顺式与反式排列

其次，根据双突变杂合二倍体的表型来确定两个位点是否在一个基因座内。如果两个突变分别发生在两个相邻的基因内，在反式排列时，两个隐性的突变基因都不表达，但它们的显性野生型等位基因都能正常表达，因而表现为野生型；顺式排列时，当然也表现为野生型。因此如果顺式和反式都为野生型，说明这两个突变分别发生在两个基因座内，互为非等位基因。如果两个突变发生在同一基因内的不同位点上，反式排列时，两条染色体上都只能产生突变的 mRNA，编码突变的蛋白质，当然只能产生突变的表型；在顺式排列时，由于隐性的突变基因不表达，因此表现为野生型。所以如果顺式为野生型，而反式为突变型，说明两个突变位于同一个基因内的两个不同的位点上，二者是等位基因。顺式结构的表型效应不同于反式结构表型效应的现象称为顺反位置效应（*cis-trans* position effect）。具有顺反位置效应的两个突变型就属于同一基因。

顺反测验证明了基因是遗传物质的一个功能单位，是一段连续的 DNA 序列。由顺反测验所规定的最小功能单位称为顺反子（cistron），是决定一条多肽链合成的功能单位。但是，一个基因内可以在许多不同的位置上发生突变，所以一个基因不是一个突变单位。发生突变的最小单位称为突变子（muton），最小的突变子是一个核苷酸对。属于同一个基因内的不同突变也是可以发生重组的，所以基因也不是一个重组单位。可交换的最小单位称为重组子（recon），最小的重组单位也可以只是一个核苷酸对。一个基因内部虽然可以重组，但基因在细胞中必须保持完整才具有功能。实际上，顺反子已经用作一个功能单位的同义词了。

（二）近代的基因概念

20 世纪 40 年代以后，随着分子遗传学的飞速发展，人类对基因有了越来越深刻的认识。DNA 双螺旋模型的建立、遗传密码的破译，使近代基因概念比经典基因概念有了更加具体的内容。

近代基因概念认为，一个基因是 DNA 分子上的一部分。每一个基因都携带有特殊的遗传信息，这些遗传信息或者被转录为 RNA 进而翻译为多肽；或者只被转录为 RNA 即可行使功能；或者对其他基因的活动起调控作用。基因在结构上并不是不可分割的最小单位，一个基因还可以划分为若干个突变子和重组子。基因就其功能来说是一个作用单位——顺反子，是遗传信息的最小功能单位。

分子遗传学关于基因的概念保留了功能单位的解释，而否定了结构单位的说法。一个基因内实际包含了大量的突变单位和重组单位，而不是如经典概念所描述的，一个基因就是一个突变单位，一个重组单位。无论是经典遗传学还是现代分子遗传学都认为基因是遗传功能的最小单位。

（三）基因概念的进一步发展

随着研究的深入，对基因的认识也在不断地深化，使基因概念有了新的拓展。根据基因的结构和功能，可以把基因分为：结构基因（structural gene），编码 RNA 分子或多肽链的一段 DNA 序列；调控基因（regulator gene），参与调控结构基因表达的基因；重叠基因（overlapping gene），同一段 DNA 序列可以参与编码两个以上的 RNA 或多肽链；割裂基因（split gene），在一个基因内，编码序列的外显子（exon）与非编码序列的内含子（intron）相间排列；跳跃基因（jumping gene），可以在基因组内移动位置的基因，如转座子；假基因（pseudo gene），具有与功能基因相似的序列，但由于发生了许多突变以致失去了原有的功能。

现代基因概念将基因的结构和基因的功能联系起来了，特别强调基因是合成一条有功能的多肽或 RNA 分子所必需的 DNA 序列。除了编码区外，大多数基因还包含非编码的间隔序列和转录控制区。

三、基因表达调控

基因表达（gene expression）是经过转录、翻译，产生具有特异生物学功能的蛋白质分子（或少数 RNA 分子）的过程。对这个过程的调节称为基因表达调控（gene regulation）。为适应不同的环境，以及完成分化、发育、繁殖和代谢等各种生命活动，生物的基因受到严密的调控，按不同时间阶段及不同的细胞、组织和器官顺序表达。基因表达调控可以在染色质、DNA、转录和翻译等不同层次按照不同的时空顺序有条不紊地进行。

（一）原核生物的基因表达调控

原核生物基因的调控主要发生在转录水平上，根据调节机制的不同分为负转录调控和正转录调控。在负转录调控系统中，调节基因的产物是阻遏蛋白（repressor），起着阻止结构基因转录的作用。在正转录调控系统中，调节基因的产物是激活蛋白（activator）。

1. 转录水平上的调控

原核生物大多数基因在转录水平上的调控（transcriptional regulation）是通过操纵子机制来实现的。操纵子（operon）是包括结构基因、启动基因及操纵基因在内的连续的 DNA 结构单元。

启动子是与 RNA 聚合酶结合并启动转录的一段 DNA 序列。原核生物的启动子一般处在结构基因的上游，操纵基因位于启动子的下游，或与启动子部分重叠，是调节蛋白的结合位点。原核生物的调节蛋白分为三类：特异因子、阻遏蛋白和激活蛋白。特异因子决定 RNA 聚合酶对一个或一套启动序列的特异性识别和结合能力。阻遏蛋白可结合操纵序列，阻遏基因转录。激活蛋白可结合启动序列邻近的DNA序列，促进RNA聚合酶与启动序列的结合，增强RNA聚合酶活性。

2. 大肠杆菌乳糖操纵子模型

（1）乳糖操纵子　法国遗传学家莫诺德（J. Monod）发现，细菌在含葡萄糖和乳糖的培养基上生长时，优先利用葡萄糖，葡萄糖用完后，细菌停止生长，经过短时间的适应，就能利用乳糖，继续呈指数式增长。根据此现象，经过深入研究后，1961年雅各布（F. Jacob）和莫诺德提出了大肠杆菌的乳糖操纵子（lactose operon）模型。

大肠杆菌的乳糖操纵子由*Z*、*Y*及*A*三个结构基因，一个操纵基因（*O*）和一个启动子（*P*）构成。*Z*、*Y*及*A*三个结构基因分别编码：β-半乳糖苷酶（β-galactosidase）、β-半乳糖苷透性酶（β-galactoside permease）、β-半乳糖苷乙酰基转移酶（β-galactoside transacetylase），大肠杆菌即利用这三种酶进行的乳糖代谢。启动子上还有两个结合位点，一个是RNA聚合酶的结合位点（*lac P*）；另一个是代谢物激活蛋白（catabolite activator protein，CAP）和环腺苷酸（cyclic AMP，cAMP）构成的CAP-cAMP复合物的结合位点（*lac C*）。CAP-cAMP与启动子的结合是乳糖操纵子开启转录所必需的。此外还有一个调节基因*I*位于操纵子外面，具有自己的启动子和终止子，是一个独立的转录单位，编码阻遏蛋白，调节操纵基因的活性。

（2）阻遏蛋白的负调节　当大肠杆菌在没有乳糖的环境中生存时，*lac I*基因在其自身启动子的控制下，表达阻遏蛋白。阻遏蛋白以四聚体形式与操纵基因结合后，阻碍了RNA聚合酶与操纵基因的结合，故无法转录下游的结构基因（图6-17A）。因为RNA聚合

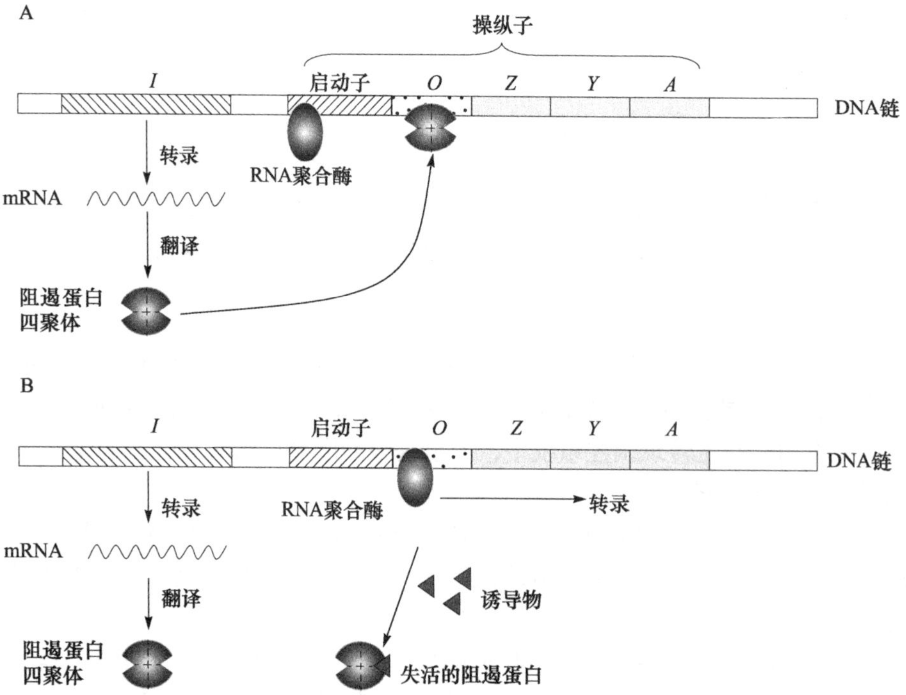

图6-17　大肠杆菌的乳糖操纵子模型

A. 诱导物不存在时，阻遏蛋白结合操纵基因，抑制结构基因转录；B. 存在诱导物时，诱导物与阻遏蛋白结合，使其构象变化，失去与操纵基因结合的能力，开放结构基因的转录

酶与阻遏蛋白的结合位点是部分重叠的，两者中的任何一种与 DNA 结合后，就会阻止另一种蛋白质与 DNA 的结合。当有乳糖存在时，乳糖受少量背景水平的 β-半乳糖苷酶的催化转变为异乳糖，异乳糖作为诱导物与阻遏蛋白结合，使其构象改变，解聚成单体，失去与操纵基因结合的能力，从而开放结构基因的转录（图 6-17B）。

（3）CAP-cAMP 的正调节　细菌在含葡萄糖和乳糖的培养基上生长时，将优先利用葡萄糖，这与 CAP-cAMP 的正调节作用有关。当培养基中葡萄糖浓度高时，cAMP 的浓度低，反之，在缺乏葡萄糖的培养基中，cAMP 浓度升高。cAMP 浓度高时，可与 CAP 结合成复合物，该复合物可特异性地结合到启动子上的 CAP-cAMP 结合位点，促进 RNA 聚合酶与启动子的结合，开启转录，从而合成分解乳糖的三种酶。当培养基中除了乳糖还有葡萄糖时，由于 cAMP 水平降低，CAP 不能结合启动子，RNA 聚合酶也无法转录下游的结构基因。因此，大肠杆菌的乳糖操纵子，除了阻遏物的负调控外，还有 CAP-cAMP 的正调控作用。

（二）真核生物的基因表达调控

真核生物的 DNA 与组蛋白等结合形成染色质，又具有由核膜包被的细胞核，其基因的转录和翻译分别在细胞核和细胞质中进行。基于以上特点，真核生物的基因调控是多层次的，主要包括染色质水平、DNA 水平、转录水平、转录后的修饰、翻译水平和翻译后的修饰等。但是，最经济、最主要的调控环节仍然发生在转录水平。

多数真核生物基因转录水平的调控是正调控。真核细胞的三种 RNA 聚合酶（Ⅰ、Ⅱ和Ⅲ）中，只有 RNA 聚合酶Ⅱ能转录生成 mRNA，以下主要讨论该聚合酶的转录调控。

1. 顺式作用元件

顺式作用元件是指 DNA 上对基因表达有调节活性的某些特定序列，其活性仅影响与其自身处于同一 DNA 分子上的基因。常见的顺式作用元件有启动子、增强子（enhancer）、沉默子（silencer）和绝缘子（insulator）等。

真核生物的启动子是 DNA 分子上转录因子和 RNA 聚合酶Ⅱ的结合位点。增强子是一种远端调控元件，可远距离调节启动子以增加基因转录的速率，一般能增加 10～200 倍，有的甚至可达千倍。增强子距转录起始位点较远，但即使相距几百万个碱基对仍有增强作用。

沉默子是一种起负调控作用的顺式作用元件。它与增强子的调控方式很类似，参与时空特异性基因的表达调控，且不受方向和位置的限制。沉默子与相应的反式作用因子结合后，可以使正调控系统失去作用。

绝缘子是通常位于启动子与正调控元件（如增强子）或负调控因子（如异染色质）之间的一种调控序列，长几百个核苷酸对。绝缘子本身对基因的表达既没有正效应，也没有负效应，其作用只是阻断远端调控元件对基因的活化效应或失活效应。例如，位于启动子与增强子之间的绝缘子，可以阻断增强子对启动子的转录激活作用。

2. 反式作用因子

能直接或间接识别各种顺式调控元件并与之结合，从而调控基因转录效率的各种蛋白质分子称为反式作用因子（trans-acting factor）。依据功能大致可分为转录因子（transcription factor）、激活因子（activation factor）、辅激活因子（coactivation factor）和阻遏物（repressor）。转录因子是能激活真核生物基因转录的蛋白质，是转录起始过程中 RNA 聚合酶所需要的辅助因子。真核生物的RNA聚合酶不能直接启动转录，必须有转录因子装配到启动子上，RNA聚合酶才能启动转录。

反式作用因子与顺式作用元件相互作用，对转录的效率进行调控。

第五节　表观遗传调控

在基因组中，除了蕴藏着大量决定性状的基因外，更包含了大量的表达调控基因，这些基因的变异必然会改变基因表达的过程和结果。遗传学家进一步研究发现，即使没有基因序列的改变，基因表达的过程也会受到影响。研究表明，这种非DNA序列信息改变产生的基因功能或表型变化同样可通过有丝分裂或减数分裂而保持，称为表观遗传（epigenetic inheritance）。目前，普遍接受的表观遗传学定义为“研究在基因DNA序列不发生改变的情况下，基因表达了可遗传的变化从而造成可遗传的表型改变的遗传学分支学科”，它是遗传学的进一步发展，主要探索从基因演绎为表型的过程和机制。目前，表观遗传调控及表观遗传学的研究才刚刚起步，有许多问题尚不清楚，但它已成为生命科学研究的前沿。

表观遗传调控主要是在转录前，通过DNA修饰、组蛋白修饰、染色质重塑等方式来执行基因表达的调控，也有转录水平和翻译水平的调控。表观遗传调控的主要机制有DNA甲基化、组蛋白修饰、非编码RNA等。下面将分别介绍几种表观遗传的主要机制。

一、染色质结构与基因表达调控

在染色体的不同位置，DNA的包装程度是不同的。末端端粒和中部着丝粒区域的包装程度较高，属于异染色质区（heterochromatin），能够被核染料染成深色。由于包装程度高，基因表达所需的蛋白质无法结合到DNA链上，因此这些区域几乎没有基因表达活性。其他区域则属于常染色质区（euchromatin），染色较浅，结构较疏松，因此与基因表达有关的蛋白质能够自由进出，并调控这些区域的基因表达。如果基因在染色体上的位置发生改变，如从常染色质区转移到了异染色质区时，其基因表达水平也会随之发生变化。例如，野生型果蝇的复眼颜色为红色，突变型为白色。有一突变型果蝇，它的复眼颜色有红有白，呈斑点状相间分布，这是怎么回事呢？遗传分析发现，在这种果蝇的部分复眼细胞中发生了X染色体片段的倒位，导致这些细胞的白眼基因从常染色质区转移到了异染色质区，不能正常表达而呈现红色。而没有发生倒位的细胞中的白眼基因仍能正常表达出白色，因此形成了红白色斑（图6-18）。

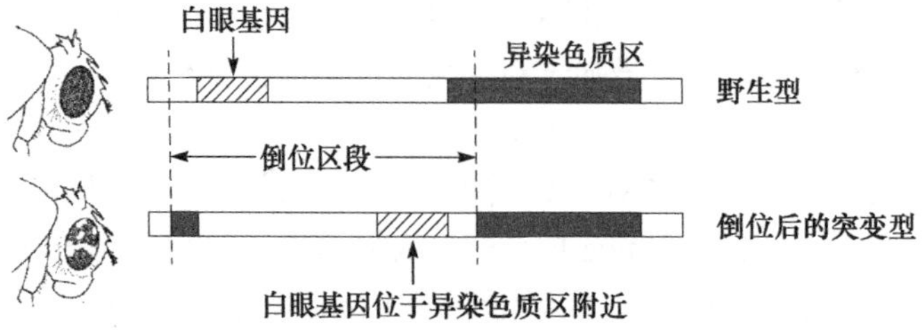

图6-18　果蝇白斑突变体的形成

此外，在显微镜下观察果蝇的唾腺染色体，局部位置上能看到一些螺旋化程度较低、发生膨胀的区域，杂交实验证明这些区域正是转录的活跃区，膨胀的染色体结构有利于转录所需蛋白质的自由进出，促进转录的进行。同时，这些疏松区的位置并不是一成不变的，在发育的不同阶段疏松区出现和消退的位置也不同，这也证明基因表达是有时间特异性调控的。

二、组蛋白修饰

组蛋白与 DNA 共同构成核小体，有 H1、H2A、H2B、H3 和 H4 5 种分子。由于核小体的装配是染色体包装的第一步，因此参与核小体装配的组蛋白是决定染色体包装程度的重要因素之一。组蛋白富含带正电荷的赖氨酸（Lys）和精氨酸（Arg），可与带负电的 DNA 分子紧密结合。每个核心组蛋白由一个球形结构域和暴露在核小体表面的 N 端尾区组成，其 N 端会发生多种共价修饰，主要包括甲基化、乙酰化、磷酸化和泛素化等。组蛋白的修饰状态不仅控制着转录复合物的靠近，影响基因的表达活性，而且有效调节着染色质转录活跃或沉默状态的转换，并可协同或拮抗其他蛋白因子与 DNA 的结合，因此，组蛋白翻译后修饰（histone posttranslational modification，HPTM）是染色质结构调控基因表达的核心机制。

组蛋白甲基化通常发生在 H3 和 H4 组蛋白 N 端赖氨酸残基或精氨酸残基上，由组蛋白甲基化转移酶（histone methyltransferase，HMT）介导催化。组蛋白甲基化既可抑制也可增强基因表达。例如，H3 第 4 位的赖氨酸残基甲基化与基因激活相关，而第 9 位和第 27 位赖氨酸残基甲基化会促进 DNA 包装蛋白的结合，压缩染色质结构，因而与基因沉默相关。

组蛋白乙酰化主要发生在 H3、H4 组蛋白的 N 端比较保守的赖氨酸残基上，由乙酰化转移酶（histone acetyltransferase，HAT）催化其 N 端的赖氨酸残基乙酰化。组蛋白乙酰化可被组蛋白去乙酰化酶（histone deacetylase，HDAC）逆转。一般来说，组蛋白乙酰化能选择性地使某些染色质区域的结构由紧密变得松散，从而开放某些基因的转录，增强其表达水平。例如，H4 组蛋白的 N 端 Lys8 和 Lys16 的双乙酰化能够招募转录相关蛋白，促进基因表达。异染色质结构域的组蛋白呈低乙酰化，常染色质结构域的组蛋白呈高乙酰化。

三、DNA 甲基化

在 DNA 碱基上增加甲基基团的化学修饰称为 DNA 甲基化（DNA methylation），这是最早被发现的表观遗传修饰途径之一。DNA 甲基化多发生在胞嘧啶的第 5 位碳原子上，CpG 岛（CpG island）就与此有关。

CpG 岛是基因组中长度为 300～3000bp 的富含 CpG 二核苷酸（p 表示两个核苷酸分子之间的磷酸二酯键）的一些区域，主要存在于基因的启动子内或者邻近启动子的位置。在这些区域，CpG 成簇出现，密度显著高于基因组的平均水平，被称为 CpG 岛。超过 60% 的人类基因启动子中含 CpG 岛。在 DNA 甲基化转移酶（DNA methyltransferase，DNMT）的作用下，CpG 的胞嘧啶可转变为 5′甲基胞嘧啶。这种 DNA 修饰方式并没有改变基因序列，但调控了基因的表达。持续的低甲基化状态可以保证基因的持久表达，如持家基因

（housekeeping gene）；高度甲基化状态下的基因序列不能转录，如女性失活的 X 染色体；异常甲基化可能导致包括肿瘤在内的多种疾病，如人类肿瘤中，应该非甲基化的 CpG 岛的高度甲基化和抑癌基因启动子区的高度甲基化是普遍现象。

高等生物普遍利用 DNA 甲基化作为重要的转录调控机制，一般而言，DNA 甲基化与基因沉默相关，非甲基化与基因活化相关，去甲基化则与沉默基因的重新激活相关，这说明甲基化程度与基因表达呈负相关。对原癌基因来说，DNA 去甲基化可以导致原癌基因的激活，从而导致肿瘤的发生。如果在基因组水平上大量的 DNA 处于低甲基化状态，容易使细胞出现染色体易位和非整倍体化，也易导致肿瘤的发生。

尽管 DNA 甲基化诱导基因表达沉默的机制还未完全阐明，但有证据表明是通过影响反式作用因子的作用或者改变染色质的结构与活性实现的。研究发现，一类含有甲基化 CpG 结合功能域（methyl CpG binding domain，MBD）的蛋白质，如 MBD1、MBD2、MBD3、MBD4 和 MeCP2（methyl CpG binding protein 2）等核蛋白，能够特异性地与甲基化的 DNA 结合，并招募其他蛋白质（如组蛋白去乙酰化酶）形成复合物，压缩染色质结构，从而抑制该区域启动子的转录活性。

在高等真核生物细胞分化、胚胎发育和生长过程中，DNA 序列不变，但 DNA 甲基化模式则发生着动态变化。在受精卵最初的几次卵裂中，去甲基化酶几乎清除了所有从亲代遗传下来的 DNA 甲基化标志。随后在着床期，通过甲基化酶的作用，整个基因组重新建立甲基化模式。目前发现，环境和营养是影响胚胎发育中 DNA 甲基化修饰的重要因素。例如，食物中的叶酸、甲硫氨酸、胆碱等可通过影响 DNA 甲基化而改变基因表达；环境因素主要有金属离子、药物及环境污染物等。DNA 甲基化模式一经建立，大多数情况下是不变的，但在细胞老化或恶性转化中，DNA 甲基化模式也会改变。

四、RNA 介导的转录后基因沉默

（一）RNA 干扰

RNA 干扰（RNA interference，RNAi）是由双链 RNA（double-stranded RNA，dsRNA）诱发同源 mRNA 特异性降解，从而使基因转录后沉默的现象，又称为转录后基因沉默（post-transcriptional gene silencing，PTGS）。这一现象广泛存在于生物界，是生物进化过程中抵御外来基因侵害的一种机制，为稳定基因组发挥了重要作用。

RNA 干扰的分子途径大致可分为 3 个阶段：起始阶段、效应阶段和级联放大阶段。

1）起始阶段：细胞内双链 RNA 被核酸内切酶 Dicer 剪成小片段 RNA（20～25bp），称为小干扰 RNA（small interfering RNA，siRNA）。siRNA 的 3′端带有 2 个碱基突出的黏性末端和羟基，5′端为磷酸基团。siRNA 可以由 dsRNA 加工而来，也可以人工合成后直接导入细胞。dsRNA 可以来源于 RNA 病毒入侵、基因组中的反向重复序列转录及转座子转录等。

2）效应阶段：siRNA 在 RNA 解旋酶的作用下解链成正义链和反义链，正义链被核酸酶降解，反义链与一些酶（包括内切酶、外切酶、解旋酶等）结合形成 RNA 诱导的沉默复合物（RNA-induced silencing complex，RISC）。然后 RISC 识别靶 mRNA，反义链与靶 mRNA 互补结合，RISC 复合物中的 RNase 在结合区域的中间将靶 mRNA 切断，被切割后的断裂 mRNA 随即降解，从而抑制基因的表达（图 6-19）。

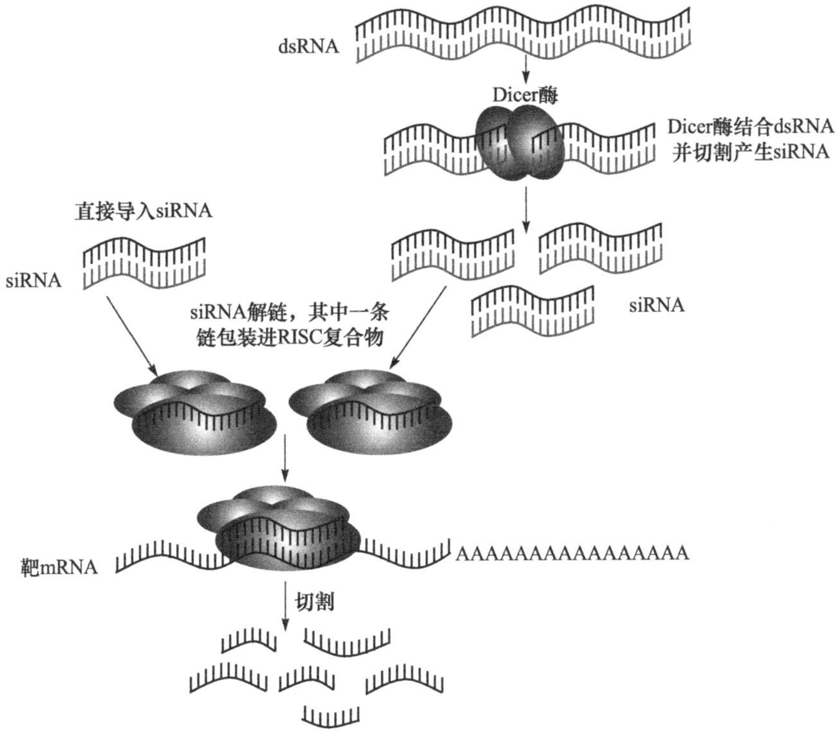

图 6-19　siRNA 诱导 RNA 干扰的分子途径（仿刘祖洞等，2013）

3）级联放大：在 mRNA 被降解的同时产生了更多的 siRNA，这些 siRNA 可作为引物，以 mRNA 为模板，在 RNA 聚合酶的作用下，使 mRNA 生成双链 RNA，作为底物提供给 Dicer 酶，产生更多的 siRNA，从而使效应阶段反复发生。所以只需要少量的 siRNA 分子就可引发高效的 RNA 干扰，完全抑制靶基因的表达。

（二）miRNA 对基因表达的调节

在双链 RNA 和 siRNA 被发现后，又发现了一种内源性的 19～23nt 的非编码微小 RNA（microRNA，miRNA），这是能够引起基因转录后沉默的另一种 RNA 分子。第一个 miRNA 分子 *lin*-4 是在线虫中发现的。

与 siRNA 不同，miRNA 全部由基因组内源 DNA 编码产生，基因组中的内含子区、非翻译区、基因与基因间的间隔序列都可以编码 miRNA。由 RNA 聚合酶 Ⅱ 从核基因组中转录产生的初级 miRNA（primary miRNA，pri-miRNA），被核酸酶 Drosha 加工成含有茎环结构的 60～70nt 的 miRNA 前体（precursor miRNA，pre-miRNA）。miRNA 前体在 Exportin-5 蛋白的协助下被运输出核，再经 Dicer 酶加工成成熟的 miRNA。在细胞质中，成熟的 miRNA 在解旋酶的作用下打开双链，其中一条链也如同 siRNA 那样被包装到 RISC 复合物中。如果 miRNA 与靶 mRNA 完全互补，则与 siRNA 一样，能引起其降解，如果 miRNA 与靶 mRNA 不完全互补则只能抑制靶 mRNA 的翻译。

迄今已鉴定与预测出几百种 miRNA。每一个 miRNA 可以调控多个靶基因，每一个靶基因又可同时受到多种 miRNA 的调控。miRNA 在植物、线虫、果蝇、斑马鱼和哺乳动物等多种物种中广泛存在，并且非常保守。

RNAi 技术可以特异性剔除或关闭特定基因的表达，操作简便易行，具有高特异性和高效性等特性，并能稳定地遗传到后代中。因此，该技术目前已被广泛用于探索基因功能及基因治疗等。在发现 RNAi 前，人们只知道蛋白质是基因表达唯一的高分子调控因子，现在则知道还存在一个 RNA 的调控网络，这两种调控分子网络间有着密切的关系。有关 RNAi 和小分子 RNA 的研究成果在 2001～2003 年连续三年被评为年度国际“十大科技突破”之一，2002 年更是名列榜首，由此可见这个研究领域的重大科学意义。近年来已有针对老年性黄斑变性（age-related macular degeneration，AMD）、病毒感染（如 HIV、HBV、HCV）、神经退行性疾病（如亨廷顿舞蹈症）和癌症等的 siRNA 治疗方案进入临床试验阶段。

五、基因组印记

基因组印记（genomic imprinting）是因亲本来源不同而导致等位基因表达差异的一种遗传现象。于 20 世纪 90 年代首先在哺乳动物中发现，属于一种典型的以染色质为基础的、可遗传的表观遗传调控现象。在有性生殖的二倍体多细胞生物中，通常基因的表达在理论上与等位基因的亲本来源无关，而与它的序列有关。但有些来自双亲的常染色体基因，有的只有父源的基因有转录活性，有的又只有母源的基因有转录活性。其原因可能是亲代的生殖细胞在分化过程中，遗传物质受到了不同的表观遗传修饰，如 DNA 甲基化修饰、组蛋白修饰、非编码 RNA 的调控等，导致了基因的沉默或转录。

假设等位基因 *A* 对 *a* 显性，将基因型均为 *Aa* 的小鼠进行杂交，在两只亲本小鼠的体细胞中，*a* 基因被甲基化修饰，不能表达，而 *A* 基因没有被甲基化，可以正常表达，这就是亲本小鼠的印记。在其整个生命周期中，这种印记方式都不会发生改变，因此亲本小鼠的表型是野生型。但在形成配子的过程中，亲本小鼠的甲基化修饰会被去除，其所有印记将被抹去，然后在配子中重新甲基化，即重建印记。假设两种卵细胞在印记重建时都没有被甲基化，而两种精细胞都被甲基化了。在基因型为 *Aa* 的子代中，如果 *A* 基因来自母本，由于未被甲基化，可以正常表达，因此小鼠的表型为野生型；如果 *A* 基因来自父本，因为被甲基化修饰了，不能正常表达，则 *a* 基因得以表现，小鼠为突变型，这就是因亲本来源不同而导致等位基因表达差异的基因组印记现象（图 6-20）。

在 *AA* 和 *aa* 基因型的小鼠中，虽然各有一个基因被甲基化，但并不影响它们的表型，仍然分别为野生型和突变型，这样子代小鼠的性状分离比为野生型：突变型 =1：1。可见，基因组印记不仅影响了基因表达，还改变了孟德尔遗传的性状分离比。

小鼠中编码类胰岛素生长因子（insulin-like growth factor）的 *Igf2* 基因只有父源的等位基因表达正常，而母源的等位基因不表达，就是受到印记调控的一个例子。每个印记基因的印记都是在亲代生殖细胞形成的过程中建立的，并能在个体发育中维持不变，直至形成下一代配子时才被抹去，并在配子中重新建立印记。基因组印记现象在哺乳类动物、昆虫、植物中都有发现。在人类基因组中，印记基因只占少数，不超过 5%，但它们在个体发育和疾病发生中发挥了重要作用。

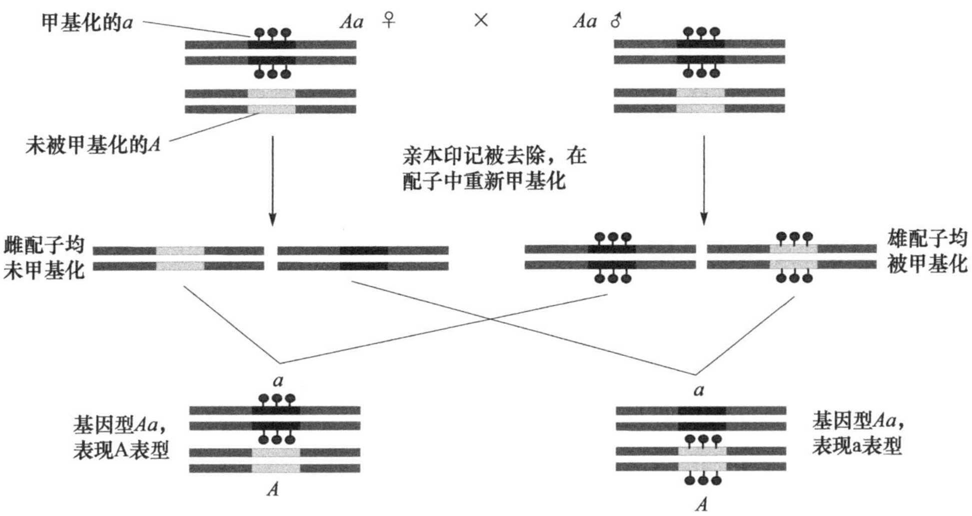

图 6-20　基因组印记对等位基因表达和传递的影响

阅读资料：转基因生物的安全性

利用转基因技术将单个或一组基因转移到某一生物中，所获得的生物称为转基因生物。转基因生物包括转基因微生物、转基因植物和转基因动物。目前，由于转基因技术和转基因产品还处在研究发展和完善的阶段，可能存在某些对人体和环境不利的因素，因此，在应用推广中存在安全性问题。转基因生物安全性评价主要集中在环境安全性和食物安全性两个方面。

环境安全性是指转基因生物的释放可能对环境质量、生态系统或生态平衡产生的不利影响。转基因生物的环境安全性主要考虑以下三个方面：①转基因植物演变成农田杂草的可能性。从目前关于水稻、玉米、棉花、马铃薯、亚麻、芦笋等转基因植物的田间试验结果来看，转基因植物在生长势、越冬能力等方面并不比非转基因植株强，也就是说大多数转基因植物的生存竞争力并没有增加，故一般不会演变为农田杂草。②基因漂流到近缘野生种的可能性。③对非目标生物的影响。释放到环境中的抗虫和抗病类转基因植物，除对害虫和病菌致毒外，对环境中的许多有益生物也将产生直接或间接的影响。

食品安全性也是转基因生物安全性评价的一个重要方面。由转基因生物生产加工成的食品称为转基因食品，如转基因大豆及其制成的豆油、豆腐、酱油、豆豉等豆制品都是转基因食品。1993 年，世界经济合作与发展组织（Organization for Economic Cooperation and Development，OECD）提出了食品安全性评价的实质等同性原则，即如果转基因植物生产的产品与传统产品具有实质等同性，则可以认为是安全的。例如，转病毒蛋白质外壳基因的抗病毒植物及其产品与田间感染病毒的植物生产的产品都带有蛋白质外壳，则这类产品应该认为是安全的。若转基因植物生产的产品与传统产品不存在实质等同性，则应进行严格的安全性评价。一般需要检测以下两个方面：①有毒物质，必须确保转入的外源基因或基因产物对人畜无毒；②过敏原，在自然条件下存在着许多过敏原，在基因工程中如果将控制过敏原形成的基因转入新的植物中，则会对过敏人群造成不利的影响。

为了确保转基因生物的安全性，世界主要发达国家和部分发展中国家都已制定了各自对转基因生物的管理法规，负责对其安全性进行评价和监控。总体来说，美国和加拿大对转基因植物的管理较为宽松。欧洲国家，特别是英国、法国、德国等则很严。2001年以来，我国相继颁布实施了《农业转基因生物安全管理条例》及若干配套的管理办法，同时将转基因食品纳入了法制化监管，以保证消费者的知情权。

转基因技术正在推动生物技术产业成为新世纪最重要的产业之一，深刻地改变着人类的医疗、农业、人口和食品状况。在这个过程中，需要认真分析并谨慎对待转基因生物的安全性问题，在生物安全评估的基础上和法律法规的约束下，制定完善的研究、生产和利用的规范和标准，以保障转基因生物在我国健康、有序地发展。

习题

第6章习题答案

1. 名词解释：

半保留复制、复制子、冈崎片段、遗传密码、顺反子、重叠基因、假基因、操纵子、增强子、表观遗传学、基因组印记、RNA干扰。

2. DNA分子的两条链有相同的遗传信息吗？为什么？

3. 20种常见氨基酸的平均相对分子质量约为137。已知一种多肽的相对分子质量约为65 760，假设这种多肽含有等量的20种氨基酸，试估算编码这种多肽的mRNA的长度。

4. *E. coli*的染色体含有长度约为1100μm的DNA，问这条染色体有多少核苷酸对（提示：DNA双链的每两对碱基间的距离是0.34nm）？

5. 如果DNA的一条链上（A+G）/（T+C）=0.6，那么在互补链上这一比值是多少？

6. 真核生物与原核生物的转录有何不同？

7. 根据中心法则的内容，你能否大胆猜测：在生命早期是先有DNA，还是RNA，又或是先有蛋白质？谈谈你的理由。

8. 经典遗传学和现代遗传学关于基因的概念有何不同？

9. 如果一个基因决定一个多肽，那为什么一个基因不一定决定一个性状？

10. 何谓朊病毒？为什么说它对中心法则产生过冲击？

11. 突变子 *a* 和 *b* 位于同一顺反子中，基因型 *ab* /++ 和 *a*+/+*b* 具有相同还是不同的表型？如果不同，哪一个是野生型？哪一个是突变型？

12. 在*E. coli*中有如下一个基因序列（从转录起始位点开始，上游启动子序列未给出）：

5′-GAGCAATATGTCAGAACTGCCATGCTTCATATGAATAGACCTCTAGGATA A-3′

1　　10　　20　　30　　40　　50

假如这是有义链的序列，请写出该基因的mRNA序列，并给出相应的多肽序列。

13. DNA甲基化是怎样调控基因表达的？

14. 对比分析siRNA和miRNA介导的转录后基因沉默有何相同和不同。

第7章　染色体畸变

本章知识主线：本章围绕染色体发生的变异，从染色体结构和数目两个方面，介绍了变异的类型、鉴别、遗传效应、发生机制及应用。

生物世代传承时，除了遗传，还有变异的发生，变异是生物界的普遍现象。当生物发生变异时，一种可能仅来自环境的影响，并不遗传，这是不可遗传的变异。另一种可能则是可遗传的变异，可遗传的变异中一种情形是通过基因重组形成的，在 F_2 代会出现不同于双亲的新性状，但并未发生遗传物质的改变，这在第 3 章孟德尔遗传定律的学习中已经论及；一种是表观遗传变异，即上一章介绍过的在 DNA 序列不改变的情况下，基因功能发生的可遗传的变异；还有一种是由遗传物质改变而引起的变异，这种变异称为突变（mutation），突变包括染色体畸变（chromosomal aberration）和基因突变。染色体畸变是指染色体结构和数目的变化，基因突变是指基因的化学改变，两者都涉及遗传物质的改变。在本章中我们将讨论染色体畸变，在下一章讨论基因突变。

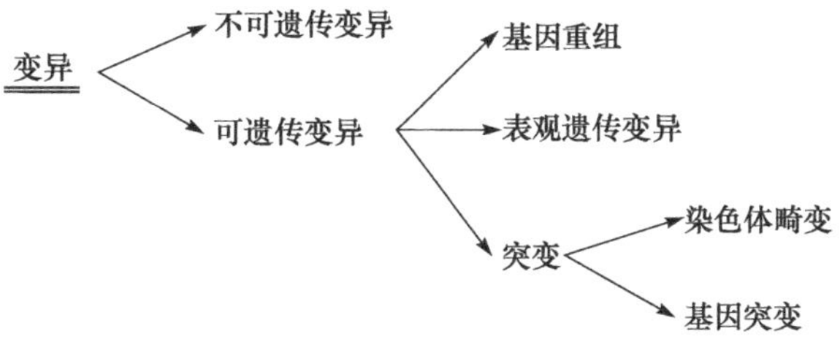

第一节　染色体的结构变异

染色体的结构变异最早在果蝇中发现，包括缺失、重复、倒位和易位 4 种类型。摩尔根的学生 C. B. Bridges 在 1917 年发现了染色体缺失现象，1919 年发现了重复现象，1923 年发现了易位现象。另一位遗传学家 A. H. Sturtevant 在 1926 年发现了倒位现象。这些结构变异，在果蝇唾腺染色体上得到过细致的观察记录，并且进行了遗传学研究，从而引起了普遍重视。

果蝇幼虫唾腺细胞中的染色质纤维紧密聚集，经过连续复制而不分裂，从而形成包含 500～1000 条染色丝的多线染色体（polytene chromosome），因此果蝇的唾腺染色体比其他染色体大 100 倍以上（图 7-1）。因为同源的唾腺染色体总是紧密地结合在一起，像减数分裂的粗线期一样，所以两条同源染色体间有差别时，很容易看出来。而且沿唾腺染色体排列着一系列颜色深浅不同的带纹，间距相对固定。在同一品系的果蝇之间，唾腺染色体的带纹是稳定一致的，因此也可以借助于带纹辨别染色体结构上的变化。由于这些优点，果蝇的唾腺染色体成为研究染色体畸变的好材料。

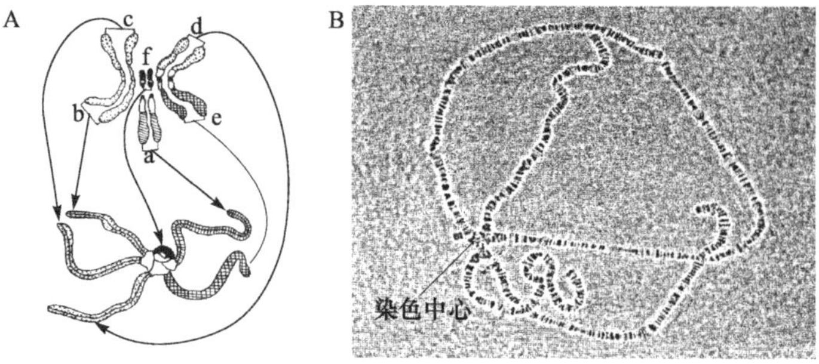

图 7-1　果蝇的唾腺染色体（引自 Snustad and Simmons, 2011）

A. 果蝇体细胞染色体与唾腺细胞染色体的比较：上 . 分裂中期的染色体；下 . 幼虫的唾腺染色体，染色中心的异染色质呈白色；a. X 染色体；b,c. 第 2 染色体；d,e. 第 3 染色体；f. 第 4 染色体。B. 果蝇唾腺染色体的显微照片

染色体的结构变异就其发生过程来看，一方面是外因的作用，如各种射线、化学药剂、温度的剧变等；另一方面是生物体的生理生化过程和代谢的失调、衰老等内因的变化，这些内外因素的结合都可能引起染色体畸变。通过实验观察发现，染色体发生一个或少数几个断裂时，这些新的断端具有愈合与重接的能力，当染色体在不同区段发生断裂后，在同一染色体内或不同染色体之间，新的断端以不同方式发生重接时，便将导致各种畸变的出现。

一、缺失

缺失是指染色体上某一区段及其带有的基因一起丢失，从而引起变异的现象。

（一）类别及来源

缺失的区段如果发生在包括端粒在内的染色体的末端，称为顶端缺失（terminal deficiency）；如果发生在染色体两臂的内部，称为中间缺失（interstitial deficiency）（图 7-2）。顶端缺失的断裂末端很难愈合，它可能和另一染色体的断头接合，也可能在复制后在两个姊妹染色单体之间接合，从而形成双着丝粒染色体（dicentric chromosome）。两个着丝粒之间的区段，会在细胞分裂的后期由于两个着丝粒向相反两极移动而形成染色体桥，着丝粒的继续移动将造成桥在任何部位被拉断，从而再次形成结构变异而不稳定，因此比较少见（图 7-3）。中间缺失染色体没有断头外露，比较稳定，因而常见的缺失多是中间缺失。

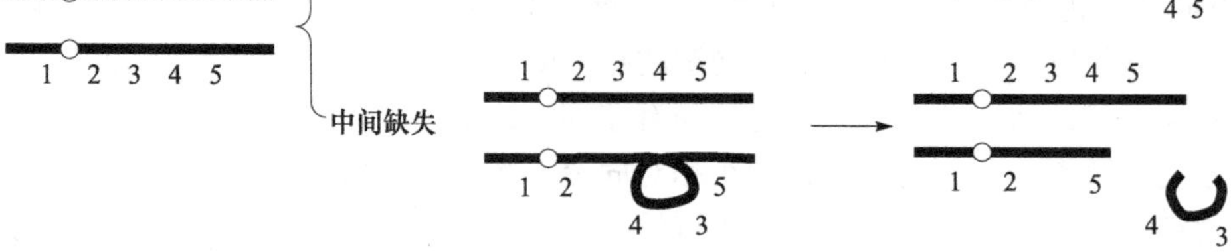

图 7-2　缺失的形成

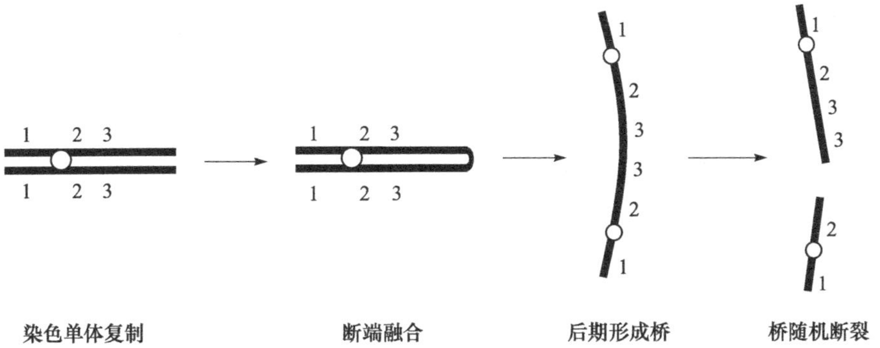

图 7-3　断裂 - 融合 - 桥的形成

如果细胞内某对同源染色体中一条为缺失染色体而另一条为正常染色体，则该个体称为缺失杂合体（deficiency heterozygote）；而一对同源染色体带有相同缺失区段的个体称为缺失纯合体（deficiency homozygote）。

（二）鉴定

缺失可以通过细胞学方法来鉴定。在减数分裂粗线期前后，根据同源染色体联会的状态和有无断片来加以分辨。

如果缺失区段较短，在细胞学上鉴定比较困难。如果缺失片段较长，在同源染色体联会时，顶端缺失杂合体可以看到正常的一条多出一段（图 7-4）。另外，在有丝分裂后期还可能形成图 7-3 所示的染色体桥结构，这一过程称为断裂 - 融合 - 桥循环（breakage-fusion-bridge cycle），因为它会在每一次细胞分裂过程中反复出现。如果一条染色体的两个臂都发生顶端缺失，而两臂的断端又发生重接，则可形成环状染色体（ring chromosome）。较大片段的中间缺失杂合体在同源染色体配对时会形成拱形结构，即缺失圈，这是正常染色体的未缺失区段因无相应区段联会被排挤出来而形成的（图 7-4），缺失圈在果蝇的唾腺染色体中能被清楚地观察到。

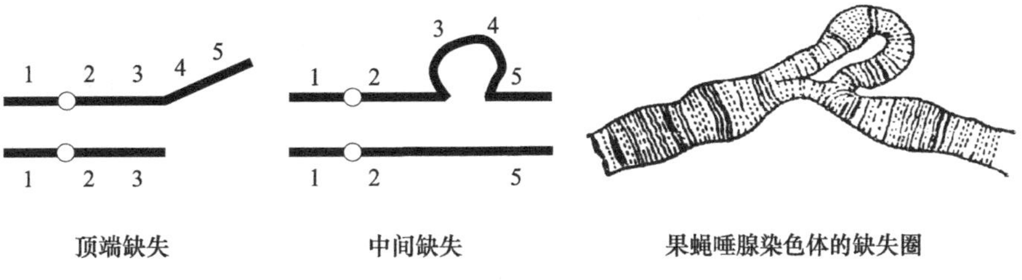

图 7-4　缺失杂合体的细胞学鉴定

（三）缺失的遗传效应

1. 对生物体的生长和发育有害

染色体区段缺失意味着该区段上的基因也随之丢失，这对生物体的生长和发育是有害的，其有害性程度取决于丢失的遗传物质多少和重要性。缺失纯合体一般是致死的，很难存活，缺失杂合体的生活力也很差，若缺失区段较长也会表现致死。含缺失染色体的配子

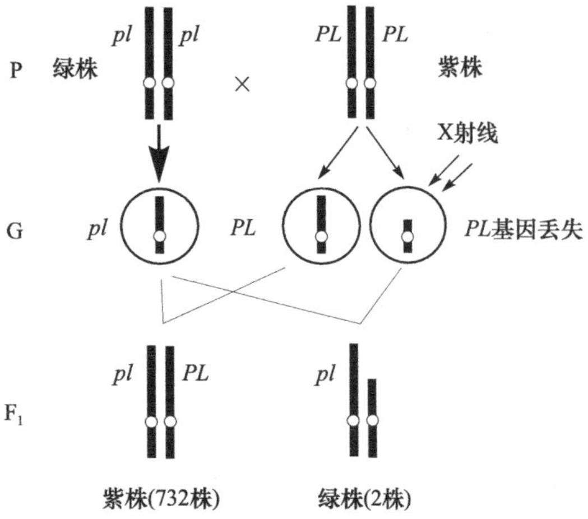

图 7-5　玉米植株颜色的假显性现象

一般是败育的，花粉尤其如此，胚囊的耐性比花粉略强，因此缺失染色体主要是通过雌配子来遗传的。

2. 出现假显性现象

如果缺失区段较小，不严重损害个体的生活力，通常会导致表现异常，有时会出现假显性（pseudodominance）现象，即显性基因的缺失，使同源染色体上等位的隐性基因的性状得以表现的现象。例如，玉米植株颜色紫色（*PL*）对绿色（*pl*）为显性，这对基因位于第 6 染色体长臂的外段，杂合体（*PLpl*）应该都是紫色的。1931 年，麦克林托克（B. McClintock）用经 X 射线照射的紫株（*PLPL*）花粉给绿色植株（*plpl*）授粉，734 株 F_1 代幼苗中意外出现 2 株绿苗（图 7-5）。对这两株进行细胞学检查，发现载有 *PL* 基因的第 6 染色体缺失了长臂的外段，*PL* 基因也随之丢失了，于是位于另一正常染色体上的等位基因 *pl* 表现出其性状。

3. 在人类中，缺失会造成缺失综合征

例如，人类第 5 染色体短臂缺失杂合体的患儿生活力差、智力异常、面部小，常在婴儿期和幼儿期夭折。最明显的特征是哭声轻、音调高，似猫叫，因此这种症状被称为猫叫综合征（cat cry syndrome）（图 7-6）。再如，人的慢性髓细胞性白血病，经细胞学检查发现 90% 的患者骨髓细胞的第 22 染色体长臂缺失近一半（22q-），造成患者血液中的粒细胞大量增加，红细胞减少。这种染色体首先在美国费城发现，故称为费城染色体（Philadelphia chromosome）或 Ph 染色体，Ph 染色体被公认为慢性髓细胞性白血病的特异性标记染色体。

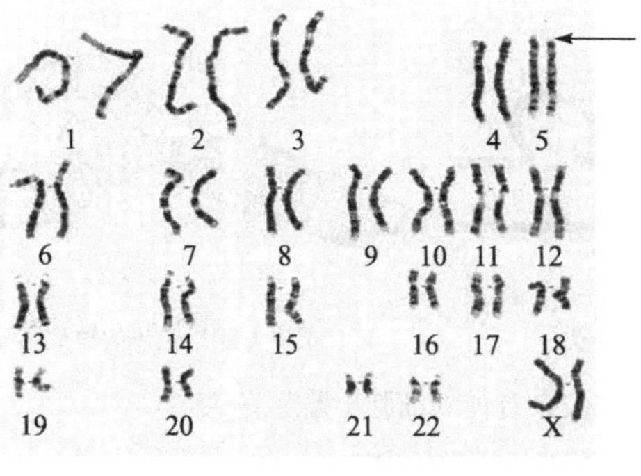

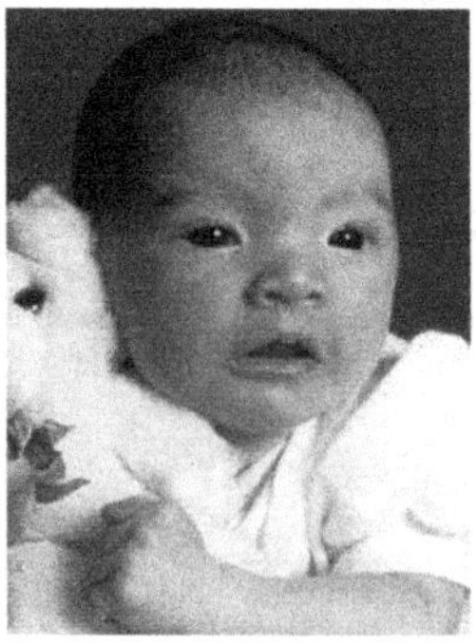

图 7-6　人类第 5 染色体短臂顶端缺失引起的猫叫综合征

二、重复

重复是指染色体增加了与自身相同的某一区段而引起变异的现象。

（一）类别及来源

重复有许多种形式，可归纳为两大类型：顺接重复（tandem duplication）和反接重复（reverse duplication）。顺接重复是指重复区段按原来基因的排列顺序相连；反接重复是指重复区段颠倒了原来基因的排列顺序相连（图 7-7）。重复的产生可通过 3 种方式：一是两条同源染色体间发生了不等交换，如图 7-7 所示顺接重复的形成；二是通过染色体纽结，在交叉处断裂后断端重新连接而形成，如图 7-7 所示反接重复的形成；三是通过前述断裂 - 融合 - 桥而形成（图 7-3）。一般来讲，重复和缺失是同时发生的，一对同源染色体之间如果发生非对应的交换，就可能在一条染色体上发生重复，而在另一条染色体上发生缺失。

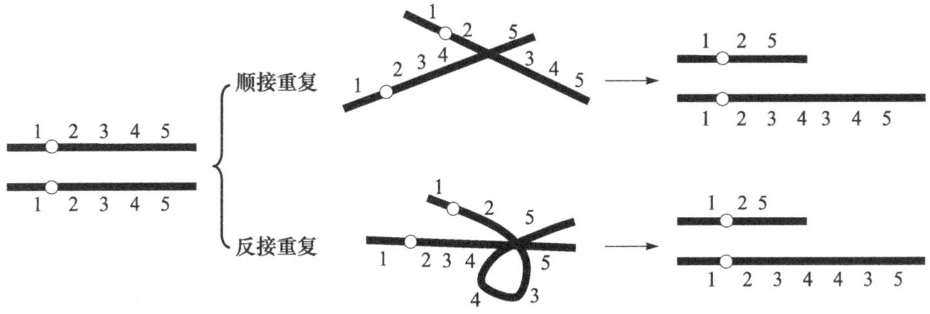

图 7-7　重复的类别与形成

（二）鉴定

可根据细胞学观察进行鉴定。重复纯合体在减数分裂时会正常配对，无法鉴定。重复杂合体在减数分裂联会时，会有如下表现：①若重复区段较长，联会时重复区段会被排挤出来，形成拱形结构或突起，即重复圈（图 7-8A）。这与缺失杂合体所形成的缺失圈类似，但缺失圈拱起的是正常染色体，重复圈拱起的是重复染色体，要区别两者，必须参考染色体长度、带型、横纹等特征及性状变异等。②若重复区段接近末端，而末端的同源配对区又较短时，重复区可能影响配对区不配对，而使染色体增长一段（图 7-8B）。③若重复区段极短，联会时不会有明显的拱形突起，因此鉴定比较困难。果蝇的唾腺染色体是直接检查缺失或重复最好的材料。

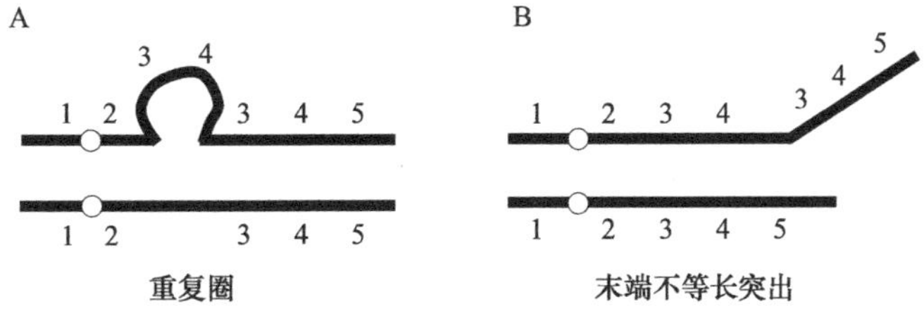

图 7-8　重复的细胞学鉴定

（三）重复的遗传效应

1. 破坏正常的连锁群，改变连锁关系和交换率

重复扰乱了基因间固有的平衡，改变了基因在染色体上的相对位置，对细胞、生物体

的生长发育可能产生不良影响。重复与缺失相比，负面效应相对较小，但重复的区段过长时，也会严重影响个体的生活力，甚至引起个体死亡。从进化的角度来看，重复提供了额外的遗传物质，为新基因的产生提供了材料。

2. 重复的剂量效应

剂量效应是指随同种基因数目的增多，表型效应呈一定的累加增长，即细胞内某基因出现的次数越多，表型效应越显著。例如，果蝇眼色有红色和朱红色两种，分别由 V^+ 和 V 基因控制，V^+ 对 V 显性，杂合体 V^+V 为红眼。但有一重复杂合体 V^+VV，其眼色却与 VV 基因型一样是朱红色的，这是因为两个阴性基因的作用超过了显性等位基因，V^+ 的作用被掩盖。

3. 重复的位置效应

果蝇棒眼遗传既是剂量效应也是位置效应的一个重要例证。果蝇棒眼由 X 染色体上 16A 区的基因决定，野生型果蝇的复眼大约由 779 个小眼组成，眼面呈椭圆形。16A 区重复 1 次，为阔棒眼，只有 358 个小眼；16A 区重复 2 次，为重棒眼，仅 68 个小眼；当 16A 区重复 4 次，为最小条形棒眼，小眼数就只有 25 个了，可见随 16A 区重复数的增加，果蝇的小眼数量在减少，表现出剂量效应（图 7-9）。

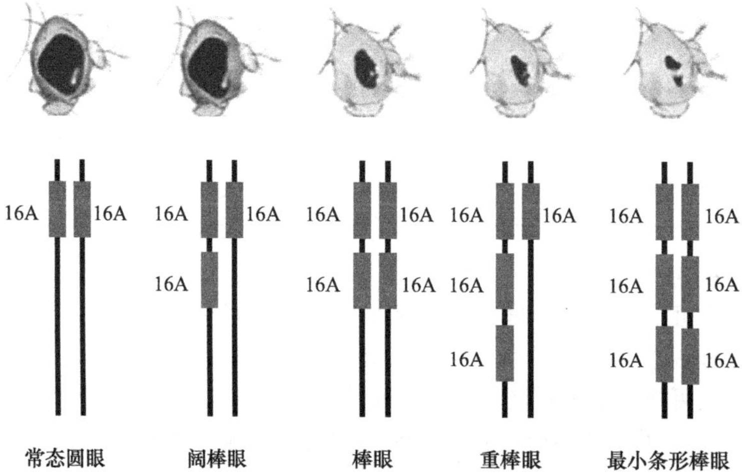

图 7-9 果蝇的棒眼遗传

同时，棒眼和重棒眼都是 16A 区重复 2 次，但棒眼的重复分别在两条染色体上，而重棒眼的重复只在一条染色体上，重复的位置不同导致了它们表型的差异，一个小眼数为 68，一个为 45，这种由基因的位置不同而导致的表型差异就是位置效应。

三、倒位

倒位是指染色体的某一区段断裂后倒转 180°又重新连接起来的现象。例如，一条染色体的直线顺序为 12345，染色体发生扭结，在交叉处断裂，断端又重新错误连接，顺序就成了 12435，这就发生了倒位（图 7-10），倒位最早在果蝇中发现。

（一）类别及来源

倒位有两种类型，若倒位发生在着丝粒某一侧的臂上，称为臂内倒位（paracentric inversion），若倒位发生在包含着丝粒在内的两臂上，称为臂间倒位（pericentric inversion）（图 7-10）。如果同源染色体中一条为倒位染色体，另一条为正常染色体，则该个体为倒位杂合体，若两条同源染色体都发生了相同的倒位，则称为倒位纯合体。

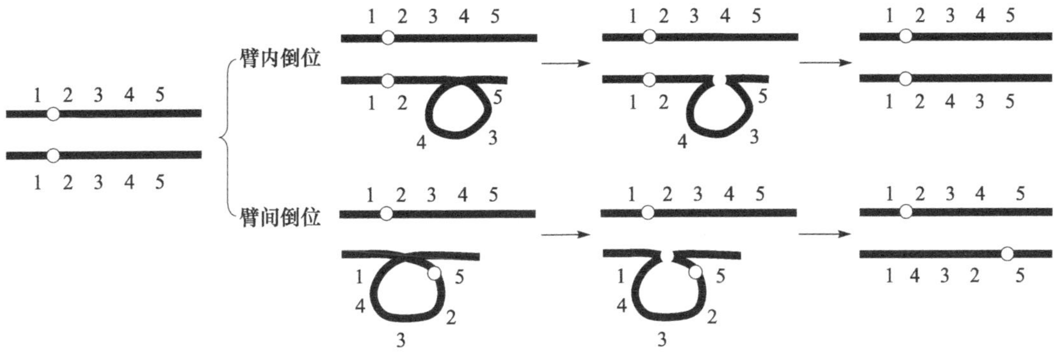

图 7-10　倒位的类别与形成

（二）鉴定

倒位纯合体在减数分裂时完全正常，无法鉴别，倒位杂合体则可通过细胞学的方法进行鉴定。倒位杂合体在联会时，具有倒位区段的染色体通常在倒位部分弯转成一个 360° 的环形，正常染色体则在相应部位拱出以配对，从而形成一个倒位圈（inversion loop）。如果倒位区段较长，占据了大部分染色体，其中一条染色体可能反转以使两条染色体的倒位区段部分同源配对，而非倒位区段则不联会，在两端呈分离状态，因而在偶线期和粗线期可能观察到二价体两端具有分叉形态；如果倒位区段较短，则往往是非倒位区段联会，倒位区段与正常区段分离，由于呈松弛状态，因此不一定能观察到，尤其是倒位区段很短时，往往难以在细胞学上将其鉴定出来（图 7-11）。

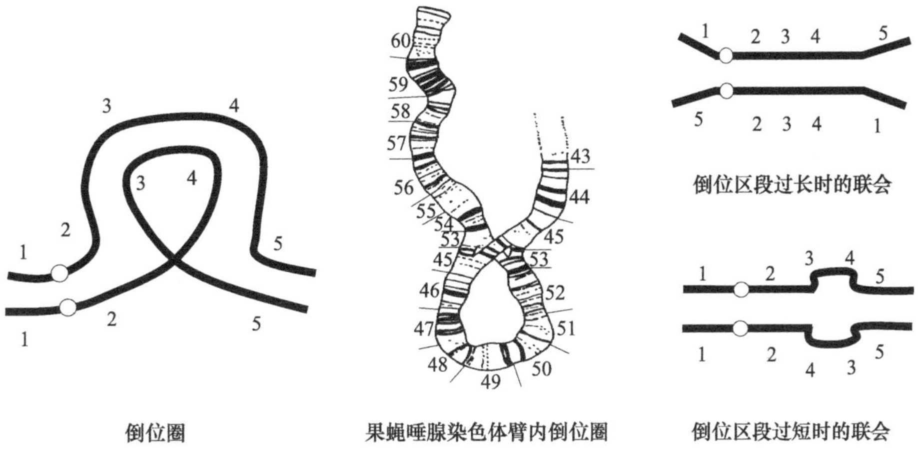

图 7-11　倒位杂合体联会

臂内倒位杂合体和臂间倒位杂合体都形成倒位圈，两者可通过观察减数分裂的后期进行鉴定。当倒位圈内发生奇数交换时，臂内倒位杂合体将形成双着丝粒染色体与无着丝粒断片，后期Ⅰ由于纺锤丝的牵引，会形成从一极跨向另一极的染色体桥，在光学显微镜下可观察到后期Ⅰ桥的形成和无着丝粒的断片，这是臂内倒位杂合体的细胞学鉴定依据。臂间倒位杂合体若在倒位圈内发生单次交换，则不会形成双着丝粒染色体和染色体桥（图 7-12）。

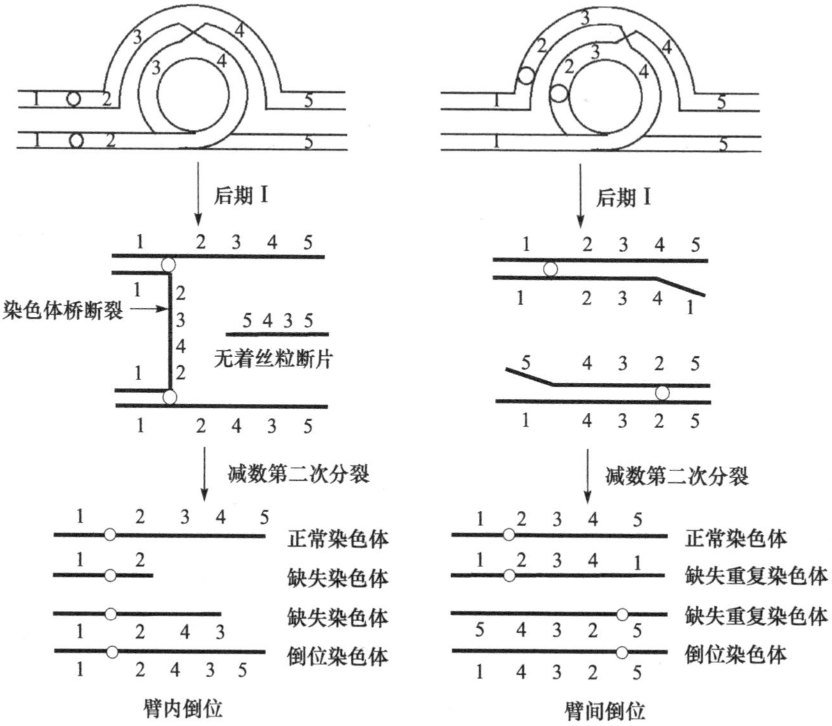

图 7-12　臂内倒位与臂间倒位的鉴定及配子败育机制

倒位圈与缺失圈和重复圈不同，缺失圈与重复圈都是同源染色体中的一条突出而形成的，而倒位圈则是两条同源染色体同时突出而形成。

（三）倒位的遗传效应

1. 倒位杂合体产生部分不育

减数分裂时，若在倒位圈内发生非姊妹染色单体的交换，则只有交换次数是偶数的配子可育。当交换次数为奇数时，臂内倒位杂合体将形成双着丝粒染色体与无着丝粒断片，无着丝粒断片留在细胞质中不能进入子细胞，有双着丝粒的染色体桥被拉断后，虽然能进入子细胞，但由于缺失了部分区段，因此配子败育；臂间倒位杂合体，虽不形成桥和断片，但参与交换的两条染色单体，由于也发生了缺失-重复，配子也不育（图 7-12）。在交换次数是奇数时，只有两条未参与交换的染色单体形成的配子可育。若交换发生在倒位圈外，则形成的配子都是可育的。

2. 倒位杂合体降低了连锁基因的重组值

由于在倒位圈内发生的交换产生了部分不育的配子，因此降低了倒位区段基因间的重组值或交换值，这一效应称为倒位的交换抑制效应。布里奇斯（C. Bridges）曾分离到一系列交换抑制突变，即在某些基因间不会出现交换型，细胞遗传分析表明，这些交换抑制突变就是染色体倒位，因此也把倒位称为交换抑制因子（crossover suppressor）。但依据前述分析，倒位并非真正抑制了交换，只是产生的交换型配子败育，若在倒位圈内的非姊妹染色单体间发生偶数交换，也可产生少量的重组型配子。

另外，倒位圈的结构也可降低靠近倒位区段的一些连锁基因的重组值，这是由于正常染色体与倒位染色体间联会不完全，靠近倒位圈的正常区段常不能联会，交换的机会减少，因此降低了重组值。

3. 倒位改变了基因的排列顺序和基因间的相互关系，是进化的重要因素

发生倒位后，倒位区段内基因顺序与方向都随之发生颠倒，倒位区段与区段外基因间的位置关系发生改变，交换值也随之改变。同一染色体上基因连锁关系的改变势必导致生物遗传性状的改变，因此倒位是自然界中物种进化的重要因素。自然界中有些种之间的差异就是由倒位产生的。例如，欧洲百合与竹叶百合是两个不同的种，都具有 12 对同源染色体，2 对较长染色体用 M1 和 M2 表示，10 对较短的染色体用 S1，S2，…，S10 表示。研究发现，其中一个种的 M1、M2、S1、S2、S3 和 S4 染色体，是由另一个种的对应染色体发生臂内倒位形成的。

倒位并不改变基因的结构，也未发生基因丢失，如果断裂点不破坏重要基因，通常不会对细胞和生物的生活力造成严重损害，含有完整倒位染色体的配子通常也是可育的。但一些重要基因被破坏的倒位纯合体对动物来说常常是致死的。

四、易位

易位是指非同源染色体之间发生节段转移的现象。易位是一种较为复杂的染色体结构变异，在动植物中都有所发现，并在自然进化中发挥着重要作用。

（一）类别及来源

易位的类型可以分为以下两种。

1）单向易位（simple translocation）：染色体的某区段转移到非同源的另一染色体上（图 7-13）。这实际上是一种转座（transposition）。

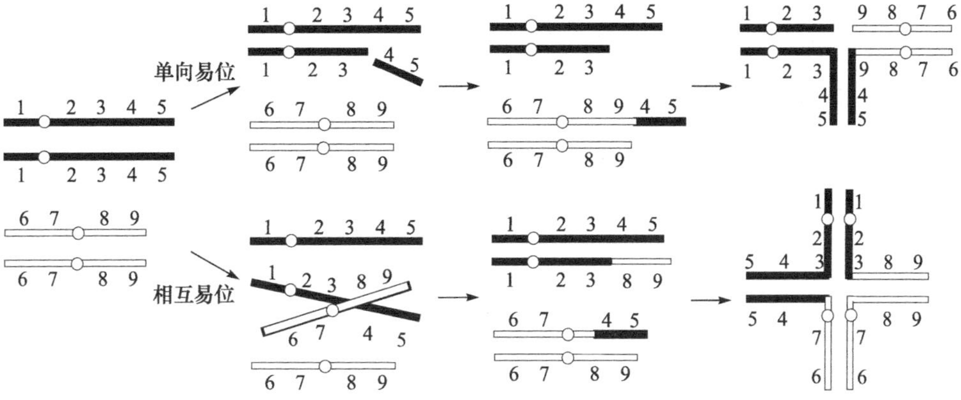

图 7-13　易位的形成及易位杂合体的细胞学鉴定

2）相互易位（reciprocal translocation）：即两条非同源染色体间互换了片段（图 7-13）。这是一种最常见、研究得最多的易位类别。相互易位的两个染色体片段可以是等长的，也可以是不等长的。

在相互易位或单向易位中，转移的区段如果是整个臂或几乎是整个臂又叫整臂易位（whole-arm translocation）。整臂易位中，有的是两条近端着丝粒染色体刚好在着丝粒处断裂，两者的长臂进行着丝粒融合形成一条新的亚中着丝粒染色体，这又称为罗伯逊易位（Robertsonian translocation）。罗伯逊易位的过程是可逆的，统称为罗伯逊变化（图 7-14），罗伯逊变化是生物进化过程中的普遍现象。

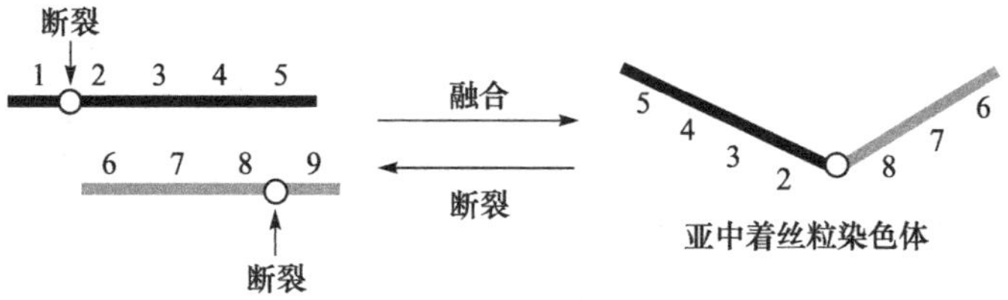

图 7-14　罗伯逊变化

易位和交换都是染色体片段的转移，不同的是交换发生在同源染色体之间，而易位则发生在非同源染色体之间，交换属于杂交中的正常现象，而易位是异常条件影响下发生的，比较少见，因此也称为不正常交换（illegitimate crossing over）。

（二）鉴定

可通过观察易位杂合体在减数分裂时同源染色体的细胞学特征来进行鉴定。单向易位杂合体的细胞学表现较为简单，在减数分裂时两对同源染色体常联会成“T”形（图 7-13）。相互易位杂合体的表现则比较复杂，这和易位区段的长短有关。如果易位区段很短，两对非同源染色体之间可以不发生联会，各自独立，无法鉴别；如果易位区段较短，两对非同源染色体在终变期可以联会成链形（或“C”形），即通过较短的易位区段的局部配对，将两对非同源染色体相连；当易位区段较长时，粗线期后，两对非同源染色体将联会成“十”字形（图 7-13），以后由于纺锤丝向两极的牵引，可以呈现“8”字形或“O”形的两种四价体排列图像（图 7-15）。

易位纯合体则在减数分裂时正常配对，没有明显的细胞学特征。

（三）易位的遗传效应

1. 相互易位杂合体表现出半不育性

相互易位杂合体的一个典型遗传效应是半不育（semisterility）现象。相互易位杂合体在减数分裂中期Ⅰ联会呈“8”字形时，到后期Ⅰ，两条正常染色体分向一极，两条易位染色体分向另一极，这种分离方式称为相间分离（alternate segregation）或交互分离。由此产生的两种配子各含有一套完整的基因组，因此都是正常可育的。当中期Ⅰ易位杂合体排列呈“O”形时，到后期Ⅰ分离，通常是两条相邻的染色体分向一极，另两条分向另一极，这称为邻近分离（adjacent segregation）。邻近分离的结果使配子内同时含有正常染色体和易位染色体，在染色体组成上兼有缺失和重复，所以都是不育的（图 7-15）。一般来讲，着丝粒的取向是随机的，在联会时呈“8”字形或“O”形的机会是相等的，因此最后形成的配子一半可育，一半因缺失、重复而不育，故表现出半不育性。

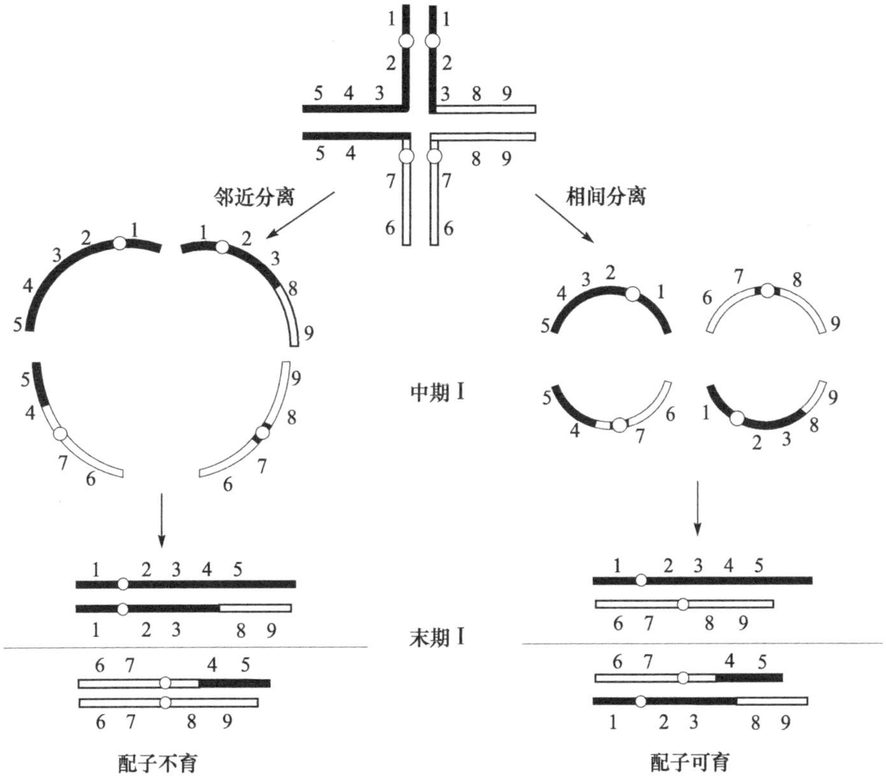

图 7-15　相互易位杂合体的联会和分离

在玉米、豌豆、高粱和矮牵牛等植物中，相互易位杂合体发生邻近分离和相间分离的机会相近，因此易位杂合体半不育。但在其他一些植物中，邻近分离和相间分离并不完全随机，有些可能邻近分离多于相间分离，有些则是相间分离多于邻近分离。在月见草、曼陀罗、风铃草和紫万年青等植物中，全部呈相间分离，因而配子全部可育。

2. 假连锁现象

相互易位杂合体只有发生相间分离才能产生可育配子，从而使非同源染色体上基因间的自由组合受到限制，这种现象称为假连锁（pseudolinkage）。

例如，第 2 对和第 3 对染色体相互易位的雄果蝇，在非易位的第 2 和第 3 染色体上分别带有突变的褐眼（brown eye）基因 *bw* 和黑檀体（ebony body）基因 *e*，易位的两条染色体上分别带有它们的野生型基因 bw^+ 和 e^+。将易位杂合体雄果蝇与正常纯合体雌果蝇测交，后代中只出现了两种亲本表型，即野生型（bw^+/bw、e^+/e）和褐眼、黑檀体（bw/bw、e/e），而单一突变型 bw/bw、e^+/e 和 bw^+/bw、e/e 都不存在，因为它们有缺失和重复，所以不能存活（图 7-16）。只有当带有 bw^+ 和 e^+ 的两条易位染色体同时存在于一个细胞中才能存活，这两个非连锁基因表现出了连锁现象，这是由非同源染色体上的基因在形成配子时相互不能自由组合而造成的，这种现象就是假连锁。假连锁也可以是不完全的，因为等位基因间可以产生交换，但在雄果蝇中例外，是完全的假连锁。

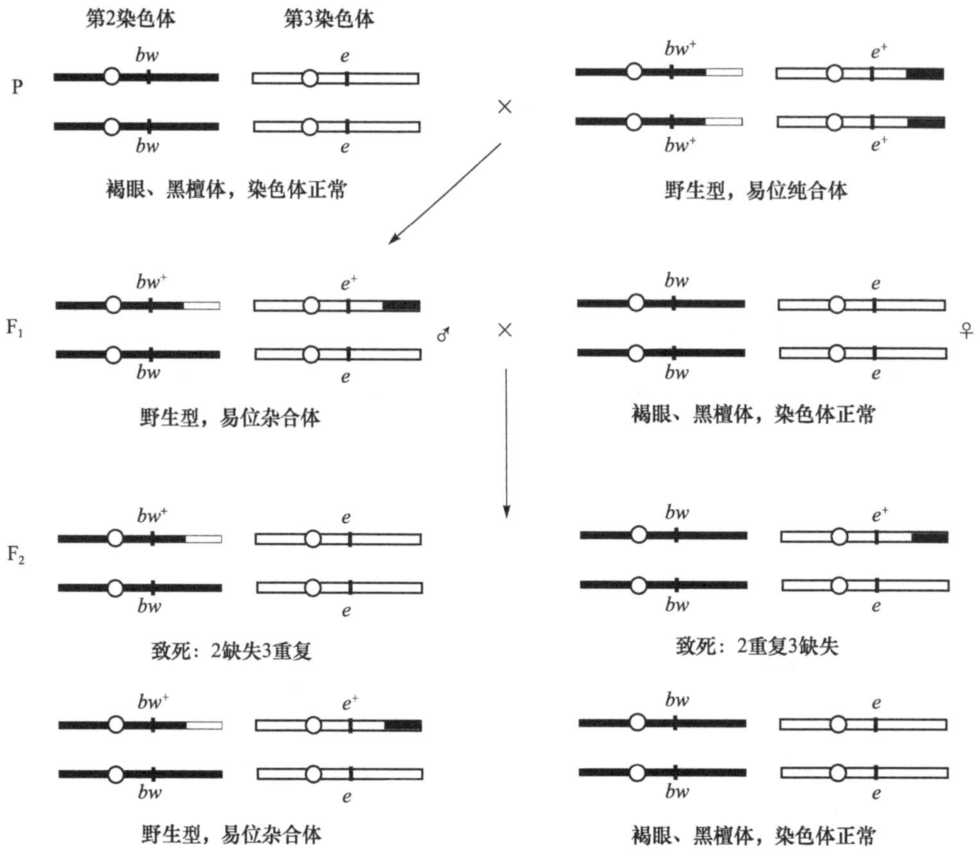

图 7-16　染色体易位引起的假连锁现象

3. 可导致物种染色体数目改变

如果发生了前述的罗伯逊易位，两个易位染色体之间一个是短臂的融合，只得到两条近端正常染色体的很小一段，另一个却是长臂的融合，得到两条正常染色体的大部分；在形成配子时，前者一般丢失，未能进入子细胞，从而导致染色体数目减少，由于丢失的易位染色体含有的基因较少，对细胞和个体的生活力与繁殖力有可能不产生明显的影响，从而生存下来成为新的变种甚至物种。还阳参属（*Crepis*）中某些 n=3～8 等染色体数目不同的种，便是通过这种途径形成的。罗伯逊易位也可从着丝粒处断裂成两条端着丝粒染色体，也会改变染色体数目。

罗伯逊易位是人类染色体结构变异的主要类型之一，在其他如欧洲野猪、山羊、绵羊、水牛、黄牛及马等动物中也发现了罗伯逊易位。

4. 可产生新的连锁群，促进物种进化

易位可形成两个新的连锁群，易位区段基因处于不同的染色体上可能导致更为显著的位置效应，从而产生表型变异，因而是生物进化的重要途径。许多植物的变种就是由易位形成的。例如，曼陀罗（*Datura stramonium*）有近百个品系是不同染色体的易位纯合体，它们的外部形态都彼此不同。

五、染色体结构变异的机制

（一）断裂-重接假说

1931 年由 L. J. Stadler 提出断裂-重接假说（breakage-reunion hypothesis），这一假说认为导致染色体结构改变的原发损伤是断裂。这种断裂可以自发地产生，也可以是诱变因子作用的结果。绝大多数（90%～99%）断裂的后果是在原处通过修复重新愈合，所以在细胞学上无从辨认；其余的是两个不同的断裂处重新连接，称为重接，或断裂端依然游离，即末端缺失，从而使染色体发生结构畸变。

（二）互换假说

1959 年由 S. H. Revell 提出互换假说（exchange hypothesis），该假说认为导致染色体结构畸变的根本原因是染色体上具有不稳定部位，所有结构畸变都是两个相邻很近的不稳定部位之间互换的结果。互换的发生可以分为两个阶段：一是不稳定部位断裂后形成的较稳定状态，称为互换开始。二是机械地互换和连接的过程，即断裂的部位互相交换，重新连接。如果两个原发性损伤靠得不够近或不能相互作用进行互换连接，这些损伤就可以被修复。

六、染色体结构变异的应用

染色体结构变异在遗传研究中具有独特的价值，某些结构变异类型在育种工作中也具有广泛的应用。由于结构变异的特征和区段与所涉及的染色体区段及所携带的基因密切相关，因此每一个特定的结构变异都可能具有不同的应用方式与范围。

（一）利用缺失进行基因定位

利用缺失的细胞学鉴定与假显性现象可以确定基因在染色体上的大致区域。在高等植物中，麦克林托克的方法是最常用而行之有效的：首先采用诱导染色体断裂的方法处理显性个体的花粉，再用处理后的花粉给隐性个体授粉，然后观察后代中哪些个体表现假显性现象，对表现假显性现象的个体进行细胞学鉴定，如果该个体发生了顶端缺失，就可以推测控制该性状的基因位于缺失区段；如果中间缺失杂合体能形成缺失圈，也可显示缺失基因所在的染色体区段。

果蝇的缺失区段可以结合观察唾腺染色体的横纹进行更精确的鉴定，因而许多果蝇基因最初都是通过缺失确定其在染色体上的位置的。

（二）利用倒位保存致死基因

带有致死基因的品系是不容易保存的，因为纯合个体是致死的，不能以纯合状态保存，只有以杂合状态保存。例如，果蝇第 3 染色体上的 *D*（dichaete，展翅）是个显性基因，但也是隐性致死基因。要保存这个品系，只能将杂合体相互交配，下一代中，*D*/*D* 个体死亡，还剩 *D*/+ 和 +/+ 两种基因型个体，必须人为观察淘汰掉 +/+，只保留 *D*/+ 个体。否则每一代

中都会有一部分 *D*/*D* 个体死亡，*D* 基因在群体中所占的比例将越来越低，几代后就会被淘汰掉，再也找不回来了。

但每一代都要逐个观察，人工淘汰费时费力。摩尔根的学生 Muller 想出了一个巧妙的办法，就是用另一个致死基因来平衡，条件是这两个致死基因间不发生交换重组。

Cy+/+*S* × *Cy*+/+*S*

↓

Cy+/*Cy*+　*Cy*+/+*S*　+*S*/+*S*

死亡　永久杂种　死亡

图 7-17　平衡致死品系的杂交

例如，果蝇的显性翘翅基因 *Cy*（curly wing）也同时具有隐性致死效应，显性星状眼基因 *S*（star like eye）也是一个隐性致死基因，两者以相斥的形式存在于第 2 染色体上，即 *Cy*+/+*S*。在第 2 染色体的左臂和右臂上有一个很大的倒位，几乎把整个第 2 染色体的交换全部抑制，由于在 *Cy* 与 *S* 之间无交换发生，当 *Cy*+/+*S* 个体间杂交时，就会得到如图 7-17 所示的结果。

纯合体都死亡，只有与亲代一样的 *Cy*+/+*S* 杂合体被保留下来，这样的杂交可以一直继续下去，两个致死基因都能得到保存，而不用进行人工淘汰。这种两个连锁的致死基因以相斥形式存在，永远保持杂合状态，不发生分离的品系称为平衡致死品系（balanced lethal system）或永久杂种（permanent hybrid）。如果两个基因间发生了交换，后代中会出现 ++/++ 个体，几代之后就会把 *Cy* 与 *S* 基因淘汰掉。可见两个基因间不发生交换是非常重要的，这也是利用倒位的交换抑制效应可以保存连锁的两个致死基因的原因。另外，如果两个隐性致死基因相距很近，几乎没有交换，也可以保持平衡致死状态。例如，果蝇的第 3 染色体上的 *D*（dichaete，展翅）和 *Gl*（glued，黏胶眼）两个显性基因都纯合致死，平衡致死品系 *D*+/+*Gl* 之所以在两个基因间几乎没有交换发生，是因为这两个基因在连锁图上的位置极近。

第二节　染色体的数目变异

一、染色体数目变异类型

（一）染色体组

每种生物的细胞中都有一定形态和数目的染色体，世代相传，比较稳定，是不同物种的重要标志之一。例如，玉米体细胞中有 20 条染色体，可以分成相同的两个组，一个组内的 10 条染色体在形态结构上彼此不同，但在另一组内都能各自找到相应的一条，构成同源染色体（homologous chromosome）。减数分裂时，同源染色体分离，配子中只含有体细胞内两组染色体中的一组，配子内这种包含一定数目、一定形态结构和一定基因组成的染色体群，称为染色体组（genome）。

一个染色体组所包含的所有染色体的形态、结构和基因群彼此不同，构成一个完整而协调的体系，含有该种生物生长发育和繁殖所必需的全部遗传物质，缺少其中任何一条都可能造成该生物的性状变异、不育甚至死亡，这就是染色体组的基本特征。

通常用“*x*”表示一个染色体组，配子的染色体数用 *n* 表示。一般来讲，*x* 所包含的染色体数就是一个属的染色体基数。例如，小麦属的 *x*=7，该属中各个不同物种的染色体数都是以 7 为基数变化的，野生一粒小麦 2*n*=2*x*=14，野生二粒小麦 2*n*=4*x*=28，普通小麦

$2n=6x=42$。不同种属的染色体组所包含的染色体数可能相同，也可能不同。例如，大麦属 $x=7$，高粱属 $x=10$，稻属 $x=12$，棉属 $x=13$。但也有某些属的染色体组基数不同，如葱属 $x=7$、8、9，芸薹属 $x=8$、9、10。

（二）染色体数目变异类型

染色体数目变异分为两大类：一类是体细胞内含有完整的染色体组的倍数，称为整倍体（euploid）。例如，普通小麦有 42 条染色体，是染色体组基数 7 的完整倍数，这就是整倍体。体细胞含有两套染色体组的生物为二倍体，二倍体的配子内只有一个染色体组，所以是一倍体（monoploid），三倍及三倍以上的整倍体统称多倍体（polyploid）。

另一类是染色体组内的个别染色体数目增加或减少，使细胞内染色体的数目不成基数的完整倍数，称为非整倍体（aneuploid）。例如，人类性别畸形 XXY 型，有 47 条染色体，不是染色体基数 23 的完整倍数，就是非整倍体。染色体数多于 $2n$ 的非整倍体称为超倍体（hyperploid），染色体数少于 $2n$ 的非整倍体称为亚倍体（hypoploid）。非整倍体的种类很多，但在遗传学研究中常用的只有几种。有关染色体数目变异的主要类型、表示方法及染色体组情况见表 7-1。

表 7-1　染色体数目变异的主要类型

	类型	表示方法	染色体组
整倍体	一倍体	$1x$	（ABCD）
	二倍体	$2x$	（ABCD）（ABCD）
	三倍体	$3x$	（ABCD）（ABCD）（ABCD）
	同源四倍体	$4x$	（ABCD）（ABCD）（ABCD）（ABCD）
	异源四倍体	$4x$	（ABCD）（ABCD）（EFGH）（EFGH）
非整倍体	单体	$2n-1$	（ABCD）（ABC）
	缺体	$2n-2$	（ABC）（ABC）
	双单体	$2n-1-1$	（ABC）（ABD）
	三体	$2n+1$	（ABCD）（ABCD）（A）
	四体	$2n+2$	（ABCD）（ABCD）（AA）
	双三体	$2n+1+1$	（ABCD）（ABCD）（AB）

二、整倍体

（一）单倍体

单倍体是指体细胞内具有本物种配子染色体数目（n）的个体。根据单倍体的来源可将其分为两种：一种是二倍体物种产生的单倍体，具有一个染色体组，与一倍体同义；另一种是由多倍体物种产生的单倍体，具有两个或多个染色体组。

在动物中，除了少数自然存在的单倍体如工蜂、雄蚁、夏季孤雌生殖的蚜虫等是正常的外，大多数动物的单倍体因发育异常，在胚胎期便死亡。在植物中，单倍体既可自发产生，如在番茄、棉花、咖啡、大麦、油菜及小麦中都发现有自发的单倍体，也可通过花粉或花药人工培育。高等植物的单倍体和二倍体相比，一般体型弱小，根、茎、叶、花等器官都较小，有的还出现白化苗。

对于二倍体所形成的单倍体其遗传学效应主要表现在以下两方面。

1）高度不育：对于自然存在的单倍体，其形成的配子仍为单倍体，因为在进化过程中它们的减数分裂过程已有了变化，把减数第一次分裂省略了，相当于进行了一次有丝分裂，所以形成的配子仍为单倍体，是可育的。但如果本来是二倍体的生物在成为单倍体后，仍然要进行完整的减数分裂过程，这时因为只含有一套染色体组，没有同源染色体的配对，从而会被随机地分向两极，这样形成的配子含有的染色体组是不完整的，都是不育的。只有当整套染色体组被完整地分到一极时，形成的配子才是可育的，但这种概率很小，因此这种单倍体高度不育。

2）通过染色体加倍可培育纯合的二倍体：单倍体自发或经人工处理，可加倍成二倍体，该二倍体的全部基因都是纯合的，自交后代不会出现分离。通常利用近交的方法来培育纯系，要经过很多代才能获得，而利用单倍体途径则可大大缩短育种年限。

（二）同源多倍体

同源多倍体（autopolyploid）是指多倍体中所有的染色体组均来自同一物种。如果染色体已经复制，而细胞质不分离，可形成同源多倍体，未减数的配子结合，也可发育成多倍体。在自然界中最常见的是同源三倍体和同源四倍体。

同源多倍体的遗传学效应主要表现在以下几方面。

1）一般来讲，与二倍体相比形态巨大。这是由于染色体数增多了，因此其细胞体积要大些。多倍体植株一般表现为茎粗，气孔、叶、花、果实及种子明显增大，如四倍体葡萄的果实明显大于二倍体。同时，由于多倍体每个位点有多个基因，基因产物相应增多，因此糖、蛋白质等含量提高。但多倍体往往生长慢，生育期延长，成熟也较迟。当然也有例外的情况，有的同源多倍体的器官和组织不增大反而变小，如同源八倍体玉米的植株比同源四倍体矮壮，同源四倍体车前（*Plantago asiatica*）的花反而比二倍体小。

2）基因分离比二倍体复杂，基因型种类比二倍体多。对 *A*、*a* 这一对基因来讲，二倍体只有一种杂合体，即 *Aa*，四倍体却有 3 种杂合体，即 *AAAa*（三显体，triplex）、*AAaa*（二显体，duplex）和 *Aaaa*（单显体，simplex）。假定 4 条同源染色体在减数第一次分裂后期时两两分离，染色体随机组合，则对一个基因座来讲，各种杂合体所产生的配子比例及自交时后代的表型比例见表 7-2。

表 7-2　同源四倍体各种杂合体的配子比例和自交后代的表型比例

基因型	配子比例	自交后代的表型比例（假定只要有一个 *A* 基因，就可产生 A 表型）
AAAa	1*AA*：1*Aa*	全部 A
AAaa	1*AA*：4*Aa*：1*aa*	35A：1a
Aaaa	1*Aa*：1*aa*	3A：1a

3）同源多倍体具有高度不育性或部分不育性。同源多倍体的联会是局部联会，每个同源组中的所有染色体可以联会成一个多价体，但在任何同源区段只能有两条染色体联会，

而将其他染色体的同源区段排斥在联会之外。因此多价体的联会松弛，交叉较少，常常提早解离（desynapsis），即在向赤道板转移之前就已经松弛为单价体、二价体。

例如，同源三倍体每个同源组的三条染色体，在减数分裂时可以三条联会成一个三价体（Ⅲ）或其中两条联会，另一条单个存在，形成两个二价体和一个单价体（Ⅱ+Ⅰ）。但在任何同源区域只能两两联会，在后期Ⅰ同源染色体间可能以 2/1 方式分离，即一条染色体走向一极，另两条染色体走向另一极，也有可能单价体消失在细胞质中，而二价体则以 1/1 方式均衡地分向两极，最后配子得到完整的两套染色体组或一套染色体组的概率都是（1/2）^{n}，只有这种配子才是可育的，其他含有不平衡染色体组的配子都是不育的，所以同源三倍体高度不育（图 7-18）。

联会形式	偶线期形象	双线期形象	终变期形象	后期Ⅰ分离
Ⅲ		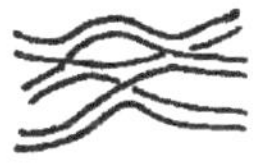		2/1
Ⅱ+Ⅰ				1/2或1/1 (单价体丢失)

图 7-18　同源三倍体的联会和分离（引自刘庆昌，2010）

同源四倍体减数分裂时可以 4 条联会成一个四价体（Ⅳ）或两个二价体（Ⅱ + Ⅱ），也可以形成一个三价体和一个单价体（Ⅲ + Ⅰ），以及一个二价体和两个单价体（Ⅱ + Ⅰ + Ⅰ）。后期Ⅰ只有Ⅱ + Ⅱ的联会方式可形成 2/2 的均等分离，即两条染色体走向一极，另外两条染色体走向另一极，这样形成的配子中含有完整的两套染色体组，是可育的。其他的联会方式，有的同源染色体间可能是 2/2 分离，有的同源染色体间可能是 3/1 分离，既三条染色体走向一极，一条染色体走向另一极，这样形成的配子中染色体组不平衡，都将造成同源四倍体的部分不育（图 7-19）。

联会形式	偶线期形象	双线期形象	终变期形象	后期Ⅰ分离
Ⅳ				2/2或3/1
Ⅲ+Ⅰ				2/2或3/1 或2/1
Ⅱ+Ⅱ		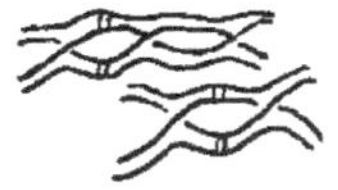		2/2
Ⅱ+Ⅰ+Ⅰ				2/2或3/1 或2/1或1/1

图 7-19　同源四倍体的联会和分离（引自刘庆昌，2010）

（三）异源多倍体

异源多倍体是指染色体组来源于不同物种的多倍体。其来源可由不同物种个体间杂交得到的 F_1 代经染色体加倍形成；也可由 F_1 代未减数的配子结合形成；或由自然界中已经加倍的两个不同物种杂交形成。

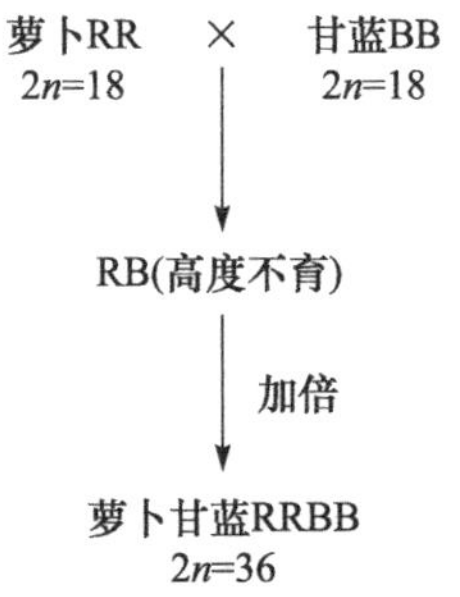

图 7-20　异源四倍体萝卜甘蓝的起源

一个有名的例子就是萝卜甘蓝，萝卜（*Raphanus sativus*，$2n$=18）和甘蓝（*Brassica oleracea*，$2n$=18）杂交，所得的杂种染色体数为 $2n$=18。由于两个亲本属于十字花科中的不同属，亲缘关系较远，萝卜染色体组（R）和甘蓝染色体组（B）之间差异很大，因此 F_1 代杂种在减数第一次分裂时，会形成 18 个单价体（$2n$=$2x$=RB=18=9 Ⅰ+9 Ⅰ）。这样在后期单价体的分离完全随机，非常不规则，因此 F_1 代所产生的配子高度不育。但偶尔也有少数配子含有全套的 RB 染色体组，即染色体数为 18，雌雄配子结合后，可形成 $2n$=$4x$=RRBB=36 的四倍体，这就是萝卜甘蓝（*Raphanobrassica*），萝卜甘蓝的株形高大，叶像萝卜，根像甘蓝，是可育的（图 7-20）。

异源多倍体是植物进化的一个重要途径。在被子植物中有 30%～35% 是异源多倍体物种，如小麦、棉花、烟草、苹果、梨、樱桃等，自然界中能够自然繁育的异源多倍体都是偶数倍的。

通过染色体组分析（genome analysis）的方法，可确定异源多倍体中各染色体组的起源，研究其起源过程。主要方法是用待分析的多倍体与比它倍数低的种杂交，根据 F_1 代减数分裂过程中染色体的配对行为来鉴别分析染色体组来源及异同。例如，普通小麦为异源六倍体，染色体组成为 AABBDD（$2n$=42）。有一种一粒小麦（*Triticum monococcum*）和斯氏麦草（*T. dicoccoides*）或拟斯卑尔脱山羊草（*Aegilops speltoides*）或节节麦（*A. squarrosa*）的染色体数是 14（二倍体），拟二粒小麦的染色体数是 28（四倍体），它们相互杂交及与普通小麦的杂交结果见表 7-3。

表 7-3　小麦属几个种间杂种后代减数分裂时染色体的配对情况

杂交组合	杂种染色体数	配对情况	推断的染色体组
拟二粒小麦 × 一粒小麦	21	7 Ⅱ +7 Ⅰ	AAB
拟二粒小麦 × 拟斯卑尔脱山羊草	21	7 Ⅱ +7 Ⅰ	ABB
一粒小麦 × 拟斯卑尔脱山羊草	14	14 Ⅰ	AB
普通小麦 × 拟二粒小麦	35	14 Ⅱ +7 Ⅰ	AABBD
拟二粒小麦 × 节节麦	21	21 Ⅰ	ABD
普通小麦 × 节节麦	28	7 Ⅱ +14 Ⅰ	ABDD

从杂交结果来看，拟二粒小麦与一粒小麦及拟斯卑尔脱山羊草的杂交后代，在减数分裂中都出现了 7 个二价体，说明拟二粒小麦与这两个物种都有一个染色体组相同，而一粒小麦与拟斯卑尔脱山羊草的杂交后代在减数分裂中则出现了 14 个单价体，说明这两者的染色体组完全不同。如果一粒小麦的染色体组以 AA 表示，拟斯卑尔脱山羊草的染色体组以

BB 表示，则拟二粒小麦的染色体组成为 AABB。拟二粒小麦与普通小麦的杂交后代在减数分裂中形成了 14 个二价体和 7 个单价体，说明普通小麦中有两个染色体组与拟二粒小麦相同，应为 A 和 B。拟二粒小麦与节节草的杂交后代在减数分裂中形成 21 个单价体，说明这两者的染色体组完全不同，节节草的染色体组用 D 表示。而节节草与普通小麦杂交，后代有 7 个二价体，因此普通小麦的另一个染色体组应为 D，由此可推断出普通小麦的染色体组成为 AABBDD，演化过程如图 7-21 所示。

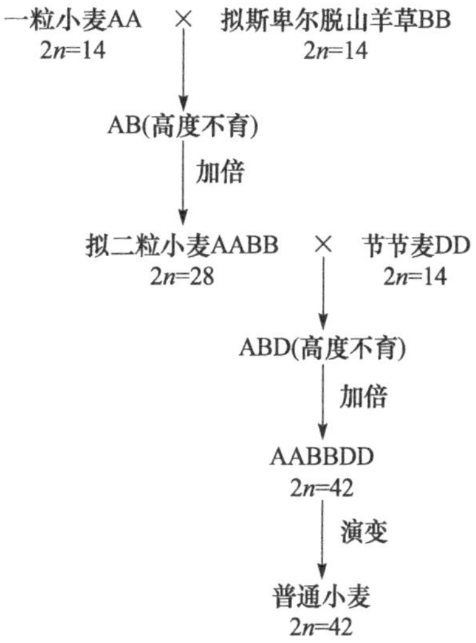

图 7-21　普通小麦可能的起源途径

（四）多倍体的诱发与应用

1. 多倍体的诱发

人工诱导多倍体是现代育种工作的一个重要手段，它可以克服远缘杂交过程中产生的杂种不孕、杂种不育，并培育新的作物类型。例如，亲缘关系较远的植物杂交往往得不到种子，但如果将其中一个亲本加倍，再与另一亲本杂交就能得到种子。远缘杂交的 F_1 代也往往不育，但如果加倍成为异源多倍体就可育了。

人工诱导多倍体的方法很多，大致可分为两类：物理方法和化学方法。物理方法包括高温、低温、离心、超声波、机械创伤刺激、嫁接和切断等。例如，把茄属植物的梢端切断，去除长出的侧枝，从愈伤组织长出的不定芽，有 10% 会长成四倍体枝条，将这些枝条切下插枝可得到四倍体植株。

化学方法就是应用化学药剂来处理，如秋水仙素、萘骈乙烷、咖啡因、异生长素等，其中以秋水仙素效果较好，使用最为广泛。秋水仙素的作用主要是抑制细胞分裂时纺锤丝的形成，导致复制后的染色体仍留在一个细胞内，这样染色体数就加倍了。这种细胞维持原状继续分裂，就会形成多倍体组织。如果秋水仙素的作用继续存在，还可形成染色体倍数更高的细胞。具体方法是配制秋水仙素溶液（0.1～10g/L），将萌芽阶段的种子浸在其中，处理一定时间，取出洗净，然后播种；也可将秋水仙素溶液注入植物幼苗内，或在幼苗的生长锥上放一个沾有秋水仙素溶液的棉花小球等。

2. 同源多倍体的应用

植物多倍体在生产上有重要的经济价值。例如，四倍体番茄的维生素 C 含量比二倍体大约多 1 倍；四倍体萝卜的主根粗大，产量比最好的二倍体品种还高；三倍体甜菜比较耐寒，抗逆性强，含糖量和产量都较高，成熟也较早；三倍体的杜鹃花因为不育，所以开花时间特别长；三倍体西瓜因为高度不育所以无籽。

三倍体无籽西瓜的培育过程大致为：用秋水仙素处理二倍体西瓜幼苗，得到四倍体植株。再用四倍体作母本，二倍体作父本进行杂交，在四倍体母本植株上收获三倍体种子。将三倍体种子种下去长成三倍体植株，三倍体植株的雌花要用二倍体植株的花粉刺激，才能引起无籽果实的发育，因此生产上把三倍体与二倍体相间种植，以保证二倍体的花粉传到三倍体植株的雌花上去（图 7-22）。若以四倍体作父本，二倍体作母本，同样可以得到三倍体，但这种三倍体植株雌花中的胚珠会长成硬壳，像有种子一样，所以这种杂交方案不能采用。对那些不以种子为收获对象的花卉、水果、树木等，利用三倍体育种是一条重要途径。

3. 异源多倍体的应用

人工诱导异源多倍体的合成是作物育种中的常用方法，目的是把两个亲本种的优良特性汇集在一起，但事实上有生产价值的不多，其中比较成功的是我国学者鲍文奎等培育的八倍体小黑麦（*Triticale*）。将普通小麦与黑麦杂交，杂种再经染色体加倍，就得到八倍体小黑麦（图 7-23）。

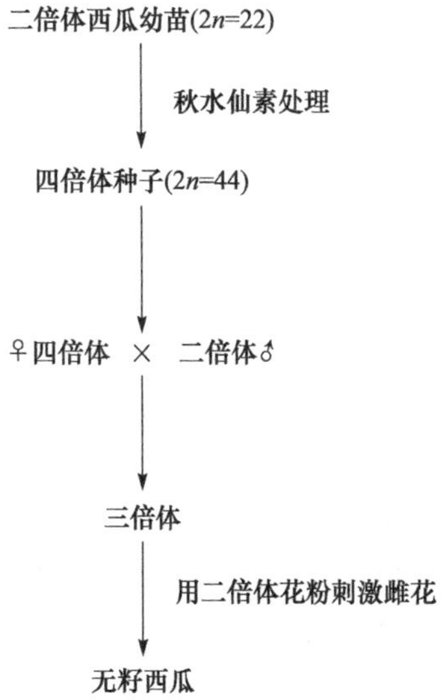

图 7-22　无籽西瓜的培育过程

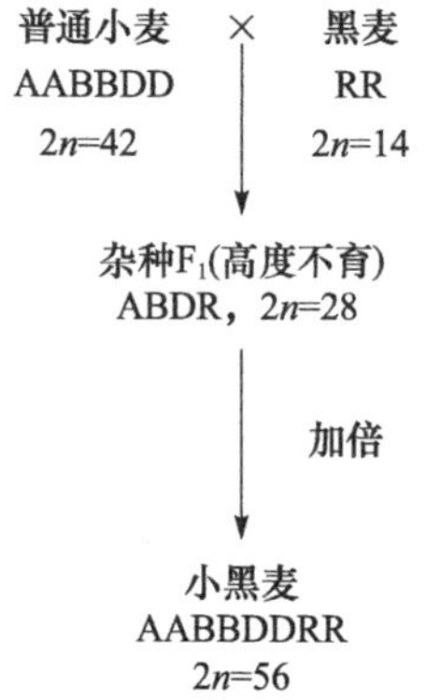

图 7-23　异源八倍体小黑麦的培育过程

异源八倍体小黑麦可育，是纯种，能够结实繁殖后代，但有结实率低、种子饱满程度差等缺点。研究人员经过几年的连续选择，成功培育出了新品种小黑麦，这种小黑麦产量高，抗逆性和抗病性强，耐瘠耐寒，蛋白质含量高，发酵性能好，适于在小麦产量低而不稳的高寒山区种植，比当地小麦增产 30%～40%，比黑麦增产 20% 左右。但在平原地区若要超过普通小麦，还需要继续选择，不断改进。

三、非整倍体

（一）亚倍体

1. 亚倍体的来源

单体、缺体和双单体都是亚倍体。亚倍体是由正常个体在减数分裂时，个别染色体行为异常造成的。例如，某对染色体不联会，单价体丢失，从而形成 $n-1$ 配子；或者联会后不分离或分离迟缓，产生 $n-1$ 和 $n+1$ 的配子，$n-1$ 配子与 n 配子结合可产生单体（$2n-1$），两个相同的 $n-1$ 配子结合可形成缺体（$2n-2$），两个不同的 $n-1$ 配子结合可形成双单体（$2n-1-1$）。

2. 亚倍体的遗传学效应

亚倍体由于缺少一至数条染色体，因此对生物的影响较大。二倍体物种的单体往往不能存活，玉米和番茄的单倍体虽然能够存活，但单体却无法生存。可见缺少单条染色体的影响比缺少一套染色体的影响还要大，这说明了遗传物质平衡的重要性。多倍体中缺少个别染色体引起的不平衡可由其他染色体组的完整性来补偿，因此获得单体比较容易，但一般生长较弱，育性较低。例如，小麦是异源六倍体，$2n=42$，理论上可得到 21 种不同的单体，事实上也得到了 21 种单体。这些单体虽然不太正常，但能存活，可见遗传物质的缺失对多倍体的影响比对二倍体的影响要小。在二倍体生物中，缺体是不能存活的，在异源多倍体中，也只有普通小麦才具有能存活并有一定育性的缺体。普通小麦的 21 种缺体都已分离出来，所有的缺体生活力和育性都较低。

3. 亚倍体的应用

单体和缺体应用于遗传分析上可把隐性基因定位到特定的染色体上。方法是把隐性基因纯合体与缺少不同染色体的单体或缺体品系杂交，如果这个隐性基因位于某一染色体上，那么在这条染色体的单体或缺体品系杂交后代中，将有隐性基因控制的性状表现。

例如，第 4 染色体单体的果蝇身体小，刚毛细，生活力弱，如果把果蝇无眼基因的纯合体（*eyey*）与第 4 染色体单体的野生型个体交配，后代会出现野生型 1∶无眼 1 的分离比，这就证明 *ey* 基因在第 4 染色体上（图 7-24）。

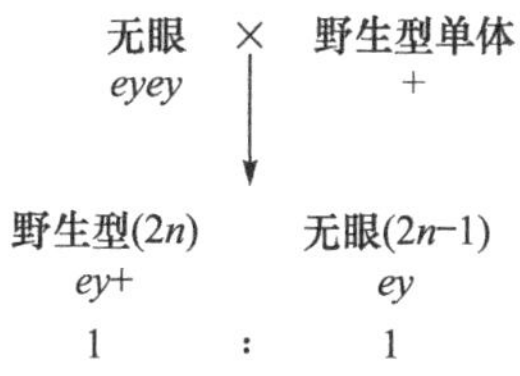

图 7-24　利用单体进行果蝇隐性基因定位

（二）超倍体

1. 超倍体的来源

三体、双三体和四体都是超倍体。和亚倍体一样，超倍体也是由减数分裂时个别染色体行为异常所致。例如，某对染色体不分离而形成 $n+1$ 配子，若与正常的 n 配子结合会形成 $2n+1$ 三体；两个不同的 $n+1$ 配子结合，将形成 $2n+1+1$ 双三体；两个相同的 $n+1$ 配子结合，会形成 $2n+2$ 四体。超倍体中以三体最为常见。

2. 三体

曼陀罗的三倍体植株用二倍体的花粉授粉，在所结的少量种子中，大约有 53% 是三体。这些三体植物的果形变异很大，可以分成 12 类，正好与曼陀罗的单倍体数相等，这说明每一条增加的不同染色体对果实形态都有不同的贡献。但在大多数其他植物中，不同的三体不易从外形上区分。三体中增加的染色体往往使花粉和种子部分不育，这是所有三体植株的共同特性。

前述人类性别畸形中的 XXY 型就是多了一条 X 染色体的三体。体细胞中多了一条 21 号染色体的染色体病称为 21 三体综合征，又叫先天愚型，或唐氏综合征，是一种常见的人类染色体病。21 三体综合征的发病率约占新生儿的 1/750，通常表现为智力低下，身体发育缓慢，身材矮小（1.2m 左右）。患儿的舌常伸出口外，所以又叫伸舌样痴呆。50% 的患儿有先天性心脏病，部分患儿在发育过程中夭折。该病的发生与母亲年龄有密切关系，一般 30 岁以后的母亲其子女患该病的概率大大增加。

三体在减数分裂时，理论上应该产生等量的 n 和 $n+1$ 两种配子，但事实上因为多出来的一条染色体在后期Ⅰ常有落后现象，致使 $n+1$ 型的配子通常少于 50%，通常 $n+1$ 型的雄配子不易成活，很少能与雌配子结合，所以 $n+1$ 型配子大都是通过卵细胞遗传的。

3. 超倍体的应用

（1）基因定位　利用三体测交和自交后代的表型分离比与二倍体不同的特点，可将待测的隐性基因定位到特定的染色体上。方法是首先让待测隐性基因的纯合体与增加了不同染色体的显性纯合三体系列品系杂交，然后再选 F_1 代中的三体个体和隐性亲本测交。若测交后代出现显性性状：隐性性状 =5∶1 的分离比，说明待测基因位于该三体多出的那条染色体上；若为 1∶1，则不在多出的染色体上。例如，将无眼果蝇与第 4 染色体三体的野生型果蝇交配，选取 F_1 代的三体果蝇再与无眼果蝇测交，测交后代野生型：无眼 =5∶1，证明了 *ey* 基因在第 4 染色体上（图 7-25）。

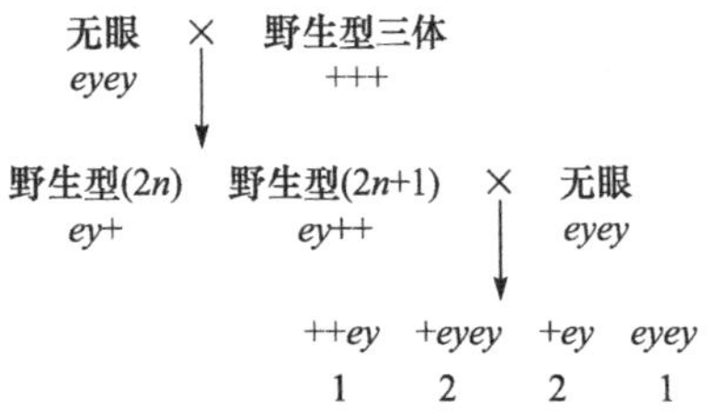

图 7-25　利用三体进行果蝇的基因定位

（2）配制杂交种　大麦（*Hordeum sativum*）是高度自交的植物，但用适当的品系配制杂种，也有明显的杂种优势。只是大麦雌雄同花，往往闭花授粉，配制杂交种在技术上有困难。

育种工作者利用染色体畸变的原理培育出了一个三体的新品系，增加的一条染色体上带有非同源的易位片段。在两条正常的染色体上带有两个紧密连锁的隐性基因，一个是雄性不育基因 *ms*，使植株不能产生花粉，另一个是黄色基因 *r*，控制种皮的颜色。在多出的易位染色体上带有相应的两个显性基因，雄性可育基因 *Ms* 和褐色种皮基因 *R*（图 7-26）。三体植物在减数分裂时形成 7 个二价体，易位染色体往往形成单价体，该染色体在后期Ⅰ随机移向一极，结果使三体植株形成两种配子 *msr* 和 *msr*/*MsR*。在卵细胞中这两种配子的比例为 7∶3，但在花粉中只有 *msr* 配子有授粉能力。结果自花授粉后所结的种子中，约有 70% 是有黄色种皮的雄性不育个体，余下的 30% 是有褐色种皮的正常可育个体。由于种子颜色不同，很容易将两者分开，黄色种子是雄性不育系，植株长大后可用作母本，配制一代杂种，而褐色种子可作保持系用，第二年继续生产雄性不育的种子。在大麦中，利用“三体”技术配制一代杂种是相当成功的。

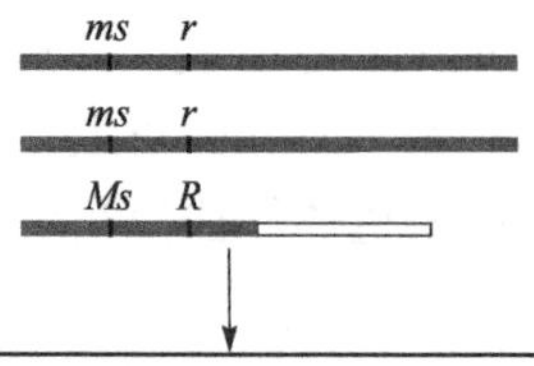

花粉 / 卵细胞	*msr*/*MsR*（无授粉能力）	*msr*
msr (70%)	—	*msr*/*msr*（雄性不育、黄色种皮、配制一代杂种）
msr/*MsR* (30%)	—	*msr*/*msr*/*MsR*（雄性可育、褐色种皮、作为保持系）

图 7-26　利用三体保持大麦的雄性不育系

阅读资料：人类胎儿非整倍体的检测

非整倍体异常是胎儿中最常见的一类染色体异常，染色体的整倍体改变多导致流产，而非整倍体改变则会导致新生儿缺陷，是胎儿出生缺陷病中最常见的一种病因，因此对非整倍体的检测一直是产前诊断的重要内容。最常见的胎儿非整倍体异常有 21 三体综合征、13 三体综合征、18 三体综合征及性染色体综合征等。

胎儿非整倍体检测的产前诊断方法主要包括两大类：有创性产前诊断方法和无创性产前诊断方法。有创性产前诊断也称为侵入性检查，主要有绒毛活检（孕 9～12 周绒毛取样）、羊膜腔穿刺术（孕 16～21 周羊水穿刺）、胎儿脐静脉穿刺（孕 22～28 周脐血绒毛取样）等。通过获得绒毛细胞、羊水细胞和胎儿血细胞并利用以下技术方法进行检查：①染色体核型分析；②荧光原位杂交技术（FISH）；③定量荧光聚合酶链反应技术（QF-PCR）；④多重探针连接依赖性扩增技术（MLPA）。有创性产前诊断具有较高的准确性，但是有发生流产、死胎、感染、培养失败的可能，会给胎儿带来一定的风险。

无创性产前诊断方法主要有三种：①利用孕妇外周血中的胎儿细胞。该方法的主要优势在于分离提取的胎儿细胞所提供的是纯净的胎儿核酸，含有完整的胎儿基因组 DNA，因此能够进行完整的胎儿染色体核型分析。但由于目前胎儿细胞富集效率低，能获得的胎儿细胞数量太少，尚不能满足临床应用的要求。②利用孕妇血浆中的游离胎儿 DNA。胎儿游离 DNA 几乎全部来源于胎盘的滋养层细胞，孕 7 周胎儿胎盘循环建立后，胎儿游离 DNA 即以一定的比例稳定存在于母体外周血中，占母体血浆游离 DNA 总量的 5%～30%，并随着孕周的增大而增多。无创 DNA 产前检测（noninvasive prenatal testing，NIPT）是利用大规模平行测序技术（massively parallel sequencing，MPS）对母体外周血中的胎儿游离 DNA 进行深度测序，以获取其染色体信息。该方法目前还存在一些局限性，当前只作为产前染色体非整倍体评估的辅助检测，暂时不能替代现有的染色体非整倍体筛查方法。③利用孕妇血浆中的游离胎儿 mRNA。孕妇外周血中存在着游离胎儿 mRNA，这些游离胎儿 mRNA 主要来自胎盘。通过选择某些基因内的单核苷酸多态性（single nucleotile polymorphism，SNP）杂合位点，利用游离胎儿 mRNA 进行等位基因比率定量分析，可检测非整倍体异常。选择游离胎儿 mRNA 进行无创性产前诊断的主要优势在于基因转录的 mRNA 具有多拷贝性，另一个优势是胎盘表达的特异 mRNA 种类是母体任何组织都不会表达的，易于检测。

无创产前诊断方法安全，可避免疼痛、出血及流产感染，易于被患者接受，是未来发展的趋势。但该技术本身还存在一定的问题亟待解决，需要完善，暂未大规模地应用于临床。

目前常用的胎儿非整倍体产前筛查方法为孕早期和孕中期筛查，多采取孕妇年龄、胎儿超声检查，并结合母体血清学指标来综合计算得出相应的结果，其结果分为低危和高危。对于高危人群，再采用有创性方法检测，如绒毛活检或者羊水穿刺取样，通过对胎儿染色体核型分析来获得确切的诊断结果。

第 7 章
习题答案

习题

1. 名词解释：

染色体畸变、缺失、重复、倒位、易位、假显性、平衡致死品系、假连锁、染色体组、一倍体、单倍体、同源多倍体、异源多倍体、缺体、三体。

2. 有一玉米植株，它的一条第 9 染色体有缺失，另一条第 9 染色体正常，该植株对第 9 染色体上决定糊粉层颜色的基因是杂合的，缺失的染色体带有产生色素的显性基因 *C*，而正常的染色体带有无色隐性等位基因 *c*。已知含有缺失染色体的花粉不能成活。如以这样一种杂合体玉米植株为父本，以 *cc* 植株为母本，在杂交后代中，有 10% 的有色籽粒出现。你如何解释这种结果？

3. 有一个三倍体，它的染色体数是 $3n$=33。假定减数分裂时，或形成三价体，其中两条分向一极，一条分向另一极；或形成二价体与一价体，二价体分离正常，一价体随机地分向一极，问可产生多少可育的配子？

4. 画出果蝇唾腺核中两条同源染色体的配对图，一条染色体的顺序是 1 · 234567，另一条染色体的顺序是 1 · 265437。

注：在 1 和 2 之间的点“·”表示着丝粒。

5. 两个基因 *P*、*Bz* 通常相距 36 个图距，位于某植物染色体的同一臂上。在这 36 图距的区域中，大约有 1/4 的长度是臂内倒位，未包含这两个基因。下列两种情况下，如何估计这两个基因间的重组值：

（1）该植物是臂内倒位杂合体。

（2）该植物是臂内倒位纯合体。

6. 曼陀罗有 12 对染色体，有人发现了 12 个可能的“$2n$+1”型。问有多少个“$2n$+1+1”型？

注：“$2n$+1+1”型是指在 12 对染色体中某一对多一个，另一对也多一个，而不是某一对多两个。

7. 显性 *AA* 纯合体的植株，用隐性 *aa* 纯合体的花粉给它授粉，在 500 株 F_1 代中，有 2 株表现为 *aa*，如何解释这个结果？并加以证明。

8. 在玉米中，蜡质基因和淡绿色基因在正常情况下是连锁的，然而发现在某一品种中，这两个基因是独立分配的，如何解释这个结果？

9. 两个唐氏综合征个体结婚，在他们的子代中，患唐氏综合征的个体占多少比例？

注：假定 $2n$+2 的个体是致死的。

10. 为什么多倍体在植物中比在动物中普遍得多？你能给出一些解释吗？

11. 怎样辨别一种植株是同源多倍体还是异源多倍体？

第8章 基因突变

本章知识主线：本章围绕基因发生的变异，介绍了基因突变的特点、鉴定、分子机制及诱变方法，最后讲述了可导致基因突变的转座遗传因子。

1901年，狄·弗里斯（H. de Vries）用“突变”（mutation）一词表示突然发生的可遗传变异，即遗传物质发生的质的变化。突变包括了染色体畸变和基因突变，上一章我们介绍了染色体畸变，本章将讨论基因突变。

第一节 基因突变的特点

基因突变（gene mutation）是指基因内部发生了化学性质的变化，与原来的基因形成对性关系。例如，植物高秆基因 D 突变为矮秆基因 d，D 与 d 为一对等位基因。1910年，摩尔根首先在果蝇中发现了基因突变；1927年，穆勒（H. J. Muller）首次用X射线诱发了基因突变。基因突变在自然界中广泛存在，如果蝇的白眼、水稻的矮生型、玉米的糯性胚乳等性状，都是基因突变的结果。由于发生基因突变而表现出突变性状的细胞或个体，称为突变体（mutant）或突变型，与之对应的则称为野生型（wild type）。

一、基因突变率和时期

（一）基因突变率

基因突变率（mutant rate）表示单位时间内（如一个生物世代或细胞世代内）某一基因突变发生的概率。不同生物和不同基因间突变频率有很大差异（表8-1）。例如，R 基因突变频率为 5×10^{-4}，Sh 基因仅为 1×10^{-6}，两者相差几百倍。

表8-1 几种生物不同基因的自发突变率

生物	性状、突变基因	频率	单位
大肠杆菌（*E. coli*）	乳糖发酵 $lac^- \rightarrow lac^+$	2×10^{-7}	每分裂的突变细胞频率
	组氨酸需要型 $his^- \rightarrow his^+$	4×10^{-8}	
玉米（*Zea mays*）	皱缩种子 $Sh \rightarrow sh$	1×10^{-6}	每配子的突变频率
	无色糊粉层 $R^r \rightarrow r^r$	5×10^{-4}	

续表

生物	性状、突变基因	频率	单位
果蝇 (*Drosophila melanogaster*)	白眼 $W \to w$	4×10^{-5}	每配子的突变频率
	黑檀体 $E \to e$	2×10^{-5}	
人类 (*Homo sapiens*)	血友病 A $h^+ \to h$	3×10^{-5}	每配子的突变频率
	指甲髌骨综合征	0.2×10^{-5}	

基因突变率的估算方法因生物的生殖方式而异。在有性生殖的生物中，突变率通常是指每一个配子发生突变的概率，用一定数目配子中的突变配子数表示。果蝇 X 隐性连锁致死突变率约为 0.1%，即每 1000 个配子中有一个 X 染色体上有隐性致死突变发生。人类的基因突变率大致上与果蝇相似，每个座位的突变率为 $(1\sim9)\times10^{-5}$。人类基因突变率的估算方法之一是根据家系中显性性状的婴儿的比例推算的。例如，软骨发育不全是常染色体显性突变，患者四肢粗短。1941 年，有人调查了 94 075 个胎儿，发现 10 例患者，其中 2 例的双亲一方也是本病患者，应该除去不计，其余 8 例的双亲正常，可以认为是新突变的结果。这种病是显性遗传，且显性完全，新生儿患有此病时，就表示形成该合子的两个配子中至少有一个配子发生了显性突变，其突变率为

$$(10-2)\div[2\times(94075-2)]=4.25\times10^{-5}$$

在无性生殖的生物中，如细菌和单细胞生物，突变率用一定数目的细胞在分裂一次过程中发生突变的次数表示。自发突变率通常都很低，一般来说，病毒与细菌基因平均自发突变率为 10^{-8}。例如，大肠杆菌在一个世代中链霉素抗性基因 str^R 的突变率为 4×10^{-10}，乳糖发酵基因 lac^- 为 2×10^{-7}。

（二）突变发生的时期

基因突变通常是独立发生的，可发生在生物个体发育的任何时期，既可以发生在体细胞中，也可以发生在性细胞中。性细胞中的突变频率高于体细胞，这是因为性细胞在减数分裂末期对外界环境条件较为敏感。

性细胞中发生的突变可以通过受精过程直接传递给下一代，而体细胞中的突变是不能直接传递给后代的。体细胞中的隐性基因发生显性突变，当代就会表现出来，同原来的性状并存，形成镶嵌现象，称为嵌合体（mosaic）。镶嵌范围的大小取决于突变发生时期的早迟，突变越早，范围越大，反之越小。果树早期叶芽发生突变，由此长成的整个枝条均表现为突变性状。晚期花芽发生突变，突变性状只局限于一个花朵或一个果实，甚至只限于花朵或果实的一部分。许多植物，尤其是果树的“芽变”就是体细胞突变的结果。育种上每当发现性状优良的芽变，就及时采用扦插、压条、嫁接或组织培养的方法把它保留下来，加以繁殖以育成新品种，如温州早橘就是源于温州蜜橘的芽变。

二、基因突变的类型

依据不同的分类方法，基因突变有不同的类型。

(一)据突变发生的原因

1. 自发突变

自发突变(spontaneous mutation)是在自然条件下自发产生的,有外界环境因素的自然作用,也有生物内在的生理生化作用,但不存在人类的干扰。表8-1描述的各种类型的突变都是自发的。

2. 诱发突变

诱发突变(induced mutation)是人们利用各种物理的、化学的或是生物学方法诱发产生的突变。引起突变的物理因素(如X射线)和化学因素(如亚硝酸盐)称为诱变剂(mutagen)。另外,某些病毒的遗传物质能影响宿主细胞的DNA,从而引起突变。

自发突变可由不同的过程引起,如脱嘌呤脱氨基等自发的化学变化、DNA复制错误、转座因子的插入,以及减数分裂过程中同源染色体间的不等交换等都可引起自发的基因突变。诱发突变可由各种诱变剂诱发产生,这将在本章第四节进行详细介绍。

(二)据突变表型特征

1. 形态突变

形态突变(morphological mutation)主要影响生物的形态结构,导致形状、大小、色泽等的改变。例如,普通水稻的株高一般在1.0m左右,矮秆突变体的株高要矮许多。因为这类突变可在外观上看到,所以又称可见突变(visible mutation)。

2. 生化突变

生化突变(biochemical mutation)主要影响生物的代谢过程,导致一个特定的生化功能的改变或丧失。例如,脉孢霉的生长本来不需要在培养基中另外添加氨基酸,但在突变后,一定要在培养基中添加某种氨基酸才能生长,这就是发生了生化突变的结果。

3. 致死突变

致死突变(lethal mutation)主要影响个体生活力,导致个体死亡。显性致死在杂合状态即有致死效应,而隐性致死则要在纯合状态才有致死效应。一般以隐性致死突变较为常见,如镰状细胞贫血的基因就是隐性致死突变。当然,有时致死突变并不一定伴有可见的表型改变。

4. 条件致死突变

在某些条件下是能成活的,而在另一些条件下是致死的突变称为条件致死突变(conditional lethal mutation)。例如,T4噬菌体的温度敏感突变型在25℃时能在大肠杆菌中正常生长,形成噬菌斑,但在42℃时就不能正常生长。

以上分类只是为了叙述的方便,事实上基因的作用就是决定特定的生化过程,而生化过程才能决定形态结构的建成,在这个意义上说,几乎所有的基因突变都是生化突变。

三、基因突变的一般特点

基因突变是生物进化的重要因素之一,其发生与DNA复制、DNA损伤修复、衰老和环境影响等均有关系。无论是原核生物还是真核生物的基因突变,也无论是什么类型的基因突变，都有以下几个主要特点。

（一）突变的随机性

随机性是指基因突变的发生在时间上、个体上和突变的基因上，都是随机的。在高等生物中所发现的无数突变都说明了基因突变的随机性与不确定性。我们虽可通过筛选来得到突变体，但不能确定该突变是否一定会发生。

（二）突变的可逆性

突变是可逆的。基因 *A* 可以突变为对性基因 *a*，这称为正突变（forward mutation）；基因 *a* 又可突变成原来的状态 *A*，这称为回复突变（reverse mutation）。突变的可逆性是区别基因突变与染色体畸变的重要标志，因为染色体畸变一般是不能回复的。正突变和回复突变的频率一般是不同的，在自然界，通常是正向突变的概率大于回复突变，因为野生型基因内部许多位置的碱基改变都有可能产生新的表型；而突变基因内部一般只有一个位置的碱基改变才能恢复成野生型。例如，大肠杆菌中野生型（his^+）突变为组氨酸缺陷型（his^-）的正突变率为 2×10^{-6}，而回复突变率为 4×10^{-8}。

事实上，真正回复为原来基因的突变发生频率很低，多数回复突变是指突变发生在另一位点上，但掩盖了原来突变型的表型效应，这样的回复突变叫抑制因子突变（suppressor mutation）。另一位点可以是原来基因中的另一位点，也可以是另一基因中的位点。例如，*A* 基因和 *B* 基因的编码产物结合在一起可形成有功能的二聚体蛋白，当 *A* 基因发生突变后，便不能形成二聚体，如果 *B* 基因也发生了突变，两者的突变产物又可重新结合形成有功能的二聚体蛋白。抑制因子突变可以部分或全部地恢复基因产物的活性（图 8-1）。

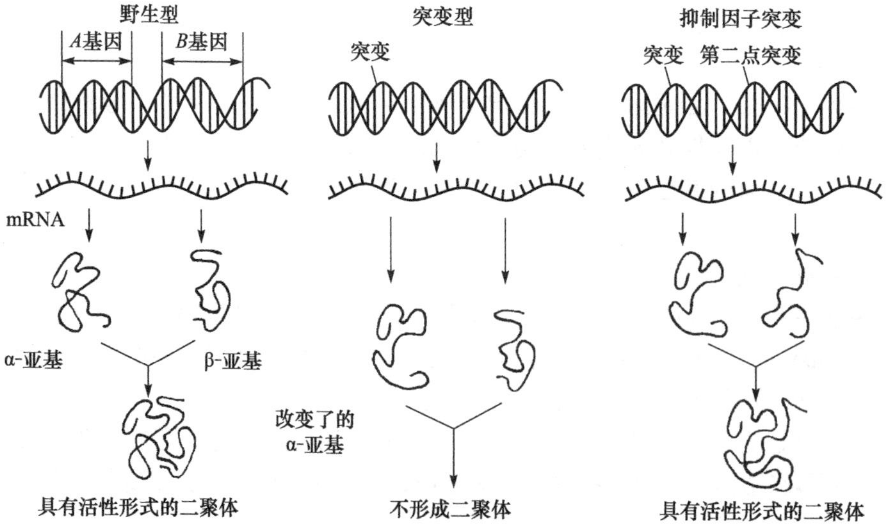

图 8-1　抑制因子突变示意图（引自杨业华，2006）

（三）突变的多方向性

基因突变的方向是不定的，可以多方向发生。例如，基因 *A* 可以突变为 *a*，也可以突

变为 a_1、a_2、a_3 等，且 A、a、a_1、a_2、a_3 等可分别具有不同的遗传表现。这些基因两两之间都存在等位对性关系，构成在第 3 章所述的复等位基因。小鼠中，决定毛色的复等位基因有 A^+（鼠色）、Ar（黄色）、a（黑色）等多个。在家蚕中，决定幼虫皮斑的复等位基因有 p（白色）、p^+（普通斑）、ps（黑缟）等 16 个。黑腹果蝇的野生型红眼基因（w^+）可以突变为曙红眼基因（*we*），曙红眼基因又可以回复突变为野生型基因，也可以突变为其他等位基因，如杏黄眼基因（*wa*）、浅黄眼基因（*wbf*）等。这些都是突变的多方向性的例证。但基因突变的多方向性是相对的，每一个基因在突变方向上有一定的限制。例如，小鼠的毛色基因突变，只限定在色素的范围内，不会超出这个范围。

（四）突变的重演性

同种生物的某个基因的突变，可在不同的个体、不同的世代中重复出现，称为突变的重演性。主要表现在两个方面：①同一基因突变在不同的个体上均可能发生，如果蝇的白眼突变在不同的果蝇上都有发生（表 8-1）；②不同群体中发生同一基因突变的频率相近。正是由于突变具有重演性，计算其突变率才有意义。

（五）突变的有害性和有利性

大多数基因突变对生物的生长和发育是有害的。因为现存的生物都是经历长期自然选择进化而来的，它们的遗传物质及其控制的代谢过程都已经达到相对的平衡和协调状态。如果某一基因发生突变，原有的协调关系不可避免地要遭到破坏，生物赖以正常生活的代谢关系就会被打乱，从而引起不同程度的有害后果。突变造成的有害程度可能不同，一般表现为某种性状的缺陷或生活力和育性的降低，如果蝇的残翅、鸡的卷羽、人的镰状细胞贫血与色盲、植物的雄性不育等，严重的基因突变会导致死亡。

有些突变能促进或加强某些生命活动而显示对生物的有利性，如鸡的多产蛋突变、牛的高泌乳量突变、作物的抗病性与早熟性突变等。另外，基因突变的有害性和有利性是相对的，在一定条件下，突变的效应可以转化。例如，高秆作物群体中出现矮秆的突变体，与高秆在一起生长时因受光不足、发育不良，表现为有害性。但是，在多风地区，矮秆植株有较强的抗倒伏性能，生长更加茁壮，有害就变为有利了。昆虫的残翅突变在一般条件下是有害的，但在多风的海岛上却可以避免被飓风刮走而有利于生存。

还有一些突变对生物本身有害，但对人类却有利。例如，玉米、水稻、高粱等作物的雄性不育突变，对自身的繁衍和生存是有害的，但人类可利用它配制杂交种从而免除人工去雄的麻烦。相反，有些突变对生物本身有利，却对人类不利，如谷类作物的落粒性。

第二节　基因突变的筛选和鉴定

基因突变一般可根据它的表型效应来察觉。但是当我们发现某一表型发生变化时，还不能确定它是由基因突变引起的，因为这些表型变异不一定都是可遗传的变异，也有环境条件导致的不可遗传变异。在可遗传变异中，又有染色体畸变和基因重组等。因此，必须对突变进行测定才能确定其是否是基因突变。测定和检出突变的方法常因生物不同而异。

一、细菌营养缺陷型突变体的筛选和鉴定

在细菌的突变研究中，应用较多的是大肠杆菌。大肠杆菌正常野生型的合成能力很强，它能够在含有最低营养需要的基本培养基上生长繁殖，这说明在大肠杆菌中存在着合成有机物的基因。如果其中的某个基因发生了突变，其相应的某种物质就不能合成，从而产生营养缺陷型。由于这种营养缺陷型不能在基本培养基上生长，因此突变很容易被发现，且大肠杆菌是单倍体，一旦发生任何突变就可以得到表现。对大肠杆菌营养缺陷型的检出方法很多，常用的有影印培养法和青霉素法。

（一）影印培养法

先将诱变处理的大肠杆菌接种在完全培养基上，这种培养基含有各种氨基酸和维生素，所以发生突变的营养缺陷型也能生长。然后用一个直径略小于培养皿并且有丝绒的木块作为“印章”式的接种工具，将完全培养基上生长的细菌分别接种到基本培养基和在基本培养基中补加了不同营养物质的补充培养基上。在接种时要注意标记方向，经培养后比较分析，凡能在完全培养基上生长，而不能在基本培养基上生长，但能在某一补充培养基上生长的菌落都是营养缺陷型，并且是属于补充培养基中所补加营养物质的缺陷型。图 8-2 中发生的就是甲硫氨酸的营养缺陷型突变。

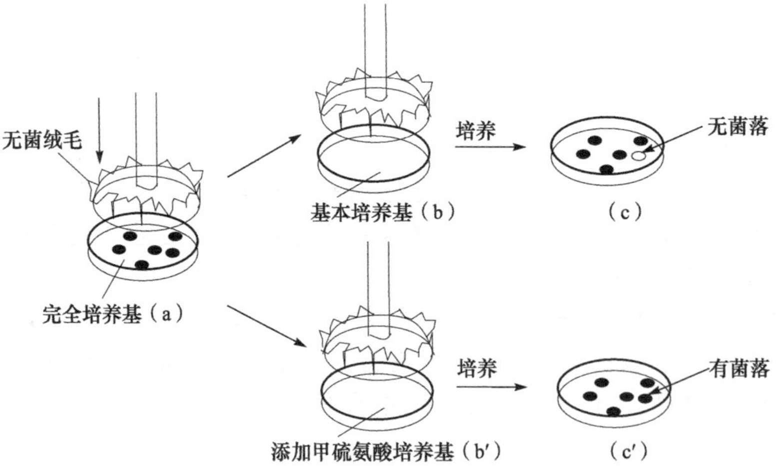

图 8-2　影印培养法示意图

（a）经诱变处理的细菌先培养在完全培养基上；（b）再影印培养在基本培养基上；（c）只有野生型菌株可以生长，营养缺陷型菌株不能生长；（b′）影印培养在添加了甲硫氨酸的基本培养基上；（c′）箭头所示菌落在基本培养基上不能生长，但在添加了甲硫氨酸的基本培养基上可以生长，说明该菌落是甲硫氨酸缺陷型菌株

（二）青霉素法

该法只适用于细菌，由于青霉素能抑制细菌细胞壁的生物合成，因此细菌对青霉素是

敏感的。但是只有处于生长增殖中需要合成细胞壁的细菌才对青霉素敏感，而处于休止状态的细菌则具有抗性。当将诱变处理后的细菌培养在含青霉素的基本培养基上时，野生型细菌因可生长繁殖，而被青霉素杀死；营养缺陷型突变体由于不能在基本培养基上生长而处于休止状态，结果不受青霉素的影响被保存下来。然后去除青霉素，并补加其他营养物质，使突变体生长形成菌落。再利用影印培养技术将它们分别接种在含不同营养物质的补充培养基上，就可以确定突变体为何种营养缺陷突变型。

二、真菌营养缺陷型突变体的筛选和鉴定

许多真菌与细菌一样，也能发生各种营养缺陷突变，并且在它们的生活周期中也都有单倍体时期，因此对真菌中发生的营养缺陷突变体也可采用与细菌相似的方法进行检测。以粗糙脉孢霉营养缺陷突变体的检出为例，先用 X 射线或紫外线照射野生型的分生孢子，让诱变的分生孢子与野生型分生孢子交配产生子囊孢子，并将其接种在完全培养基上培养。然后从完全培养基中取出一部分孢子接种在基本培养基上培养，若能正常生长则说明没有发生突变；若不能生长，则说明有突变发生，再将其分别接种在不同的补充培养基上。如果能在完全培养基上生长，不能在基本培养基上生长，但能在补加某种氨基酸的补充培养基上生长，则说明是该氨基酸的缺陷型。如果不能在基本培养基上生长，但能在含各种维生素的培养基上生长，说明是某种维生素的缺陷型。再将其接种在只含某一种维生素的不同补充培养基上培养，以鉴定是哪一种维生素的缺陷型（图 8-3）。

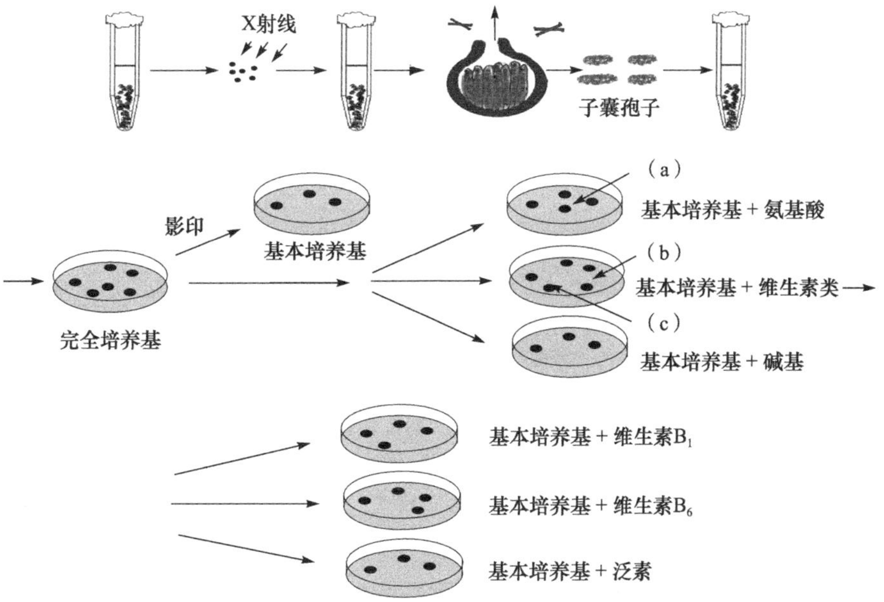

图 8-3 粗糙脉孢霉营养缺陷突变体的检出

（a）该菌落不能在基本培养基上，但能在添加了氨基酸的培养基上生长，说明是某种氨基酸的营养缺陷型；（b）该菌落不能在基本培养基上，但能在添加了维生素的培养基上生长，说明是某种维生素的营养缺陷型，进一步鉴定出是维生素 B_6 的营养缺陷型；（c）该菌落不能在基本培养基上，但能在添加了维生素的培养基上生长，说明是某种维生素的营养缺陷型，进一步鉴定出是维生素 B_1 的营养缺陷型

三、果蝇突变体的筛选和鉴定

（一）果蝇性染色体上突变的检出

在研究果蝇的诱发突变中，穆勒创造出了几种有效的技术来检查 X 染色体上的隐性突变，特别是致死突变，如 CIB 法、Muller-5 技术等，现在简单介绍 Muller-5 技术。

Muller-5 品系是人工创造的一个果蝇品系。它的 X 染色体上带有显性棒眼基因 *B*、隐性杏色眼基因 w^a 和一个倒位区段。这两个基因位于倒位区段内，在倒位区段内发生交换形成的重组子将不能存活。将经过诱变处理的雄蝇与 Muller-5 雌蝇交配，得到 F_1 代后，做单对交配，看 F_2 代的分离情况。待测定的 X 染色体上如果有致死突变，则 F_2 代中没有野生型雄蝇；如果有隐性的可见突变，则 F_2 代除 Muller-5 雄蝇外，还会出现具有可见突变的雄蝇，如果没有隐性致死突变，F_2 代将出现 1∶1∶1∶1 的表型比例（图 8-4）。

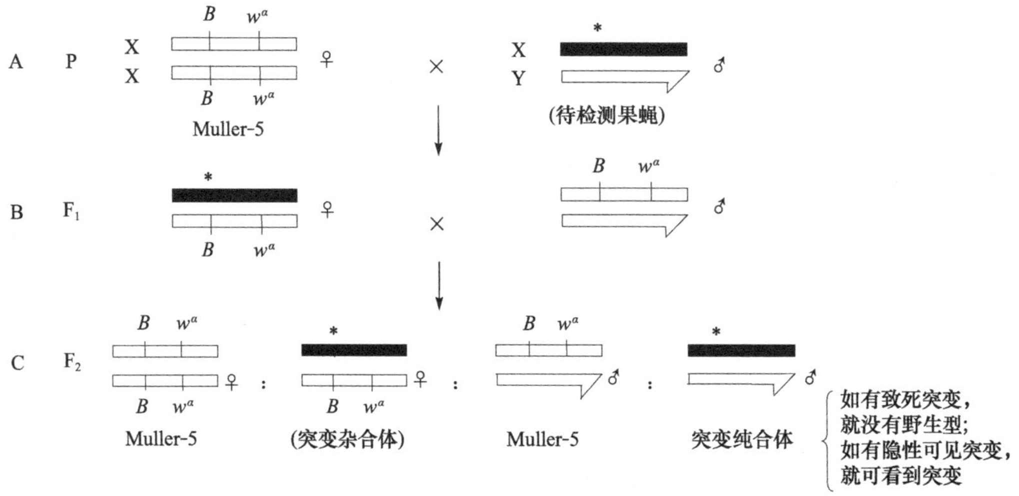

图 8-4 用 Muller-5 技术检出果蝇 X 隐性连锁致死突变和隐性可见突变（引自刘祖洞等，2013）

A. 野外采集的或经过诱变处理的野生型雄蝇（待检测的 X 染色体用黑线表示，突变用 * 表示），跟 Muller-5 雌蝇交配，这些雌蝇的 X 染色体是纯合的，带有显性棒眼基因（*B*）和隐性杏色眼基因（w^a），以及一些倒位区段，可以抑制 F_1 代杂合雌蝇的两条 X 染色体间的重组。B. F_1 代雌蝇与 F_1 代雄蝇做单对交配。每一只 F_1 代雌蝇携带一个待测定的 X 染色体。C. F_2 代中 4 种果蝇可以通过表型加以区分。如果待测定的 X 染色体上没有隐性致死突变，F_2 代将出现 1∶1∶1∶1 的表型比例。如果待测定的 X 染色体上带有隐性致死基因，那么 F_2 代中没有野生型雄蝇，雌蝇的数目为雄蝇的 2 倍。如果待测定的 X 染色体上有一隐性的可见突变，那么 F_2 代雄蝇中除了 Muller-5 品系，还可以看到突变体

（二）果蝇常染色体上突变的检出

果蝇常染色体上突变基因的检出可以利用平衡致死品系。有一果蝇平衡致死品系，其第 2 染色体的一条上带有显性基因 *Cy*（curly，翻翅），是隐性纯合致死的，同时还有一个大的倒位可以抑制整条第 2 染色体的重组；另一条上有显性基因 *S*（star，星状眼），也是纯合致死的。将该品系的雌蝇与待检测的雄蝇杂交，在 F_1 代中选择翻翅雄蝇与平衡致死的雌蝇进行单对交配，然后在 F_2 代中选择翻翅雌雄蝇互交获得 F_3 代（图 8-5）。

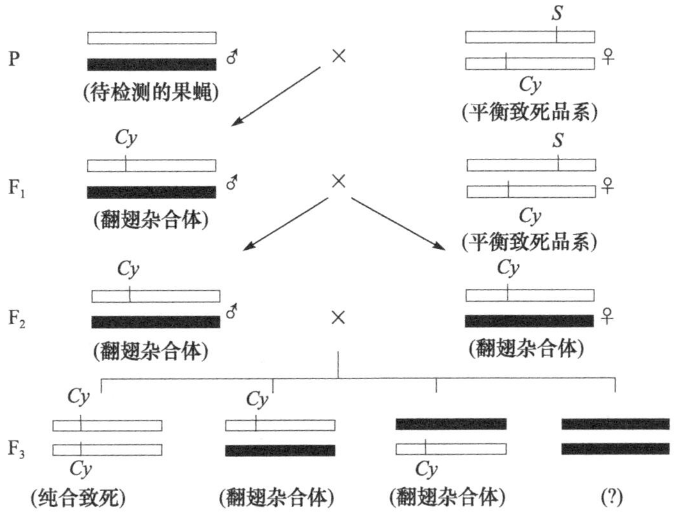

图 8-5　用平衡致死品系检出果蝇常染色体上的基因突变（引自刘祖洞等，2013）

在 F_1 代选择翻翅雄蝇（Cy/+），与平衡致死品系的雌蝇单对交配，得到很多 F_2 代，在 F_2 代中选择翻翅个体（Cy/+）进行相互杂交。这些个体都带有待检测的同一第 2 染色体，如果待检测的第 2 染色体上没有隐性致死基因，F_3 代将出现 1 野生型纯合体（+/+）: 2 翻翅杂合体（Cy/+）；如果待检测的第 2 染色体含有隐性致死突变，F_3 代中只有翻翅杂合体（Cy/+）

如果待检测雄蝇的第 2 染色体上不带有致死基因，在 F_3 代中应有 1/3 左右的野生型；若带有致死基因，则在 F_3 代中只有翻翅果蝇；若带有隐性可见突变基因，则在 F_3 代群体中除翻翅果蝇外，还有 1/3 左右的突变型。

四、植物突变体的筛选和鉴定

在植物中，当发现一种变异类型后，首先将它与原始亲本材料在相同环境条件下种植，以确定其是否为可遗传变异，然后再做进一步分析。植物突变体的检出方法因植物和突变性状的种类不同而有所不同。由于突变往往出现在一条染色体的某个基因座上，因此必须用种植单株后代的方法，才能逐渐分离出纯合的突变个体。

在被子植物中，最直接简便的突变体检出方法是利用直感现象检测种子性状的变异。例如，玉米籽粒胚乳为三倍体，它从母本的两个极核中接受了两套染色体，从父本的精核中接受了一套染色体。如果在精核的某染色体上发生了与胚乳某些性状有关的基因突变，则从玉米的籽粒中就能检出该突变体。例如，玉米籽粒的非甜质（*Su*）和甜质（*su*）性状，当籽粒成熟时，非甜质籽粒饱满，而甜质籽粒表现皱缩，二者很容易区别。如果以 *susu* 玉米作母本，以诱变处理的 *SuSu* 玉米为父本授粉，在母本果穗上若出现了甜质籽粒，就说明花粉中的 *Su* 基因突变为 *su*，从而检测出甜质突变体。同理，也可以检出 *su* 突变为 *Su* 的突变体。被子植物中其他表现种子直感现象的性状突变也能按此原理检出。

在禾谷类作物中，由于体细胞突变往往只发生在一个分蘖的幼芽或幼穗原基内，因此只会影响一个穗子或其中的少数籽粒。如果发生了隐性突变，还必须分穗、分株收获，按穗行、株行分别种植若干代，才能检出稳定的突变类型。以水稻隐性突变的检测为例，假定在水稻的某主茎穗中发生了隐性突变（$A \rightarrow a$），该主茎穗种植的 M_2 代（通常将诱变处理的种子长成的植株称为 M_1 代，M_1 代自交获得子代称为 M_2 代，依次类推）穗行中一般会出现约 1/4 的纯合突变体 *aa*，其他穗行正常。再将 M_2 代按穗行收获的各类单株分别按株行种成 M_3 代，其中有一行可能全部个体都为突变型，没有性状分离，这就是 M_2 代隐性突变体 *aa* 的后代（图 8-6）。如果株行中有 1/4 的突变体，说明其上一代为杂合体 *Aa*；如果株行中全部个体都正常，说明其上一代为纯合体 *AA*。

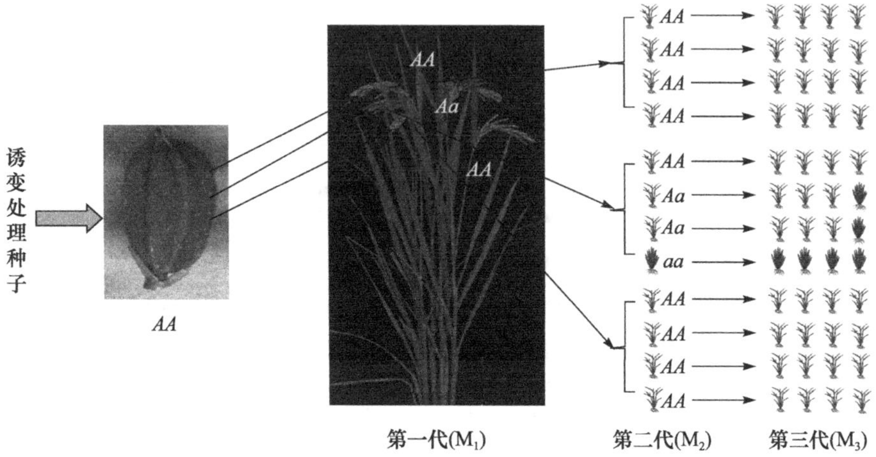

图 8-6　水稻诱发隐性突变后代遗传动态示意图

以上是传统遗传学的检测方法，随着分子遗传学的发展，许多分子生物学的手段已用于基因突变的检测，如检测 DNA 点突变的毛细管电泳技术、等位基因特异寡核苷酸杂交技术，以及用于大规模基因突变检测的 DNA 测序、DNA 芯片技术等，从而提高了检测的可靠性和效率。

第三节　基因突变的分子机制

一、突变的分子基础

基因突变通常只是基因碱基序列中个别或部分的碱基改变。基因突变不只是 DNA 编码序列中的核苷酸发生改变，在启动子区、剪接部位、内含子等位置上的核苷酸发生改变，同样也可能引起基因突变。DNA 碱基序列的改变方式包括以下几种。

（一）碱基替换

一个碱基被另一个碱基取代而造成的突变称为碱基替换（base substitution）。由此可产生 4 种不同的转换和 8 种不同的颠换。但自然界中的突变，转换多于颠换。

1. 种类

（1）转换　　嘌呤被嘌呤取代或者嘧啶被嘧啶取代的替换称为转换（transition），如 AG 间互换或 TC 间互换。

（2）颠换　　嘌呤被嘧啶取代或嘧啶被嘌呤取代的替代称为颠换（transversion），包括

AT间、AC间、GT间和GC间互换。

2. 碱基替换的效应

（1）同义突变（samesense mutation） 又叫沉默突变（silent mutation），指碱基置换后改变了mRNA上的密码子，但并未改变所编码的氨基酸。例如，DNA分子模板链中GCG的第三位G被A取代而成GCA，则mRNA中相应的密码子CGC就被转录为CGU，CGC和CGU都是精氨酸的密码子，翻译成的多肽链没有变化，这种突变称为同义突变。同义突变不易检出，据估计，自然界中这样的突变占相当高的比例。

（2）错义突变（missense mutation） 碱基置换后改变了mRNA上的遗传密码，所编码的氨基酸也发生改变，这种情况称为错义突变。例如，mRNA分子正常编码顺序为UAU（酪氨酸）GCC（丙氨酸）AAA（赖氨酸）UUG（亮氨酸）AAA（赖氨酸）CCA（脯氨酸），当第三个密码子中间的A颠换为C时，由AAA（赖氨酸）变为ACA（苏氨酸），则上述顺序改变为UAU（酪氨酸）GCC（丙氨酸）ACA（苏氨酸）UUG（亮氨酸）AAA（赖氨酸）CCA（脯氨酸）。错义突变将产生异常蛋白质和酶，一般会影响突变体的表型。例如，人的血红蛋白突变型已发现100多种。其中属于β链的有60多种。典型的镰状细胞贫血是第6个密码子中的一个碱基改变，使正常的谷氨酸变为缬氨酸导致的，可见只要有一个氨基酸发生替换，就可使血红蛋白的性质发生改变，从而引发溶血性贫血这样严重的疾病（表8-2）。

表8-2 正常和异常血红蛋白中氨基酸的改变与mRNA中碱基的替换

β链氨基酸顺序	1	2	3	4	5	6	7	8
正常的氨基酸	缬	组	亮	苏	脯	谷	谷	赖
正常的密码子	GUA	CAU	CUU	ACU	CCU	GAA	GAA	AAA
Hb A	缬	组	亮	苏	脯	谷	谷	赖
Hb S	缬	组	亮	苏	脯	GUA 缬	谷	赖
Hb Siriraj	缬	组	亮	苏	脯	谷	AAA 赖	赖
Hb Luhe	缬	组	亮	苏	脯	谷	谷	CAA 谷胺

如果氨基酸的改变并不影响蛋白质的功能，称为中性突变（neutral mutation）。例如，密码子AGG→AAG，导致Arg→Lys，但这两种氨基酸都是碱性氨基酸，性质十分相似，所以蛋白质的功能并不发生重大的改变。

（3）无义突变（nonsense mutation） 是指碱基置换使mRNA上的密码子改变成终止密码子（UAG、UAA、UGA），这时多肽链将提前终止合成。例如，模板链中ATG的G被T代替时，相应的mRNA上的密码子便从UAC变成UAA，翻译便到此终止，这样将产生一条不完整的多肽链，通常没有功能，因而无义突变通常产生较大的表型效应。

（二）移码突变

在正常的DNA分子中，碱基缺失或增加非3的倍数，将造成这位置之后的一系列编码发生移位，这种现象称为移码突变（frame-shift mutation）。举例说明如下。

模板链 3′CTT CTT CTT CTT CTT CTT 5′

mRNA 5′GAA GAA GAA GAA GAA GAA 3′

氨基酸顺序 glu glu glu glu glu glu

若在模板链 3′端起始处插入一个 C，则：

模板链　3′CCT TCT TCT TCT TCT TCT T 5′

mRNA　5′GGA AGA AGA AGA AGA AGA A 3′

氨基酸顺序　gly arg arg arg arg arg

这样就改变了之后所有氨基酸的组成，产生无功能的蛋白质，因此移码突变的结果将引起该段肽链的改变。而且肽链的合成也不在原来的位置终止，而在移码后新出现的终止密码子处终止，这会导致肽链的延长或缩短。如果在 DNA 分子中插入或缺失了 3 个碱基，或者是 3 的倍数，阅读框不变，蛋白质中多了或少了一个或几个氨基酸，最终产物常常是有活性的，或者有部分活性。

（三）缺失突变

如果缺少的 DNA 片段比较大（十几到上万个碱基），又叫缺失突变。缺失突变通常会严重影响基因的功能，甚至导致基因失活。

二、突变的防护机制

能改变 DNA 结构从而引起基因发生突变的因素有许多，但是作为遗传物质的 DNA 却常能保持稳定。这说明，生物对外界诱变因素的作用具有一定的防护能力，并能对诱发的 DNA 改变进行修复（repair）。这种机制对增强生物的遗传稳定性，维持生物与环境之间的协调具有重要的意义。突变的防护机制主要有以下几方面。

1）密码简并性。遗传密码的简并性可以使突变的概率降低到最小。例如，密码子中许多单个碱基的替换并不影响译出的氨基酸，如 CUA → UUA，仍然翻译成亮氨酸。此外，许多具有类似性质的氨基酸常有类似的密码子，即使发生氨基酸的代换，所产生的蛋白质仍然变化不大。

2）回复突变。某个座位遗传密码的回复突变可使突变型恢复成原来的野生型，尽管回复突变的频率比正突变频率低得多。

3）抑制因子突变。有基因间抑制（intergenic suppression）和基因内抑制（intragenic suppression）。前者是指控制翻译机制的抑制基因，通常是 tRNA 基因发生突变，而使原来的无义突变或移码突变恢复成野生型。后者是指突变基因另一座位上的突变掩盖了原来座位的突变（但未恢复原来的密码子顺序），从而使突变型恢复成野生型。

4）致死和选择。如果防护机制未起作用，一个突变可能是致死的。在这种情况下，含有此突变的细胞将被选择所消灭。

5）二倍体和多倍体。高等生物的二倍体或多倍体具有两套以上的染色体组，每个基因都有几份，故比单倍体和低等生物具有更强的保护作用。

三、基因突变的修复

（一）光修复

大部分生物的体内都存在一种光解酶（photolyase），能修复紫外线（UV）照射后产生的大量嘧啶二聚体。具体过程是：在暗处，光解酶能识别紫外线照射形成的嘧啶二聚体，并与之结合形成复合物；当照以可见光时，光解酶利用可见光提供的能量，使二聚体解开，然后酶从复合物中释放出来，DNA 恢复正常构型，修复完成（图 8-7）。因为光解酶需要借助光才能完成修复，所以这种修复被称为光修复（light repair）。光解酶已在许多生物体内发现，包括细菌、酵母菌、原生动物、藻类、真菌、蛙、鸟类、有袋类等。

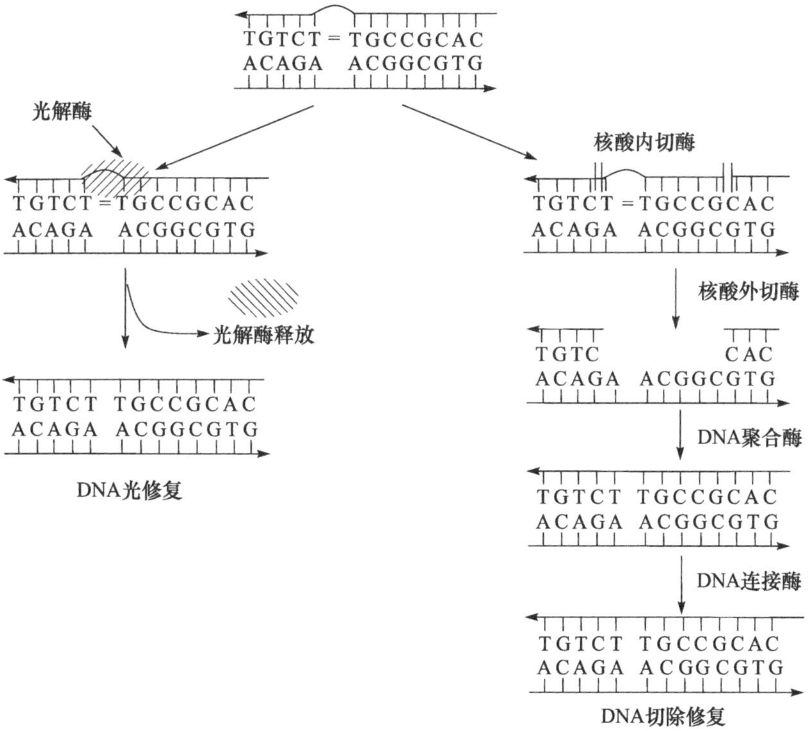

图 8-7　DNA 光修复及 DNA 切除修复（引自贺竹梅，2011）

（二）切除修复

切除修复是最复杂也是最普遍的基因修复，由于修复中光不起任何作用，因此又称为暗修复（dark repair）。这种修复不仅能除去嘧啶二聚体，还可以除去 DNA 上的其他损害。其修复过程不是简单地由一种酶来拆开二聚体，而是利用双链 DNA 中一段完整的互补链去恢复损伤链所丧失的信息，即把含有嘧啶二聚体的 DNA 片段切除，然后通过新的核苷酸链的再合成进行修补，故叫切除修复（excision repair）。修复的基本过程是：首先核酸内切酶识别被破坏的核苷酸并在损伤碱基两侧切开，然后由核酸外切酶切除损伤片段，最后在 DNA 聚合酶的作用下，以未受伤的互补 DNA 链为模板，合成新的 DNA 片段，再用 DNA 连接酶封闭缺口，DNA 恢复到初始的结构（图 8-7）。

（三）重组修复

重组修复的作用是使受到损伤的 DNA 分子，在没有互补链提供信息，原本不能复制出完整子代 DNA 分子的情况下，经过重组进行修复。由于许多参与修复的酶与重组相同，过程也与重组相似，故称为重组修复（recombination repair）。重组修复必须在 DNA 复制后进

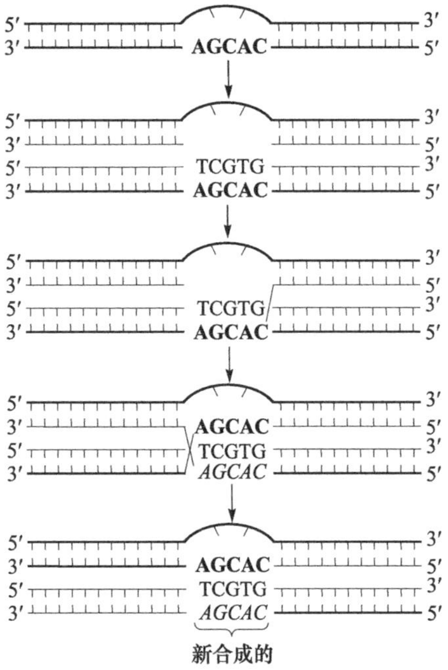

图 8-8　重组修复模式图

行，因此又称为复制后修复。其基本过程是：① 双链 DNA 分子中，如果有一条单链受到损伤，复制时受损伤部位的模板功能丧失，则新合成的子链会在相应位点留下空缺。② 另一条没有受到损伤的单链模板正常，正常进行复制。③ 留下空缺的子链与已正常复制的 DNA 分子上的同源片段发生重组，填补其空缺，经过连接产生完整的 DNA 分子。④ 重组后，正常复制的 DNA 分子上留下新缺口，通过以其互补链为模板来重新合成进行修复（图 8-8）。

从上述过程可看出，重组修复并没有从亲代 DNA 上除去二聚体。当第二次复制时，留在母链中的二聚体仍使复制不能正常进行，复制经过损伤的部位时所产生的缺口，仍通过上述的重组修复过程来弥补。随着复制的继续，若干代以后虽然二聚体始终没有除去，但损伤的 DNA 链逐渐被“稀释”，最后无损于正常的生理过程，损伤也就得到了修复。

修复过程是生物体内普遍存在的，是正常的生理过程。生物的遗传信息是通过复制传递给子代的，多细胞生物一般要经历多次复制，在这些复制过程中难免会有异常碱基的掺入，若无修复过程，则生物难以保持其物种的遗传稳定性。

第四节　基因突变的诱发

在自然条件下，各种生物的基因突变率是比较低的，基因的这种相对稳定性对生物本身的稳定十分重要，但对育种工作来说却是获得大量变异的一个障碍。而通过人工方法诱变则可以大大提高基因突变率，诱变方法大致可以分为两大类：物理诱变和化学诱变。

一、物理诱变

在穆勒用 X 射线进行诱发变异的研究后，人们相继发现紫外线、γ 射线、α 射线、β 射线、中子、超声波和激光等多种物理因素都有诱变作用，这些能够诱发基因突变的物理因素称为物理诱变剂。常用的物理诱变剂包括电离辐射和非电离辐射。

（一）电离辐射诱变

电离辐射包括 α 射线、β 射线和中子等粒子辐射，还包括 γ 射线和 X 射线等电磁辐射。在这几种射线中，最早用于诱发变异的是 X 射线，随后主要是用 γ 射线。

为什么电离辐射能使基因发生突变呢？因为它能直接或间接地使构成基因的化学物质发生电离，并通过电离化使 DNA 分子发生化学变化，转而使 DNA 在复制时发生异常，造成复制错误。其结果，轻则造成分子结构的改组，重则造成染色体的断裂，引起染色体畸变。所以在电离辐射作用下，基因突变和染色体畸变常常是交织在一起的。

电离辐射诱变的特点主要有以下两点。

1）电离辐射诱发基因突变的频率与辐射剂量成正比。用2000R[①]的X射线处理果蝇精子，大约产生6%的X隐性连锁致死突变，而剂量为4000R时，频率增至12%。在相当大的一个剂量范围内存在着线性关系，但超过一定范围，频率有些降低，这可能是因为在一个染色体上诱发了一个以上的致死突变。

2）辐射效应是累积的，与受照射的方式无关。若总剂量一定，低强度长期照射与高强度短期照射，诱发的突变率一样；连续照射与间歇数小时的分次照射，效应也一样。所以，我们应尽量避免与照射源的不必要接触。

（二）非电离辐射诱变

主要是指紫外线（ultra violet，UV）。紫外线的波长只比可见光略短，其能量不足以使原子电离，只能产生激发作用。用紫外线诱变主要是引起DNA分子的变化，它的最有效诱变波长是260nm，这正是DNA分子的最大吸收波长。DNA强烈地吸收紫外线后，使同一链上邻近的嘧啶核苷酸之间共价联合，形成嘧啶二聚体，从而影响DNA分子的复制。例如，在正常情况下胸腺嘧啶应与腺嘌呤配对，当存在胸腺嘧啶二聚体时，腺嘌呤就不能正常地掺入，结果使复制在这一点上突然停止或错误地进行，从而产生突变。由于紫外线能量较低，穿透力较弱，因此一般只用于微生物或以高等生物配子为材料的诱变工作。

二、化学诱变

化学诱变的发现开拓了人工诱变的新途径。最早知道的是秋水仙素可以诱发多倍体，1943年发现芥子气也可以诱发基因突变，后又发现其可引起染色体断裂。化学诱变的特点是损伤小，诱变率较低，但有利突变较多。一般来说，物理诱变作用是随机的，不具有特异性，但某些化学诱变剂具有一定程度的碱基特异性。目前已经发现的化学诱变剂种类繁多，根据它们的化学结构大致可分为以下几类。

（一）碱基修饰物

碱基修饰物（base modifier）也称碱基修饰剂，它直接修饰碱基化学结构，改变其配对特性，引起DNA损伤和复制错误。属于这类诱变剂的有烷化剂类、亚硝酸和羟胺等，它们不需要掺入DNA分子中就可以诱发损伤和突变。

常见的烷化剂类如甲基磺酸乙酯（EMS）、硫酸二乙酯（DES）、乙烯亚胺（EI）等。它们的作用是使碱基烷基化，导致其发生碱基错配。例如，EMS容易使G的第6位烷化，复制时与T配对，导致GC对转化成AT对。

亚硝酸具有氧化脱氨作用，可使胞嘧啶（C）脱去氨基成为尿嘧啶（U），如果没有得到修复，U可与A配对，在下一次DNA复制时，A又正常地与T配对，这样就将GC对替换成了AT对。亚硝酸还可使腺嘌呤（A）脱氨成为次黄嘌呤（H），与胞嘧啶（C）配对，在

① 1R（伦琴）$=2.58\times10^{-4}$C/kg

下一次 DNA 复制时，C 又正常地与 G 配对，这样就使 AT 对在第二次复制时转变为 GC 对（图 8-9）。亚硝酸也可使鸟嘌呤（G）脱氨成为黄嘌呤，但黄嘌呤仍可与 C 配对，因此鸟嘌呤脱氨没有诱变作用。

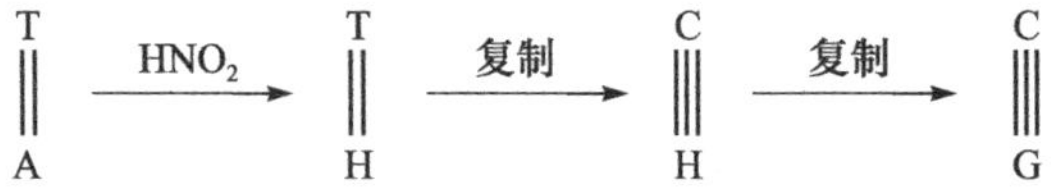

图 8-9 亚硝酸引起的碱基颠换

羟胺（NH_2OH）可特异地使胞嘧啶 C_6 位置上的氨基氮羟基化，羟基化胞嘧啶的配对特性改变，与 A 配对，因此羟胺具有更强的特异性，是一种非常方便的诱变剂。

（二）碱基类似物

碱基类似物（base analog）是指与 DNA 分子碱基结构相似，在 DNA 复制过程中可代替正常碱基掺入 DNA 分子中的化合物，如 5-溴尿嘧啶（Bu）、5-溴脱氧尿核苷（BudR）、2-氨基嘌呤（Ap）等。前两者是胸腺嘧啶（T）的类似物，后者是腺嘌呤（A）的类似物。其作用机制是它们的分子结构与基因分子的碱基相似，在不妨碍基因复制的情况下可作为基因的组成成分掺入基因分子。又由于与碱基不同，它们会在复制时发生偶然配对上的差错，从而导致基因突变。

例如，5-溴尿嘧啶（5-bromouracil，BU）是一种碱基类似物，与胸腺嘧啶（T）非常相似，仅在第 5 位碳原子上用溴（Br）取代了甲基。5-BU 有酮式（BU_k）和烯醇式（BU_e）两种异构体，可分别与 A 和 G 配对结合，并能从一种异构体转变成另一种异构体。5-BU 主要诱导 AT 转变成 GC（图 8-10）。

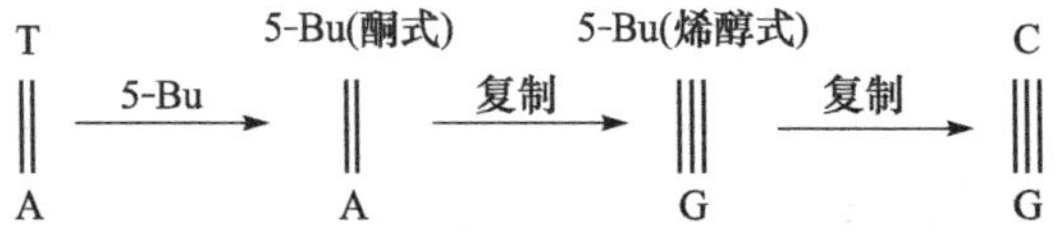

图 8-10 5-溴尿嘧啶引起的碱基转换

（三）DNA 插入剂

有些化合物分子可插入 DNA 链碱基之间，称为 DNA 插入剂（intercalating agent）。主要是吖啶类染料，包括吖啶橙、原黄素、吖啶黄素等。插入剂在 DNA 复制时如果插入模板链碱基之间，则新合成的单链对应位置上将随机插入一个碱基；插入剂如果取代一个碱基插入新合成的单链中，在下一轮复制前该插入剂又丢失了的话，则新合成的单链将缺失一个碱基。因此，DNA 插入剂可以导致 DNA 复制过程产生移码突变。

化学诱变剂的应用不但可以大大提高突变率，而且操作方便。只要把化学诱变剂添加到培养基中直接用于培养孢子和细菌，或配制成溶液浸渍种子幼芽和休眠的插条即可。

第五节 转座遗传因子

所谓转座（transposition），就是遗传因子从基因组的一个位置跳跃到另一个位置的现象。细胞中能改变自身位置的一段DNA序列叫作转座遗传因子，简称转座因子（transposable element）。20世纪40～50年代，美国遗传学家麦克林托克（B. McClintock）通过对玉米花斑糊粉层和植株色素形成的遗传情况进行研究，首次提出了在基因组的不同区域内存在可移动遗传因子（mobile genetic element）。但由于受基因固定排列于染色体的传统观念束缚，加之分析手段的限制，这一划时代的发现当时没有被科学界所接受。直到20世纪70年代，首次在大肠杆菌半乳糖操纵子的突变型研究中，发现了可转移座位的插入序列（insertion sequence，IS），麦克林托克的发现才被重视。此后，各种类型的可移动遗传因子相继在许多生物中被发现。

一、原核生物中的转座因子

原核生物中的转座因子是存在于染色体DNA上可自主复制和转座的基本单位，根据分子结构和遗传性质可将其分为插入序列（IS）和复合转座子（composite transposon）。

（一）IS

IS是最简单的转座因子，是不含任何宿主基因的可转座的DNA序列。它们是细菌染色体或质粒DNA的正常组成部分，是可以自主转座的单元。IS也可以作为其他转座因子的组成部分。表8-3列出了部分常见的IS及其特征。不同IS的DNA片段大小不同，目前已知的IS的长度在700～5700bp。其两端是短的反向重复序列（inverted repeat，IR），核苷酸序列相同或近乎相同，但方向相反，长度为几个到几十个碱基对，该序列对IS的转座是必需的。此外，绝大多数IS内部编码一个转座酶（transposase），可结合到IS的末端并切割DNA，该酶也是转座所必需的。

表8-3 部分常见IS的结构特征比较

IS	长度/bp	两端倒置重复区/bp	靶位点正向重复区/bp	靶位点
S1	768	23	9	随机
IS2	1327	41	5	有热点
IS4	1428	18	11～13	$AAAN_{20}TTT$
IS5	1195	16	4	有热点
IS10R	1329	22	9	NGCTNAGCN
IS50R	1531	9	9	有热点
IS903	1057	18	9	随机

转座时，首先由转座酶交错切开宿主DNA上的靶位点，然后插入IS，IS与宿主两个突出的单链末端相连，余下的缺口由DNA聚合酶和DNA连接酶填补，这样在IS的两端形成短的正向重复序列（direct repeat，DR）（图8-11）。正向重复序列的长度因不同的IS而异，其典型长度介于4～12bp。IS还可以从插入位点再切除，如果精确切除，可使IS诱发的突变回复为野生型；不精确切除可使插入位置附近的宿主基因发生缺失。IS转座比较罕见，一般情况下，转座频率为每代10^{-7}～10^{-6}，回复频率为每代10^{-10}～10^{-6}。

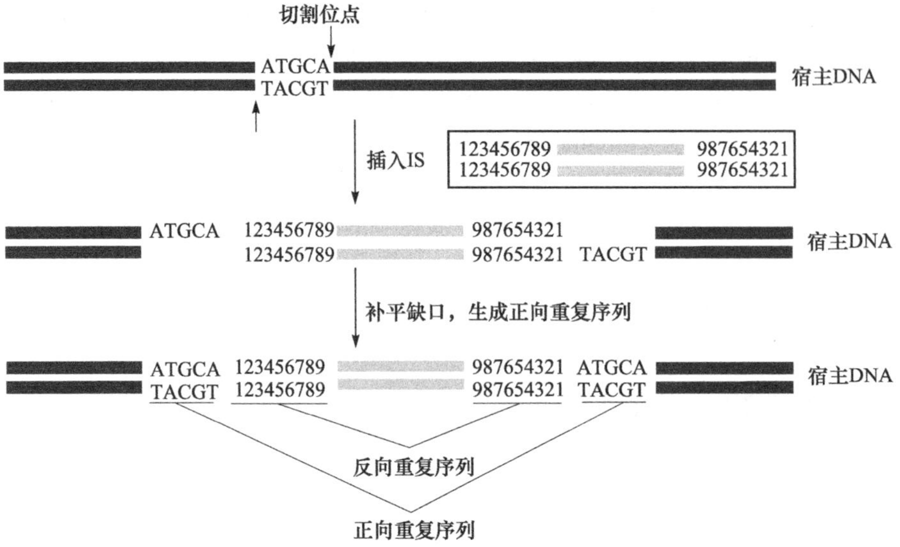

图 8-11 DNA 转座的一般模式

（二）复合转座子

复合转座子除了含有与转座有关的基因外，还带有抗药基因及其他基因，如乳糖发酵基因等，因此，复合转座子的转座能使宿主细胞获得有关基因的特性。例如，复合转座子的抗药基因可随复合转座子的转座在基因组中快速传播，这是自然界中细菌产生抗药性的重要原因。

复合转座子的大小一般在 2000～25 000bp，其两翼往往是两个相同或高度同源的 IS，这表明 IS 插入某个功能基因两端时就可能产生复合转座子（图 8-12）。位于两端的 IS 可以是正向重复，也可以是反向重复；可以作为复合转座子的一部分随同转座，也可以单独转座。复合转座子的转座过程和 IS 相同，插入靶序列后，也造成靶序列的正向重复序列。多数情况下，复合转座子的转座能力是由 IS 决定和调节的。

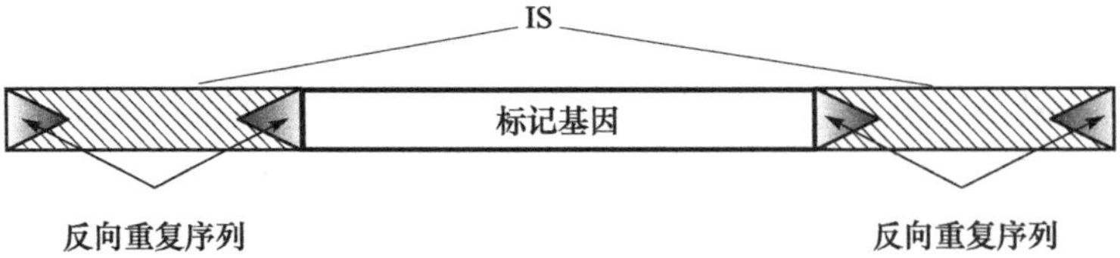

图 8-12 复合转座子的结构

二、转座因子的转座机制

不同转座因子的转座机制不完全相同，一般可以分为复制型转座（replicative transposition）和非复制型转座（non-replicative transposition）两种。

（一）复制型转座

转座因子先复制一份拷贝，然后将拷贝转座到新的位置，在原先的位置上仍然保留原来的转座因子，相当于复制再粘贴。这种类型的转座涉及两种酶：一是转座酶，它作用于原来转座子的末端；二是解离酶，它作用于复制的拷贝上。复制转座可以增加基因组中转座因子的拷贝数，从而使人们意识到，基因组的大小或基因数目的多少并不是一成不变的。

（二）非复制型转座

又叫剪切-粘贴转座（cut-and-paste transposition），这类转座因子作为一个物理的整体直接从一个位点转座到另一个新的位点。这种转座只需要转座酶的作用，并且不能增加基因组中转座因子的拷贝数。

三、真核生物中的转座因子

转座因子不仅存在于原核细胞（如大肠杆菌）和低等真核细胞（如酵母）中，也同样存在于高等真核生物中。大量研究证实，几乎所有高等生物基因组中都存在类似转座因子的序列。例如，玉米和果蝇中就发现了多个在基因组内随机分布而且能重复移动的转座因子。

（一）玉米的激活-解离系统

早在 20 世纪初，遗传学家就已发现玉米中存在决定体细胞变异的控制因子（事实上就是转座因子）。1940～1950 年，麦克林托克在美国康奈尔大学和冷泉港实验室发现了玉米的激活-解离系统，打破了孟德尔关于基因固定排列于染色体上的概念，并使她在 1983 年获得了诺贝尔生理学或医学奖。

1. *Ac-Ds* 系统

激活-解离系统（*Ac-Ds* 系统，activator-dissociator system）是在玉米中已研究得较清楚的一个控制因子，它通过非复制型机制进行转座。在这个体系中，自主转座因子 *Ac* 长 4563bp，转录生成单一 RNA，其成熟 mRNA 长 3500bp，并含有一个长 807 个密码子的开放读码框，被 4 个内含子分隔成 5 个外显子，可能编码与转座有关的转座酶。*Ac* 转座因子的两翼有 11bp 的反向重复序列，和 IS 一样插入靶 DNA 位点后可形成两个短的正向重复序列。*Ac* 能够自主转座，并造成不稳定的基因突变，但不使染色体断裂（图 8-13）。

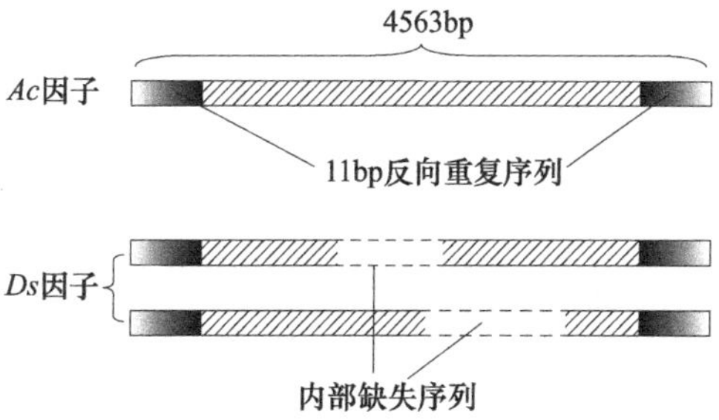

图 8-13 *Ac* 因子和 *Ds* 因子的结构示意图

Ds 因子属于非自主因子（nonautonomous element），又称解离因子，与 *Ac* 属于同一家族的控制因子。已知所有 *Ds* 都是 *Ac* 转座因子的缺失突变体，长 0.4～4kb，与 *Ac* 有同源序列，但缺少了转座酶的部分编码序列，因而不能自主移动。*Ds* 的两端也都有 11bp 的反向重复序列，当 *Ac* 因子存在时，能活化 *Ds*，帮助其在基因组内转座，导致基因失活或改变结构基因的表达水平，也可使染色体在特定部位断裂，引起缺失或重组。

2. *Ac-Ds* 系统控制玉米籽粒颜色

玉米糊粉层的颜色与第 9 染色体上的三对基因有关。C^I 基因是显性抑制基因，抑制糊粉层颜色的发生，只有一对隐性的 *CC* 才能促进糊粉层颜色的发生。这时，如果有显性基因 *Bz*，糊粉层发育为紫色，如果是一对隐性的 *bzbz*，糊粉层发育为褐色。最后一个基因是 *Ds*，这是染色体发生断裂的位点。

麦克林托克将基因型为 *CCbzbz*_ _ 的玉米母本，与 $C^IC^IBzBzDsDs$ 父本进行杂交，得到 F_1 代。发现大部分 $C^ICCBzbzbzDs$_ _ 的胚乳由于有 C^I 基因的作用，籽粒糊粉层发育为无色，但有一些籽粒却在无色背景上出现了褐色斑点或条纹。她推断这些褐色斑点的产生是由于在 *Ac* 因子存在时，染色体在 *Ds* 基因处发生了断裂，从而丢失了 C^I 和 *Bz* 基因，使三倍体细胞的基因型变为 _*CC*_*bzbz*，因而发育为褐色（图 8-14）。褐色斑点的大小则取决于这一断裂发生的时期，如果断裂发生在胚乳发育的早期，则变异细胞的所有子细胞都有缺失，褐色斑点的面积就会较大，反之则小。

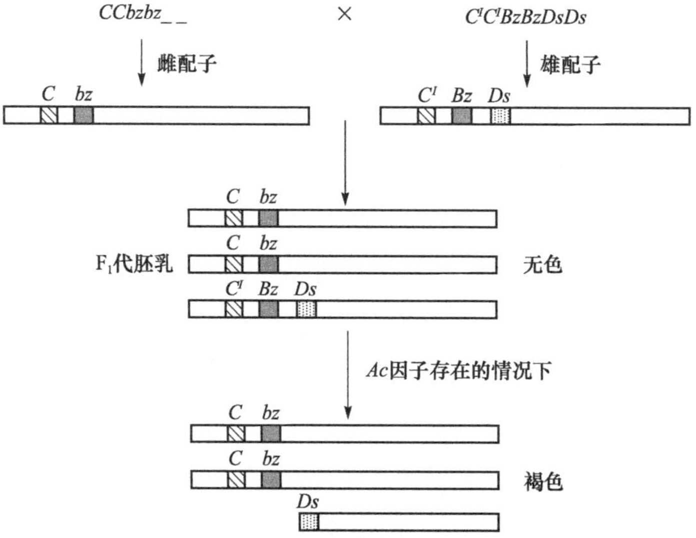

图 8-14　玉米籽粒颜色的遗传

有一特殊的玉米品系，基因型为 *CCCBzbzbzDs*_ _，其 *Ds* 插入 *Bz* 基因的内部（在 *Ac* 因子存在的情况下），造成了该基因的插入失活，由于这一突变发生在配子时期，因此籽粒发育成全褐色。但是，在一些褐色籽粒上出现了紫色斑点，其原因是插入 *Bz* 基因内部的 *Ds* 基因发生了精确解离（在 *Ac* 因子存在的情况下），脱离出来后造成了 *Bz* 基因的回复突变，其子代细胞就发育成了紫色（图 8-15）。

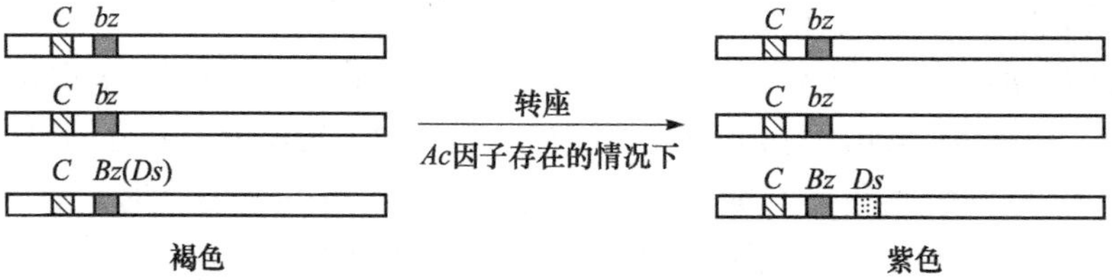

图 8-15　玉米籽粒颜色突变型品系的回复突变

（二）果蝇的 *P* 因子

20 世纪 70 年代，遗传学家发现黑腹果蝇中一些不同品系的杂交后代出现了异常现象，如频繁突变、染色体断裂，更重要的是不育，这种现象统称为杂种不育（hybrid dysgenesis）。根据杂交后是否产生不育后代，遗传学家把果蝇分为 P 品系和 M 品系，杂交实验显示只有 M 品系的雌蝇与 P 品系的雄蝇杂交才会得到杂种不育的后代，其他杂交组合得到的后代都是正常的。深入研究发现，这与一个具有转座活性的转座因子——*P* 因子有关。

果蝇的 *P* 因子有两种类型，一类是完整 *P* 因子，长 2907bp，两端有 31bp 的反向重复序列（IR），由 4 个外显子（0、1、2、3）和 3 个内含子组成，编码转座酶。另一类是不完整 *P* 因子，是完整 *P* 因子的中段缺失型衍生物，其内部的转座酶编码基因含有大段缺失，不具有编码功能，但保留了末端的反向重复序列，依赖于完整 *P* 因子才能转座移动。带有 *P* 因子的果蝇就是 P 品系，不带 *P* 因子的果蝇是 M 品系。

果蝇 P 品系的基因组有 30～50 份 *P* 因子拷贝，其中约 1/3 是完整 *P* 因子。完整 *P* 因子的 4 个外显子编码转座酶，但只在生殖系细胞中进行完整的 RNA 剪接，生成有活性的转座酶，相对分子质量为 87×10^3。在体细胞中，存在与外显子 3 特异性结合的蛋白质，导致 RNA 剪接不完整，最后一个内含子未除去，造成了移码突变，终止密码子提前，因而只有前面 3 个外显子编码产生一个相对分子质量只有 66×10^3 的转座酶，不具有生物学活性，成为 *P* 因子在体细胞中转座的抑制因子或称阻遏蛋白（图 8-16）。

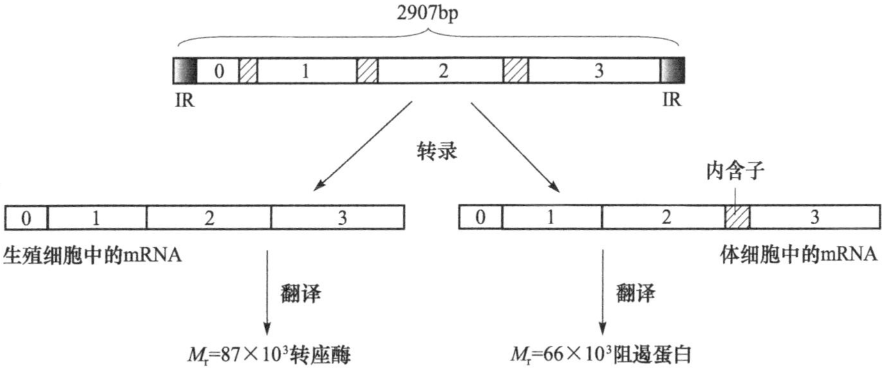

图 8-16　*P* 因子的 mRNA 加工方式

研究发现，果蝇的 *P* 因子转座与细胞质因子有关。M 品系的雌蝇与 P 品系的雄蝇杂交，F_1 代出现杂种不育的原因是 M 品系雌蝇的细胞质中缺失 66×10^3 的转座阻遏蛋白（雌蝇中无 *P* 因子），因此 P 品系雄蝇细胞核染色体上的 *P* 因子在发育的生殖细胞中可自由转座，使染色体出现断裂和重排，导致大量生殖细胞无法发育成熟，因此出现不育性状。而在 P 品系相互杂交和 P 品系的雌蝇与 M 品系雄蝇的杂交组合中，由母本提供的细胞质中有 66×10^3 的转座阻遏蛋白，能抑制 *P* 因子的转座，故后代可育。可见，果蝇的杂种不育现象与基因组中的 *P* 因子和细胞质中的阻遏蛋白均有关。

转座对基因组的影响要比单个的基因突变或移码突变严重得多，转座往往给基因组带来明显的有害变异，甚至大段染色体的重排，因此转座因子不容易通过自然选择留下来。但遗传学家发现 1950 年前在野外捕获的果蝇几乎不携带 *P* 因子，近 20 年来捕到的几乎都携带。*P* 因子能够成功入侵果蝇基因组与其只在生殖细胞中转座并受到细胞质的作用有关，这保证了 P 品系的存活力。同时杂种不育现象能有效地将相互杂交的群体逐渐地隔离开来，并在生殖细胞中引入新的突变，因而可能在物种形成中有重要作用。

四、转座的遗传学效应

转座往往引起基因表达的改变，现已证明果蝇的自发突变中，一半以上是由转座因子插入基因之中或插入某一邻近基因造成的。转座带来的遗传效应非常广泛，概括起来主要有以下几个方面。

1）引起插入突变。转座因子如果插入基因的编码区会导致读框移位，翻译提前终止或延长等，造成基因功能的破坏。但偶尔也可由于插入而激活有关基因的转录，因为复合转座子也可能带有它自身 DNA 转录所必需的启动子顺序。如果插入调控区会导致邻近基因的表达异常，从而引起癌变或发育的畸变等。各种 IS 和复合转座子都可以引起插入突变。

2）产生新的基因。如果转座因子上带有抗药性基因，如复合转座子上带有抗性基因，它一方面造成靶 DNA 序列的插入突变，另一方面也使这个位点出现一个新的抗药性基因。

3）诱导染色体畸变。当复制性转座发生在宿主 DNA 原有位点附近时，往往导致转座因子两个拷贝之间的同源重组，引起 DNA 缺失、重复、倒位等畸变。若同源重组发生在两个正向重复转座区之间，可导致宿主染色体 DNA 缺失、重复；若重组发生在两个反向重复转座区之间，则引起染色体 DNA 倒位（图 8-17）。

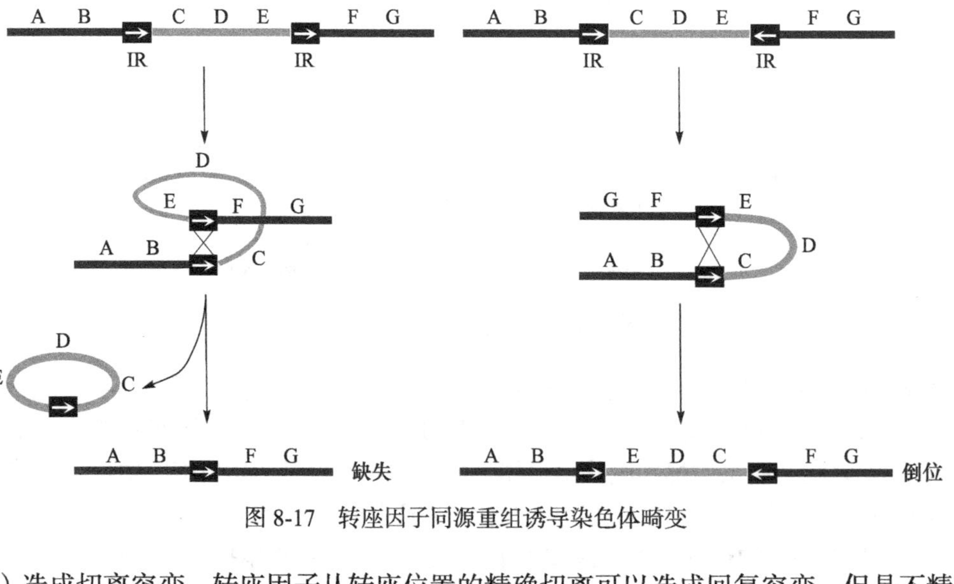

图 8-17　转座因子同源重组诱导染色体畸变

4）造成切离突变。转座因子从转座位置的精确切离可以造成回复突变，但是不精确切离会带走基因组中部分原有序列从而造成不同程度的基因突变。

总之，由于转座因子可以携带其他基因，包括自身的基因甚至宿主染色体上的基因进行转座，可能产生具有新的生物学功能的基因和新的蛋白质分子。同时通过转座可形成大片段插入，双转座因子可引起缺失、重复、倒位等均会造成基因组新的变异，这些变异提供了进化的变异素材，促进染色体的重排。利用自然选择淘汰不利变异，选择有利变异，保留中性变异，对生物的进化有重要意义。

阅读资料：作物空间诱变育种

空间诱变育种，也称太空育种、航天育种，是将作物种子或诱变材料搭乘返回式卫星或高空气球送到太空，利用太空特殊的环境诱变作用，使种子产生变异，再返回地面培育作物新品种的育种新技术。

空间诱变育种主要是利用太空特殊的环境因素，如宇宙粒子、微重力、弱地磁、高真空等综合因素对植物的诱变作用，使种子产生变异，再返回地面，通过严格的地面选育，获得优良农作物新品种的过程。研究认为，在外层空间复杂的综合因素中，各种高能粒子辐射是农作物产生生理诱变效应最直接且主要的因素，它可使种子的发芽率、增长潜力、形态、同工酶与抗氧化酶活性、染色体及光合色素和叶绿体超微结构等多方面发生变异。此外，微重力也有一定程度的影响，可使作物在生理、形态、向地性等方面发生变化。

利用太空环境研究植物生长发育和遗传变异的工作始于 20 世纪 60 年代，首先由苏联开始，美国等紧随其后。其主要研究目的和内容是通过在空间站搭载多种农作物种子，研究其遗传变异和生长发育规律，并在国际空间站进行生命科学和生物技术研究。20 世纪 80 年代中期，美国曾将飞船搭载的番茄种子，在返回地面进行人工选育后，育成了无毒并可食用的番茄，这是人类历史上首例真正的太空育种。

我国自 1987 年开始进行空间诱变育种研究，正式开辟了空间诱变育种新途径，并取得了极为丰硕的成果。我国空间诱变育种的研究、技术和产业化成果，无论深度和广度，均居世界领先水平。先后应用于空间诱变育种的有多种农作物，包括粮食作物、油料作物，以及蔬菜、花卉、草、树等经济作物，如水稻、小麦、玉米、大豆、油菜、棉花、花生、芝麻、番茄、青椒、苜蓿等。目前已培育了几千种优质、高产、抗病、抗逆的新品种。据不完全统计，“十一五”期间，全国航天工程培育的作物新品种累计示范应用面积超过 267 万 hm^2，增产粮棉油 12 亿 kg，创造社会经济效益 19 亿元。

空间诱变育种的最大优势是缩短了品种选育时间，大约是传统育种方式所需时间的 1/10，甚至更短。另外，空间诱变育种也是一种安全的育种方式，它利用了宇宙空间诸多特有条件，从而使作物种子自身染色体发生变异。由于没有导入外来基因，因此不会产生不良物质，也不存在安全问题，人们可以放心食用。当然，空间诱变育种也存在诸多问题，首先是没能阐明其综合诱变机制，其理论研究明显滞后于应用研究，还不能做到较为明确可控的定向育种；其次是研究成本太高，须经过飞船上天；最后还存在过度炒作“太空”概念、有非法推广和违规操作等问题。

空间诱变育种是集航天技术、农业技术、生物技术于一体的、跨学科的系统创新工程。未来应该加强空间诱变育种机制的深层次研究，阐明其作用机制，同时尽快开发出成熟可行的地面“空间模拟”育种技术，以降低太空种子成本，为其大面积推广奠定基础。

第 8 章
习题答案

习题

1. 名词解释：

基因突变、突变体、突变率、回复突变、碱基替换、移码突变、同义突变、错义突变、无义突变、光修复、切除修复、转座。

2. 进行 Muller-5 测验时，待检验的雄蝇与 Muller-5 雌蝇交配得到 F_1 代后，一定要做单对交配，观察 F_2 代的分离情况。为什么一定要做单对交配？

3. 简述基因突变的一般特点。

4. 为什么基因突变大多数是有害的？

5. 在鸽子中，有一伴性的复等位基因系列，包括 B^A= 灰红色；B= 野生型（蓝）；b= 巧克力色。显性可以认为是完全的，次序从左到右，我们已经知道鸟类的性别决定是：♂ ZZ，♀ ZW。基因型 B^Ab 的雄鸽是灰红色的，可是有时在它们的某些羽毛上出现巧克力斑点。请对这现象做出两个说明，一个从染色体方面，一个从基因方面。

6. 在一牛群中，外貌正常的双亲产生了一头矮生的雄犊。这种矮生究竟是突变的直接结果，是隐性矮生基因的“携带者”的偶尔交配后发生的分离，还是非遗传（环境）的影响？你怎样确定？

7. 一只野生型的雄果蝇与一只白眼基因是纯合的雌果蝇杂交，子代中发现有一只雌果蝇具有白眼表型，你怎样确定这个结果是由一个点突变引起的，还是由缺失造成的？

8. 用 4000R 的 X 射线照射，使处理过的果蝇配子中有 12% 发生了性连锁隐性致死突变。假定在没有照射过的果蝇配子中，几乎没有可检出的突变发生，又假定突变率与剂量之间有严格的线性关系，请问：用下列剂量进行照射时，预期发生的致死突变率各为多少？

① 1000R；② 2000R；③ 5000R；④ 6000R。

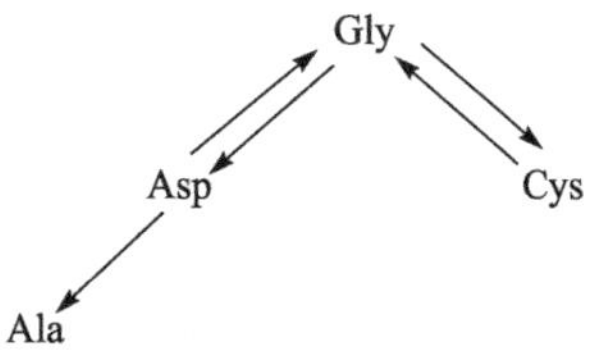

9. 在大肠杆菌的色氨酸合成酶的蛋白质 A 的某一位点（位置 223）上观察到氨基酸的替换（见左图）：

问：

（1）假定每个氨基酸的替换只是由一个核苷酸的改变引起的。利用遗传密码子表，指出什么密码子适合这系列的变化？

（2）你预期哪两个突变结合能重组形成野生型（Gly）？

（3）哪两个突变结合不能重组形成野生型？

（4）上述氨基酸的改变中，哪一个表示碱基转换？哪一个是碱基颠换？

10. 简述插入序列和复合转座子之间的异同。

11. 试述复制型转座与非复制型转座的基本差别。

12. 试述 *Ac* 因子和 *Ds* 因子的差异。你认为 *Ds* 因子和 *Ac* 因子哪一个先进化？

13. 在果蝇中，为什么♂P×♀M 不育，而 P×P 和♂M×♀P 可育？在果蝇的体细胞中不产生有活性的 *P* 因子转座酶，这对果蝇来说有何适应意义？

14. 转座能带来哪些遗传学效应？

第9章 微生物遗传

本章知识主线：本章围绕微生物噬菌体和细菌的遗传分析，先介绍了噬菌体和细菌在遗传研究中的优越性，然后讲述了噬菌体的基因重组与作图方法，以及细菌间4种不同遗传物质转移方式（接合、性导、转化、转导）的遗传分析方法。

前面所讨论的减数分裂和分离的关系，交叉和重组的关系，这些现象都是真核生物基因传递的特征，是有性生殖过程的反映。而细菌等原核生物没有明显的核，不进行减数分裂，又如病毒没有细胞结构，它们在世代间的基因传递方式都是非减数分裂式的，那这种传递方式是怎样的呢？又有怎样的特点呢？这是本章将要讨论的内容。对细菌和病毒的遗传分析，对整个遗传学的发展，特别是对分子遗传学的发展具有重大的意义。

第一节 细菌和病毒在遗传研究中的意义

一、细菌

细菌是单细胞生物，结构简单，不同细菌的大小和形状不一。细菌的遗传物质是一个大型的环状核酸分子，称为基因带（genophore），也可称为染色体。细菌往往通过简单的裂殖法增殖，世代很短，通常20min一代。通过无性繁殖过程，单一的细菌可在固体培养基上长成一个菌落，这样的一个菌落里的细菌有着共同的祖先（图9-1）。当一个细菌的遗传组成偶尔发生突变时，所形成的菌落就与其他菌落不同。突变有很多种，假如某种细菌的菌落或菌株丧失了合成某种营养物质的能力，就称为营养缺陷型（auxotroph），对应的野生型菌株称为原养型（prototroph）。

A B

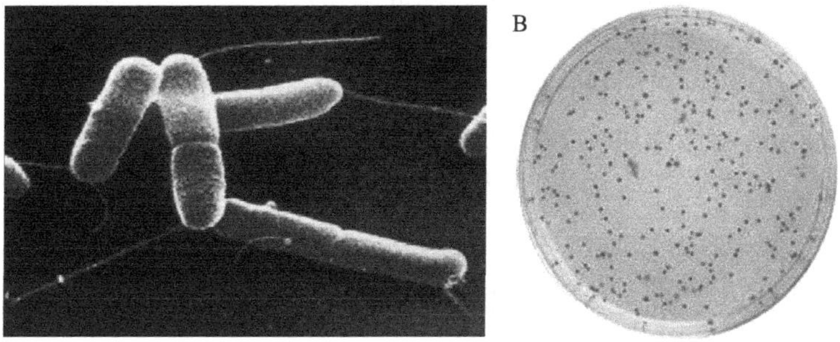

图9-1 大肠杆菌的电子显微镜照片（A）及在培养基上形成的菌落（B）

很长一段时间，人们认为细菌只是无性生殖的，各个细菌间没有遗传物质的交换。但在1946年，莱德伯格（J. Lederberg）和塔特姆（E. L. Tatum）发现将A化学成分营养缺陷型的大肠杆菌和B化学成分营养缺陷型的大肠杆菌混合培养，在培养物中，偶尔会出现A和B都能产生的原养型细菌。微生物遗传学家通过各种实验，发现这是由于在细菌间存在着遗传物质的交换。

二、病毒

病毒是比细菌更简单的一种生命形式，其形态多种多样，大部分是由蛋白质外壳和包裹在中间的单一核酸分子即一条染色体（也叫基因带）构成的。病毒的基因带只含一种核酸，DNA或RNA。病毒自身没有代谢机能，不能单独生长和繁殖，营寄生生活。据宿主的不同，可以分为动物病毒、植物病毒和细菌病毒，细菌病毒又称噬菌体。

病毒似乎是无性的，但德尔布鲁克（Delbrück）等发现，当把不同特性的噬菌体添加到培养基中，在后代中会出现不同于原有病毒性状的新组合，在排除了其他可能原因后，研究人员确定存在着某种形式的遗传物质的交换。

三、细菌和病毒在遗传研究中的优越性

细菌和病毒作为遗传研究材料的优越性主要表现在以下几个方面。

1）生活周期短。细菌和病毒的繁殖力强，世代时间短，以分钟或小时计算。

2）易于管理和进行化学分析。用一支试管就可以储存数以百万计的细菌和病毒，操作管理简单方便，可以大量节省空间和培养工作所需的人力、物力和财力。同时繁殖又快，可在短时间内累计大量产物，为化学分析提供条件。

3）遗传物质较简单，适宜用于基因结构和功能的研究。细菌和病毒的遗传物质均为单一核酸分子，没有组蛋白及其他蛋白质结合，因此更适宜研究基因的结构和功能。

4）便于研究基因的突变和重组。细菌和病毒通常只有一条染色体，无显隐性之分，其所有的突变都能立即表现出来。由于基因的突变频率很低，一般小于10^{-5}，因此必须有大量的个体才能找到突变体。而细菌和病毒的个体小，培养方便，短时间内就可繁殖大量后代，便于找到突变个体。

5）可用作研究高等生物的简单模型。高等生物具有复杂的生命机制，难以着手进行一些复杂的遗传学研究，如基因的表达与调控等问题。而细菌和病毒的结构简单，较易分析研究，因此可从微生物的研究中获得启发，以进一步研究高等生物的遗传机制。

此外，细菌和病毒作为遗传学研究材料还便于建立纯系、长期保存等。遗传学研究从细胞水平推进到分子水平，与采用细菌和病毒作为遗传材料是分不开的。

第二节 噬菌体的遗传分析

一、噬菌体的结构和生活周期

遗传学上应用最广泛的噬菌体是大肠杆菌的T噬菌体系列（T1～T7），它们的结构大同

小异，具有六角形的头部，其内含有双链 DNA 分子，头下的尾部包括一个中空的针状结构及外鞘，末端是基板，由尾丝及尾针组成（图 9-2）。当 T 噬菌体的尾丝附着在大肠杆菌表面时，通过尾鞘的收缩将噬菌体 DNA 经中空尾部注入宿主细胞。

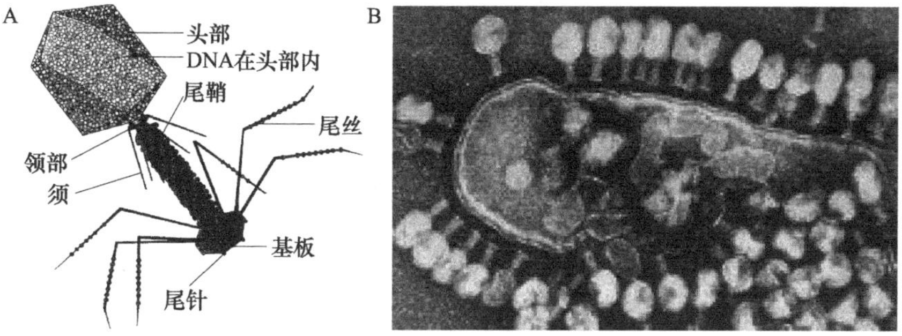

图 9-2　T4 噬菌体的模式图（A）和电子显微镜照片（B）（模式图引自 Snustad and Simmons, 2011）

根据噬菌体 DNA 在宿主细胞内的特点，又将其分为两类：烈性噬菌体（virulent phage）和温和性噬菌体（temperate phage）。

（一）烈性噬菌体

烈性噬菌体是使宿主菌发生裂解的噬菌体。它在侵染细菌时，先吸附到菌体表面的特异受体上，利用自身酶的作用在细菌细胞壁上形成一个微孔，把头部中的遗传物质经尾部注入宿主细胞内。随即破坏宿主细胞的遗传物质，转而合成大量噬菌体的遗传物质和蛋白质，并组装成子代噬菌体，最后使细菌裂解（lysis），释放出子代噬菌体（图 9-3）。

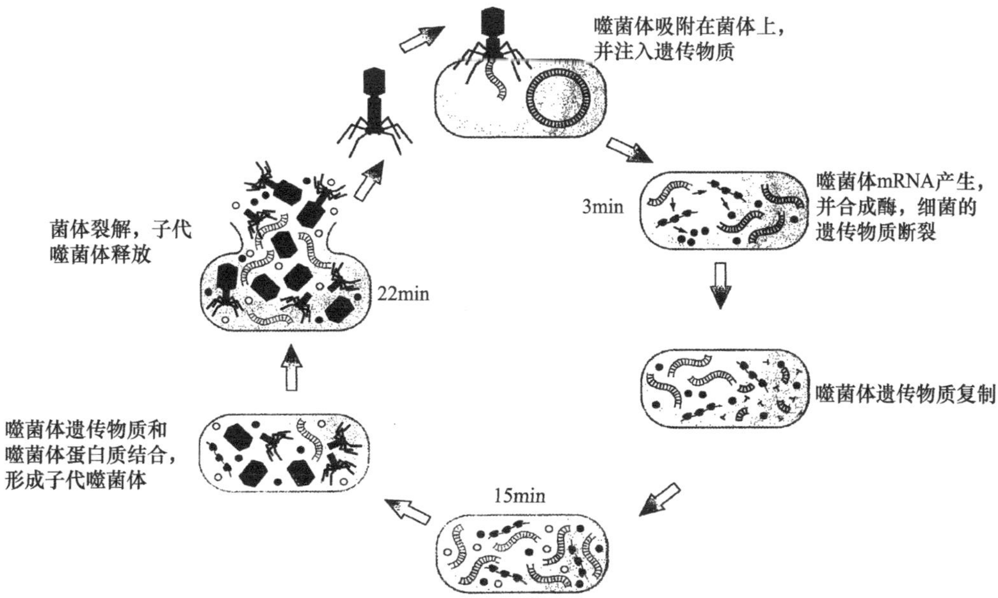

图 9-3　烈性噬菌体的生活史（引自 Snustad and Simmons, 2011）

噬菌体非常小，只有在电子显微镜下才能看到，那又如何研究它们的遗传现象呢？当噬菌体裂解一个细菌后，释放出的子代噬菌体又去感染邻近的细菌，裂解后释放出的子代噬菌体再去感染其他细菌，这是一个呈指数增加的过程。经过一夜培养，第二天可在长满细菌的不透明菌苔上看到一个圆形的透明区，这就是噬菌斑（plaque）。一个噬菌斑中通常含有 10^7～10^8 个噬菌体，它们都是由一个噬菌体起源的，在遗传组成上是均一的。不同基因型的噬菌体，其噬菌斑不同，或大或小，边缘或清晰或模糊，因此有些噬菌体的性状可以通过噬菌斑进行研究。

（二）温和性噬菌体

温和性噬菌体是指在噬菌体侵入细菌后，除偶尔一些情况外，不出现溶菌现象的噬菌体。温和性噬菌体感染细菌后，存在两种增殖周期（图 9-4）。一种是溶菌周期，即与烈性噬菌体的生活周期一样，噬菌体感染细菌后，迅速增殖，导致细菌裂解，子代噬菌体释放出来，这一周期是偶尔自发产生或受到诱导后产生的。另一种是溶原周期，噬菌体感染细菌后，并不导致细菌的裂解，细菌继续正常增殖，这种现象称为溶原性（lysogeny），这时的细菌也叫溶原性细菌（lysogenic bacteria）。溶原性细菌具有以下两个特征。

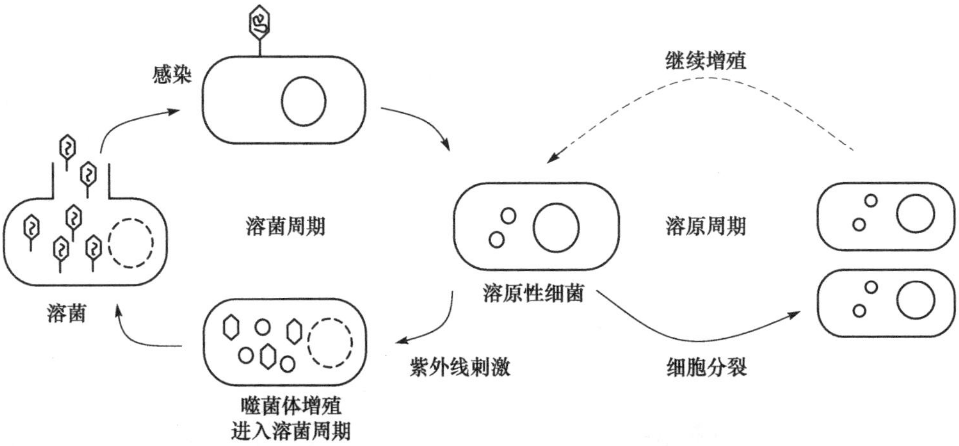

图 9-4　温和噬菌体的溶菌周期和溶原周期

1）细菌内侵入噬菌体后，再也不会受到同一种噬菌体的侵染。例如，受 λ 噬菌体侵染的细菌就不会再被同种 λ 噬菌体侵染了，但仍然可被其他的温和噬菌体侵染。

2）对溶原性细菌进行诱导，如用紫外线照射或以丝裂霉素 C 等化学药剂处理，则能进入溶菌周期，释放出子代噬菌体。

受温和噬菌体感染的细菌几乎都成为溶原性细菌，而且能把这种特性传给子代细胞，只要不进行诱导，溶原性可以半永久性地传下去。

位于溶原性细菌中的噬菌体又称为原噬菌体（prophage），那原噬菌体是以何种方式存在于细菌细胞内的呢？它的存在方式主要有两种：一种是游离于细菌染色体外，另一种是整合到细菌染色体上，究竟采取哪种方式视噬菌体的种类而定。例如，P1 噬菌体以游离状态存在，而 λ 噬菌体及 μ 噬菌体等则以整合状态存在（图 9-5）。

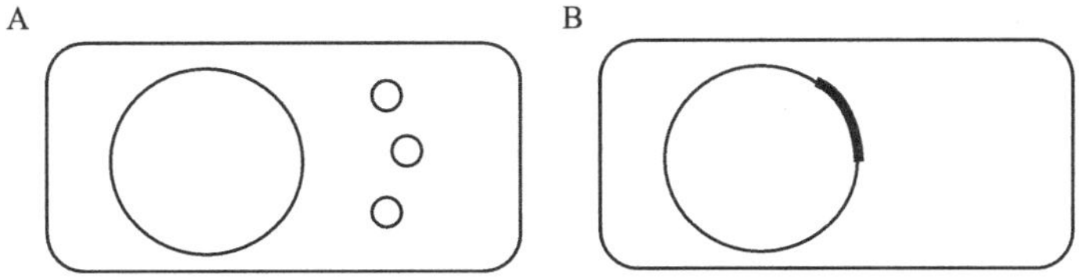

图 9-5　溶原性细菌中原噬菌体的存在形式

A. 游离于细胞质中，增殖与细菌染色体不同步，原噬菌体数一般比染色体数多；B. 整合到细菌染色体中，增殖与染色体同步，整合的位置视噬菌体的种类而定

二、噬菌体的基因重组与作图

1946 年，德尔布鲁克（M. Delbrück）和赫尔希（A. Hershey）各自独立地宣布发现了噬菌体的遗传重组。噬菌体的基因重组与真核生物的重组十分相似，当用两种不同的突变型噬菌体感染同一宿主时，在子代噬菌体中会出现重组子。下面介绍他们对烈性噬菌体（T2 噬菌体）进行的遗传分析。

T2 噬菌体有一对性状是有关宿主范围的，野生型 h^+ 噬菌体能侵染和裂解大肠杆菌菌株 B，但不能侵染菌株 B/2，因为菌株 B/2 的细胞表面能阻止 T2 噬菌体对它的吸附，当把 T2 噬菌体接种到 B 和 B/2 的混合培养物时，噬菌斑是半透明的。h^+ 基因突变为 h 后，宿主范围扩大，除了能侵染菌株 B 外，还能侵染菌株 B/2，所以接种到 B 和 B/2 的混合培养物时，能够形成透明的噬菌斑。

另一对性状是有关噬菌斑形态的，野生型 r^+ 噬菌体在侵染细菌后，形成小噬菌斑，直径 1mm 左右，周边有朦胧的光环。r^+ 基因突变为 r 后，会形成直径约 2mm 的大噬菌斑，而且周缘清晰，是一种快速溶菌的突变型。

进行重组实验时，先用 hr^+（透明的小噬菌斑）和 h^+r（半透明的大噬菌斑）两种噬菌体同时高浓度地感染菌株 B，细菌同时受到两种噬菌体的感染，称为混合感染或复感染（mixed infection，double infection）。在释放出子代噬菌体后，再把子代噬菌体接种到同时长有菌株 B 和菌株 B/2 的培养基上，发现会形成 4 种噬菌斑（表 9-1，图 9-6），根据噬菌斑的表型能推导出其基因型。

表 9-1　$hr^+ \times h^+r$ 中出现的 4 种噬菌斑

表型	推导的基因型
透明，小	hr^+
半透明，大	h^+r
半透明，小	h^+r^+
透明，大	hr

在 4 种噬菌斑中，透明而小（hr^+）和半透明而大（h^+r）是亲本性状，半透明而小（h^+r^+）和透明而大（hr）是重组合性状，那这些重组合类型是如何形成的呢？如图 9-7 所示，当两种不同基因型的噬菌体将 DNA 注入细菌后，重组即在细胞内不同基因型的噬菌体染色体间发生。噬菌体间的重组与减数分裂的重组有点类似，但在减数分裂中，重组发生在特定阶段，即前期 I 联会时。而在噬菌体中，只要 DNA 未被包装进蛋白质外壳，重组可以发生在噬菌体生活周期的任何时候，在这期间可以发生好几次基因交换。

通过统计噬菌斑数可计算这一对基因间的重组值：

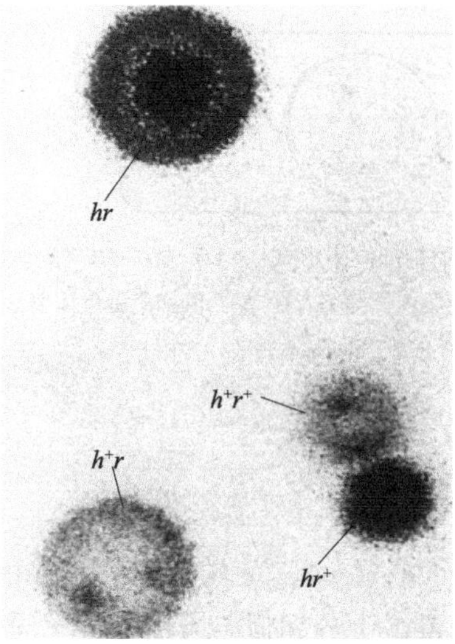

图 9-6　4 种噬菌斑照片（引自 Strickberger，1985）

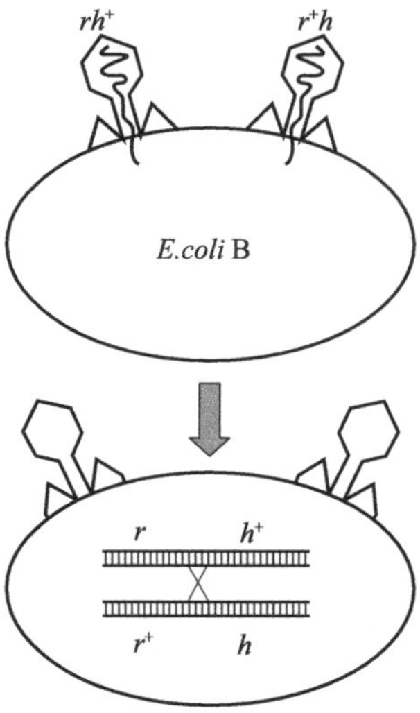

图 9-7　大肠杆菌内发生的噬菌体 DNA 间的重组（引自 Snustad and Simmons, 2011）

$$重组值=\frac{重组噬菌斑数}{总噬菌斑数}\times 100\%\frac{h^+r^+数+hr数}{总噬菌斑数}\times 100\%$$

通过上述公式求得的重组值去掉 %，即可作为图距进行遗传作图。

快速溶菌噬菌体的突变型不止一种，表型也不同，分别记作 r_a、r_b、r_c 等，将不同快速溶菌突变型（h^+r_x）与 hr^+ 杂交，结果如表 9-2 所示。

表 9-2　$h^+r_x\times hr^+$ 出现的 4 种噬菌斑数目和计算出的重组值

杂交组合	每种基因型的占比 /%				重组值
	h^+r^+	h^+r_x	hr^+	hr_x	
$h^+r_a\times hr^+$	12.0	34.0	42.0	12.0	24/100=24.0%
$h^+r_b\times hr^+$	5.9	32.0	56.0	6.4	12.3/100.3=12.3%
$h^+r_c\times hr^+$	0.7	39.0	59.0	0.9	1.6/99.6=1.6%

根据表 9-2 的结果可以分别做出 r_a、r_b、r_c 与 h 的连锁图。

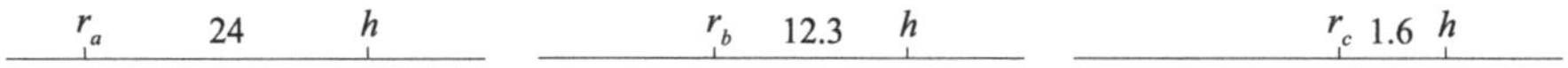

由于有 3 个不同的 r 基因的位点，因此可根据表 9-2 的重组值列出以下 4 种可能的基因排列连锁图。

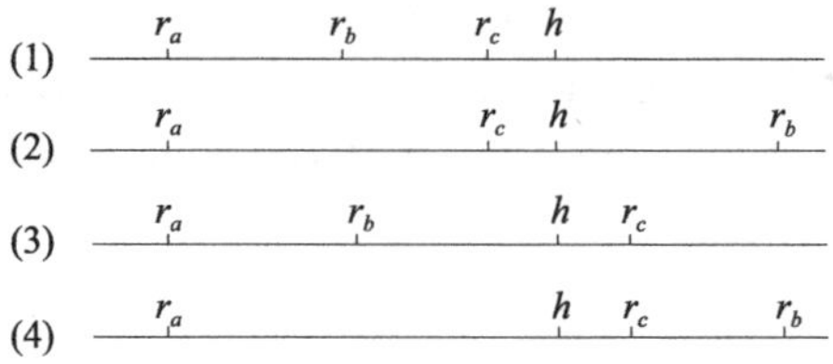

为了确定基因排列顺序，可先只考虑 r_b、r_c 与 h 来确定是 r_c-h-r_b 还是 h-r_c-r_b。为此需做 $r_c\ r_b^+ \times r_c^+ r_b$ 杂交，把得到的 r_c-r_b 间的重组值约 14% 跟 r_b-h 间的距离比较，此重组值大于 r_b-h 的 12.3%，可知 h 应位于 r_b 与 r_c 之间，排列顺序应是 r_c-h-r_b。

那 r_a 在 h 的哪一边？是靠近 r_b 还是靠近 r_c 呢？当很多不同的 T2 噬菌体品系被发现后，人们才发现两种排列顺序都是正确的，因为 T2 噬菌体的染色体是环状的（图 9-8）。

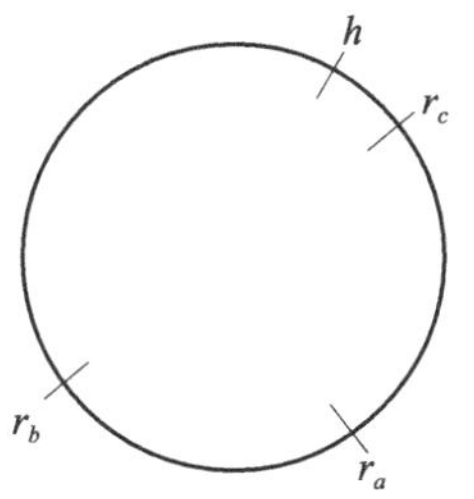

图 9-8　T2 噬菌体的环状连锁图

第三节　细菌的遗传分析

细菌中，大肠杆菌是使用最为广泛的遗传学研究材料，因为它对于人类而言不是一种严重的病原菌，而且可以在含有盐类和葡萄糖的简单培养基上生长。细菌之间遗传物质的转移主要有 4 种不同的方式，即接合（conjugation）、性导（sexduction）、转化（transformation）和转导（transduction）。

一、接合

（一）细菌的命名

接合即细菌的杂交，最初是在大肠杆菌中发现的。那么对大肠杆菌是如何命名的呢？大肠杆菌中有的菌株能在基本培养基上生长，有的发生突变后，需添加一些特殊的物质，如氨基酸之类的物质才能生长，这就是前面介绍过的营养缺陷型。为了方便，这些菌株按照它们所短缺的不能合成的物质来命名，取前面三个字母，对于缺陷型或突变型，在右上角写上“–”，与之对应的野生型，右上角写上“+”，如甲硫氨酸缺陷型写作 met^-，生物素缺陷型写作 bio^-，而与之相对的能合成这种物质的野生型写作 met^+ 和 bio^+。

有的大肠杆菌则是对抗生素敏感，不能在添加抗生素的培养基上生长，能够生长的大肠杆菌就具有抗性。这类品系也取该抗生素前面的三个字母来命名，敏感的在右上角写上 s，抗性的写上 r，如对链霉素敏感的写成 str^s，具有抗性的写成 str^r。

（二）细菌的杂交

1. 细菌接合现象的发现

那么细菌间能否杂交呢？ 1946 年，莱德伯格和塔特姆设计了一个研究细菌基因重组的实验，他们选用大肠杆菌 K-12 的两种营养缺陷型菌株 A 和菌株 B 来进行混合培养，菌株 A 需要在基本培养基上补充甲硫氨酸（met）和生物素（bio），菌株 B 需要在基本培养基上补充苏氨酸（thr）、亮氨酸（leu）和硫胺素（thi），它们的基因型分别如下。

菌株 A：$met^-\ bio^-\ thr^+\ leu^+\ thi^+$

菌株 B：$met^+\ bio^+\ thr^-\ leu^-\ thi^-$

他们将菌株 A 和菌株 B 分别培养在完全培养基中，同时又将菌株 A 和菌株 B 混合培养在另一完全培养基的试管中（图 9-9），几小时后，3 个试管均离心培养物，然后把沉淀细胞洗涤后涂布在基本培养基上，发现单独培养的菌株 A 和菌株 B 在基本培养基上均没有菌落出现，但两者的混合培养物则长出了菌落，频率是 $1/10^7$。

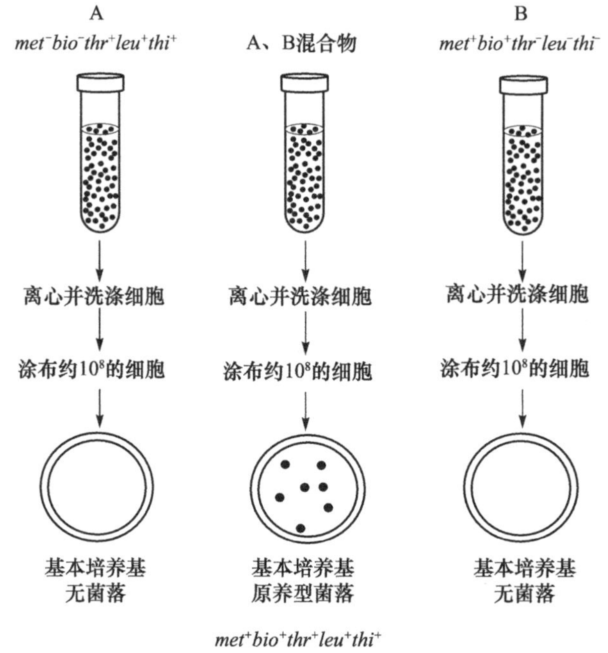

图 9-9　莱德伯格和塔特姆的细菌杂交实验

基本培养基上为什么能长出菌落呢？从理论上讲有两种可能性：①缺陷基因重新突变为野生型基因，因为大肠杆菌中许多生化缺陷型发生这一突变的概率也是 10^{-7}；②菌株 A 和菌株 B 杂交，出现基因重组，产生了 met^+ bio^+ thr^+ leu^+ thi^+ 的原养型菌落。

一个缺陷基因突变为野生型基因的概率为 10^{-7}，两个基因同时发生这种突变的概率就是 10^{-14}，由于选用的菌株为多重营养缺陷型，不可能都同时发生这种突变，因此可排除第一种可能性。

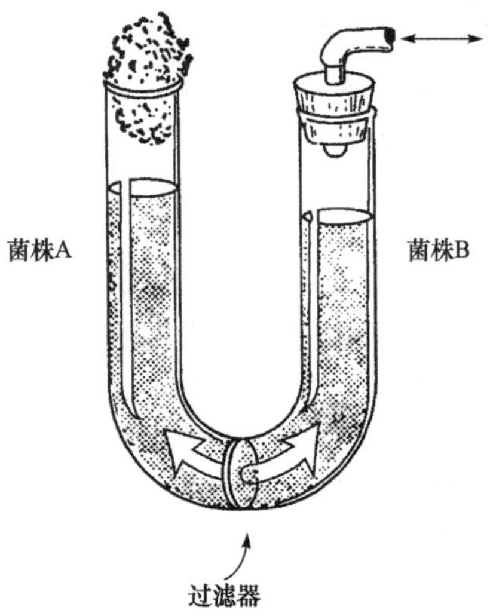

图 9-10　戴维斯的 U 形管实验

这说明出现了基因重组，那是否可能发生了遗传转化，即一种菌株吸收了另一种菌株的 DNA 片段呢？1950 年，戴维斯（B. Davis）设计的 U 形管实验否定了这一推测。他设计了一种 U 形管，底部中间由过滤器隔开，滤器的孔很小，细菌不能通过，但培养液和 0.1μm 以下的分子（包括 DNA）可以通过（图 9-10）。在 U 形管的两臂内分别添加菌株 A 和菌株 B，然后在一端加压力或吸力，使培养液在两臂间流通，培养一段时间后，将两臂内的细菌离心洗涤再分别涂布在基本培养基上，未见有菌落出现。这说明不可能是由细胞破碎产生的 DNA 片段转化产生的重组细菌，要有原养型细胞的形成，两个菌株间的直接接触是必需的。两种菌株通过接触后，进行了杂交，遗传物质发生了重组，从而产生了原养型菌落，这种细菌间通过接触进行遗传物质重组的方式叫作接合。细菌间之所以通过接合能发生遗传物质的重组，和下面要介绍的 F 因子有关。

2. F 因子

1952 年，海斯（W. Hayes）做了一个杂交实验，用的菌株与莱德伯格和塔特姆的相似：菌株 A（$met^- \ thr^+ \ leu^+ \ thi^+$）× 菌株 B（$met^+ \ thr^- \ leu^- \ thi^-$）。他用链霉素处理菌株 A，然后再将菌株 A 与菌株 B 杂交，所得到原养型菌落的频率与菌株 A 没处理时的杂交一样。他又用链霉素处理菌株 B，再与菌株 A 杂交，却发现在基本培养基上没有原养型菌落的出现。

这是怎么回事呢？原来在接合中遗传物质的交换不是交互的，而是单方向转移的，一方提供遗传物质，是供体，另一方接受遗传物质，是受体。在这个实验中菌株 A 为供体，菌株 B 为受体，菌株 A 被处理后，不能分裂，但仍能提供遗传物质，菌株 B 未被处理，接受遗传物质后通过交换重组形成了原养型细胞，该细胞继续分裂可形成原养型菌落。若菌株 B 被处理，不能分裂，虽然接受菌株 A 提供的遗传物质后，通过交换重组可形成原养型细胞，但该细胞不能再分裂形成菌落。这种单向的基因交换与高等生物的有性过程类似，可以把供体看作雄性，把受体看作雌性。

进一步研究发现，菌株 A 之所以能成为遗传物质的供体，是因为它有一个 F 因子。F 因子又叫性因子（sex factor）或致育因子（fertility factor），由能独立增殖的环状 DNA 分子组成。F 因子是一种质粒，可以看作细菌染色体外的遗传物质，其基因组含有 50～80 个基因，主要包括以下几部分：①原点，含有转移的起点，与 F 因子转移细菌染色体有关，同时这一区域还含有 DNA 复制酶基因，与 F 因子本身的复制有关；②配对区，含有插入序列（insertion sequence，IS），与其插入细菌染色体的过程有关；③形成性伞毛的基因群，即致育基因，可使细菌表面形成一至若干性伞毛（图 9-11）。

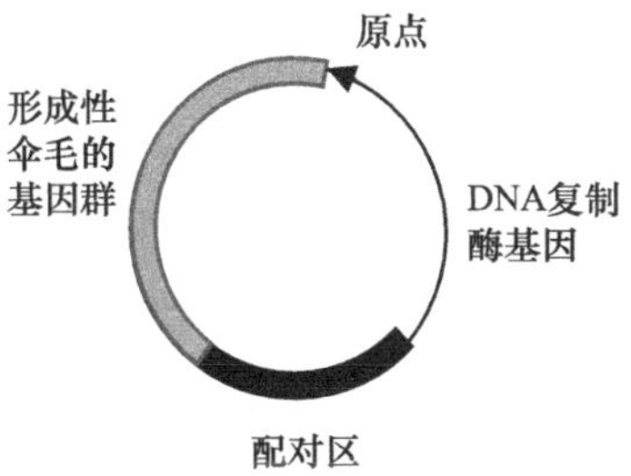

图 9-11　F 因子的结构

以大肠杆菌为例，其 F 因子能够以 3 种状态存在（图 9-12）：①细胞中没有 F 因子，这种菌株叫 F^- 菌株；②细胞中有 F 因子，并独立于细菌染色体之外，这种菌株叫 F^+ 菌株；③细胞中有 F 因子，并整合到细菌染色体之上，这种菌株叫 Hfr 菌株。像这种既可在细菌染色体外自律地增殖，也可整合到细菌染色体上的质粒称为附加体（episome），F 因子就是附加体的一种。

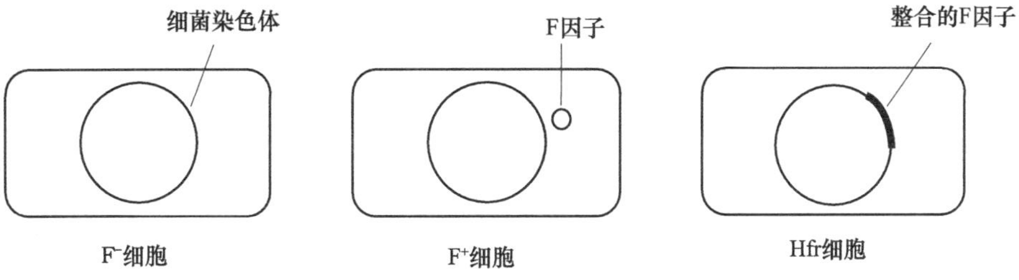

图 9-12　大肠杆菌中 F 因子的 3 种状态

在自然群体中，带有 F 因子的细菌是很少的。带有 F 因子的 F^+ 菌株或 Hfr 菌株在杂交时可作为供体，F^- 菌株是受体。为何带有 F 因子的菌株可作为供体菌？供体的遗传物质又是如何进入受体菌的呢？因为 F 因子中有控制性伞毛形成的基因，所以在 F^+ 菌株或 Hfr 菌株表面会形成称为性伞毛的细长纤毛，由此与 F^- 菌株接合，一旦接触后，性伞毛会发生改变，成为连接两细胞间的原生质通道，也称为接合管（conjugation tube），遗传物质就是通过接合管进入 F^- 菌株的（图 9-13）。此外，F 因子还可以改变细胞表面的构造，以防止供体细菌间的接合，因此接合仅发生在供体与受体之间，而在供体与供体之间及受体与受体之间是不会发生的。

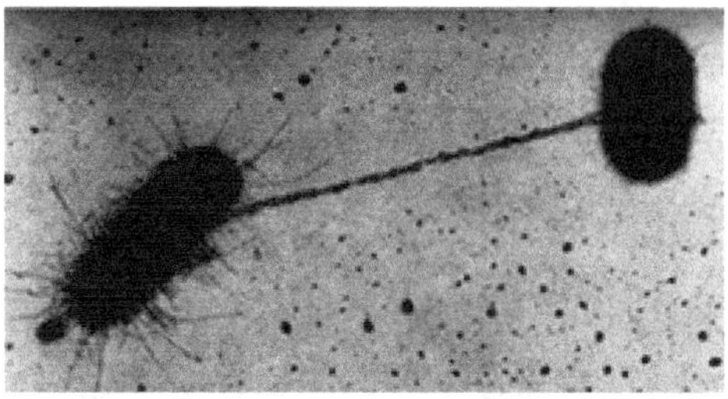

图 9-13　两个大肠杆菌接合的电镜照片

（引自 Ayala and Kiger，1984）

3. F^+ 细菌与 F^- 细菌杂交

当细菌分裂增殖时，F^+ 细菌会增殖为 F^+ 细菌，F^- 细菌会增殖为 F^- 细菌。但把 F^+ 细菌与 F^- 细菌混合培养时，却发现所有的 F^- 细菌都变成了 F^+ 细菌。这是怎么回事呢？原来当 F^+ 细菌通过性伞毛与 F^- 细菌接合后，F 因子通过连接两细胞间的接合管转移到了 F^- 细菌。转移时，F 因子 DNA 双链中的一条链先被内切酶在复制起点处切开，切开的这条链从 5′端进入受体 F^- 细菌，并以进入的这条链为模板，按照从 5′到 3′的方向合成互补链，最后形成一个完整的 F 因子。另一条没有切口的完整链留在供体内作为模板，通过合成互补链也形成一个完整的 F 因子，这样两个细胞都具备了 F 因子就都是 F^+ 细菌了。在接合中，F 因子传递和复制的过程是按 DNA 复制的滚环模型进行的。

在 F^+ 细菌与 F^- 细菌的杂交中，F^+ 细菌将 F 因子转移到 F^- 细菌的频率很高，在 F^- 细菌的培养液中添加少量 F^+ 细菌培养后，几乎所有的细菌都会成为 F^+ 细菌。但 F^+ 细菌的染色体转移到 F^- 细菌的频率则很低，只有 10^{-7}～10^{-6}，这是因为在这个过程中 F 因子只是偶然地能整合到细菌染色体中，只有在整合状态下的接合才能引起细菌染色体的转移，并在 F^- 细菌中通过交换形成重组子，所以在莱德伯格的实验中得到重组菌落的频率很低。

4. Hfr 细菌与 F^- 细菌杂交

F 因子也可以通过单交换整合到细菌染色体上，这就是 Hfr 细菌，也叫高频重组（high frequency of recombination）菌株。因为当 Hfr 细菌与 F^- 细菌杂交时，出现重组子的频率很高，比 F^+ 细菌 ×F^- 细菌杂交高 1000 倍，但 F^- 细菌很少有转变为 F^+ 细菌的，这是怎么回事呢？

Hfr 细菌与 F^- 细菌杂交

（1）F 因子的整合过程　先来看 F 因子是如何整合到细菌染色体上的。如前所述，F 因子的配对区上含有 IS，IS 聚集在 F 因子的某个区域。在大肠杆菌染色体的各个区域也有许多 IS 存在，它们与 F 因子上的插入序列有极大的同源性。因此 F 因子内的一个 IS 与细菌染色体上的一个 IS 可以配对，并发生单交换，这样 F 因子就整合到细菌染色体上了。由于 IS 是有极性的，或者向左，或者向右，交换后 F 因子的整合方向也就不同了。如图 9-14（a）所示，F 因子上的 IS3 与细菌染色体上 *proB* 和 *lac* 之间的 IS3 配对并交换，F 因子以顺时针方向插入 *proB* 与 *lac* 之间，以后在杂交中将按顺时针方向转移染色体。如图 9-14（b）所示，F 因子上的 IS2 与细菌染色体上 *lac* 和 *proC* 间的 IS2 配对并交换，F 因子即以逆时针方向插入 *lac* 和 *proC* 之间，以后在杂交中将按逆时针方向转移染色体。

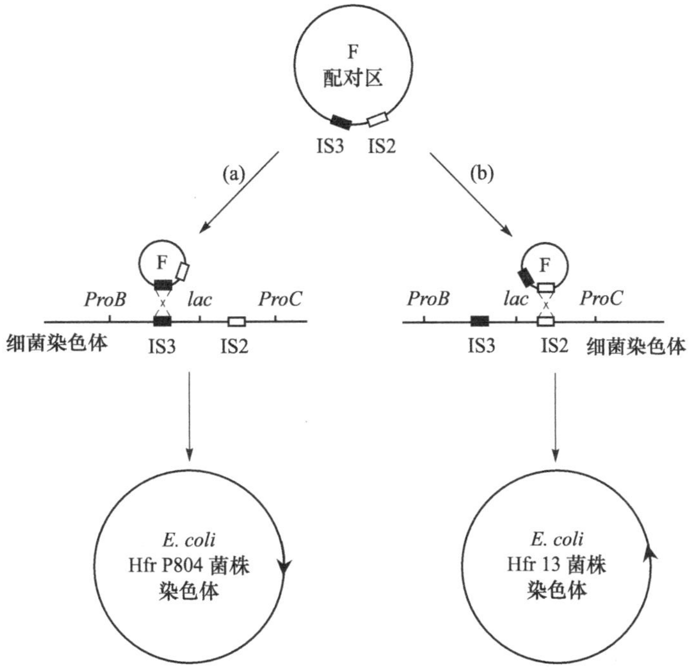

图 9-14　F 因子的结构及其整合到细菌染色体的过程（引自刘祖洞等，2013）

（2）Hfr 细菌与 F^- 细菌的接合过程　当 Hfr 细菌与 F^- 细菌杂交时，先在两个细胞之间形成接合管，F 因子上有原点，即转移的起点，此处的一条 DNA 单链被内切酶切开，并同时开始滚环式的复制，借助 DNA 滚环复制的动力，带切口单链的 5′端进入接合管并转移到 F^- 细菌中，转移到 F^- 细菌的 DNA 片段以自己为模板按照从 5′→3′的方向合成互补链，形成双链 DNA 片段（图 9-15）。细菌染色体是以顺时针还是逆时针方向转移是由 F 因子整合到细菌染色体的方向，即 IS 的极性所决定的。

在 Hfr 细菌与 F^- 细菌杂交开始后，F 因子仅有一部分进入 F^- 细菌的细胞内，剩下的部分只有等细菌染色体全部转移到 F^- 细菌后才会进去。然而由于细菌染色体比较大，要全部转移过去所需时间较长，在此期间转移过程常常中断，因此接合后，F^- 细菌往往只能得到部分细菌染色体片段和 F 因子的一部分，因此仍旧是 F^- 细菌。如果全部染色体都转移过去了，F^- 细菌就可以得到完整的 F 因子，变成 Hfr 细菌，但这种情况是极少发生的。因此 Hfr 细菌转移细菌染色体的频率高，但转移 F 因子的频率低。供体菌由于采用滚环复制，仍然具有完整的 Hfr 染色体。

（3）细菌基因的交换过程　如前所述，在 Hfr 细菌与 F^- 细菌杂交后，F^- 细菌得到供体部分细菌染色体，这些染色体称为外基因子（exogenote），而受体菌的完整染色体则称为内基因子（endogenote）。这样含有一套不完整基因组和一套完整基因组的细菌，称为部分二倍体（partial diploid）或部分合子（merozygote）（图 9-16A）。

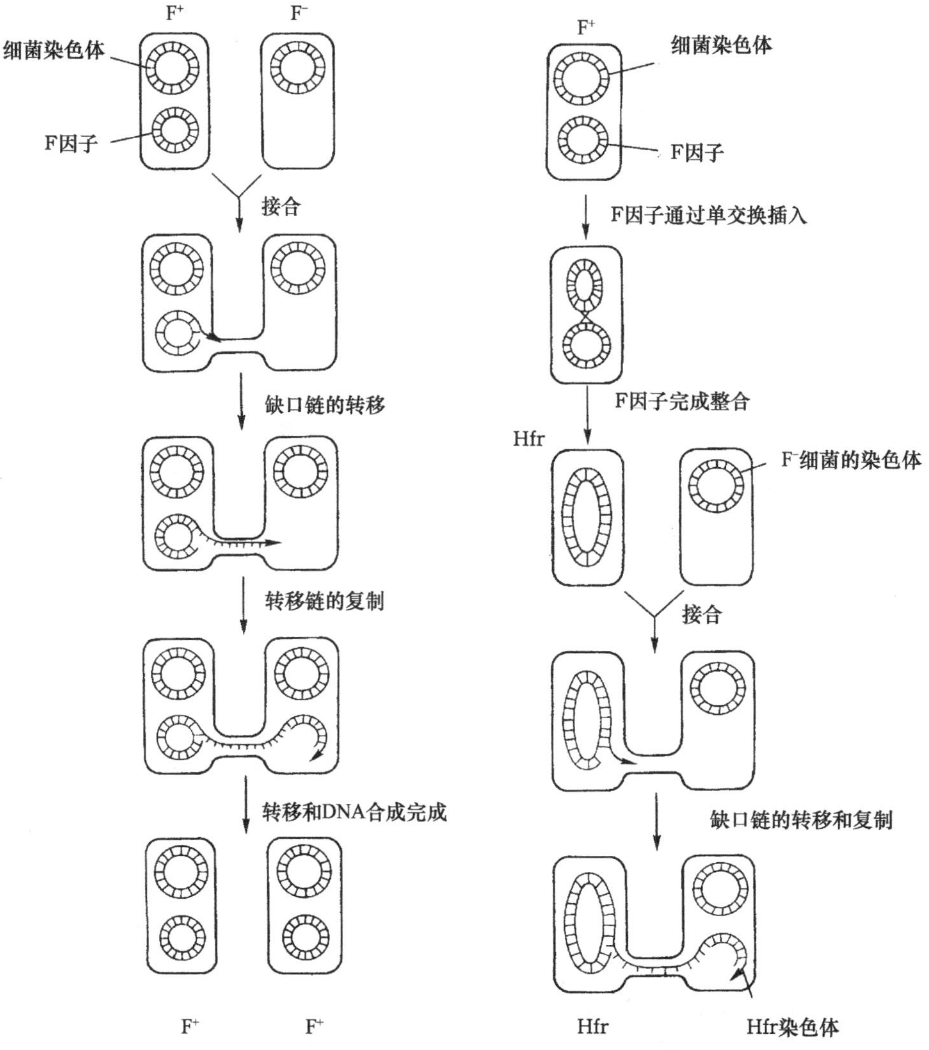

图 9-15　F^+ 细菌×F^- 细菌与 Hfr 细菌×F^-细菌的示意图

在部分二倍体间发生的交换和重组与真核生物完整二倍体间的重组有两点不同：①在部分二倍体间发生单数交换是没有意义的（图 9-16B），因为单交换将导致环状染色体打开，形成一条线性染色体，这种细胞是不能存活的。只有偶数交换才能产生有活性的重组子和一个线性染色体片段，染色体片段因为只带有部分基因组，不能复制，将在以后的细胞分裂中丢失。②由于交换后形成的片段会丢失，因此交换后将只得到一种有活性的重组子（环状染色体），而相反的线性染色体重组子不会出现（图 9-16C）。

（三）中断杂交实验及染色体作图

1. 中断杂交实验

中断杂交实验

为了证明接合时遗传物质从供体细胞到受体细胞的转移是直线式进行的，1957 年沃尔曼（E. Wollman）和雅各布（F. Jacob）设计了一个著名的中断杂交实验（interrupted mating experiment）。他们采用的两种菌株如下。

Hfr 菌株：*thr*$^{+}$ *leu*$^{+}$ *azi*^{r} *ton*^{r} *lac*$^{+}$ *gal*$^{+}$ *str*^{s}

F^{-} 菌株：*thr*$^{-}$ *leu*$^{-}$ *azi*^{s} *ton*^{s} *lac*$^{-}$ *gal*$^{-}$ *str*^{r}

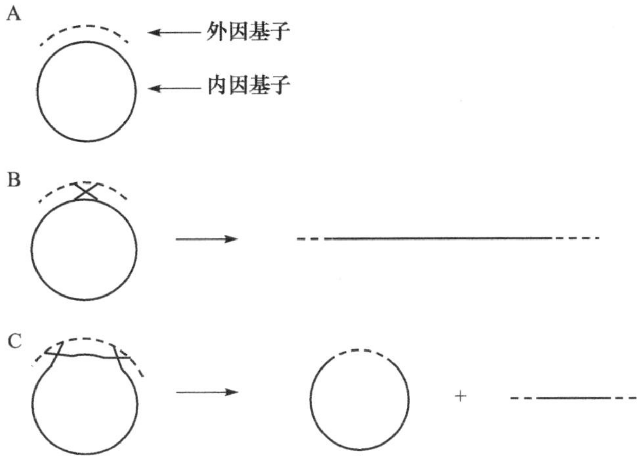

图 9-16 部分二倍体及其单交换和双交换的结果

A. 部分二倍体；B. 单交换形成线性染色体；C. 双交换产生有活性的重组子和片段

这里 azi 表示叠氮化钠，ton 表示 T1 噬菌体，lac 表示乳糖，gal 表示半乳糖。先将两种细菌混合培养，Hfr 菌株与 F^{-} 菌株开始接合，形成接合管。然后每隔一段时间取样，将取出的菌液放在搅拌器内搅拌，以断开接合管，中断杂交，再稀释菌液，防止再度接合。将稀释后的菌液涂布在几种不同的培养基上，在这些培养基上只有相应的重组子才能生长（表 9-3）。例如，1 号培养基，能生长的只有基因型为 *thr*$^{+}$ *str*^{r} 的重组子，只有当 Hfr 菌株中的 *thr*$^{+}$ 基因转入 F^{-} 菌株，并通过部分二倍体间的偶数交换后，才能形成这种重组子。也就是说，当培养基上有这种重组子生长时，就说明 *thr*$^{+}$ 基因已经转入 F^{-} 菌株了。

表 9-3 中断杂交实验

编号	培养基	能生长的重组子	转移的 Hfr 基因	转入时间 /min
1	不添加苏氨酸，添加链霉素	*thr*$^{+}$ *str*^{r}	*thr*$^{+}$	8
2	不添加亮氨酸，添加链霉素	*leu*$^{+}$ *str*^{r}	*leu*$^{+}$	8.5
3	添加叠氮化钠，添加链霉素	*azi*^{r} *str*^{r}	*azi*^{r}	9
4	添加 T1 噬菌体，添加链霉素	*ton*^{r} *str*^{r}	*ton*^{r}	11
5	不添加乳糖，添加链霉素	*lac*$^{+}$ *str*^{r}	*lac*$^{+}$	18
6	不添加半乳糖，添加链霉素	*gal*$^{+}$ *str*^{r}	*gal*$^{+}$	25

实验结果表明，在接合 8min 后，1 号培养基就有菌落出现，这说明 *thr*$^{+}$ 基因最先进入 F^{-} 菌株，但其他几种培养基中还未有菌落生长。8.5min 后除了 1 号培养基，2 号培养基中也有菌落出现，说明 *leu*$^{+}$ 基因也进入了 F^{-} 菌株。于是选用 *thr*$^{+}$、*leu*$^{+}$、*str*^{r} 这三个基因作为选择标记（selected marker），其他的基因作为非选择标记（non-selected marker），即先将菌液涂在含有链霉素但不含苏氨酸和亮氨酸的培养基上，再将得到的重组子菌落影印培养在其他几种选择培养基上。经不同时间的多次中断杂交和取样选择，发现 *azi*^{r}、*ton*^{r}、*lac*$^{+}$、*gal*$^{+}$ 分别在 9min、11min、18min、25min 转入 F^{-} 菌株。

当某种重组子在选择培养基中出现后，经过一定时间，具有这一基因的菌落不断增加，直到其所占的频率上升到一个稳定的水平（图 9-17）。例如，11min 时 *ton*ʳ 首次在重组子中出现，15min 后达到 40%，25min 后达到 80%，其后即使增加时间，其重组百分数也不会改变。而且某一基因出现的时间愈早，它所达到的百分数也愈高，但不可能达到 100%。这是因为该频率反映的是这一基因与 $thr^{+}leu^{+}$ 同时重组到受体染色体上的频率，频率越高，说明该基因与选择标记基因相距越近，反之，则相距越远。例如，azi^{r} 在 9min 出现，在 24min 时就达到大约 90%；而 gal^{+} 基因在 25min 出现，即使在混合 60min 时取样，也只有 30% 的菌落属于重组子。

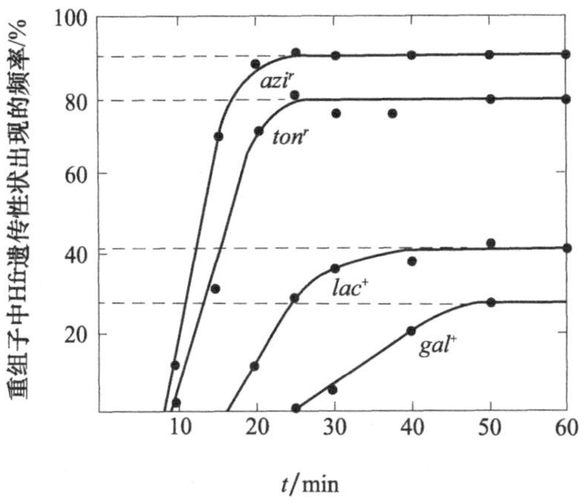

图 9-17 重组子中 Hfr 各遗传性状出现的频率（引自刘祖洞等，2013）

在这一实验中，Hfr 细胞的基因按一定的时间顺序依次出现在 F⁻ 细胞中。因为基因在染色体上，也就是说，染色体从原点（origin，O）开始是以直线的方式进入 F⁻ 细胞的。基因离原点愈近，进入 F⁻ 细胞愈早，反之则晚。由于在自然状态下不经搅拌也经常能中断杂交，因此距离原点愈远的基因进入 F⁻ 细胞的机会也愈少，达到的最高值也愈小。

2. 染色体作图

沃尔曼和雅各布认识到，根据中断杂交实验的结果，以 Hfr 菌株的基因在 F⁻ 菌株中出现的时间为标准，可以做出大肠杆菌的连锁遗传图（图 9-18）。这个图里的距离单位是 min，这种遗传图是根据遗传学资料作成的，并不反映基因间真实的物理距离。

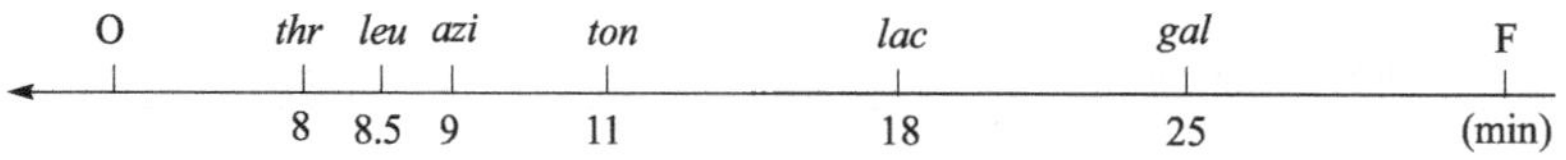

图 9-18 根据中断杂交技术制作的大肠杆菌连锁图

如果让该杂交实验继续进行，2h 后再中断，会发现有些 F⁻ 菌转变成了 Hfr 菌，这说明致育因子是最后转移到受体细胞内的，是线性染色体的最后一个单位，由于 F 因子转移过去不容易，因此效率较低。

同一个 Hfr 菌株的转移起点和基因转移顺序在不同的实验中都是相同的。用不同的 Hfr 菌株进行中断杂交实验，都可作成连锁图，可是基因转移的顺序、转移起点和转移方向却很不相同（表 9-4）。但仔细观察，会发现这些转移顺序并不是随机的。例如，所有的 *trp* 基因都有 *gal* 在一边，*mal* 在另一边，其他基因也是如此，除非它们是在连锁群的另一端。为什么会这样呢？原来这是由 F 因子插入 F^- 菌株染色体的不同位置及整合的不同取向导致的，这样就有不同的转移原点和转移方向（图 9-19）。

表 9-4 用中断杂交实验确定的几个 Hfr 菌株的基因转移顺序

Hfr 菌株	基因转移顺序										
Hfr H	O	*thr*	*azi*	*lac*	*tsx*	*gal*	*trp*	*mal*	*xyl*	*metB*	*thi*	F
Hfr C	O	*tsx*	*lac*	*azi*	*thr*	*thi*	*metB*	*xyl*	*mal*	*trp*	*gal*	F
Hfr J4	O	*thi*	*metB*	*xyl*	*mal*	*trp*	*gal*	*tsx*	*lac*	*azi*	*thr*	F
Hfr P72	O	*metB*	*thi*	*thr*	*azi*	*lac*	*tsx*	*gal*	*trp*	*mal*	*xyl*	F

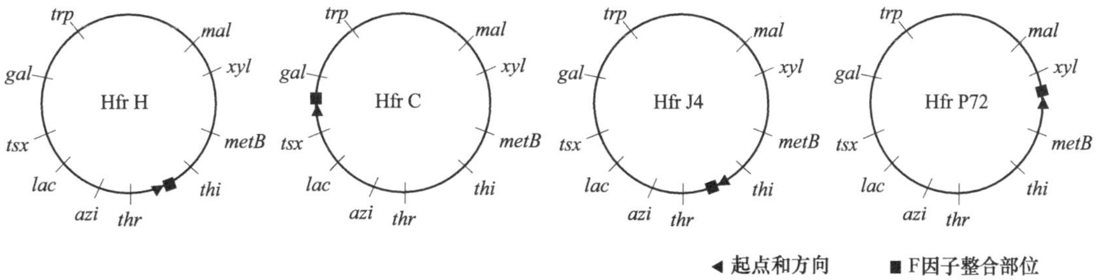

图 9-19 大肠杆菌 4 种 Hfr 菌株的环状染色体图

这也证明了细菌染色体是环状的，上面的基因及排列都是一定的，由于 F 因子整合的位点及取向不同，因此形成了不同的 Hfr 菌株。

（四）重组作图

在中断杂交实验中，是根据基因转移的先后顺序，以时间为单位来表示基因间的距离的。实际上这个图距是相距几分钟的基因间的大致图距，但如果两个基因间的转移时间小于 2min，用这种方法求得的基因间图距就不太可靠，这时可用传统的重组作图法。

例如，根据中断杂交技术，已知 *lac* 和 *ade* 这两个基因是紧密连锁的，又知道某些 Hfr 品系在杂交时，*ade* 是在 *lac* 之后进入 F^- 受体的。这样就可做如下杂交实验。

Hfr 菌株 $lac^+ade^+\ str^s \times F^-$ 菌株 $lac^-ade^-\ str^r$

将两种菌株混合，接合 60min 后，涂在含有链霉素而缺乏腺嘌呤的完全培养基上，在这种培养基上，Hfr 菌株和未杂交的 F^- 菌株都被杀死了，能长出来的菌落都是重组子，基因型都是 ade^+str^r。由于 ade^+ 是在 lac^+ 之后进入 F^- 细菌的，lac^+ 在这之前就进入了，因此这种重组子一定是在同时得到 lac^+ 和 ade^+ 的部分二倍体之间进行双交换获得的（图 9-20A）。双交换可能有两种，一种如图 9-20B 所示，在 lac^+ 和 ade^+ 之间有一个交换，交换后得到重组子的基因型为 $lac^-ade^+str^r$；另一种如图 9-20C 所示，在 lac^+ 和 ade^+ 之间没有交换，交换后得到的重组子基因型为 $lac^+ade^+str^r$。

如何区分这两种重组子呢？把得到的重组子菌落影印培养在加有曙红和亚甲蓝的培养基（EMB 培养基）上，鉴定其能否利用乳糖。如能发酵乳糖（lac^+），菌落是紫红色的；如

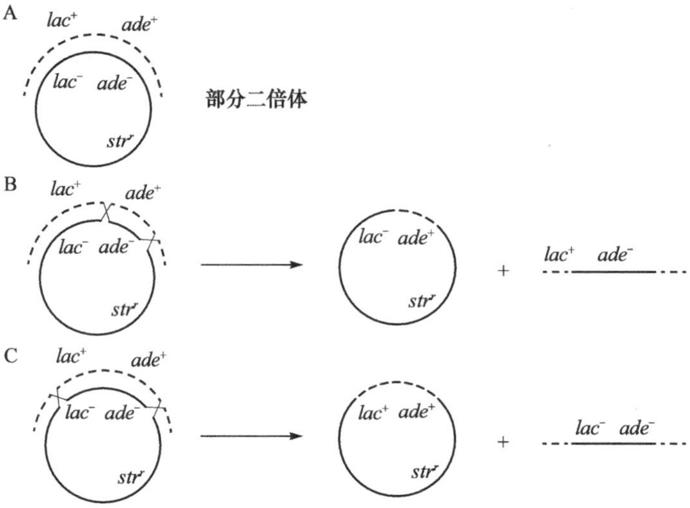

图 9-20 $lac^{+}ade^{+}/lac^{-}ade^{-}$ 部分二倍体之间的双交换

不能利用乳糖（lac^{-}），菌落是粉红色的。判断出了哪种菌落是在两个基因间发生了交换的重组子，就可计算这两个基因间的图距了，两个基因间的重组值可用下式表示。

$$\text{两个基因间的重组值} = \frac{lac^{-}ade^{+}}{lac^{-}ade^{+} + lac^{+}ade^{-}} \times 100\%$$

最后根据 EMB 培养基上的克隆数计算出的重组值为 22%。而根据中断杂交实验，距离是 1min，所以 1 个时间单位（min）大约相当于 20% 的重组值。用重组值与中断杂交法所测得的基因距离基本上是相符的。

遗传学家根据中断杂交实验、基因重组实验及其他基因定位实验结果，绘制出了大肠杆菌的环状遗传学图。这个连锁图包含大约 2000 个基因，图 9-21 显示了部分重要基因。由于整个染色体的转移需要 100min，因此其遗传图的总长为 100min。

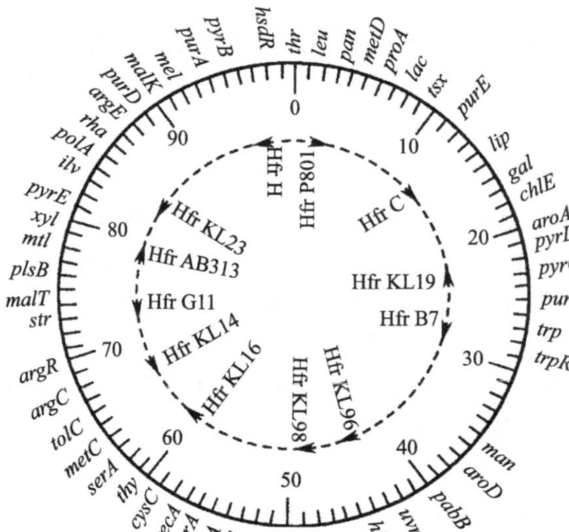

图 9-21 大肠杆菌 K-12 的环状遗传学图（引自刘祖洞等，2013）

二、性导

（一）F′ 因子

1959 年，阿代尔伯格（E. A. Adelberg）在大肠杆菌中发现了一种新的 F 因子。正常的 Hfr 菌株只有在接合之末才把性因子转移过去，但有一种 Hfr 菌株，它的性因子的转移频率似乎跟 F^+ 菌株一样高，转移到 F^- 菌株后可使其变为 F^+ 菌株，但它转移细菌染色体的效率却比普通 Hfr 菌株低得多。这是怎么回事呢？

原来 F 因子整合到细菌染色体的过程是可逆的，整合到细菌染色体的 F 因子也可以通过交换解离出来，成为游离的 F 因子。但有时候这个交换不准确也不规则，会使部分细菌染色体片段随同 F 因子一起脱离出来，这种带有部分细菌染色体的 F 因子叫 F′ 因子。例如，在某一 Hfr 菌株中，F 因子是插入到 lac^+ 基因附近的，当 F 因子从细菌染色体上解离时，错误地将 lac^+ 部分也包括进去了，这样就形成了带有 lac^+ 片段的 F′ 因子。携带该 F′ 因子的细菌与 F^-lac^- 菌株发生接合后，可像转移 F 因子那样将 F′ 因子转移到 F^- 菌株中，这样 lac^+ 基因所在的片段也转移到了 F^- 菌株中，可与受体菌的染色体形成部分二倍体 lac^+/lac^-。这种部分二倍体之间可以发生重组也可以不发生重组，如果发生单交换，则 F′ 因子将整合到受体染色体上而形成重组的 Hfr 菌株。如果发生双交换，则双交换之间的染色体片段会互换，如形成一个带 lac^- 的 F′ 因子和带 lac^+ 基因的重组细菌染色体。如果不发生重组，那么 F′ 因子自主复制，在细菌细胞中可以延续下去。另外，由于 lac^+ 与 lac^- 是一对等位基因，也可以研究这对基因间的显隐性关系（图 9-22）。

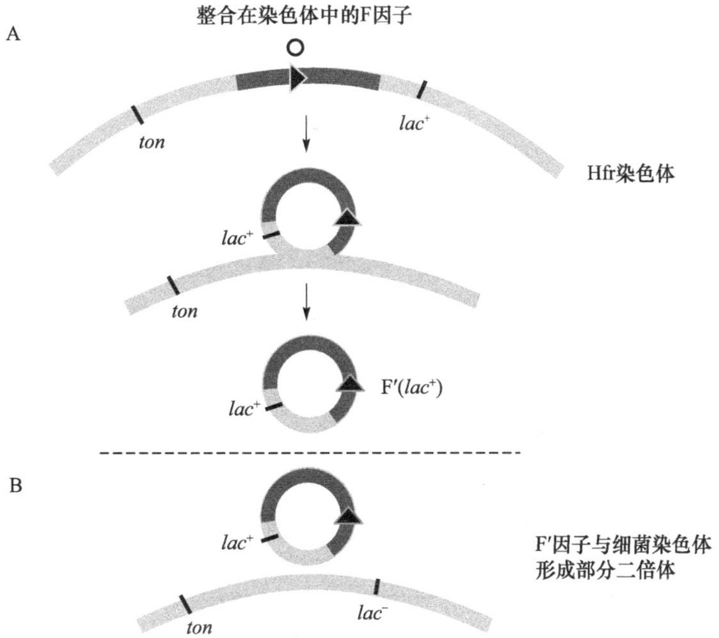

图 9-22　F′ 因子的形成过程

A. Hfr 菌株中，F 因子的不规则交换将部分细菌染色体片段带出，形成 F′ 因子；B. 在接合后的另一受体细菌中，F′ 因子与细菌染色体形成部分二倍体

利用 F′因子进行细菌基因的转移叫作性导（sexduction，F-duction）。F′因子具有几个明显的特点：①转移 F 因子的频率高；②有极高的自然整合率，F′因子形成的过程是可逆的，可以再插入到细菌染色体上，但只能整合到原来的位置上，恢复到以前的 Hfr 状态，这与 F 因子可整合到细菌染色体的不同座位形成对比，若转移到受体菌中，F′因子可以整合到细菌染色体的一定位置，因为它具有与细菌染色体同源的区段；③利用 F′因子形成的部分二倍体可研究等位基因的显隐性关系；④利用性导也可以进行基因作图，其原理与下面要介绍的转导法作图类似。

（二）F 因子、Hfr 染色体与 F′因子的关系

带有 F 因子、Hfr 染色体与 F′因子的菌株都可作为供体，与 F^- 菌株进行杂交，它们之间的关系可概述如下（图 9-23）。

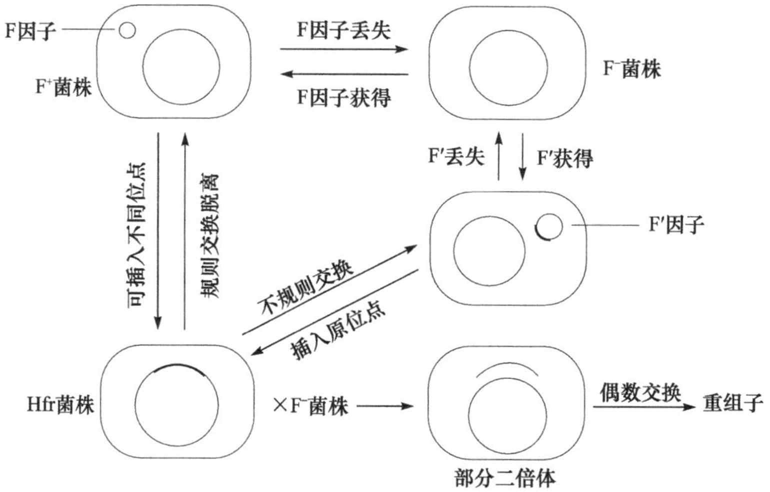

图 9-23　F 因子、Hfr 染色体与 F′因子的关系

1）带有 F 因子的菌株是 F^+ 菌株，失去 F 因子就成为 F^- 菌株。F^+ 菌株与 F^- 菌株杂交，F 因子可通过接合管转移到 F^- 菌株，最后所有的 F^- 菌株都会变为 F^+ 菌株，所以 F^+ 菌株转移 F 因子的频率很高，但在这个过程中，很少把细菌染色体转移过去，因此获得重组子的频率很低。

2）F 因子可通过交换整合到细菌染色体上，形成 Hfr 染色体，这个过程是可逆的，也可以再通过规则地交换脱离出来重新形成 F 因子。Hfr 菌株与 F^- 菌株杂交，能以较高的频率把细菌染色体转移到 F^- 菌株中，F 因子因位于转移时线性染色体的最末端，极少能进入，因此 Hfr 菌株转移细菌染色体的频率高，但转移 F 因子的频率低。不同的 Hfr 菌株其染色体的转移起点和方向不同，这是由 F 因子整合的位置和方向不同导致的。转移到 F^- 菌株中的染色体片段可与受体染色体形成部分二倍体，通过偶数交换，形成一种有活性的重组子，但相反的重组子不出现。

3）F 因子从 Hfr 染色体上脱离出来时如果是不规则交换，可带出部分细菌染色体，就形成 F′因子。这个过程也是可逆的，F′因子也可以再插入到细菌染色体上，但和 F 因子不

同的是，它只能插入到原来的位置，恢复到以前的 Hfr 状态。带有 F′因子的菌株与 F^- 菌株杂交时，F′因子连同它所带有的部分细菌染色体可一起转移到 F^- 菌株，转移速率近于 F 因子。当 F′因子转移到 F′菌株后，其上带有的细菌染色体片段和受体染色体也可形成部分二倍体，这时既可进行重组研究，也可进行显隐性关系的研究，但所获得的重组子要少于 Hfr 菌株的杂交，因此 F′因子的性质在 F 因子和 Hfr 染色体之间。

三、转化

转化是指受体细胞直接吸收来自供体细胞的 DNA 片段，并通过重组整合到自己染色体组中从而使基因型和表型发生相应变化的现象。供体的 DNA 片段称为转化因子或转基因（transgene），转化后形成的重组型受体称为转化子（transformant）。转化首先是由格里费斯（F. Griffith）于 1928 年在肺炎链球菌中发现的，后来由艾弗里（O. Avery）从分子水平予以证实：肺炎链球菌中的转化因子（transformation principle）就是 DNA。

（一）转化的机制

要有效地实现转化需要考虑以下一些因素：①供体 DNA 的大小和形态，双链且是较大的供体 DNA 片段才能够转化，如肺炎链球菌的 DNA 片段至少要有 800bp；②供体 DNA 分子数目，在细菌的细胞壁或细胞膜上有一定数量的 DNA 接受位点，在这些位点饱和之后，再增加 DNA 数目将不能提高转化子数量；③受体细胞必须处于感受态（competence），这是受体菌最易接受外源 DNA 片段并实现转化的生理状态。

细菌的转化过程包括以下几步。①吸附：细菌处于感受态时，具有一定长度的双链 DNA 分子吸附到受体细胞表面的受体位点上，这个过程开始是可逆的，当受体位点饱和后，就会阻止其他双链 DNA 的吸附，而处于不可逆状态。②吸收：吸附在受体位点上的供体双链 DNA 被细胞膜上的核酸酶降解其中的一条单链，然后 DNA 结合蛋白与另一条单链结合并将其拉入细胞内。③整合：进入的供体单链 DNA 片段与受体染色体形成部分二倍体，并与其同源区域联会，通过发生偶数交换整合进受体染色体基因组的一条单链中，形成转化子，相反的转化子不出现（与图 9-16 过程类似）。形成的转化子只有一条链是重组的，经复制、分离后，形成一个受体亲本类型的 DNA 和一个双链重组的转化子。

（二）转化和基因重组作图

在转化时，由于 DNA 是以小片段的形式进入受体的，因此当两个基因紧密连锁时，它们就有较多的机会同时被转化，即共转化（co-transformation），并同时整合到受体细胞染色体上，所以对于连锁基因可通过计算重组值进行作图，这与接合的重组作图原理相似。例如，以枯草杆菌的一个菌株 $trp_2^+his_2^+tyr_1^+$ 作为供体，提取其 DNA 转化受体菌株 $trp_2^-his_2^-tyr_1^-$，结果如表 9-5 所示。从表中可见，转化所形成的转化子数目最多的是三个基因同时被转化的类型，说明这三个基因在染色体上是紧密连锁的。因为在转化的 DNA 浓度较低时，紧密连锁基因的共转化效率要比不连锁的或相隔一定距离的基因共转化效率高得多，不连锁的基因要实现共转化，两个分隔的片段必须同时插入才行。

表 9-5 $trp_2^+his_2^+tyr_1^+$（供体）×$trp_2^-his_2^-tyr_1^-$（受体）的转化子类型及重组值计算

基因	转化子类型						
trp$_2$	+	−	−	−	+	+	+
his$_2$	+	+	−	+	−	−	+
tyr$_1$	+	+	+	−	−	+	−
数目	11 940	3 660	685	418	2 600	107	1 180

	亲本型（++）	重组型（+ − 或 − +）	重组值（重组子数 / 总数）
trp$_2$-*his*$_2$	11 940+1 180=13 120	2 600+107+3 660+418=6 785	6 785/19 905=0.34
trp$_2$-*tyr*$_1$	11 940+107=12 047	2 600+1 180+3 660+685=8 125	8 125/20 172=0.40
his$_2$-*tyr*$_1$	11 940+3 660=15 600	418+1 180+685+107=2 390	2 390/17 990=0.13

计算两个基因间的重组值要用这两个基因间的交换类型除上总数，根据表中的计算结果可知 *trp*$_2$ 与 *his*$_2$ 之间的重组值为 34%，*trp*$_2$ 与 *tyr*$_1$ 之间的重组值为 40%，*his*$_2$ 与 *tyr*$_1$ 之间的重组值为 13%，因此，三个基因的排列顺序如下。

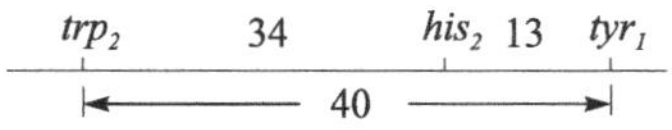

四、转导

转导是指以噬菌体为媒介，将细菌的小片段染色体或基因从一个细菌转移到另一个细菌的过程。它是细菌遗传物质传递和交换的一种重要方式。根据噬菌体传递细菌基因方式上的不同，可以分为普遍性转导（generalized transduction）和特异性转导（specialized transduction）又叫局限性转导（specialized transduction）两种。

（一）普遍性转导

1. 普遍性转导的发现

1951 年，莱德伯格和他的学生津德（N. Zinder）在对鼠伤寒沙门氏菌（*Salmonella typhimurium*）的遗传重组研究中首先发现了普遍性转导。他们将两种营养缺陷菌株 phe^- trp^- tyr^- 和 met^- his^- 单独培养在基本培养基上时，没有发现原养型细菌的出现。但将两种菌株混合培养在基本培养基上时，却发现了原养型菌落，其出现的频率约为 10^{-5}，因为这个频率太高了，不可能是回复突变，所以他们认为这是由两者之间发生基因重组所致的。

为了测试是否是转化和接合，他们进行了 U 形管实验（图 9-10），将上述两种菌株分别放入 U 形管的两臂内，中间用玻璃滤板隔开，并在培养基中加入了 DNA 酶，结果仍然获得了原养型，但是只出现在 U 形管的一臂中。这个结果不能用转化解释，因为 DNA 酶破坏了游离的 DNA，也不是接合导致的，唯一可能的解释是，这种重组是通过一种过滤因子（filterable agent）而实现的。之后发现这种过滤因子就是 P22 噬菌体——一种已知的沙门氏菌的温和噬菌体，因为：①过滤因子的大小和质量与 P22 噬菌体相同；②过滤因子用抗 P22 噬菌体血清处理后失活。由此，莱德伯格和津德发现了这种噬菌体介导的新的细菌基因重组方式，他们称其为转导。

2. 普遍性转导过程

普遍性转导是指噬菌体可介导细菌染色体组的任何不同部分的转移。现以 P22 噬菌体为例说明普遍性转导的过程（图 9-24）。P22 噬菌体侵染细菌后，将细菌染色体裂解成小片段，在形成噬菌体颗粒时，偶尔会错误地将细菌染色体片段包装进蛋白质外壳内，但并不包含噬菌体的遗传物质，因此这种假噬菌体称为转导颗粒（transduction particle）。决定噬菌体感染细菌能力的是蛋白质外壳，所以当转导颗粒被释放后仍可以吸附到受体细菌上，将它所携带的细菌基因导入受体细菌中，形成部分二倍体，并通过在部分二倍体间同源区域的偶数交换，整合到受体细菌的染色体上，由此形成的重组型细菌细胞称为转导子（transductant）。

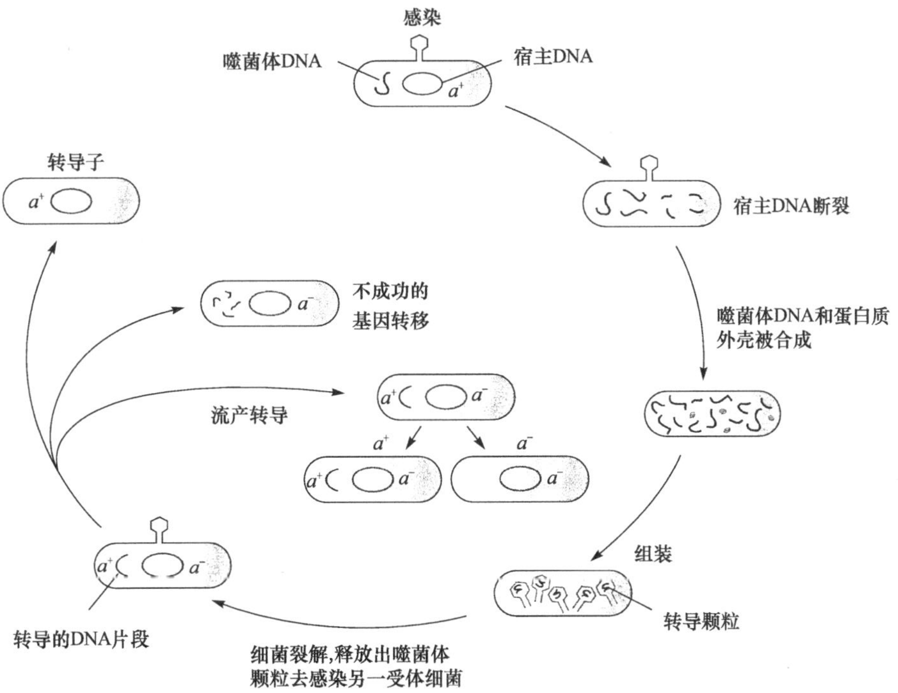

图 9-24　P22 噬菌体的普遍性转导过程（修改自 Snustad and Simmons, 2011）

如果转导颗粒转移的供体染色体片段不能通过交换重组到受体染色体上，由于它自身不能复制，因此在细胞分裂时只能传递给一个子细胞，随着分裂的增多便渐渐被淘汰，这称为流产转导（abortive transduction）。有时供体染色体片段也会被降解，这是不成功的基因转移。

转导的细菌 DNA 片段大约为一个噬菌体基因组的大小，通常能包括细菌基因组的 1%～2%。由于细菌染色体比噬菌体的染色体大得多，在转导过程中，可被错误包装的细菌染色体片段是随机的，因此这类噬菌体可转移细菌染色体的任何不同部分。

3. 转导与基因作图

利用普遍性转导还可以测定细菌基因间的连锁关系。噬菌体在随意包被宿主 DNA 片段时，不超过大肠杆菌遗传图谱 2min 距离的基因都有可能被同时包装而同时转导，两个基因一起被转导的现象称为并发转导或共转导（co-transduction）。两个基因在染色体上的距离越近，则越容易被同时包被，共转导的频率就越高；反之，如果两个基因的并发转导频率很低，就说明它们之间距离较远。因此通过测定两个基因的共转导频率就可以确定基因之间的顺序和距离，这是用接合和转化进行基因定位所难以实现的。

表 9-6　用 P1 噬菌体进行的大肠杆菌转导实验

选择标记	非选择标记
leu^+	50% azi^r，2% thr^+
thr^+	3% leu^+，0 azi^r
thr^+leu^+	0 azi^r

下面举例说明利用共转导进行细菌基因重组作图的具体方法。先用 P1 噬菌体感染供体菌 $thr^+leu^+azi^r$，再用释放出来的子代噬菌体去感染受体菌 $thr^-leu^-azi^s$，接下来做了三个实验（表 9-6）。

第一个实验是将受体菌涂在没有叠氮化钠（azi）但有苏氨酸（thr）的基本培养基上培养，这时只有含有 leu^+ 的菌落可生长，leu^+ 就是选择的标记基因，thr^+ 和 azi^r 是非选择标记基因。在该培养基上能生长的菌落说明含有 leu^+ 基因，这就是重组子。为了检测这些重组子中是否也并发转导了 thr^+ 和 azi^r 基因，再将所有的重组子分别培养在添加叠氮化钠和不添加苏氨酸的培养基中，结果在前一培养基中长出了 50% 的重组子，说明这 50% 的重组子中同时含有 leu^+ 和 azi^r 基因，两者的共转导频率是 50%；在后一培养基中长出了 2% 的重组子，说明这 2% 的重组子中同时含有 leu^+ 和 thr^+ 基因，两者的共转导频率是 2%。这个实验结果表明 *leu* 和 *azi* 相距较近，而和 *thr* 相距较远，三者的排列顺序可能有以下两种：

或

第二个实验是以 thr^+ 为选择标记基因，发现 *thr* 和 *leu* 的共转导频率为 3%，而和 *azi* 的共转导频率为 0，这表明 *thr* 距离 *leu* 较近，那基因的排列顺序应该是：

第三个实验同时以 leu^+ 和 thr^+ 为选择标记基因，发现与 *azi* 的共转导频率为 0，这说明转导颗粒所携带的供体菌染色体片段从 *thr* 开始，有时延伸到 *leu*，但还没有扩展到 *azi*。根据细菌接合实验，这段染色体长度相当于细菌染色体长度的 1/100，大致也就是噬菌体染色体的长度。

（二）特异性转导

特异性转导是指一些温和噬菌体只能转移细菌染色体的某些特定部分。这是莱德伯格和他的学生莫尔斯（Morse）于 1952 年首先在 λ 噬菌体中发现的。

特异性转导

特异性转导与性导非常相似，与原噬菌体在环出时发生差错有关。大肠杆菌的一个溶原菌株 K-12（λ）可被紫外线诱导，根据实验知道，λ 噬菌体的 DNA 总是附着到细菌 *gal* 基因的邻近位置，该位置含有 λ 噬菌体整合所需的特定序列。特异性转导过程如图 9-25 所示。

λ 噬菌体先附着到大肠杆菌 gal^+ 座位附近，并通过交换整合到细菌染色体上，成为原噬菌体，该菌也成为溶原性菌。由于整合过程是可逆的，当噬菌体从细菌染色体上通过交换脱离出来时，可能发生不规则交换，从而带出附近的 gal^+ 基因。由于噬菌体头部能被包

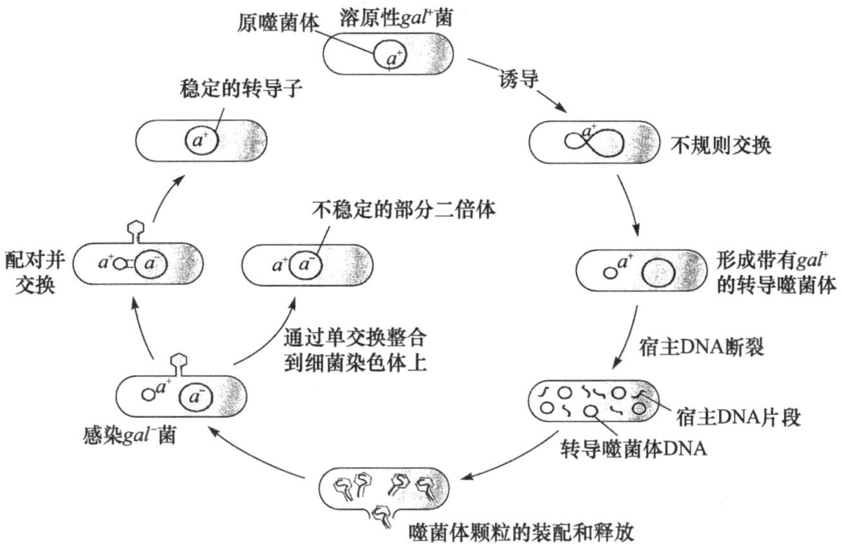

图 9-25 λ 噬菌体的特异性转导过程（修改自 Snustad and Simmons, 2011）

装的 DNA 长度与其染色体长度相当，因此噬菌体也留下了约 25% 的基因在细菌染色体上，这时的噬菌体叫转导噬菌体。转导噬菌体被释放出来后，因具有完整的 λ 噬菌体外壳，可再去感染 *gal*$^-$ 菌，转导噬菌体上的带 *gal*$^+$ 基因的区段可与细菌上的 *gal*$^-$ 区段配对并交换，通过双交换可使 *gal*$^+$ 基因交换到细菌染色体上，形成转导子，这种转导子是稳定的，可随细菌的繁殖而传递下去。转导噬菌体也可通过单交换整合到细菌染色体上，形成部分二倍体（细菌染色体上同时带有 *gal*$^+$ 基因和 *gal*$^-$ 基因），但却是不稳定的，因为整合过程是可逆的，少数情况下转导噬菌体会从细菌染色体上重新脱离出来，由于其丧失了 25% 的遗传物质，因此不能自我复制，在细胞分裂中会丢失或被稀释。

阅读资料：HIV——一种可感染人类并引起严重疾病的病毒

人类免疫缺陷病毒（human immunodeficiency virus，HIV），是一种感染人类免疫系统细胞的慢病毒（*Lentivirus*）。1983 年，在美国首次被发现，属反转录病毒的一种，是至今无有效疗法的致命性传染病毒。2015 年 3 月 4 日，多国科学家研究发现，艾滋病病毒已知的 4 种病株均来自喀麦隆的黑猩猩及大猩猩，这是人类首次完全确定艾滋病病毒毒株的所有源头。该病毒破坏人体的免疫能力，导致免疫系统能力缓慢而持续地下降，从而那些平时不能感染人体的生物也能轻易地使人患病，各种疾病及癌症得以在人体内生存，发展到最后，导致获得性免疫缺陷综合征（acquired immune deficiency syndrome，AIDS）。

人类免疫缺陷病毒直径约 120nm，像有 20 条边的足球。病毒外膜是类脂包膜，来自宿主细胞，并嵌有病毒蛋白 gp120 与 gp41（图 9-26）。内面是由蛋白 p17 形成的球形基质（matrix），以及蛋白 p24 形成的半锥形衣壳（capsid），衣壳在电镜下呈高电子密度。衣壳内含有病毒的 RNA 基因组、酶（反转录酶、整合酶、蛋白酶）及其他来自宿主细胞的成

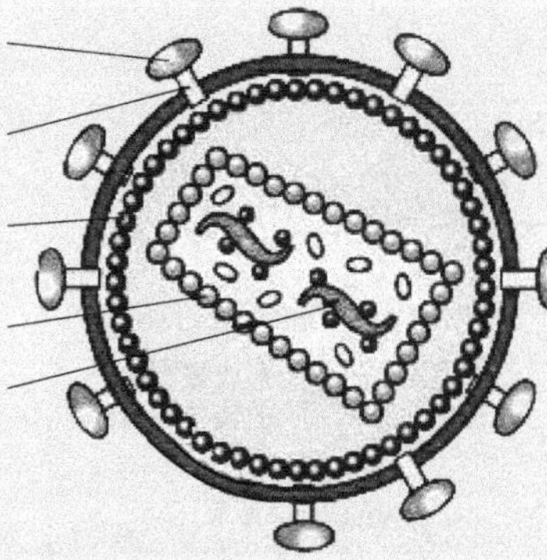

图 9-26　HIV 的结构

分（如 tRNAlys3，作为反转录的引物）。

感染时，HIV 通过与宿主细胞表面特异性受体蛋白的相互作用而侵入，进入宿主细胞后，HIV 的 RNA 基因组在反转录酶的催化下转换成双链 DNA，然后在整合酶的催化下整合到宿主细胞的染色体 DNA 中，并利用宿主细胞的 RNA 聚合酶转录为 HIV 的 mRNA 和病毒基因组 RNA。病毒 mRNA 指导合成病毒蛋白，并与病毒基因组 RNA 进行组装，再通过出芽的方式获得外层被膜，然后释放到细胞外成为成熟的 HIV 病毒，去扩散感染机体其他的免疫细胞。

HIV 由皮肤破口或黏膜进入人体血液后，主要攻击和破坏的辅助性 T 淋巴细胞（辅助性 T 淋巴细胞在细胞免疫系统中起着中心调节作用，它能促进 B 细胞产生抗体）。HIV 感染的前两个月称为急性期，患者经历类似流感一样的症状：疲劳、发热、头疼和肌肉酸疼。急性期后，被感染者开始变得没有症状，这一时期平均持续 8～10 年。但个体间差异极大，这可能与入侵的艾滋病病毒类型、强度、数量、感染途径及感染者自身的免疫功能、健康状态、心理因素等有关。这段时间内免疫系统仍然保有控制病毒颗粒和被感染细胞的能力。最后体内辅助性 T 淋巴细胞在数量上骤减，导致患者的免疫功能全部衰竭，机会性感染就会发生，疾病症状开始出现。

HIV 主要存在于感染者和患者的体液（如血液、精液、阴道分泌物、乳汁等）及多种器官中，性接触传播、血液传播和母婴传播是其主要的传播途径。由于 HIV 对外界环境的抵抗力弱，离开人体后，常温下在血液或分泌物内只能生存数小时至数天，在自然条件下则不能存活，因此握手、拥抱、接吻、游泳、蚊虫叮咬、共用餐具、咳嗽或打喷嚏等日常接触一般不会传播。

第 9 章
习题答案

习题

1. 名词解释：

原噬菌体、F^- 菌株、F^+ 菌株、Hfr 菌株、F 因子、F′ 因子、部分二倍体、接合、转导、转化、性导、共转导、普遍性转导、特异性转导。

2. 细菌和病毒遗传物质的传递方式与真核生物有何不同?

3. 试用实验的方法区分转化、接合和转导。

4. 试述 F^-、F^+、F′ 和 Hfr 之间的关系。

5. 利用噬菌体，你怎样将不能利用半乳糖的大肠杆菌（gal^-）转变成能利用半乳糖的大肠杆菌（gal^+）?

6. 一个基因型为 $a^+b^+c^+d^+e^+$，并对链霉素敏感的 *E.coli* Hfr 菌株，与基因型为 $a^-b^-c^-d^-e^-$，并对链霉素耐性的 F^- 菌株接合，30min 后，用链霉素处理，然后从成活的受体中选出

e^+ 型的原养型，发现它们的其他野生型（+）基因频率如下：a^+ 7%，b^+ 0%，c^+ 85%，d^+ 10%。问 *a*、*b*、*c*、*d* 四个基因与供体染色体起点（最先进入 F^- 受体之点）相对位置如何？

7. 为了能在接合后检出重组子，必须要有一个可供选择用的供体标记基因，这样可以认出重组子。另外，在选择重组子的时候，为了不选择供体细胞本身，必须防止供体菌株的继续存在，换句话说，供体菌株也应带有一个特殊的标记，能使它自己不被选择。例如，供体菌株是链霉素敏感的，这样当结合体在含有链霉素的培养基上生长时，供体菌株就被杀死了。现在要问：如果一个 Hfr 菌株是链霉素敏感的，你认为这个基因应位于染色体的哪一端为好？是在起始端还是在末端？

8. 供体菌株为 Hfr arg^- leu^+ azi^s str^s，受体菌株为 F^- arg^+ leu^- azi^r str^s。为了检出和收集重组体 F^- arg^+ leu^+ azi^r，应用下列哪一种培养基可以完成这一任务？为什么其他的培养基不行？

（1）基本培养基加链霉素。

（2）基本培养基加叠氮化钠和亮氨酸。

（3）基本培养基加叠氮化钠。

（4）在选择培养基中不加精氨酸和亮氨酸，加链霉素。

（5）基本培养基加链霉素和叠氮化钠。

9. 用不同的 Hfr 菌株进行了一系列的中断杂交实验，得到下列基因连锁图：① *AJFC*；② *DHEB*；③ *IBEH*；④ *JFCI*；⑤ *AGDH*。试描绘该细菌的环状染色体图。

10. 基因型 *ACNRX* 的菌株，作为外源 DNA 用来转化基因型 *acnrx* 的菌株得到下列类型：*AcnRx*，*acNrX*，*aCnRx*，*AcnrX*，*aCnrx*。请问被转化的基因顺序如何？

11. 用噬菌体的 3 个基因杂交产生后代的类型和数目如表 9-7 所示。

表 9-7　噬菌体 3 个基因杂交结果

类型	数目	类型	数目
+++	235	*pqr*	270
pq+	62	*p*++	7
+*q*+	40	*p*+*r*	48
+*qr*	4	++*r*	60

问：

（1）亲本噬菌体的基因型是什么？

（2）基因的排列顺序是怎样的？

（3）基因之间的图距如何？

12. 用一野生型菌株抽提出来的 DNA 来转化一个不能合成丙氨酸（ala）、脯氨酸（pro）和精氨酸（arg）的突变型菌株，产生不同转化类型的菌落，其数如表 9-8 所示。

表 9-8　DNA 转化突变型菌株的结果

数目	类型	数目	类型
8400	$ala^+ pro^+ arg^+$	840	$ala^+ pro^- arg^-$
2100	$ala^+ pro^- arg^+$	1400	$ala^+ pro^+ arg^-$
420	$ala^- pro^+ arg^+$	840	$ala^- pro^+ arg^-$
840	$ala^- pro^- arg^+$		

第 12 题
习题解析

问：

（1）这些基因间的图距为多少？

（2）这些基因的顺序如何？

13. 用 Hfr $met^+ thi^+ pur^+$ 与 F^- $met^- thi^- pur^-$ 杂交，中断杂交实验表明，met^+ 最后进入受体，所以只能在添加 thi 和 pur 的培养基上选择含 met^+ 的重组子，然后再检测这些重组子是否含有 thi^+ 和 pur^+，结果如下：

$met^+ thi^+ pur^+$　280　　$met^+ thi^+ pur^-$　0

$met^+ thi^- pur^+$　6　　$met^+ thi^- pur^-$　52

问：

（1）选择培养基中为什么不考虑 met？

（2）基因的排列顺序是怎样的？

（3）这些基因之间的图距是多少？

（4）这里为什么不出现基因型 $met^+ thi^+ pur^-$ 的个体？

14. 用 P1 噬菌体进行普遍性转导，供体菌是 $pur^+nad^+pdx^-$，受体菌是 $pur^-nad^-pdx^+$。转导后选择具有 pur^+ 的转导子，然后在 100 个 pur^+ 转导子中检测其他供体菌基因有否也转导过来。所得结果见表 9-9。

表 9-9　$pur^+ nad^+ pdx^-$ × $pur^- nad^- pdx^+$ 普遍性转导结果

基因型	菌落数
nad^+pdx^+	1
nad^+pdx^-	24
nad^-pdx^+	50
nad^-pdx^-	25
合计	100

第 14 题
习题解析

问：

（1）*pur* 和 *nad* 的共转导频率是多少？

（2）*pur* 和 *pdx* 的共转导频率是多少？

（3）哪个非选择性座位最靠近 *pur*？

（4）*nad* 和 *pdx* 在 *pur* 的同一边，还是在它的两侧？

（5）根据你得出的基因顺序，解释实验中得到的基因型的相对比例。

第10章　数量性状遗传

本章知识主线： 本章围绕数量性状，介绍了数量性状的遗传特点、统计分析方法及遗传分析方法——遗传率的估算，最后讲述了涉及诸多数量性状改变的近交与杂种优势的遗传分析。

前面所讨论的性状，如豌豆的红花与白花、豆粒的黄色与绿色、家鸡羽毛的黑、白和芦花等，都彼此差异明显，能够明确进行分类。这种显示质的差别、呈现不连续变异的性状称为质量性状（qualitative character）。

此外，生物界还广泛存在另一种类型的性状，如植株的高度、籽粒的大小、作物的产量、鸡的产卵数、奶牛的泌乳量等，这些性状之间没有明显的界限，彼此间只有数量的不同，没有明显的质的差别，不容易进行分类。这类没有明显界限、呈现连续变异的性状称为数量性状（quantitative character）。

质量性状的区别，可以用文字描述，而数量性状的差异要用数量表示，如高度多少、质量多少。对于质量性状，基因与性状之间的关系较为简单，可以比较容易地用经典遗传学的三大定律来分析。而数量性状的遗传要比质量性状复杂得多，除了基因型的作用外，还很容易受环境条件的影响，同一品种在不同环境条件下，数量性状的表现如产量等会有很大差别。因此在研究数量性状时，除了分析基因的遗传表现，还要特别注意环境条件的影响。数量性状的研究方法在基础生物学和应用生物学中有着重要应用，如对作物产量、果实大小等农业性状的研究，对学习能力、记忆力、个性等心理性状的研究，对寿命、身高、疾病的易感性、冠心病等医学性状的研究都离不开数量遗传学。

第一节　数量性状概述

一、数量性状的遗传特点

伊斯特（E. M. East）用短穗玉米与长穗玉米杂交，将双亲、F_1代和F_2代种于同一田间，分别测量各世代所有植株的穗长，结果如表10-1所示。从表中可见，长穗品种与短穗品种杂交，F_1代的穗长表现为两亲本的中间型，并且F_1代与F_2代都不能明确分组，不能求出分离比例，表现为连续变异，非常近似正态分布（图10-1）。而且F_1代的基因型都一样，但穗长却有差异，这说明数量性状很容易受环境的影响而发生变异，但这种

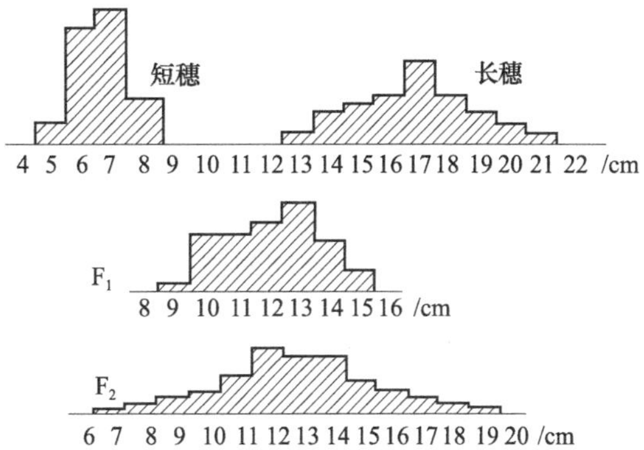

图10-1　玉米穗长的遗传（引自刘祖洞等，2013）

变异是不遗传的。可见数量性状的表现是遗传与环境相互作用的结果，并在群体中呈正态分布。

表 10-1 玉米穗长的遗传

比较群体	果穗长度 /cm																	总数（n）	平均数（$\bar{x} \pm s_{\bar{x}}$）	方差（V）
	5	6	7	8	9	10	11	12	13	14	15	16	17	18	19	20	21			
短穗亲本	4	21	24	8														57	6.632	0.665
长穗亲本								3	11	12	15	26	15	10	7	2		101	16.802	3.561
F_1 代					1	12	12	14	17	9	4							69	12.116	2.307
F_2 代			1	10	19	26	47	73	68	68	39	25	15	9	1			401	12.888	5.072

数量性状遗传一般有以下特征。

1）两个纯合亲本杂交，F_1 代表型一般呈现双亲的中间型，但由于环境的影响，有时也可能倾向于其中的一个亲本。

2）F_2 代的表型平均值与 F_1 代相近，但变异幅度比 F_1 代更广。从表 10-1 中可见，F_2 代与 F_1 代的穗长平均值相近，但 F_2 代的玉米穗长变化范围为 7～19cm，比 F_1 代要广，这是由于除了同 F_1 代一样受到环境影响外，F_2 代还有基因型的差异。

3）杂种后代中有可能分离出高于高值亲本或低于低值亲本的类型，这种现象称为超亲遗传（transgressive inheritance）。如果两杂交亲本的遗传组成不是极端类型，F_2 代就可能出现这种超亲现象。例如，基因型 *AABBCCdd* 的汉堡鸡与基因型 *aabbccDD* 的乌骨鸡杂交，F_1 代杂合体 *AaBbCcDd* 的体重居中，但在 F_2 代中基因型 *AABBCCDD* 的个体比亲本汉堡鸡的个体还大，而基因型 *aabbccdd* 的个体又比亲本乌骨鸡还小。

二、数量性状的多基因假说

如前所述，质量性状符合经典遗传学的三大定律。而数量性状一般呈现连续变异，不能简单分类，也不易直接得出简单的比例关系，那它们的遗传是否有规律可循？是否也符合遗传的三大定律呢？ 1909 年尼尔逊·埃尔（H. Nilsson-Ehle）通过对小麦粒色遗传的研究，提出了多基因假说（multiple-factor hypothesis），认为数量性状也是符合前述遗传定律的，但与质量性状有一定区别。

尼尔逊·埃尔用小麦的红粒品种与白粒杂交，发现 F_1 代为粉红色，呈现双亲的中间型。F_2 代的籽粒颜色则表现为不同程度的红色和白色，有的杂交组合 F_2 代得到红：白 =3：1，有的是红：白 =15：1，有的是红：白 =63：1。进一步研究发现，小麦粒色的遗传涉及三对基因，亲本若表现 1 对基因的差异，则在 F_2 代出现 3：1 的分离比；若表现 3 对基因的差异，则在 F_2 代出现 63：1 的分离比。两对基因和三对基因差异的杂交如图 10-2 和图 10-3 所示，从图中可见，每增加一个 *R* 基因，籽粒的红色就要深一些，由于各个基因型所含的红色基因数目不同，就形成了红色程度不同的籽粒，因此表型与红色基因数目有直接关系。同时三对基因差异的 F_2 代红色范围比两对基因差异的红色范围要广。

P 红粒 × 白粒

$R_1R_1R_2R_2$ ↓ $r_1r_1r_2r_2$

F_1 中红

$R_1r_1R_2r_2$

F_2 ↓⊗

表型类别	红色				白色
	深红	中深红	中红	浅红	
表型比例	1	4	6	4	1
红色有效基因数	4*R*	3*R*	2*R*	1*R*	0*R*
基因型	$1R_1R_1R_2R_2$	$2R_1R_1R_2r_2$ $2R_1r_1R_2R_2$	$1R_1R_1r_2r_2$ $4R_1r_1R_2r_2$ $1r_1r_1R_2R_2$	$2R_1r_1r_2r_2$ $2r_1r_1R_2r_2$	$1r_1r_1r_2r_2$
红∶白	15∶1				

图 10-2 小麦粒色遗传两对基因差异的杂交

P 红粒 × 白粒

$R_1R_1R_2R_2R_3R_3$ ↓ $r_1r_1r_2r_2r_3r_3$

F_1 中红

$R_1r_1R_2r_2R_3r_3$

F_2 ↓⊗

表型类别	红色						白色
	最深红	暗红	深红	中深红	中红	浅红	
表型比例	1	6	15	20	15	6	1
红色有效基因数	6*R*	5*R*	4*R*	3*R*	2*R*	1*R*	0*R*
红∶白	63∶1						

图 10-3 小麦粒色遗传三对基因差异的杂交

而且无论是两对还是三对基因差异，F_2 代的表型比例都完全符合二项式展开的数量关系，相当于二项式（$(p+q)^n$ 展开的各项系数（其中 p、q 分别为 F_1 代产生的 R 和 r 配子的概率，都是 1/2，n 为差异的等位基因数目），呈正态分布，因此小麦粒色遗传表现的是数量性状的特点，说明数量性状也是由基因控制的。根据对小麦粒色的分析，尼尔逊 · 埃尔提出了多基因假说，多基因假说后来被更多的研究结果所证实，如艾默生（R. A. Emerson）和伊斯特（E. M. East）1913 年对玉米穗长，以及伊斯特 1915 年对烟草花冠长度等的遗传研究，后又经费希尔（R. A. Fisher）等统计和数量遗传学家的进一步完善，成为解释和分析数量性状遗传的重要理论。多基因假说的要点如下。

1）数量性状是由许多独立遗传的基因决定的，基因数越多，F_2 代变异幅度越广。例如，小麦粒色遗传中的红色就是基因控制的，三对基因差异的杂交中，F_2 代的红色从具有 6*R* 的最深红变化到有 1*R* 的浅红；两对基因差异的杂交，F_2 代的红色从具有 4*R* 的深红变化到 1*R* 的浅红，故前者的变异范围更广。

2）各基因的效应微小且效应相等。例如，R_1 和 R_2、R_3 的效应是相等的，但一个 R 基因只表现为浅红色，所以效应微小，通常又叫微效多基因（minor gene）。

3）各等位基因之间一般不存在显隐性关系（通常用大写罗马字母表示增效）。

4）各基因的效应是累加的，呈现剂量效应，且易受环境条件影响。例如，R_1 和 R_2、R_3 的效应就可相互累加，使红色更深。由于一个基因的效应微小，因此很容易受到环境条件的影响。当光照条件好的时候，含两个 R 基因型的植株可能比中红要深，而接近于三个 R 基因的中深红，这样就使数量性状表现出连续变异，而不易进行分类。

5）微效多基因也服从经典的遗传定律。微效多基因也位于染色体上，因此具有分离和重组、连锁和交换、突变等性质。

多基因假说为数量性状的遗传分析奠定了理论基础，但也有其局限性。事实上，大部分数量性状的遗传方式要比小麦粒色遗传的例子复杂得多。自 20 世纪 80 年代以来，人们已陆续发现有些动物的产量性状不但受微效多基因控制，而且还受控于一个或少数几个效应较大的主效基因（major gene）。可见由于涉及的基因数目多，各基因对数量性状的表型效应可能不完全一样，而且其间又往往还有基因间互作及连锁关系。同时由于环境影响，环境的作用与基因的作用也不易区分。所以，对于数量性状的研究，一定要采用统计学的分析方法。

三、数量性状基因座

如前所述，数量性状是受多基因控制的。长期以来，研究者将控制数量性状的多基因作为一个整体，通过数理统计学的方法来剖析和描述特性，但无法确定控制数量性状的基因数目及其在染色体上的准确位置。自 20 世纪 80 年代以来，借助众多的遗传标记及其他新技术，对数量性状基因座（quantitative trait locus，QTL）进行作图开始成为现实。所谓 QTL 是指通过连锁分析来确定位于遗传标记附近染色体区域中的某些可以确定其位置、数目及效应的控制数量性状的基因。

数量性状基因的定位也和质量性状基因一样，必须使用遗传标记。QTL 定位的基础首先是建立分子标记遗传连锁图，借助遗传标记，不仅可以对 QTL 所在的染色体进行逐段分析，还可以制作 QTL 分子图谱和物理图谱，对 QTL 进行克隆和序列分析。目前 QTL 研究所采用的分子标记主要有基于分子杂交的限制性片段长度多态性（RFLP），基于 PCR 扩增的随机扩增多态性（RAPD）、扩增片段长度多态性（AFLP）、简单重复序列（SSR），以及基于 DNA 测序的单核苷酸多态性（SNP）和表达序列标签（EST）等。

QTL 定位分析的实质是确定 QTL 与遗传标记间的连锁关系，根据连锁标记的遗传效应，来推断数量性状基因的位置和效应大小。其基本做法是利用遗传分离群体中某分子标记与相应性状的数据观察值，建立该标记与性状之间的关联关系。若某分子标记与性状存在关联，则可认定在该标记附近存在一个或几个 QTL。通过分析某性状与遗传图谱上一系列已知染色体位置的分子标记间的关联性，即可确定控制该性状的 QTL 在图谱上的位置。借助分子标记技术，人们可以将复杂的多基因系统分解成一个个孟德尔因子，并能像研究质量性状基因那样，对数量性状基因进行研究。水稻抽穗期基因、番茄果实基因等的成功克隆表明，数量性状基因的研究已从统计意义上的染色体可能位置进入到实际可操作的基因层面。

四、数量性状与质量性状

数量性状与质量性状有区别，但两者的划分并不是绝对的，而是既有区别也有联系。

两者的联系主要体现在以下几方面。

1）都是由位于染色体上的基因控制的，都遵循遗传定律。

2）因区分性状的着眼点不同，某些性状既有数量性状也有质量性状的特点。例如，前述小麦粒色的遗传，在区分性状时，如果采用非红即白的方法，就表现为质量性状，在 F_2 代有明确的分离比例；如果看红色的程度，采用定量的方法，从深红到淡红间有一系列变化，就表现出数量性状的特点。

3）同一性状因杂交亲本类型或有差异的基因数不同而表现不同。例如，一般情况下豌豆株高为数量性状，呈现连续变异，但是孟德尔豌豆杂交试验中所用的高植株和矮植株则是可进行明确分类的质量性状。为什么同样一个性状，有时表现为数量性状，有时表现为质量性状呢？这是因为虽然性状本身由多对基因决定，但如果用于交配的两亲本就这一性状而言只有这一对基因的差别，而这一对基因的差别对性状又有较大影响，这样就相对地表现为不连续变异，表现为质量性状了。假如两亲本相差 3 对基因，高植株的基因型为（$T_1T_1T_2T_2T_3T_3$），矮植株的基因型为（$t_1t_1t_2t_2t_3t_3$），则 F_2 代的基因型中决定高度的有效基因数从 $6T$ 变化到 $0T$，已接近连续分布，再加上环境对基因作用的影响，自然就表现出数量性状的特点了；如果高植株与矮植株杂交，两亲本仅有一对基因的差异，相当于 $T_1T_1 \times t_1t_1$，则 F_2 代的基因型中决定高度的有效基因数从 $2T$ 变化到 $0T$，相对地就表现为不连续变异，如果这一对基因对性状的影响又较大，就表现为质量性状了。

4）由于观察的层次不同，多基因控制的数量性状，外观上也可表现为非此即彼。例如，有唇裂和无唇裂等性状区别明显，看似质量性状，但其遗传基础却是多对基因和环境共同影响的数量性状，是多对基因决定了这种疾病的易患性，而易患性是连续变异的，当易患性超过某一值时个体才有患病的风险，环境因素则引发这个病的最终发生，超过的这个值称为阈值，这种性状因此也被称为阈值性状（threshold trait）。例如，单胎和多胎是不连续的，但其基本物质是可能引起超数排卵的激素水平，这是连续分布的。当激素水平低于某一阈值时，为单胎；当激素水平超过某一阈值时，是多胎。像这种由多对基因控制的数量性状，其相关基本物质的含量可能呈连续分布，但性状的改变仅发生在基本物质达到或超过某一阈值时，所以数量性状在外观上也可以表现为非此即彼（图 10-4）。

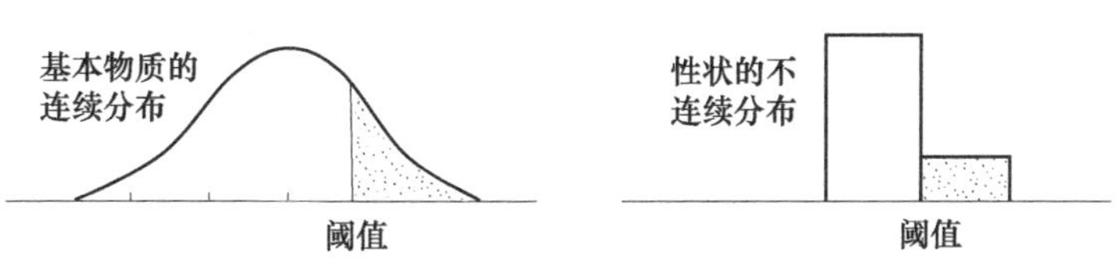

图 10-4　由多基因控制的、其基本物质可能是连续分布的性状（引自刘祖洞等，2013）

数量性状与质量性状的区别主要表现在以下几方面。

1）变异的表现不同。质量性状表现为不连续变异，呈现质的差别，通常用文字描述；而数量性状的差异是连续的，表现为量上的不同，通常用数字表示。

2）控制性状的基因数目不同。质量性状通常由一对或少数几对基因控制，且对环境不敏感。数量性状则由多对基因控制（多在 10 对以上），并对环境条件敏感。因此数量性状的杂交后代基因型分离比较复杂，需用数量统计的方法对基因的总效应进行分析。

3）研究的对象不同。质量性状容易区分，可以以个体或家系为研究对象来观察表型和基因型的遗传规律；而数量性状由于不能明确分类，呈现连续分布，因此要以群体为研究对象来探寻其遗传特点。

总之，数量性状与质量性状有着明显的区别，但并无明确的界限，有些情况下是互相渗透、互有联系的。

第二节 数量性状遗传的统计分析

如前所述，数量性状很容易受环境条件的影响，即便基因型相同，在不同的环境条件下表型也可能有较大差异。同时由于数量性状涉及的基因数目多，在基因与环境的共同影响下，呈现连续变异，不能明确分类，因此数量性状要以群体为研究对象来探寻其遗传特点，要用生物统计的方法对表型值加以数量分析，才能看出其遗传规律。分析数量性状最常用的统计学参数是平均数（mean）、方差（variance）和标准误（standard error of mean）。

一、平均数

平均数是某一性状的几个观察值的平均。求平均数的公式如下。

$$\bar{x}=\frac{x_1+x_2+\cdots+x_n}{n}=\frac{\sum x}{n}$$

式中，$\bar{x}$ 是平均数；x_n 是变数 x 的第 n 个观察值；$\sum x$ 是 n 个观察值的和。例如，表 10-1 提到的短穗玉米中，共测量了 57 株，其中 4 株 5cm，21 株 6cm，24 株 7cm，8 株 8cm，则平均数为

$$(4\times5+21\times6+24\times7+8\times8)\div57=6.63\ (\text{cm})$$

平均数的意义在于它表示了变数的中心位置，并可作为该群体的代表与另一群体的平均数相比较。

二、方差

在表 10-1 中，F_2 代穗长的平均数与 F_1 代相近，但其穗长的变异范围却比 F_1 代大得多。可见单算平均数还不足以反映数量性状的全貌，还要计算它们的变异程度，这通常可用方差来表示。方差反映了个体测量值与平均值的偏差程度，其计算公式如下。

$$s^2=\frac{\sum(x-\bar{x})^2}{n}$$

式中，x 为变数；$\bar{x}$ 为平均数；n 为总的观察数，但只限于理论假定的时候，在实际的例子中，由于平均数是从实际观察数计算出来的，分母应是（n–1）。为计算方便，将 $\bar{x}=\frac{\sum x}{n}$ 代入公式，则公式变换为

$$s^2=\frac{\sum x^2-\frac{\left(\sum x\right)^2}{n}}{n-1}$$

如果要计算上述短穗玉米穗长的方差，则

$$\sum x^2=5^2+5^2+5^2+5^2+6^2+\cdots+8^2=2544$$
$$\sum x=5+5+5+5+6+\cdots+8=378$$
$$n=57$$

所以

$$s^2=\frac{\sum x^2-\frac{\left(\sum x\right)^2}{n}}{n-1}=\frac{2544-\frac{(378)^2}{57}}{56}=0.67$$

从公式和计算实例可以看出，方差一定是正的。观察数与平均数的偏差小，方差就小，因此方差可以用来表示群体的变异程度和变异范围。方差越大，表示群体的变异程度和变异范围越大，群体越不整齐，如上面玉米穗长中的 F_2 代；反之，方差小，说明群体的变异程度和变异范围小，群体整齐，如玉米穗长中的 F_1 代。

三、标准误

除了个体观察数可以作为取得的一个样本外，平均数也可看作从很多平均数中取得的一个样本，如每个班都有一个遗传学的平均成绩，所以也有它自己的方差。平均数的方差要比个体观察数的方差小。在统计学上，平均数的方差是个体观察数的方差的 $1/n$，计算的公式为

$$s_{\bar{x}}^2=\frac{s^2}{n}$$

这里 $s_{\bar{x}}^2$ 代表平均数的方差，这个数的平方根称为标准误（standard error）。公式为

$$s_{\bar{x}}=\pm\sqrt{\frac{s^2}{n}}$$

如在短穗玉米的例子中，标准误为

$$s_{\bar{x}}=\pm\sqrt{\frac{0.67}{57}}=\pm 0.11$$

标准误反映了平均数的代表性程度，标准误大，表示群体的变异程度大，平均数的代表性小；反之标准误小，表示群体的变异程度小，平均数的代表性大。一般在生物学资料中，单注明平均数往往是不够的，还应该加上标准误，表明平均数的可能变异范围。所以短穗玉米的例子可以写作

$$\bar{x}\pm s_{\bar{x}}=6.63\pm 0.11$$

有了上面一些基本的统计方法，下面我们来讨论遗传变异和遗传率。

第三节 遗传率及其估算

一、遗传率的概念

两个纯合亲本杂交，F_2代在表型上的差异取决于两方面的因素，一方面是基因型的差异，另一方面是环境的影响，因此，表型变异是由遗传变异和环境变异两部分组成的。若以P表示表型，G表示基因型，E表示环境作用，则三者的数量关系可用下式表示。

$$P=G+E$$

由于方差可用来测量变异程度和变异范围，因此表型变异可用表型方差（V_P）表示，遗传变异用遗传方差（V_G）表示，环境变异用环境方差（V_E）表示，这样三者的关系可用方差表示为

$$V_P = V_G + V_E$$

那如何考查表型差异主要是由遗传因素还是环境因素造成的呢？为此人们提出了遗传率的概念。所谓遗传率（heritability，以h^2表示）就是遗传方差在总的表型方差中所占的比例，用公式表示为

$$h^2 = \frac{V_G}{V_P} = \frac{V_G}{V_G + V_E} \times 100\%$$

如果遗传率高，说明遗传方差所占比例大，表型变异主要是遗传差异造成的，表型变异大都是可遗传的；如果遗传率低，说明环境方差大，表型变异主要是环境差异导致的，表型变异大都是不可遗传的。

从基因作用来分析，遗传方差成分由以下三部分组成。

1）加性方差（V_A）：加性方差是由等位基因和非等位基因间的累加作用引起的变异量，基因相互之间无显隐性。假如基因A的效应值是5cm，基因型$a_1a_1a_2a_2$的高度为30cm，则$A_1a_1a_2a_2$和$a_1a_1A_2a_2$都为35cm，$A_1a_1A_2a_2$为40cm，可见性状的数量效应由有效基因的效应值累加而成。

2）显性方差（V_D）：显性方差是等位基因间相互作用引起的变异量，与等位基因间的显性程度有关。上例中若A_1对a_1完全显性，则$A_1a_1a_2a_2$与$A_1A_1a_2a_2$一样，应是40cm。

3）上位性方差（V_I）：上位性方差是指非等位基因间的相互作用引起的变异量。上例中假如A_1和A_2互作可增加4cm，则$A_1a_1A_2a_2$应为44cm。

这样，遗传方差可以表示为

$$V_G = V_A + V_D + V_I$$

其中，基因的加性方差是可固定的变异量，它可在上下代之间传递，如果有两个有效基因，就有两个基因的累加值。显性方差和上位性方差又称非加性方差，是不能固定的变异量，因为它们依赖与等位基因间的杂合状态或非等位基因间的特定组合。例如，显隐性作用带来的效应值，在纯合状态是会消失的。因此加性方差在遗传时是可靠的，而非加性方差在遗传时是不可靠的。由于非加性方差在遗传时不可靠，因此将加性和非加性方差加在一起作为遗传方差计算的遗传率称为广义遗传率（heritability in the broad sense），记作h_B^2。而只计算加性方差在总的表型方差中所占的比例，称为狭义遗传率（heritability in the narrow sense)，记作 h_N^2，狭义遗传率比广义遗传率更为准确可靠。狭义遗传率的计算公式为

$$h_N^2=\frac{V_A}{V_P}\times 100\%=\frac{V_A}{(V_A+V_D+V_I)+V_E}\times 100\%$$

二、基本估算方法

(一) 广义遗传率的估算

广义遗传率的估算

广义遗传率是遗传方差在总的表型方差中所占的百分比。两个纯合亲本 P_1 和 P_2 杂交，得到 F_1 代，F_1 代自交得 F_2 代，F_2 代的表型方差通过对表型的观察测量是可以计算的，若能求得环境方差，则可计算遗传方差和广义遗传率。以植物为例，将 F_2 代与 P_1、P_2 和 F_1 代同时种于肥力均匀的田内进行观察记载，由于两个亲本都是纯合体，每个亲本的基因型都是一致的，遗传方差为零，因此两个亲本的表型方差都等于环境方差，即 $V_{P_1}=V_E$，$V_{P_2}=V_E$。同样的，F_1 代杂合体的基因型也是一致的，其表型变异也完全来自于环境变异，即 $V_{F_1}=V_E$。P_1、P_2 和 F_1 代的表型方差都可通过观测计算，即 V_{P_1}、V_{P_2} 和 V_{F_1} 是可求的。那环境方差如何估算呢？环境方差的估算根据实际情况有三种方法。

1) $V_E=\frac{1}{3}(V_{P_1}+V_{P_2}+V_{F_1})$。

2) $V_E=\frac{1}{2}(V_{P_1}+V_{P_2})$（适用于无 F_1 代数据时）。

3) $V_E=V_{F_1}$（适用于异花授粉作物）。

现以前面玉米穗长的遗传为例来说明广义遗传率的估算。从表 10-1 可知，$V_{P_1}=0.67$，$V_{P_2}=3.56$，$V_{F_1}=2.31$，则

$$V_E=\frac{1}{3}(V_{P_1}+V_{P_2}+V_{F_1})=\frac{1}{3}(0.67+3.56+2.31)=2.18$$

$$h_B^2=\frac{V_G}{V_{F_2}}=\frac{V_{F_2}-V_E}{V_{F_2}}\times 100\%=\frac{5.07-2.18}{5.07}\times 100\%=57\%$$

结果表明，就穗长这个性状而言，其总变异约 57% 是遗传因素决定的。广义遗传率的估算方法简单易行，但较粗略，估值往往偏高。

(二) 狭义遗传率的估算

狭义遗传率的估算

假设有一对基因，亲代的基因型为 *AA* 和 *aa*，F_1 代为 *Aa*，F_2 代有三种基因型：*AA*、*Aa* 和 *aa*，频率分别为 1/4、2/4 和 1/4。假定基因 *A* 的效应值为 *a*，*AA* 与 *aa* 之间的平均效应相差 2*a*，若以 *AA* 为 *a*，则 *aa* 为 –*a*，可用图表示如下。

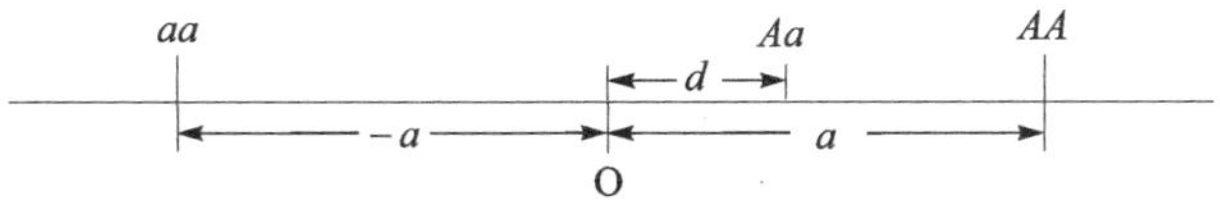

其中，O 点为两亲本的中间值，即平均值。Aa 的平均效应值与等位基因间的显隐性作用有关：无显隐性时，Aa 的平均效应值是在 aa 效应值 $-a$ 的基础上加上基因 A 的效应值 a，正好在 O 点；完全显性时，Aa 的平均效应值与 AA 一致，应为 a，这个 a 值是显隐性作用引起的；不完全显性时，Aa 的平均效应值应在 O 到 a 之间，可见，Aa 的效应值正好是离开 O 点的显性偏差。假设该值为 d，当无显隐性时，Aa 在 O 点，$d = 0$；完全显性时，Aa 与 AA 一致，$d = a$；不完全显性时，Aa 在 O 到 a 之间，$0 < d < a$；如 $d > a$，则表示超显性，如 $d < 0$，则表示 Aa 更像 aa 一些。这样，AA、Aa 和 aa 三种基因型的平均效应值分别为 a、d 和 $-a$。下面我们来计算 F_2 代的方差（表 10-2）。

表 10-2 F_2 代平均值和遗传方差的计算

基因型	频率（f）	基因型值（x）	fx	fx^2
AA	$\frac{1}{4}$	a	$\frac{1}{4}a$	$\frac{1}{4}a^2$
Aa	$\frac{1}{2}$	d	$\frac{1}{2}d$	$\frac{1}{2}d^2$
aa	$\frac{1}{4}$	$-a$	$-\frac{1}{4}a$	$\frac{1}{4}a^2$
合计	n=1		$\sum x = \frac{1}{2}d$	$\sum x^2 = \frac{1}{2}a^2 + \frac{1}{2}d^2$

根据表 10-2，F_2 代的平均值为

$$\bar{x} = \frac{1}{4}a + \frac{1}{2}d + \frac{1}{4}(-a) = \frac{1}{2}d$$

F_2 代的遗传方差为

$$\sum x^2 - \frac{(\sum x)^2}{n} = \frac{1}{2}a^2 + \frac{1}{2}d^2 - \frac{1}{4}d^2 = \frac{1}{2}a^2 + \frac{1}{4}d^2$$

如果控制同一性状的基因有 A，a；B，b；…；N，n 等多对，假定这些基因不相互连锁并且不存在相互作用，则 F_2 代的遗传方差为

$$V_G = \frac{1}{2}a_1^2 + \frac{1}{2}a_2^2 + \cdots + \frac{1}{2}a_n^2 + \frac{1}{4}d_1^2 + \frac{1}{4}d_2^2 + \cdots + \frac{1}{4}d_n^2$$

现在设

$$a_1^2 + a_2^2 + \cdots + a_n^2 = A \qquad d_1^2 + d_2^2 + \cdots + d_n^2 = D$$

则

$$V_G = \frac{1}{2}A + \frac{1}{4}D$$

这里，$\frac{1}{2}A$ 是由基因的相加效应所产生的方差的总和，即加性方差 V_A；$\frac{1}{4}D$ 是基因在杂合态时的显性效应所产生的方差的总和，即显性方差 V_D。另外，还应考虑由环境影响所产生的环境方差 V_E，那么，F_2 代的表型方差为

$$V_{F_2}=\frac{1}{2}A+\frac{1}{4}D+V_E$$

通过前面广义遗传率的计算可知，V_{F_2} 和 V_E 都是可求的，但 V_A 和 V_D 未知，那如何计算狭义遗传率呢？若能通过其他世代群体的遗传方差消去 V_D，单独分解出 V_A，则可以估算狭义遗传率，下面来计算 F_1 代分别与两个亲本回交后所得子代的遗传方差。

设 F_1 代与 *AA* 亲本回交的子代个体为 B_1，B_1 的遗传方差可按表 10-3 计算。

表 10-3　B_1 遗传方差的计算

基因型	频率（f）	基因型值（x）	fx	fx^2
AA	$\frac{1}{2}$	a	$\frac{1}{2}a$	$\frac{1}{2}a^2$
Aa	$\frac{1}{2}$	d	$\frac{1}{2}d$	$\frac{1}{2}d^2$
合计	$n=1$		$\sum x=\frac{1}{2}(a+d)$	$\sum x^2=\frac{1}{2}(a^2+d^2)$

根据表 10-3，B_1 的遗传方差为

$$\frac{1}{2}(a^2+d^2)-\frac{1}{4}(a+d)^2=\frac{1}{4}(a-d)^2=\frac{1}{4}(a^2-2ad+d^2)$$

在 B_1 的遗传方差中有 ad 的存在，遇到 a 和 d 两个成分不能分割的问题。

又设 F_1 代与 *aa* 亲本回交的子代个体为 B_2，B_2 的遗传方差可按同样方式计算（表 10-4）。

表 10-4　B_2 遗传方差的计算

基因型	频率（f）	基因型值（x）	fx	fx^2
Aa	$\frac{1}{2}$	d	$\frac{1}{2}d$	$\frac{1}{2}d^2$
aa	$\frac{1}{2}$	$-a$	$-\frac{1}{2}d$	$\frac{1}{2}a^2$
合计	$n=1$		$\sum x=\frac{1}{2}(d-a)$	$\sum x^2=\frac{1}{2}(a^2+d^2)$

根据表 10-4，B_2 的遗传方差为

$$\frac{1}{2}(a^2+d^2)-\frac{1}{4}(d-a)^2=\frac{1}{4}(a+d)^2=\frac{1}{4}(a^2+2ad+d^2)$$

可见，B_2 的遗传方差中同样也有 ad 的存在，也遇到 a 和 d 两个成分不能分割的问题。但如果把 B_1 的遗传方差和 B_2 的遗传方差加在一起，求平均值则得

$$\left[\frac{1}{4}(a-d)^2+\frac{1}{4}(a+d)^2\right]\div 2=\frac{1}{4}(a^2+d^2)$$

于是 a 和 d 两个成分就分割开了。假设控制同一性状的基因有 n 对，这些基因相互不连锁，而且各基因对间没有相互作用，则回交一代的平均遗传方差为

$$\frac{1}{2}(V_{GB_1}+V_{GB_2})=\frac{1}{4}(a_1^2+a_2^2+\cdots+a_n^2+d_1^2+d_2^2+\cdots+d_n^2)=\frac{1}{4}(A+D)$$

在等式两边同时加上环境方差，遗传方差加上环境方差就是表型方差，则回交一代的平均表型方差为

$$\frac{1}{2}(V_{B_1}+V_{B_2})=\frac{1}{4}A+\frac{1}{4}D+V_E$$

用V_{F_2}减去回交一代的平均表型方差，就可消去显性方差和环境方差，而得到加性方差，这样就可计算狭义遗传率了。下面通过一个例子来说明相关公式的运用（表 10-5），这里不再把有关资料详细列出，仅注明各有关项目的平均数和方差。

表 10-5　小麦抽穗期的遗传学分析数据

世代	平均抽穗时间（从某一选定日期开始）/天	表型方差（实验值）
P_1（早抽穗品种）	13.0	11.04
P_2（晚抽穗品种）	27.6	10.32
$F_1(P_1\times P_2)$	18.5	5.24
$F_2(F_1\times F_1)$	21.2	40.35
$B_1(F_1\times P_1)$	15.6	17.35
$B_2(F_1\times P_2)$	23.4	34.29

根据表 10-5 数据，得

$$V_{F_2}=\frac{1}{2}A+\frac{1}{4}D+V_E=40.35 \qquad (1)$$

$$\frac{1}{2}(V_{B_1}+V_{B_2})=\frac{1}{4}A+\frac{1}{4}D+V_E=\frac{1}{2}(17.35+34.29)=25.82 \qquad (2)$$

用式（1）减去式（2）得

$$V_{F_2}-\frac{1}{2}(V_{B_1}+V_{B_2})=\frac{1}{4}A=40.35-25.82=14.53$$

则

$$V_A=\frac{1}{2}A=29.06$$

那么狭义遗传率为

$$h_N^2=\frac{V_A}{V_P}\times100\%=\frac{V_A}{V_{F_2}}\times100\%=\frac{\frac{1}{2}A}{\frac{1}{2}A+\frac{1}{4}D+V_E}\times100\%=\frac{29.06}{40.35}\times100\%=72\%$$

可见小麦抽穗期的遗传率还是相当大的。

三、遗传率在育种上的应用

表 10-6 列举了人和几种经济动植物的数量性状的遗传率，从表中可知，不同性状的遗

传率变化较大。有的性状的遗传率很高，如水稻的株高，达 86%，而有的性状的遗传率很低，如水稻的穗数，仅为 10%。遗传率的高低没有统一标准，不过一般认为：高遗传率＞50%；中遗传率为 20%～50%；低遗传率＜20%。

表 10-6　人和几种经济动植物的数量性状的遗传率

种类	性状	遗传率 /%
人	身高	81
	体重	78
	拼写能力	53
	哮喘	80
	先天性心脏病	35
奶牛	一年泌乳量	30
	乳脂率	50
猪	一胎仔数	20
	六月龄时体重	30
鸡	卵重	60
	体重	31
水稻	株高	86
	穗数	10
玉米	产量	20
	株高	70

这里对遗传率有几点需要说明。首先，遗传率是一个统计学概念，仅针对群体，而不是指个体。例如，人身高的遗传率为 81%，并不是说某人的身高有 81% 是遗传的，它的含义是造成人们身高差异的，有 81% 与遗传差异有关，其余 19% 与环境差异有关。

其次，遗传率不是一个固定不变的值。由于遗传率是计算某一群体的遗传变异在表型变异中所占的比例，当群体改变或环境变化时，所得的遗传率也就随之改变。因此，估算同一群体在两个环境中的遗传率，或测定两个群体在同一环境中的遗传率，很可能得到不同的结果。

最后，纯系内遗传率为零。纯系内基因型都一致，遗传方差为零，表型变异纯粹是由环境变异引起的。这也让我们进一步认识到遗传率这个概念是仅针对群体的。

就某一性状来说，分清它的基因型作用和环境影响在其表型中所占的比例，在杂交育种中是至关重要的。一般来说，遗传率高的性状，群体的变异主要由基因型引起，选择较易；遗传率低的性状，变异主要由环境引起，选择难些。同时，遗传率较高的性状，在杂种的早期世代进行选择，收效比较显著；遗传率较低的性状，在杂种后期世代选择才能收到较好的效果。在育种时，如能运用杂交等方法增加遗传变异，同时力求饲养方式和栽培条件等一致，降低环境变异，增大遗传率，也可加速育种的进度。

第四节　交配遗传分析

有性生殖是动植物繁殖的普遍形式，根据交配个体的亲缘关系和遗传组成的不同，可将交配分为多种类型，但基本类型只有近交（inbreeding）与杂交（crossbreeding）两种，而二者间并没有绝对的界限。由于生物的交配方式不同，其群体遗传结构不同，因此性状的遗传效应也彼此有别。早在19世纪60年代，达尔文就提出了“异花授粉一般对后代有利，而自花授粉对植物是有害”的观点。同时，动植物的重要经济性状往往都是多基因控制的数量性状，品种改良的核心问题就在于使群体的性状平均值向所需要的方向改变。只有了解了不同交配方式下动植物群体的遗传结构及性状的遗传效应变化规律，才能更有效地开展动植物的育种改良工作。

一、近交

近交是指亲缘关系相近的两个个体间的交配。根据其亲缘关系的类型不同，又可进一步区分为自交（selfing，即自花授粉或自体受精）、回交（back-crossing，父女或母子）、全同胞（full sib，同父母的兄妹）、半同胞（half sib，同父或同母的兄妹）、表兄妹（first cousins）及其他亲属个体间的交配。

（一）近交的遗传效应

近交的遗传效应主要表现为促使群体的遗传组成纯合、导致不良隐性性状表现等。

1. 自交的遗传效应

自交是近交中的一种极端类型，纯合体自交的后代仍为纯合体，杂合体自交的遗传效应主要表现在以下三方面。

1）导致杂合基因型分离，增加纯合子的比例。以一对基因 *Aa* 为例，杂合子 *Aa* 自交，其下代群体出现1/4 *AA*、1/2 *Aa*、1/4 *aa* 的分离，其中有一半是纯合子。继续自交，纯合子的后代仍为纯合子，杂合子的后代又有一半是纯合子。这样，每自交一代，杂合体减少1/2，纯合体增加1/2。连续自交 *r* 代，其后代群体中杂合体逐渐减少为$\left(\frac{1}{2}\right)^r$，纯合体相应地逐代增加为$1-\left(\frac{1}{2}\right)^r$。

2）促使不良隐性性状表现。杂合体通过自交，必然导致等位基因的纯合而使隐性有害性状表现出来。自花授粉植物由于长期自交，隐性性状可以表现，其有害的隐性性状已被自然选择和人工选择所淘汰。但是，天然杂交的生物，有害隐性基因常被显性的等位基因掩盖而不能表现，一经自交，后代往往会出现某些生活力降低、体重减轻、繁殖率降低、抗性减弱及畸形等不良表现，引起后代的严重衰退，即近交衰退。因此对杂交繁殖的生物强行自交往往是有害的，这也是人类禁止近亲结婚的原因。事实上，生物界也采用了许多不同的方式来减少自交或近交，如雌雄同体的动物往往卵巢和睾丸的成熟期不同，有些生物则自交不亲和等。

3）产生不同组合的纯合基因型，导致遗传性状的稳定。杂合体自交，遗传性状通过分离和重组，将使同一群体内产生多个不同的纯合基因型。例如，两对基因的杂种 *AaBb*，通过长期自交，会出现 *AABB*、*AAbb*、*aaBB*、*aabb* 4 种纯合基因型，并逐代趋于稳定。大多数自交植物还存在各种程度的天然杂交，这样既能增进遗传的稳定性，又保有一定的遗传变异性，两蒙其益，对生存有利。在动物中天然近交则很少。

2. 回交的遗传效应

如前所述，回交指的是后代与其亲本之一的交配。回交所用的亲本称为轮回亲本，未用于回交的亲本称为非轮回亲本。回交除了同自交一样会使后代群体的基因型逐渐趋于纯合外，还具有以下两种遗传效应。

（1）基因代换　连续回交可使后代细胞核内逐代增加轮回亲本的基因成分，相应减少非轮回亲本的基因成分，从而使轮回亲本的遗传组成替代非轮回亲本的遗传组成，使后代群体的遗传表现逐渐趋近于轮回亲本。由图 10-5 可知，与轮回亲本每回交一次，非轮回亲本核内基因的比例减少原来的 1/2，轮回亲本核内基因则增加相应的比例。如此连续回交 4 或 5 代，即可保证回交后代核内轮回亲本基因占绝大部分。

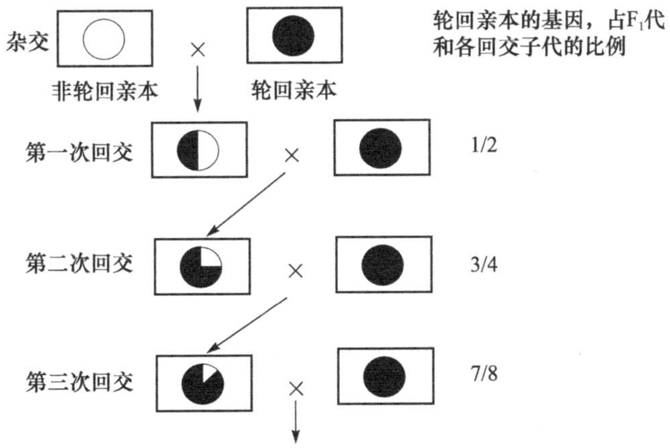

图 10-5　回交的基因代换效应

（2）定向纯合　回交虽然也可使后代群体的基因型渐趋纯合，但回交导致的纯合与自交有显著差别。自交导致的纯合是不定向的，后代群体内可出现多种纯合基因型。回交时，后代基因型纯合的方向是定向的，它们将逐渐趋近于轮回亲本的基因型。因此，自交后代基因型纯合的方向无法事先控制，只有在其纯合过程中加以选择，才能获得优良的纯合后代；而回交后代基因型的纯合方向，在选定轮回亲本的同时就已确定了。

与自交相同，回交后代的纯合率也为

$$x=\left(\frac{2^n-1}{2^n}\right)^r\times 100\%$$

式中，n 表示回交代数；r 表示等位基因的对数。

回交在动植物育种工作中具有重要意义，当想改变某一优良品种的某个缺点，或把野生近缘种的抗病、抗旱等重要性状转移给栽培种时，回交就成为不可缺少的育种措施。

（二）近交系数

1. 概念

个体或群体的近交程度一般用近交系数（coefficient of inbreeding，F）来表示。近交系数是指一个个体从某一祖先得到一对纯合的且遗传上等同的基因的概率。同一座位上的两个等位基因如果分别来自无亲缘关系的两个祖先，即使基因的结构和功能相同，也不是遗传上等同的。只有同一祖先的某基因的两个拷贝，才可称为遗传上等同的。

杂合体 Aa 自交，自交子代的三种基因型为：AA、Aa 和 aa，频率分别是 1/4、1/2 和 1/4。其中 Aa 的两个基因结构不同，当然不是遗传上等同的；纯合体 AA 或 aa，两个等位基因不仅结构功能相同，而且是亲代 Aa 中基因 A 或 a 的两份拷贝，所以是遗传上等同的。在自交子代中纯合体的比例为 1/2，这就是遗传上等同的基因所占的比例，也就是近交系数 F。

2. 计算

下面介绍近交系数的一般算法。图 10-6A 是表兄妹（B_1 和 B_2）婚配所生子代 S 的家系，B_1、B_2 分别是 C_3 与 C_1、C_2 与 C_4 的后代，C_1、C_2 为 P_1 和 P_2 所生的兄妹，这是一种新的家系图画法，为的是便于近交系数的计算。假设表兄妹的祖父母 P_1、P_2 是没有亲缘关系的。P_1 某一基因座上的一对等位基因是 a_1a_2，P_2 的相应等位基因为 a_3a_4，现在要计算后代 S 的近交系数，即从共同祖先 P_1 和 P_2 那里得到纯合的遗传上等同的基因的比例。先计算 S 是 a_1a_1 的机会是多大。P_1 把 a_1 基因传给 C_1 的概率是 1/2，C_1 得到这个基因后传给 B_1，B_1 再传给 S，这样经过 3 步后，S 得到了一个基因 a_1，其中每一步的概率都是 1/2。P_1 再把 a_1 基因传给 C_2，C_2 传给 B_2，B_2 再传给 S，又经过 3 步后，S 得到了另一个 a_1 基因。可见 S 要得到一对 a_1a_1，从 P_1 需要传递 6 步，其中每一步的概率都是 1/2，因此通过所有 6 步的传递概率是 $\left(\frac{1}{2}\right)^6$。同理，S 是 a_2a_2、a_3a_3 和 a_4a_4 的概率自然也都是 $\left(\frac{1}{2}\right)^6$，所以，表兄妹婚配所生子女的近交系数 F 为 $4\times\left(\frac{1}{2}\right)^6=\frac{1}{16}$。

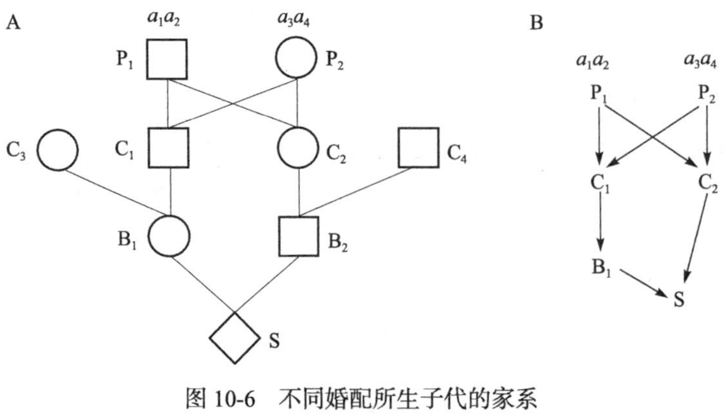

图 10-6　不同婚配所生子代的家系

图 10-6B 是另一种形式的家系图画法，叫通径图，即 S 从共同祖先 P_1 和 P_2 获得同一基因的途径。在这个家系中，S 从 P_1 那里要得到一对 a_1a_1 一共要走 5 步，每步的概率都是

1/2，因此通过所有 5 步的传递概率是 $\left(\frac{1}{2}\right)^5$。同理，S 是 a_2a_2、a_3a_3 和 a_4a_4 的概率也都是 $\left(\frac{1}{2}\right)^5$，这样，S 的近交系数 F 为 $4\times\left(\frac{1}{2}\right)^5=\frac{1}{8}$。

对于 X 染色体上的基因，男性是半合子，只有一个，没有纯合性也就没有遗传上等同的问题；而女性有两个，存在纯合体。当父母近亲结婚，在计算 X 连锁基因的近交系数时，只计算女儿的 F 值。在追溯 X 染色体上基因传递的步数时，可以不计算男性，而只计算女性方面的基因传递步数。

各种亲缘个体间交配所生子代的近交系数见表 10-7。

表 10-7　几种近交所生子代的近交系数

交配类型	F	交配类型	F
自交	1/2	堂表兄妹	1/16
同胞兄妹	1/4	从表兄妹	1/64
叔父侄女	1/8	再从表兄妹	1/256

二、杂种优势

杂种优势（heterosis）是生物界的普遍现象。它是指两个基因型不同的亲本杂交产生的杂种第一代，在生长势、生活力、繁殖力、抗逆性、产量和品质等方面比其双亲优越的现象。杂种优势所涉及的性状大都为数量性状，通常是以 F_1 代超过其双亲平均数的百分率来表示杂种优势。但也有认为 F_1 代的性状表现必须超过其双亲中最优的亲本，才算是真正具有杂种优势。

杂种优势是生物界既普遍又复杂的一种现象，凡是能进行有性生殖的生物，都可见到杂种优势现象，但并不是任何两个亲本杂交产生的杂种或者杂种的所有性状都表现优势。有些杂种与亲本水平相当，有些不但没有优势，甚至还表现劣势，如高粱的产量性状优势很大，但品质却表现劣势。因此杂种优势是一种很复杂的生物学现象。

（一）杂种优势的表现

杂种优势的表现是多方面的，比较复杂。同一性状在不同的杂交组合中可能表现不同的优势，同一组合内不同性状也会表现不同优势。归纳起来，F_1 代的优势表现通常具有以下几个基本特点。

1）杂种优势不是仅一或两个性状，而是许多性状综合表现突出。许多禾谷类作物的杂种一代，在产量和品质上表现为穗多、穗大、粒多、粒大、蛋白质含量高等；生长势上表现为株高、茎粗、叶大、干物质积累快等；马和驴杂交产生的骡子，不仅劲头大、耐力强，而且不易生病还耐粗食。

2）杂种优势的大小一般取决于双亲性状的相对差异和互补程度。在一定范围内，双亲差异越大，杂种优势往往越强。例如，玉米马齿型与硬粒型自交系间杂交比同类型自交系间杂交表现出较强的优势；人类不同人种婚配所生的混血儿通常既聪明又漂亮。

3）双亲基因型的纯合度越高，F_1代的杂种优势就越强。例如，玉米自交系间的杂交种要比品种间的杂种优势强。

4）杂种优势在F_1代表现最明显，由F_1代自交或互交产生的F_2代，其优势显著降低。杂种优势越强的组合，其优势下降的幅度也越大，而且优势随着自交代数的增加而递减。因此为了充分利用杂种优势，在生产上必须年年配制杂交种，以确保利用F_1代。

（二）杂种优势的遗传理论

由于杂种优势遗传基础的复杂性及研究方法等的局限性，因此对其遗传理论的研究，目前尚无十分明确的结论，对其机制的解释多以假说为基础，目前主要有两种假说：显性假说和超显性假说。

1. 显性假说

显性假说（dominance hypothesis）首先由布鲁斯（A. B. Bruce）在1910年提出。其基本论点是：杂交亲本的有利性状大都由显性基因控制，不利性状大都由隐性基因控制，杂种优势是由双亲的有利显性基因全部聚集在杂种里所引起互补作用的结果。比如，有两个玉米自交系，其基因型分别为*AAbbCCDDee*和*aaBBccddEE*，共有5对显隐性关系的基因。两者杂交，F_1代杂种的基因型为*AaBbCcDdEe*，这样所有的隐性基因都被显性基因所掩盖，不能发挥作用，同时显性的有利基因都集中在杂种内发挥综合效应，从而使F_1代出现明显的优势。

显性假说的实验证据最早由两个豌豆品种杂交而获得。两个株高均为5～6英尺①的豌豆品种，一个茎秆是节多而节间短，另一个是节少而节间长，两品种杂交的F_1代聚集了双亲节多和节长的显性基因，株高达到7～8英尺，表现出明显的杂种优势。

显性假说虽然得到了一些实验结果的直接证明，但也存在一些缺点。如果杂种优势大小完全取决于有利显性基因的累加效应，那么两自交系杂交产生单交种（F_1代）的产量就不可能超过两个亲本产量的总和。但事实上好的玉米单交种，其产量却大大超过双亲自交系之和。所以有利显性基因的累加效应，不能说是产生杂种优势的唯一原因，还应考虑非等位基因间的相互作用。该假说也没有考虑杂种优势的性状大多是数量性状，受多基因的控制，基因效应是可累加的。

2. 超显性假说

超显性假说（overdominance hypothesis）也称等位基因异质结合假说，是由沙尔（G. H. Shull）和伊斯特（E. M. East）于1918年分别提出的。这个假说认为杂种优势是等位基因的杂合或基因的异质性，以及与其他基因互作的结果，杂合的等位基因间相互作用大于纯合等位基因间的作用，而且杂合的基因数越多，每对等位基因间作用的差异程度越大，杂种优势就越明显。这一假说的基本原理在于认为杂合体a_1a_2在生理、生化反应能力及适应性等方面均优于纯合体a_1a_1和a_2a_2。假定a_1a_1能支配一种代谢功能，a_2a_2能支配另一种代谢功能，杂合体a_1a_2将能同时支配两种代谢功能，因而杂种的生长将优于任一亲本。由于这一假说解释了杂种超过最优亲本的现象，因此称为超显性假说。

---

① 1英尺（ft）=3.048×10^{-1}m

许多实验资料支持超显性假说，如支配玉米色素的基因，杂合体比显性纯合体更浓。在小麦纯系的叶绿体突变中，至少有两例是杂合体的叶绿体比纯合体大，而且数目多。但是这一假说也有一定的局限性。它完全否认了等位基因间的显隐性关系，排斥了显性基因在杂种优势表现中的作用。许多事实证明，杂种优势并不都与等位基因的异质结合相一致。例如，在自花授粉植物中，杂种并不一定比其纯合亲本表现优势，甚至还有不如亲本。

从杂种优势的种种表现来看，这两种假说都能说明一些问题，但都有各自的局限性。除了这两种假说外，解释杂种优势现象的还有上位假说、遗传平衡假说、酶假说、质核互补假说等。总的来说，杂种优势的遗传机制尚未真正了解，现在还没有比较满意的遗传学解释。只有在透彻了解其遗传基础、基因表达中的生化过程、生理代谢及环境对其的影响等的基础上，才有可能真正揭示杂种优势这一复杂生物学现象的本质。

三、近亲繁殖与杂种优势在育种上的应用

（一）近亲繁殖在育种上的应用

近交是育种的重要方法之一，也是生产的重要措施之一。近亲繁殖的用途可概括为以下三个方面。

（1）固定优良性状　由于近交能使基因纯合，因此可用它来固定优良性状，使决定某一性状的基因纯合从而稳定遗传。生产上保持自花授粉作物的品种纯度，以及自交系的育成就是通过自交的方式来完成的。由于近交也使群体分化，纯合的基因可能有优良基因，也可能有不良基因，因此近交时需配以严格的选择。

植物的近亲繁殖主要采用自交或兄妹交配，在具体应用上又因作物的授粉方式和育种方法的不同而不同。自花授粉作物是天然自交的，因此杂交育种上只要对其杂种后代逐代种植，注意选择天然自交后代中符合要求的分离个体，即可育成纯合而稳定的优良品种。异化授粉作物由于天然杂交效率高，近交的话，育种时需要采取适当的隔离方法，控制传粉，防止品种间的杂交混杂。

（2）保持个别优秀个体的血统　动物育种中，当畜群中出现了个别或少数特别优良的个体时，往往要保持它们的特性，这时可利用近交这一手段。若不利用近交，卓越个体的优良血统经过几代后就会在畜群中消失。

（3）发现和淘汰遗传缺陷　不良基因多为隐性，非近交时很难发现，采用近交，可使它们暴露的机会大为增加。当遗传缺陷个体出现后即可淘汰它们，并可采用测交等方法检出这些基因的携带者以作进一步淘汰。

在近交过程中，还往往会出现衰退现象，需要切实加以防范。因此近交只是一种特殊的育种手段，而不应作为育种或生产中的经常性措施。

（二）杂种优势在育种上的利用

杂种优势在生产实践中的应用非常重要，它是提高产量和改进品质的重要措施之一。人类对杂种优势的利用最先开始于家养动物，早在 1500 年，我国古代就记述了马和驴杂交产生具有明显杂种优势的骡子的事实。在植物方面，生产上最早利用杂种优势的栽培植物

是烟草（1760年），但最先取得突出成绩的作物是玉米。目前在高粱、烟草、番茄、甘薯、水稻、果树、林木等植物，鸡、猪、羊、家蚕等动物的生产上，都已广泛利用了杂种优势。尤其是杂交水稻的育成和推广，使我国走在了世界的最前列。

如前所述，有性繁殖作物的杂种优势利用，一般只能用 F_1 代，因而需要年年配制杂种，较为费时费力。为此，在杂种优势的利用中，需要注意以下三个问题：一是必须保持亲本的纯合性和典型性；二是选择自身表现好、配合力高的优良亲本及其强优势组合，因不同的杂交组合，其 F_1 代表现的优势是各不相同的，甚至有表现劣势的；三是切实掌握杂交制种和亲本保种技术，如去雄和授粉等。

下面以玉米双交种为例，说明杂种优势利用的程序。在玉米杂种优势的利用过程中，配制自交系间的杂种是其关键环节。所谓自交系是指自花授粉植物连续自交4或5代，所形成的基本纯合稳定的近交后代群体。用不同的自交系作亲本杂交，所得的就是自交系间杂种。玉米的自花授粉后代总不如亲代，但两个自交系杂交的子代，产量立刻大为提高。由于自交系结实率低，这种杂交所得种子太少，因此自交系间杂种还不能直接用于生产。但若以两个自交系间杂种为亲本，所得的杂种一代就可克服以上缺点，这就是双交种。生产上玉米双交种的配制需要A、B、C、D四个自交系，每年A与B杂交配成单交种（A×B），C与D杂交配成单交种（C×D）。第二年，将上年所得的两个单交种按一定行数比例播种，令其授粉杂交，就可得到玉米双交种。一般所谓的杂种玉米，就是双交种种子种出来的。杂种玉米的产量比普通玉米高，生长一致，而且产量稳定，在不好的年份产量受到的影响也较小。

总之，杂种优势已在动植物育种及生产实践中得到广泛应用，今后随着杂种优势遗传机制的研究及应用技术的发展，必将会在更大范围内取得提高产量和改进品质的效果。

阅读资料：袁隆平与杂交水稻

图 10-7　袁隆平田间工作照片

袁隆平，1930年出生于北京，1953年毕业于原西南农学院（今西南大学）农学系，毕业后分配到湖南省安江农校（2003年改名为怀化职业技术学院）任教（图10-7）。20世纪60年代，国际上普遍认为水稻作为自花传粉植物没有杂交优势，因此三大粮食作物中只有水稻的杂交优势研究停滞不前。袁隆平从1960年开始研究水稻育种，结合自己的教学科研，他对这一观点产生了怀疑。经过反复探索，袁隆平认为，杂种优势是生物界的普遍规律，至于作物自花传粉与异花传粉的区别只不过是繁殖方法上的不同而已。

1964年，袁隆平从洞庭早籼稻中找到了雄性不育株，这给他很大启发，他设想“要利用水稻的杂种优势首推利用水稻的雄性不育性”。在运用孟德尔、摩尔根遗传学理论反复进行研究的基础上，1966年2月袁隆平首次提出了杂交水稻育种的三系法。并与助手先后用1000多个品种，进行了3000多个杂交组合试验，但都没能获得不育株率和不育度均达 100% 的雄性不育系。于是，他调整研究方案，决定用野生稻进行研究。

1970 年 10 月，袁隆平的助手在海南崖县的普通野生稻中找到了花粉败育的天然雄性不育株——“野败”，从而打开了研究的突破口。1972 年，袁隆平和江西省萍乡市农业科学研究所的研究者利用该不育株，育成了第一批水稻雄性不育系‘二九南 1 号 A’和相应的保持系‘二九南 1 号 B’，但是没有找到较理想的恢复系。又经过对 1000 多个品种的测交与筛选，终于在 1973 年找到了恢复率在 90% 以上的强优势恢复系，成功实现了三系配套，并育成第一个强优势的杂交组合‘南优 2 号’。1976 年三系法杂交水稻开始在全国大面积推广，比常规水稻平均增产 20%，到 2000 年全国已累计推广了 2.53 亿 hm^2，增产稻谷 3600 亿 kg，经济效益巨大。

1986 年，袁隆平提出杂交水稻育种的“三系法、两系法和一系法”三个战略发展阶段构想。天然光敏感型核雄性不育株的发现，为两系法杂交育种奠定了基础。光温敏感型核不育系的育性会随气温或日照而变化，在气温较高、日照较长时雄性不育，可作制种的母本；在气温较低、日照较短时雄性可育，又能满足自身繁殖的需要。这样，仅光敏核不育系和恢复系两系就能完成制种。1995 年，他带领属下科研团队成功研究出杂交水稻育种的两系法。同年，两系法杂交水稻大面积推广应用，到 2005 年，全国的推广面积达 1.2 亿亩[①]，平均产量比三系法增产 5%～10%。两系法是中国独创的高新技术，它不但简化了种子生产的程序，降低了种子成本，而且大大提高了选育优良组合的概率。

1996 年袁隆平又提出了培育中国超级杂交水稻的设想。经过全国 20 多家协作单位、数千名育种专家几年的攻关，育成了以‘培矮 64S’为母本的杂交组合，亩产超过 700kg。2015 年 9 月最新培育成功的超级稻品种‘超优千号’在汉中试种成功，经田间测产亩产达 800kg 以上，超级稻在信阳的千亩片亩产则超过了 900kg。超级杂交稻研究的成功，表明我国在该领域继续走在世界前列。

1981 年袁隆平作为籼型杂交水稻学科带头人荣获国家发明特等奖，1999 年我国发现的国际编号为 8117 的小行星也被命名为“袁隆平星”。三系法杂交水稻被誉为“第二次绿色革命”，对提高我国乃至全世界的水稻产量做出了巨大贡献，袁隆平也被国际水稻研究所称为“杂交水稻之父”。

习题

第 10 章习题答案

1. 名词解释：

质量性状、数量性状、QTL、遗传率、广义遗传率、狭义遗传率、近交系数、杂种优势。

2. 请判断下列性状是数量性状还是质量性状，为什么？

（1）猪的体重。

（2）人的皮肤颜色。

① 1 亩≈666.7m^2

（3）玫瑰的红花和白花。

（4）小鼠的生长速率。

3. 如果给你两个菜豆品系，这两个品系对于某一性状来说是有差别的，你怎样证明这个性状是数量性状还是质量性状？

4. 如果给有下标 0 的基因以 5 个单位，给有下标 1 的基因以 10 个单位，计算 $A_0A_0B_1B_1C_1C_1$ 和 $A_1A_1B_0B_0C_0C_0$ 两个亲本和 F_1 代杂种在下面三种情况下的计量数值：①没有显性；② A_1 对 A_0 是完全显性；③ A_1 对 A_0 是完全显性，B_1 对 B_0 是完全显性。

5. 测量矮脚鸡和芦花鸡的成熟公鸡和它们的杂种的体重，得到的平均体重与表型方差见表 10-8，请计算广义遗传率和狭义遗传率。

表 10-8　平均体重与表型方差

类别	平均体重 / 斤	表型方差
矮脚鸡	1.4	0.1
芦花鸡	6.6	0.5
F_1	3.4	0.3
F_2	3.6	1.2
B_1	2.5	0.8
B_2	4.8	1.0

注：1 斤 =0.5kg

第 5 章
习题解析

6. 假定有两对基因，每对各有两个等位基因，*A*/*a* 和 *B*/*b*，以相加效应的方式决定植株高度。纯合子 *AABB* 高 50cm，纯合子 *aabb* 高 30cm，问：

（1）这两个纯合子之间杂交，F_1 代的高度是多少？

（2）在 $F_1 \times F_1$ 杂交后，F_2 代中什么样的基因型表现 40cm 的高度？

（3）这些 40cm 高的植株，在 F_2 代中占多少比例？

7. 在一个猪群中，6 月龄体重的总遗传方差为 125，显性方差为 35，环境方差为 175。问 h_N^2= ?

8. 图 10-8 是一个箭头式的家系。家系中 S 是 D 和 P 的后代，D 是 C 和 B 的后代等。问：

（1）谁是共同祖先？

（2）谁是近交后代？并计算近交后代的 *F* 值。

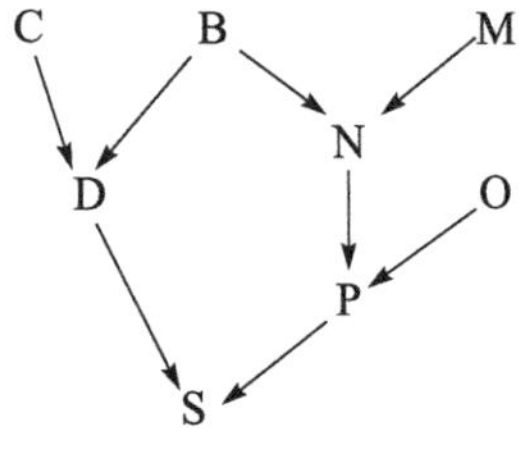

图 10-8　某箭头式家系图

9. 杂合体通过自交，其后代有哪些遗传表现？

10. 一对等位基因的杂合体，在一个连续自交的群体中，需要经过多少代才能得到大约 97% 的纯合子？

第11章 细胞质遗传

本章知识主线：本章围绕细胞质基因组，先介绍了细胞质遗传的特点，并通过叶绿体和线粒体遗传进一步阐明了该特点。随后通过草履虫的放毒型遗传等三种遗传现象讨论了细胞核遗传与细胞质遗传的一些关联，最后讲述了与细胞核和细胞质基因均有关的植物雄性不育遗传。

由细胞核内染色体的基因所决定的遗传现象和遗传规律称为细胞核遗传或核遗传（nuclear inheritance）。前面介绍的遗传现象和遗传规律都是由核基因所决定的。这种遗传方式曾被认为是唯一的遗传方式。但随着遗传学的发展，科学家发现某些遗传现象并非由核基因决定或不完全由核基因决定。1909 年，科伦斯（C. E. Correns）的紫茉莉杂交实验（表 11-1）表明，杂交植株的叶色完全由母本枝条所决定，而与父本枝条的性状无关，这一遗传现象并不符合孟德尔遗传定律。同年，鲍尔（E. Baur）在天竺葵中也发现了类似现象，并认为可能是由叶绿体自主遗传所致。之后，在红色面包霉和一些原生生物中也报道了相似的遗传模式，科学家推测在细胞质中可能存在独立的遗传物质，但一直未被证实。直到 20 世纪 60 年代，科学家通过电子显微镜、细胞化学等技术在叶绿体和线粒体中发现了 DNA，这些发现证实了细胞质中确实存在独立的遗传物质。由于此种遗传不遵循孟德尔遗传定律，因此又称为非孟德尔式遗传，它包括核外或类核体以外任何的细胞成分所引起的遗传现象，其中比较重要的是细胞质成分所引起的遗传现象。

第一节 细胞质遗传的概念和主要特点

一、细胞质遗传的概念

细胞质遗传（cytoplasmic inheritance）是指由细胞质中、染色体以外的遗传物质所决定的遗传现象和遗传规律，又叫核外遗传（extranuclear inheritance）、非孟德尔式遗传（non-Mendelian inheritance）。细胞质中所有的细胞器（如线粒体、叶绿体、核糖体等）及其他细胞质颗粒（如果蝇的 σ 粒子、草履虫的卡巴粒及大肠杆菌的 F 因子等）所含有的遗传物质统称为细胞质基因组（plasmon），与核基因组（染色体基因组，nuclear genome）共同构成生物体的遗传物质。

二、细胞质遗传的主要特点

细胞质遗传与核遗传相比有明显区别，它有自己的特点，具体如下。

1）正交和反交的遗传表现不同，F_1 代通常只表现母本的性状，故细胞质遗传又称为母性遗传。例如，紫罗兰中有开黄花和蓝花的，若以黄花为母本，蓝花为父本杂交，F_1代都是黄花；反过来，以蓝花为母本，黄花为父本，F_1代又都是蓝花。为什么会这样呢？细胞学的研究表明，在真核生物的有性生殖过程中，一般参与受精的卵细胞内除细胞核外，还有大量的细胞质及其所含的各种细胞器，精子内除细胞核外，没有或极少有细胞质，也就没有或极少有细胞器。因此精子一般只提供核基因，不提供或很少提供细胞质基因，受精卵内的细胞质及细胞质中的遗传物质一般只来源于卵细胞。因此，受细胞质基因所决定的性状，其遗传信息通常只通过卵细胞传给子代，故表现为母性遗传（图 11-1）。

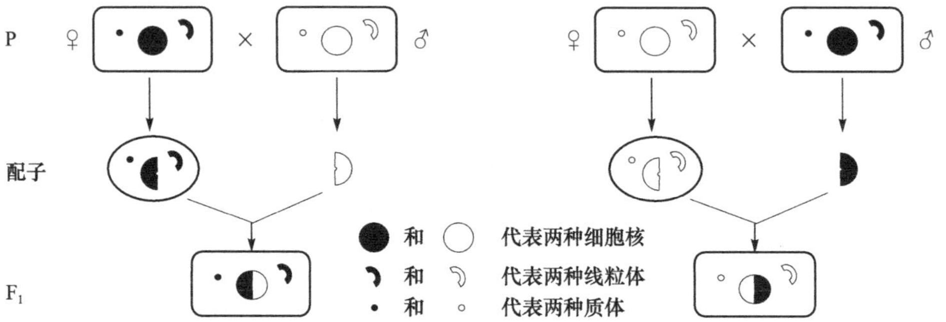

图 11-1 细胞质遗传正反交差异形成原因的示意图

但细胞质遗传并不等同于母系遗传。20 世纪 80 年代以来，随着荧光染色显微技术和 RFLP 限制性内切核酸酶等技术在细胞质遗传领域的应用，人们对细胞质遗传有了更深入的认识。认为细胞质遗传也可表现为父系遗传和双亲遗传。例如，大部分的裸子植物质体都表现为父系遗传；天竺葵属的质体遗传特征为双亲遗传。

2）通过连续回交，母本的细胞核基因几乎全被置换掉，但母本的细胞质基因及其控制的性状仍不消失（图 11-2）。

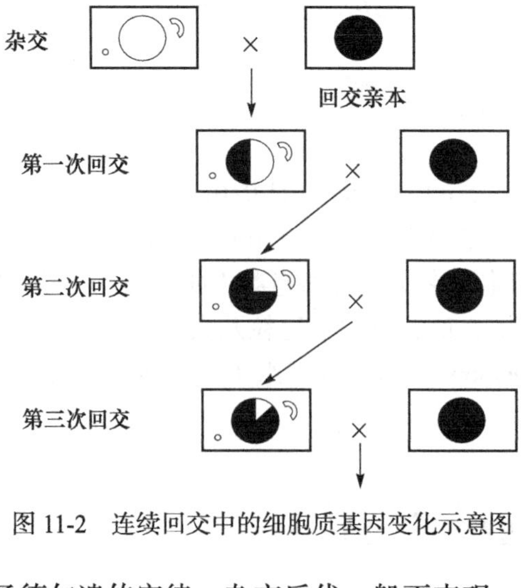

图 11-2 连续回交中的细胞质基因变化示意图

3）遗传方式不符合孟德尔遗传定律，杂交后代一般不表现一定比例的分离。细胞质遗传的遗传物质来源于细胞质，在减数分裂过程中细胞质中的遗传物质是随机不均等分配的，因此杂交后代一般不表现分离比。

4）由细胞质共生体或附加体颗粒决定的性状，其表现通常类似病毒的转导或感染，即可传递给其他细胞，如后面要介绍的草履虫放毒型遗传。

第二节　细胞器基因组的遗传

一、叶绿体的遗传

（一）叶绿体遗传的花斑现象

1908 年，德国植物学家科伦斯发现紫茉莉（*Mirabilis jalapa*）中有一种花斑植株，着生绿色、白色和花斑三种枝条（图 11-3）。科伦斯分别以这三种枝条上的花作为母本，用三种枝条上的花粉分别授给每个母本花的柱头。杂交后发现子代植株的颜色并不符合孟德尔遗传定律，而是完全由母本决定，与花粉来自哪一种枝条完全无关，即绿色枝条上的花作母本总是得到绿色后代，白色枝条上的花作母本总是得到白色后代，绿-白花斑枝条作母本其后代会出现绿色、白色和绿-白花斑 3 种植株，且三者比例在不同的实验组中均有差异（表 11-1）。可见，决定枝条和叶色的遗传物质是通过母本传递的。

图 11-3　紫茉莉花斑植株（引自 Griffiths et al.，2000）

表 11-1　紫茉莉花斑性状的遗传

母本枝条	父本枝条	子代
白色	白色 绿色 花斑	白色
绿色	白色 绿色 花斑	绿色
花斑	白色 绿色 花斑	白色、绿色、花斑

进一步的研究发现，花斑枝条的绿叶细胞中含有正常的叶绿体，白色叶细胞中只含有无叶绿素的白色体，而在绿-白组织交界区域的一些细胞中既含有叶绿体又含有白色体。由此可见，植物这种花斑现象是由细胞质中的质体变异造成的，故表现出母性遗传现象。由于绿色

枝条上的花产生含叶绿体的卵细胞，受精后形成的合子里含有正常叶绿体，长成的植株就是绿色的；白色枝条上的花产生的卵细胞只含有白色体，故长成白色植株；花斑枝条上的花产生的卵细胞有三种类型：只含有叶绿体，只含有白色体，既有叶绿体也有白色体。前两种分别长成绿色植株和白色植株，后一种则长成花斑植株。这是由于在细胞分裂时细胞质是随机不均等分配的，一个同时含有叶绿体和白色体的细胞，经过几次细胞分裂后，就会形成只含有叶绿体、只含有白色体、既有叶绿体也有白色体的三种细胞，从而发育为花斑植株。

（二）叶绿体遗传的分子基础

在叶绿体非孟德尔遗传方式发现后，很多科学家推测叶绿体内必然存在着某种遗传因子决定了其性状的遗传，但是直到 1962 年才通过电子显微镜明确地肯定叶绿体含有独立的遗传物质。随着 DNA 测序技术的产生和发展，从 1986 年第一个烟草（*Nicotiana tabacum*）叶绿体基因组全序列被测定，至 2016 年底美国生物技术信息中心（National Center for Biotechnology Information，NCBI）Organelle 数据库已收集超过 800 个叶绿体基因组的完整序列。

叶绿体 DNA（chloroplast DNA，cpDNA）大多数是裸露的双链环状 DNA（图 11-4），极少数如伞藻属（*Acetabularia*）为线状，长度一般为 120～210kb，其中微管植物一般为 115～165kb，蕨类植物为 140～150kb。但是藻类叶绿体基因组大小变化很大，如刺生藻（*Codium fragile*）的仅为 37kb，而伞藻（*Acetabularia mediterranea*）的则高达 2000kb。

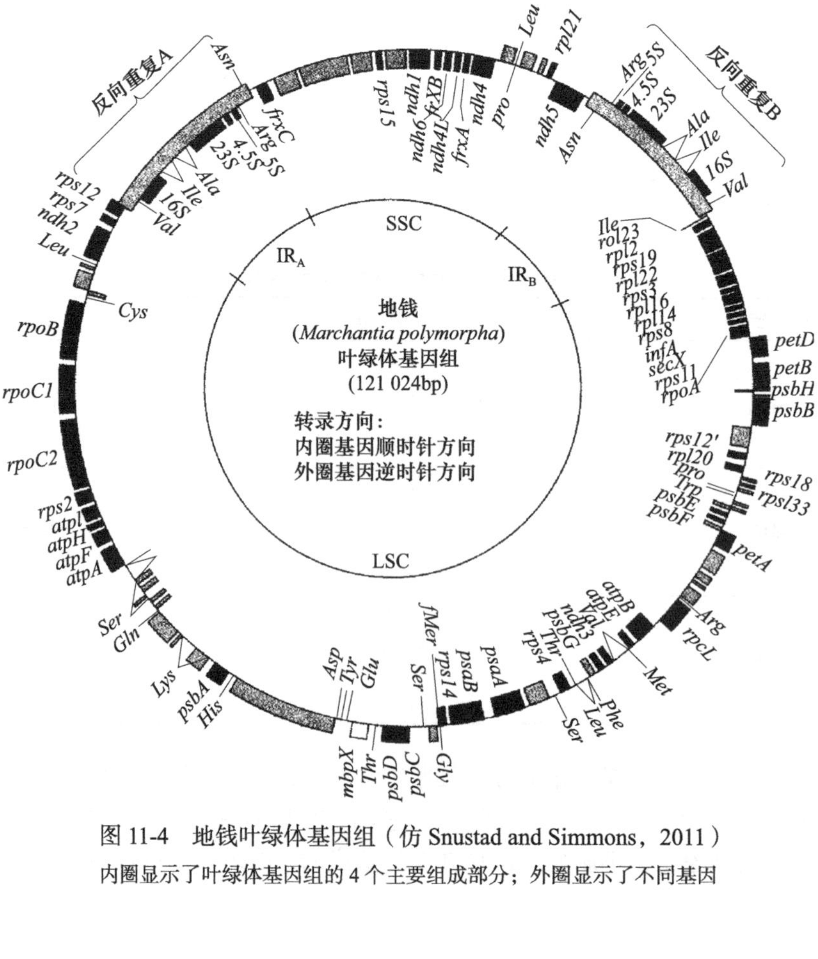

图 11-4 地钱叶绿体基因组（仿 Snustad and Simmons，2011）

内圈显示了叶绿体基因组的 4 个主要组成部分；外圈显示了不同基因

研究发现，叶绿体基因组的结构十分保守，通常由两段反向重复序列（inverted repeat, IR）、一段短的单拷贝序列（small single copy, SSC）和一段长的单拷贝序列（large single copy，LSC）组成（图 11-4）。不同物种间，这几部分的顺序一般不变，主要差异表现在 IR 区域的长度和方向变化上，如日本黑松（*Pinus thunbergii*）的 IR 区域已萎缩成仅有 495bp，又如蚕豆（*Vicia faba*）、豌豆（*Pisum sativum*）等一些豆科植物的 IR 区域已经消失了，再如紫红紫菜（*Porphyra purpurea*）有两段同向的 IR 重复序列。

部分叶绿体基因组包含 110～130 个基因，编码大约 80 个蛋白质、30 个 tRNA 和 4 个 rRNA。这些基因可分成三大类：光合作用有关基因；基因表达本身有关的基因，包括编码 rRNA、tRNA、核糖体蛋白、起始因子等的基因；以及其他有关氨基酸、脂质、色素等生物合成有关的基因。

叶绿体 DNA 能够自我复制，也是半保留方式，只是其复制速率和核 DNA 的复制速率不同。叶绿体基因组还含有自己的转录翻译系统，但其复制酶和许多参与蛋白质合成的组分是由核基因编码，在细胞质中合成后再转入叶绿体的，因此叶绿体也受到核基因的影响，属于半自主型细胞器。

二、线粒体的遗传

（一）线粒体遗传的表现

线粒体遗传现象的发现可以追溯到 1948 年，法国遗传学家伊弗鲁西（B. Ephrussi）和他的同事第一次描述了酿酒酵母中的小菌落（petite colony）突变型。他们发现将野生型酵母菌涂抹在固体培养基上，在正常环境下培养，总能产生 1%～2% 的比其他正常菌落（grande colony）小很多的突变体。这是由于小菌落酵母菌缺少细胞色素 c 氧化酶，不能进行有氧呼吸，因此在通气条件下，这些小菌落比正常细胞长得慢，故而小些。小菌落很稳定，如果继续培养这些小菌落突变体，则只产生小菌落，不能恢复到正常的大菌落。已知线粒体是细胞的呼吸代谢中心，上述有关酶系也存在于线粒体中，所以人们推测有关的基因存在于线粒体 DNA（mitochondrial DNA，mtDNA）中。

在进一步的实验中，伊弗鲁西将小菌落酵母菌（结合型 A）同正常型酵母菌（结合型 a）杂交，发现这些小菌落在遗传方式上可分成三类。第一类是分离型小菌落（segregational petite），这种小菌落酵母菌同正常型酵母菌杂交后，后代的表型会按 1∶1 分离，符合孟德尔分离定律，说明这类小菌落是染色体基因突变的结果。第二类是中性小菌落（neutral petite），这种小菌落酵母菌同正常型酵母菌杂交后所得的二倍体细胞是正常的，在以后的世代中也不会出现小菌落的子细胞。研究发现这是由这类小菌落酵母菌中的线粒体 DNA 完全丢失，而子代二倍体细胞却从野生型酵母菌中获得了正常线粒体 DNA 所致。第三类是抑制型小菌落（suppressive petite），这种小菌落酵母菌同正常型酵母菌的杂交后代中，一些长成正常大菌落，一些长成小菌落，而且大小菌落的比例不定。造成这种现象的原因是这类小菌落酵母菌中的线粒体 DNA 发生突变，抑制了呼吸酶的合成，而后代酵母菌随机继承了这种突变的线粒体 DNA。由此可见，中性小菌落突变体和抑制型小菌落突变体的遗传是一种非孟德尔式的线粒体遗传。

（二）线粒体遗传的分子基础

虽然早在 1850 年寇里克（R. Kolliker）就首次描述了线粒体，但是直到一个多世纪以后的 1963 年，才明确证实线粒体 DNA 的存在。1981 年，剑桥大学的研究小组测定了人线粒体 DNA 的完整序列，这是第一个完整测序的线粒体 DNA 序列，也被称为剑桥参考序列（Cambridge reference sequence）。

线粒体 DNA 是裸露双链分子，主要为闭合环状结构（图 11-5），但在少数物种中也呈线性，如衣藻（*Chlamydomonas reinhardtii*）和草履虫（*Paramecium aurelia*）。每个物种线粒体基因组的大小都有所不同，一般情况下，动物为 10～39kb，真菌类为 17～176kb；四膜虫属（*Tetrahymena*）和草履虫等原生动物约为 50kb。与动物相比，植物线粒体基因组更大、更复杂，大小为 200～2500kb，如西瓜（*Citrullus lanatus*）的线粒体基因组大小是 330kb，而香瓜（*Cucumis melo*）的是 2500kb。

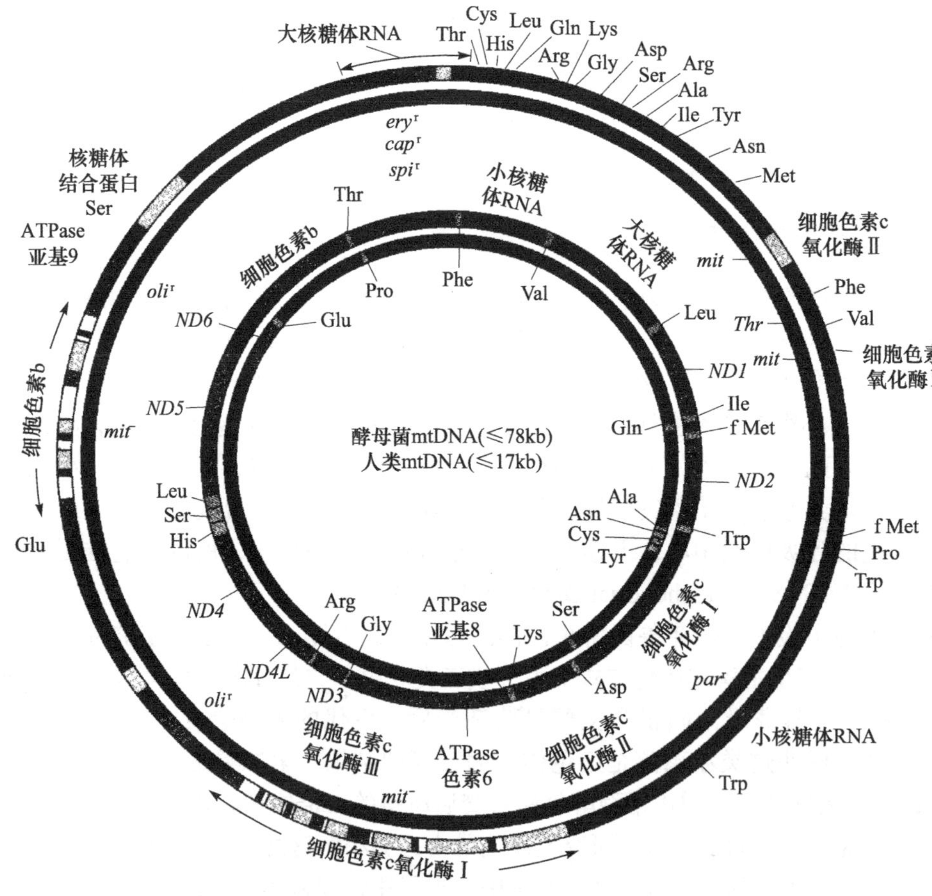

图 11-5　酵母菌与人类 mtDNA（引自 Griffiths et al.，2000）

外圈为酵母菌 mtDNA，内圈为人类 mtDNA；图中正体表示氨基酸对应信息；斜体表示基因

人类线粒体 DNA 的长度为 16 569bp，由两个非编码区域和 37 个编码基因组成。这些编码基因包括 13 个 mRNA 基因、2 个 rRNA 基因和 22 种 tRNA 基因。人线粒体 DNA 没有内含子，排列十分紧凑，而且两条链都有编码功能。酵母菌线粒体基因组约为 78kb，基因

间有大段的非编码序列间隔，有两个基因含有若干内含子（图 11-5）。

线粒体 DNA 能够以独立的周期稳定地复制，也是半保留式的，并在细胞分裂后传给后代。线粒体也具有转录和翻译的功能，可以自身合成蛋白质。但是线粒体上大部分蛋白质都是由核基因编码，在细胞质的核糖体上合成，然后再转运到线粒体内的，尤其是线粒体 DNA 复制、RNA 转录所需的大部蛋白质。因此，线粒体是一个半自主的细胞器，线粒体基因组必须在与核基因组的协同作用下才能发挥它的遗传功能。

第三节　细胞核基因和细胞质基因的关系

虽然细胞核遗传和细胞质遗传各自都有其相对独立性，但这并不意味着它们彼此之间丝毫没有关系。由于核基因和质基因都是细胞的重要组成成分，共同存在于一个统一体之中，它们控制的性状也是相互依存、相互制约的。

一、叶绿体的核质协同作用

玉米中的埃型条斑（striped iojap trait）性状，受核基因 *ij* 控制。隐性纯合体 *ijij* 玉米植株，或表现为白绿相间的特征性条斑，或为白化苗。如果以该植株作父本，正常绿色植株（*IjIj*）作母本，杂交结果符合孟德尔分离定律（图 11-6A）。但是如果反过来，以该条斑或白色植株作母本，以正常绿色植株作父本，F_1 代出现三种表型：绿色、条斑和白化植株。将 F_1 代与父本进行回交，回交子代仍然是这三种表型。这一结果显然不符合孟德尔分离定律，却体现出了细胞质遗传的特点（图 11-6B）。

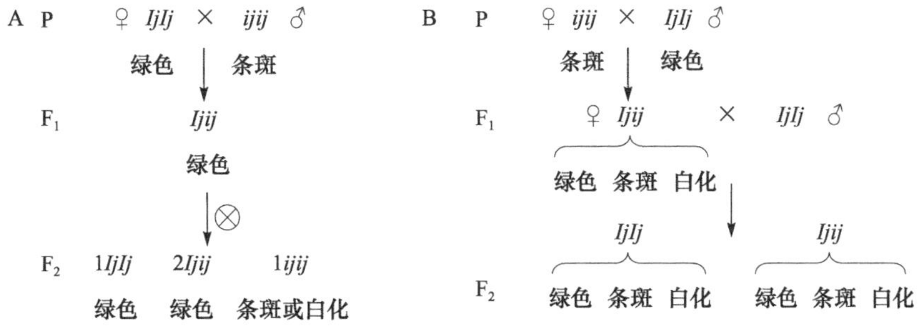

图 11-6　玉米埃型条斑的遗传

A. 母本正常绿色时，显示孟德尔式遗传；B. 母本为条斑或白化时，表现为非孟德尔式遗传，条斑或白化性状出现后就通过细胞质遗传了

从杂交试验可以看出，在白化病未形成之前，核基因起主导作用，核基因决定植株是正常绿色还是白化，所以当母本正常时，表现出核基因遗传的特点，符合孟德尔遗传定律。一旦 *Ij* 突变为 *ij*，使基因型 *ijij* 植株的叶绿体发生突变，表现为白化或条斑后，就通过细胞质遗传了，这时核基因不再是控制者。因此用条斑或白化植株作母本，该性状可以一直遗传下去，表现出独立的母性遗传现象。由于细胞质分离是不均一的，因此条斑（*Ijij*）产生

绿色、条斑和白化三种植株。这是核质基因协同控制同一性状的例子。

二、草履虫放毒型遗传

在某些生物的细胞质中，除了线粒体、叶绿体等必不可少的成分外，还有一些非必需的、以共生形式存在的颗粒或侵染微生物，称为共生体（symbiont），如细菌、病毒、质粒等，它们能够自我复制，或在寄主核基因组的作用下进行复制，并对寄主的表型产生一定的影响，很多通过细胞质传递的性状与它们的存在有关。

草履虫（*Paramecium aurelia*）的放毒型遗传就是一个典型的例子。草履虫是一种二倍体原生动物，种类很多。草履虫有一个大核和两个小核（有的只有一个），大核是多倍体，主要负责营养；小核是二倍体，主要与遗传有关。

（一）草履虫的生殖

草履虫有无性生殖和有性生殖两种基本繁殖方式。无性生殖即通过细胞分裂一分为二，基因型不变。有性生殖有两种方式。一种是接合生殖。两个个体接触，首先每个细胞两个小核进行减数分裂，形成 8 个小核，其中 7 个小核和大核解体，剩下的一个小核再进行一次有丝分裂一分为二。然后两个个体的细胞膜稍微破裂，彼此交换一个小核，并与未交换的小核融合成二倍体核。二倍体核再经过两次有丝分裂形成 4 个二倍体核，其中两个融合后发育为大核，另外两个成为小核。这样形成的两个细胞的基因型完全相同，但在遗传上是杂合的，如果接合时间长会发生细胞质交换，短则不会（图 11-7）。

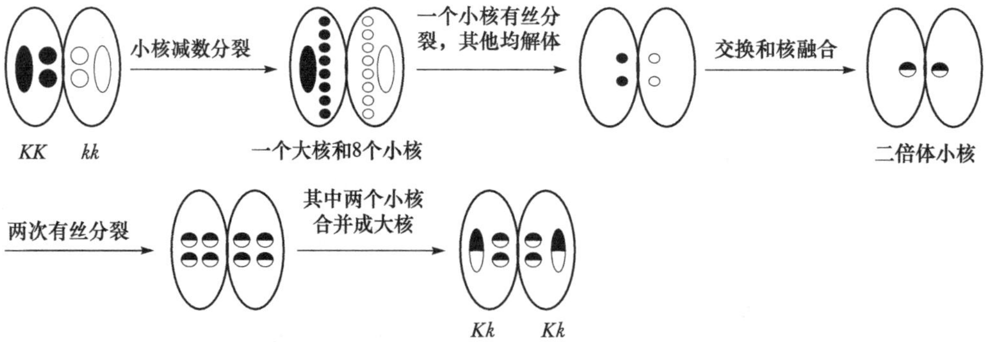

图 11-7 草履虫的接合生殖

另一种是自体生殖。细胞在减数分裂后同样是 7 个小核和大核解体，只剩下一个小核。这个小核经有丝分裂形成的两个核再合并成二倍体核，因此，当细胞是杂合体时，经自体受精新形成的二倍体核是纯合的，基因型杂合的细胞群体在自体受精后将形成 1∶1 的基因型分离比（图 11-8）。

（二）草履虫的放毒型遗传

1943 年，T. M. Sonneborn 发现草履虫中有一些品系能释放一种叫草履虫素（paramecin）

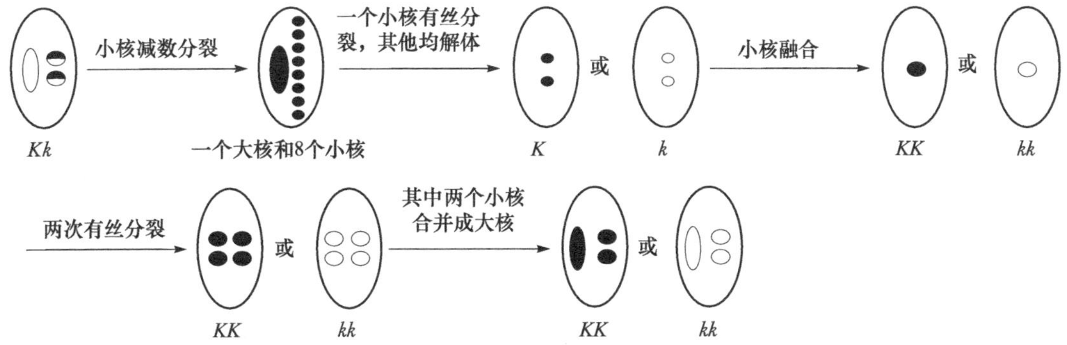

图 11-8　草履虫的自体受精

的毒素，可以杀死其他品系的草履虫，但对本身却无害，这种可产生草履虫素的品系为放毒型，可被毒素杀死的品系为敏感型。尽管放毒型能杀死敏感型，但它们之间的接合仍能正常完成，因为在接合过程中，敏感型草履虫对毒素也有抵抗作用。

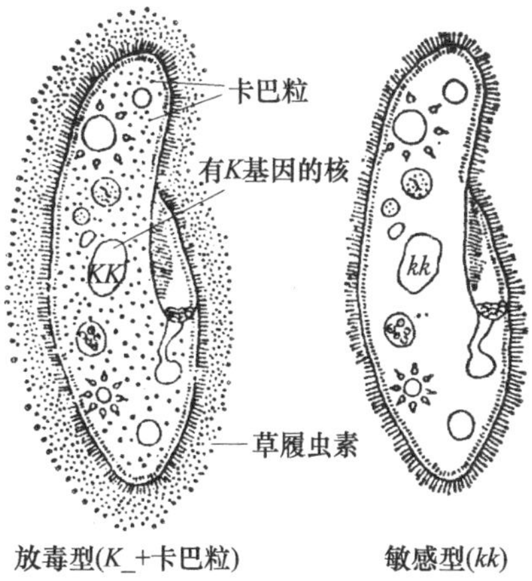

图 11-9　草履虫的放毒型和敏感型
（引自刘祖洞等，2013）

研究表明，放毒型草履虫产生毒素需要两种因素同时存在：①在细胞质中含有卡巴粒（kappa particle，κ）。卡巴粒的直径为 0.2～0.8μm，推测可能是退化的细菌演化为的内共生体（endosymbiont），含有 DNA、RNA、蛋白质、糖类和酯类等，其组成与比例酷似细菌。草履虫素就是卡巴粒产生的。②在细胞核中含有显性基因 *K*。*K* 基因本身并不产生卡巴粒，也不携带编码草履虫素的信息，它的作用是使卡巴粒在细胞质内增殖而持续存在。如果为隐性基因 *k*，则卡巴粒不能增殖，在细胞质中会很快消失，从而失去毒性。因此放毒型必须有显性基因 *K* 和卡巴粒同时存在，其他组合类型均为敏感型（图 11-9）。

将放毒型（*KK*）与敏感型（*kk*）交配，在接合过程中，如果时间较短，就只进行小核的交换，这样双方的基因型都成为 *Kk*，但其中一个有卡巴粒，能够产生毒素，是放毒型；另一个没有卡巴粒，不能产生毒素，是敏感型。再让这两个个体各自进行自体受精，经过减数分裂分别产生 *KK*∶*kk*=1∶1 的纯合子。放毒型后代中的 *KK* 仍为放毒型，*kk* 中由于没有显性基因 *K*，卡巴粒不能增殖，几代后将逐渐丧失放毒性，成为敏感型。敏感型的后代由于没有卡巴粒，就都是敏感型（图 11-10A）。

如果放毒型与敏感型接合的时间延长，让细胞质也进行交换，这样双方的基因型都为 *Kk*，又都有卡巴粒，都成为放毒型。继续进行自体受精，两者的后代都得到 *KK*∶*kk*=1∶1 的纯合子，同样 *KK* 仍为放毒型，*kk* 会逐渐成为敏感型（图 11-10B）。

上述实验说明，如果没有 *K* 基因，*kk* 中的卡巴粒不能增殖，几代后就会消失，成为敏感型；如果有 *K* 基因但没有卡巴粒，也不能产生毒素，仍是敏感型。通过草履虫放毒型遗传的实例，可以看出核质之间存在着互相依存和制约的关系。

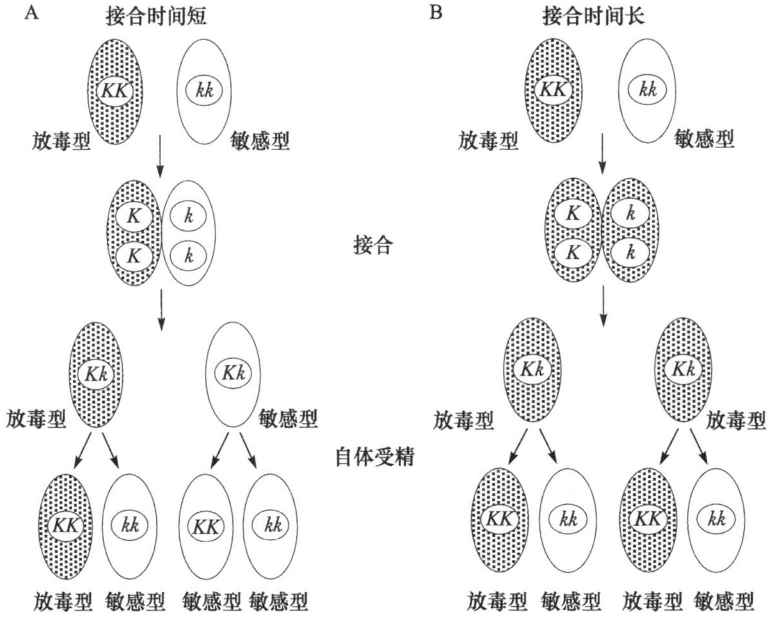

图 11-10　草履虫放毒型遗传

三、核基因对细胞质的前定作用——母性影响

在核遗传中，通常正交♀*AA*×*aa*♂和反交♀*aa*×*AA*♂的子代表型是一样的，因为两亲本在核基因的贡献上是相等的，子代的基因型都是 *Aa*，所以在同一环境下其表型一致。但有时候正反交的结果并不相同，这跟母性影响有关，母性影响（maternal effect）是子代受到母本核基因型的影响而表现母本核基因型所决定的性状的现象。这种遗传现象通常是由母本核基因的某些产物在卵细胞的细胞质中积累所造成的，即核基因对细胞质的前定作用。母性影响有两种：一种是短暂的，只影响子代个体的幼龄期；另一种是持久的，影响子代个体终身。

（一）短暂的母性影响

欧洲麦蛾（*Ephestia kuhuniella*）野生型幼虫的皮中含有色素，因此其皮肤有色，成虫为深褐色复眼。这种色素是由犬尿氨酸（kynurenine）所形成的，由显性基因 *A* 控制。突变型个体中不含有犬尿氨酸，所以幼虫不着色，成虫为红色复眼。将有色的 *AA* 个体与无色的 *aa* 个体杂交，无论哪个亲本有色，F_1 代都是有色的。但用 F_1 代 *Aa* 与 *aa* 进行测交，其后代的表型则取决于 *Aa* 的性别。若 *Aa* 为父本，后代表型与一般测交无差别，*Aa* 和 *aa* 基因型的个体表现其应有的表型。但是如果 *Aa* 为母本，测交后代中 *Aa* 基因型表现正常，但 *aa* 基因型的个体，幼虫为有色，成虫才恢复为红眼。这一结果与一般测交不同，也与伴性遗传方式不符（图 11-11）。

如何解释这一结果呢？如前所述，精子的细胞质组分很少，卵细胞则含有大量的细胞质。母本 *Aa* 的细胞质中是含有犬尿氨酸的，在形成卵细胞时，无论 *A* 卵还是 *a* 卵，细胞质

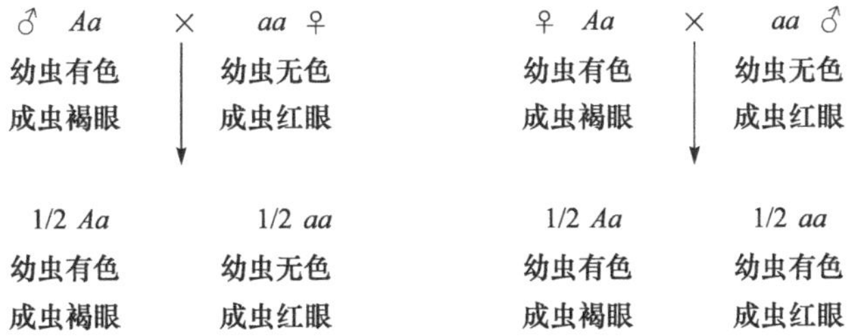

图 11-11　欧洲麦蛾色素遗传中的母性影响

中都含有足量的犬尿氨酸，而受精卵的细胞质主要来自母本，因此 *aa* 受精卵里也就含有大量的犬尿氨酸，幼虫的皮肤就是有色的。这里幼虫的表型是受到了母本细胞质的影响，而母本的细胞质又是由其核基因决定的，所以这是母性影响。但是 *aa* 个体由于缺乏 *A* 基因，不能自己制造色素，因此随着个体的发育，色素逐渐消耗，到成虫后色素消失，就表现红色复眼了。由于这种母性影响只能影响幼虫阶段，因此是短暂的母性影响。

（二）持久的母性影响

椎实螺（*Limnaea peregra*）是一种雌雄同体的软体动物，能同时产生卵子和精子，一般进行异体受精，但若单独饲养，也可进行自体受精。椎实螺外壳的旋转方向有右旋和左旋之分，是一对相对性状。如果把这两种椎实螺进行正反交，F_1 代外壳的旋转方向都与母本相同，看起来很像细胞质遗传，但 F_2 代无论正反交都为右旋，又与细胞质遗传不符，在 F_3 代正反交都出现了右旋：左旋 =3：1 的分离比，这是孟德尔比例，可见，这是由一对核基因所控制的相对性状（图 11-12）。

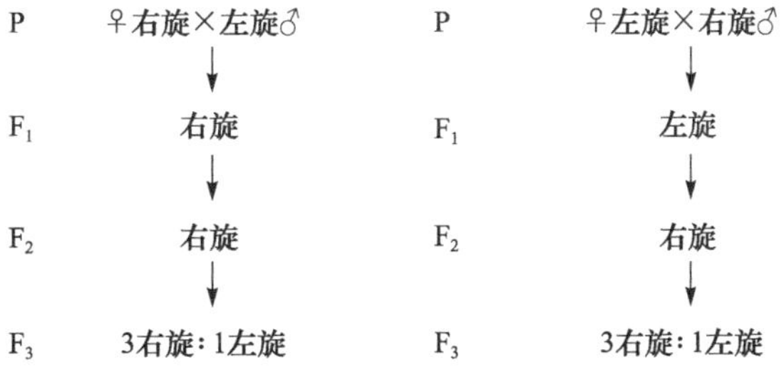

图 11-12　椎实螺外壳旋向的遗传现象

那如何解释这个现象呢？原来螺类的受精卵是螺旋式卵裂，其外壳的旋转方向取决于最初两次卵裂中纺锤体的方向，纺锤体的方向又取决于卵细胞的特性，卵细胞的特性又由母本基因型所决定。母本有显性基因 *D* 时，受精卵的纺锤体会向右倾斜约 45°，最后 F_1 代形成右旋；母本是一对隐性的 *dd* 时，受精卵的纺锤体会向左倾斜约 45°，最后 F_1 代形成左旋。纺锤体的行为是由受精前的母本基因型决定的，因此椎实螺外壳的旋转方向归根结底取决于母本的基因型和这种基因型所影响的卵母细胞。F_1 代的基因型为 *Dd*，所以 F_2 代都是右旋的，根据 F_2 代的基因型也能推知 F_3 代的表型（图 11-13）。子代的表型不由自己的基因型决定，而是受母本基因型的影响，这是母性影响现象，由于这种影响可持续到成体，因此是持久的母性影响。

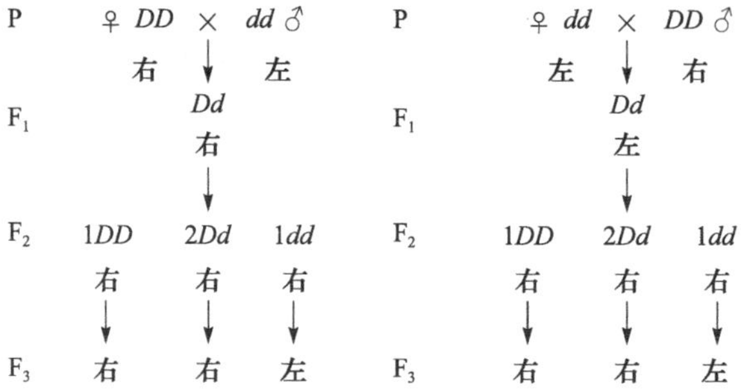

图 11-13　椎实螺外壳旋向的遗传基础

可见，虽然母性影响所表现的遗传现象与细胞质遗传很相似，但它并不是由细胞质基因决定的，而是由核基因的产物在卵细胞中的积累所决定的，所以不属于细胞质遗传的范畴。

第四节　植物雄性不育的遗传

雄性不育在植物界很普遍，迄今已在 18 个科的 110 多种植物中发现了雄性不育的存在。植物的雄性不育（male sterility）是指植物花粉败育的现象。主要特征是雄蕊发育不正常，不能产生有正常功能的花粉，但是雌蕊发育正常，能接受正常花粉而受精结实。如果杂交的母本具有这种不育性，就可以免除人工去雄，节约人力，降低种子成本，并且可以保证种子纯度。目前水稻、玉米、高粱、洋葱、蓖麻、甜菜和油菜等植物已经利用雄性不育性进行了杂交种子的生产。

一、雄性不育的类别及其遗传特点

可遗传的雄性不育性可由核基因决定，也可由细胞质基因决定，还可由两者共同决定，因此植物的雄性不育可分为以下三种类型。

（一）核不育型

核不育型是由核内染色体基因决定的雄性不育类型。现有的核不育型多为自然发生的变异，在水稻、小麦、大麦、玉米、番茄和洋葱等作物中都有发现。多数核不育型均受一对隐性基因控制，隐性纯合体 *msms* 表现雄性不育，含有显性基因 *MS* 的植株为雄性可育。显性纯合体 *MSMS* 与隐性纯合体 *msms* 杂交后得 F_1 代，F_1 代再自交得到的 F_2 代中，既有雄性不育的种子也有可育的种子，难以分离，因此 *msms* 不育系难以保持。由于用普通遗传学的方法不能使杂交后的整个群体均保持这种不育性，因此不便于在生产上应用。少数由显性基因决定的核不育型，由于杂种仍为雄性不育，因此在生产上又不能应用其杂种优势。

近年发现了由环境条件控制的雄性核不育型，如湖北光敏感雄性核不育水稻、山西太谷核不育小麦。这类雄性核不育类型受光温条件的控制，在一定的光照长度和温度条件下，花粉败育，在其他的光照和温度条件下花粉又可正常发育，植株可正常自交结实，因此得以在生产上成功应用。但由于天气变化的不可预测性，其在生产上的应用存在一定风险。

（二）细胞质不育型

细胞质不育型是由细胞质基因控制的雄性不育类型，表现细胞质遗传的特点，已经在包括玉米、小麦在内的 80 多种高等植物中发现有这种不育类型。用这种不育株作母本，与雄性可育株杂交，后代仍不育，所以，细胞质不育型的性状容易保持但不易恢复。

（三）核质互作不育型

核质互作不育型是由细胞质基因和核基因相互作用共同控制的雄性不育类型。在玉米、小麦、水稻和高粱等植物中均有发现。与雄性不育有关的一对核基因是 *Rf* 和 *rf*，只要有显性基因 *Rf*，植株就是雄性可育的。如果是一对隐性的 *rfrf*，植株的可育性要看细胞质基因，当细胞质基因为 *N* 时，是雄性可育的，当细胞质基因是 *S* 时，为雄性不育。

核质互作不育型的雄性不育性状既容易保持又容易恢复，因此在植物杂种优势的利用上具有重要价值。有人认为，细胞质不育型实际上属于核质互作型，只是暂时还未发现能恢复其育性的核基因。由于使花粉败育的细胞质基因是细胞质遗传的，因此细胞质不育型和核质互作不育型又称为细胞质雄性不育（cytoplasmic male sterility，CMS）。

二、雄性不育性的应用

雄性不育性主要应用在植物杂种优势中，杂交母本具有雄性不育性，就可以免去大面积繁育制种时的去雄工作，并保证杂交种子的纯度。

目前生产上应用推广的主要是核质互作不育型，禾谷类作物通过实行“两区三系”制，实现了不育系繁殖及杂交制种的生产。三系是指不育系、保持系和恢复系。雄性不育系的核基因为 *rfrf*，质基因是 *S*，是花粉败育的；保持系的核基因为 *rfrf*，质基因是 *N*，是雄性可育的。先将雄性不育植株（♀）和保持系（♂）杂交，下一代再连续与保持系回交若干次，其核基因就被保持系置换了，这样得到的雄性不育系与保持系的核基因组是一致的，保证了其遗传的稳定性。恢复系的核基因为 *RfRf*，质基因是 *N*，是雄性可育的。

两区中的一个隔离区是将不育系和保持系相间种植在一起，保持系（*N*）*rfrf* 给不育系（*S*）*rfrf* 授粉，在不育系上收获的种子，基因型仍为（*S*）*rfrf*，不育系得到了繁殖，保持了不育性。（*N*）*rfrf* 植株由于能保持不育系的不育性，因此称为保持系。保持系给自己授粉，收获的种子基因型仍为（*N*）*rfrf*，保持系也得到了繁殖。另一隔离区将不育系和恢复系（*N*）*RfRf* 相间种植，恢复系给不育系授粉，在不育系上收获的就是杂交种子，其基因型为（*S*）*Rfrf*，是雄性可育的。（*N*）*RfRf* 植株由于能让不育系的后代恢复正常，所以称为恢复系。恢复系给自己授粉，收获的种子基因型仍为（*N*）*RfRf*，恢复系也得到了繁殖。因此在一个隔离区繁殖不育系和保持系，在另一个隔离区制作大量杂交种并繁殖恢复系，这就是“两区三系”制种法（图 11-14）。

雄性不育的特性早已应用在玉米、高粱等作物的杂交制种上。20 世纪 60 年代，以袁隆平为首的我国科学家开展了水稻不育性状的研究，成功通过三系法配制出杂交水稻，为我国乃至世界的粮食生产做出了巨大贡献。此外，在小麦、甜菜、洋葱等作物中，也利用雄性不育性状制备出了具有优良性状的杂交种。

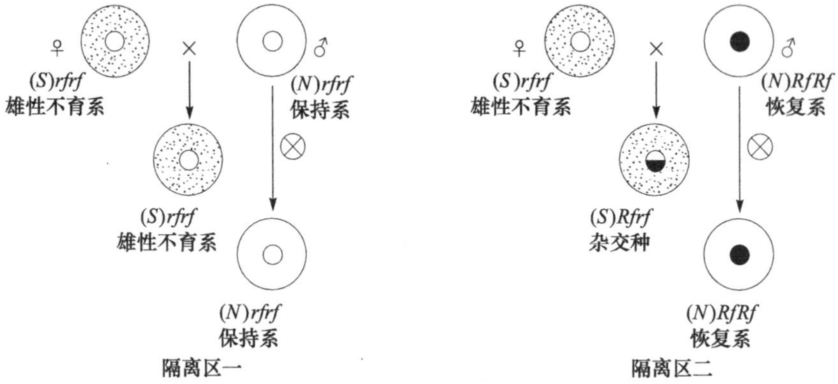

图 11-14　两区三系法制备杂交种

阅读资料：线粒体 DNA 与人类进化

我们到底是谁？我们来自何处？我们去向何方？在分子生物学出现之前，人类进化的研究主要依赖于化石，如骨骼碎片、牙齿、一些武器或工具等。随着分子生物学的发展，科学家可以利用 DNA 序列来研究人类的进化，通过比较现代的 DNA 序列可以部分重现它们的进化历程。在这一研究中人类的线粒体 DNA（mtDNA）发挥了独特而重要的作用。

线粒体 DNA 发现于 20 世纪 60 年代，最初是通过电镜在线粒体中观察到了类似 DNA 的纤维，后来通过物理和化学方法将这些纤维提取出来并确定它们是 DNA。线粒体 DNA 能够成为研究人类系统进化及人群迁移历史的一个很有用的遗传标记，主要基于以下原因：①大部分线粒体 DNA 比核 DNA 进化快，这样可使科学家检测到相对短的时期内重要的遗传学变化，并据此区分开一些亲缘关系很近的人群；②严格的母系遗传且缺乏重组，这一特点使通过线粒体 DNA 构建的系统树可以很好地反映人类的母系迁移历史。

人类线粒体的开创性研究始于 20 世纪 80 年代，A. C. Wilson 等的研究发现，来自不同人类群体的 mtDNA 之间变异相对很少，而来自非洲的人类群体 mtDNA 之间则变异最大。他们从 200 多个代表不同种族和民族的群体中选择个体，收集其 mtDNA 样本，分析序列，并应用计算机将序列排列成系统树或进化树，结果发现，所有现代人的 mtDNA 都来源于 20 万年前居住在非洲的一位女性，这位女性也被戏称为“线粒体夏娃”。Wilson 及其同事的研究有力地证明了所有的现代人都是由不到 20 万年前，可能是近 12 万年前生活在非洲的人类进化而来的。原始非洲群体的人类再迁移到亚洲、欧洲，成为那里的早期人类群体，并继续迁移到大洋洲和美洲。

对于古人类学研究者来说，尼安德特人是不可思议的一类人群。化石研究表明他们与现代人类有着很大的不同：较粗的骨骼、更强的肌肉组织、不同的身体比例。那尼安德特人是现代人的祖先吗？或者与现代人的祖先通过婚吗？ 1997 年，M. Krings 等从一位尼安德特人的化石臂骨中提取了 mtDNA 的 379bp 序列，经过分析，发现其中有 28 个与现代人不同。DNA 序列的计算机分析结果表明，尼安德特人和现代人的 mtDNA 谱系在 55 万～69 万年前就分开各自进化了，而现代人的 mtDNA 在 12 万～15 万年前起源于非洲，因此 Krings 等认为尼安德特人不可能是现代人的祖先，现代人是作为一个独特的物种起源于近代非洲的，与尼安德特人几乎没有或根本没有发生过通婚。2000 年，一个国际研究小组报道了对第二位尼安德特人化石标本 mtDNA 的测序结果，得到的 345bp 序列中有 22 个与现代人的核苷酸存在差异。这些线粒体的研究说明，尼安德特人和现代人是从很早的共同祖先处分歧的两条平行的进化途径，尼安德特人的一条因走向灭绝而终止，另一条则进化为了我们。

第 11 章
习题答案

习题

1. 母性影响和细胞质遗传有什么不同？

2. 细胞质基因和核基因有什么相同和不同的地方？

3. 草履虫的放毒型品系与敏感型品系接合，F_1 代是放毒型（*Kk*）和敏感型（*Kk*）。请预期下述几种情况的结果如何？

（1）F_1 代中的两个放毒者之间接合。

（2）F_1 代中的放毒者与敏感型接合。

（3）F_1 代中敏感者自体受精。

（4）上述（3）中产生的敏感者 *KK* 与 F_1 代中的放毒者接合。

4. 分析下列系谱，回答以下问题：

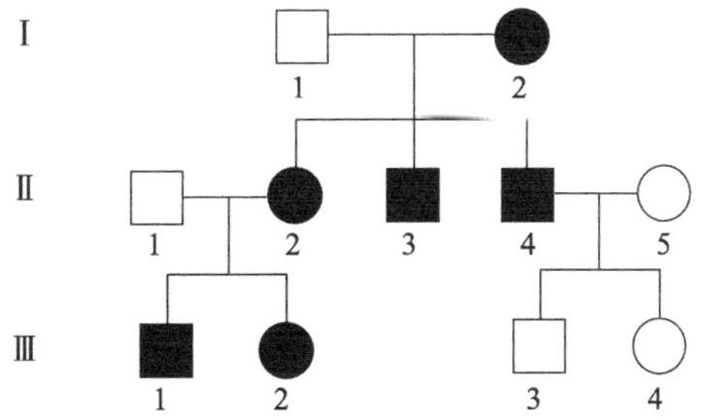

（1）这一系谱是否为线粒体遗传，为什么？

（2）这一系谱还能适应于其他类型遗传吗？

5. 两个椎实螺杂交，其中一个是右旋的，它们的杂交后代再进行自交，F_2 代全部为左旋。请写出亲代和 F_1 代的基因型。

6. 下列关于细胞质遗传的叙述，正确的是（　　）

A. 由核基因控制的，遵循遗传的三大基本定律

B. 由细胞质基因控制的，不遵循遗传的三大基本定律

C. 不受基因控制，后代性状没有一定规律性

D. F_1 代总是表现出母本性状

7. 生长在富含葡萄糖培养基上的一个酵母菌突变株的小菌落与一个野生型菌株杂交，

所有后代都是野生型，请问是什么突变作用产生了这种小菌落？

8. 紫茉莉的叶片上出现花斑的遗传基础是什么？花斑♀× 绿色♂的杂交后代会出现什么类型？如果反交，结果又如何？

9. 怎样理解叶绿体基因组的半自主性？

10. 一个雄性不育植株，用对育性恢复基因 *Rf* 是纯合的花粉授粉，F_1 代的基因型怎样？表型怎样？

11. 上题的 F_1 代植株作为母本，用一正常植株 *rfrf* 的花粉测交，测交结果是怎样的？请写出基因型和表型，并注明细胞质种类。

12. 正反交的 F_1 代结果不同，怎样用实验方法来判断是伴性遗传、细胞质遗传，或是母性影响？

13. 什么叫两区三系制种法？

第12章　群体遗传与物种形成

本章知识主线：本章围绕生物进化机制，先介绍了几种进化理论，然后讲述群体基因频率和基因型频率保持不变的哈迪-温伯格定律。再通过突变、选择、遗传漂移及迁移等影响群体基因频率改变的因素，进一步阐明了生物进化的实质是群体基因频率的改变。最后从分子水平和种系发生的层面讨论了生物进化。

地球上的自然环境是经常改变的，随着自然环境的变化，栖息其中的生物经历了一个由简单到复杂、由低等到高等的长期发展过程，这就是生物进化。现代生物都是由过去的生物演变而来的，每种生物都与它的生活环境相适应。这些事实已为生物学的各个分支学科所证明，其中遗传学的研究不仅提供了更多的证据，更重要的是，从遗传学角度解释了生物进化的历史过程。进化实质上是种群中的遗传变异随时间而改变的过程，这种改变是如何产生、变化的呢？这是群体遗传学研究的内容，它试图阐明引起群体中基因随时间逐渐变化的基本机制。

第一节　进 化 理 论

生物进化的流行理论，细分起来很多，也还在不断发展之中，在此主要介绍4种：拉马克的获得性状学说、达尔文的自然选择学说、现代达尔文主义及20世纪60年代后期提出的中性学说。

一、拉马克的获得性状学说

最早比较完整的进化学说是由法国博物学家和哲学家拉马克提出的，他于1809年出版了《动物学哲学》一书，提出了用进废退学说或获得性状遗传学说。他认为生物的种（species）不是恒定不变的类群，而是由祖先种进化而来的。这个学说的主要内容包括：①生物生长的环境使它产生某种欲求；②生物改变旧的器官，或产生新的痕迹器官（rudimentary organ），以适应这些欲求；③继续使用这些痕迹器官，使这些器官的体积增大、功能增进，但不用时可以退化或消失；④环境引起的性状改变是会遗传的，因此这些改变了的性状可以传递给下一代。

拉马克看到，环境不同，生物有相应的变异，因此他认为环境的改变是物种变化的原因。最著名的例子是长颈鹿的进化，长颈鹿的头颈特别长，但是它同其他哺乳动物一样，也只有7个颈椎，只是每个颈椎非常长而已。用拉马克的学说来解释，这是因为其短头颈的祖先在食物贫乏的环境里，为了吃高树上的叶子，必须伸长头颈，因此头颈长得稍稍长一点，这遗传给了下一代，一代代传下去，长头颈的遗传特性持续加强，头颈逐步延长，

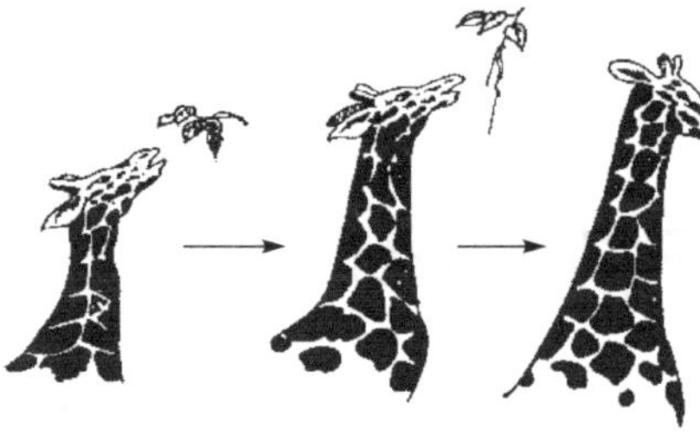

图 12-1　获得性状遗传的例子
（引自刘祖洞等，2013）

终于成为现代的长颈鹿（图 12-1）。另一个例子是洞穴中的鱼常常是视盲的，这是因为鱼的祖先在黑暗的环境中，眼没有用处而逐渐退化，很多代后终于导致了视盲。

可见，获得性状遗传学说在解释生物进化的机制上强调了环境作用造成的性状改变可以遗传。20 世纪初随着遗传学的发展，这一观点受到了广泛质疑。因为环境因素造成的性状变化一般与蛋白质有关，如鸟类因飞翔而发达了胸肌，但是这种后天获得的性状变化不会影响生殖细胞中的 DNA 序列，也就无法通过遗传的方式传递给下一代。因此拉马克的观点一度因缺乏实验证据而不被支持。但是近年来，随着表观遗传学研究的深入，拉马克的学说重新得到了重视。在第 6 章中介绍的表观遗传学揭示了一类特殊的遗传变异现象，这种变异现象不涉及 DNA 序列的改变，但能影响个体的性状表现，更重要的是这种对性状的调控方式可以遗传给后代，且易受环境条件的影响。例如，科学家发现母鼠对幼鼠照料的细心程度会影响糖皮质激素受体基因（glucocorticoid receptor gene）的去甲基化，进而影响小鼠神经系统的发育，而且这种去甲基化的过程和结果是长久性的。表观遗传的这些性质都与获得性状遗传相吻合，相信随着表观遗传学研究的深入，拉马克的学说会得到科学的发展。

二、达尔文的自然选择学说

达尔文的自然选择学说是 19 世纪中期提出的，后经不断修正和完善，是在现代遗传学基础上发展起来的进化学说，能够更合理地说明生物进化的历史过程。

达尔文 22 岁时，随英国皇家海军贝格尔舰环球航行了 5 年（1831～1836 年），其间观察和采集了大量的动植物和化石标本。在加拉帕戈斯群岛，他发现岛上的海龟数量多，但各个小岛上的海龟各不相同；而且分布在 14 个小岛上的地雀，在体形、颜色，特别是喙和食性上也存在差异。达尔文设想这些岛上的物种最初皆为大陆迁徙而来，随着时间的推移，它们各自适应了不同的生态位，从而形成了不同的形态特征。在南美洲，他还深入比较了化石动物和现存动物的相互关系、地理分布和在地质史上出现的顺序，认识到物种并非是一成不变的。

达尔文回国后花了 20 多年时间研究和整理环球航行的资料。1858 年，在他还没有完成自己的著作时，英国的另一位博物学家华莱士（Alfred Russel Wallace）来函，提出了和达尔文类似的观点，于是达尔文提前和华莱士在英国林奈学会的一次会议上各自公布了他们的论文和摘要。1859 年，达尔文出版了《物种起源》，系统地阐述了他的进化理论。达尔文的进化理论促成了人类历史上最复杂、最深远的一次智能革命，这次革命不仅影响了生物学，还影响了哲学、宗教、经济学、政治和社会学。

概括起来，达尔文的进化理论主要包括 5 个方面的内容：①物种是可变的（基本的进化论）；②新物种的形成是一个极其缓慢的过程，即进化的发生是逐渐的（渐变论）；③所有的生物都来自于共同的祖先（共祖学说）；④物种的形成是一个树状分支分化的过程（生物多样性的起源）；⑤生物进化的动力和机制是自然选择。

达尔文的自然选择学说是其进化学说的核心内容，其主要观点如下。

1）生物个体是有变异的，且至少有部分变异来自遗传。通过观察，达尔文确定自然界中的生物普遍存在着变异，因为每个个体都不同，同时至少有部分变异能够遗传给子代，这类变异为自然选择提供了丰富的原材料。但达尔文的理论中并没有解决变异产生的原因及遗传给子代的机制等问题。他部分地接受了拉马克的获得性状遗传的观点，还提出了泛生假说来解释遗传的机制，但很快这两个遗传机制都被否定了。

2）生物体繁殖过剩。达尔文通过观察发现，生物体的繁育潜力一般总是大大地超过它们的繁育率。例如，一条鲱鱼产卵 30 万粒，一株烟草约结种子 36 万粒，但实际上能够发育成为成体的只是其中很小的一部分，许多生殖细胞得不到发育的机会，许多胚胎和幼体在尚未达到性成熟之前就因各种不利的自然条件而死亡。为了解释这些现象，达尔文提出了生存竞争和自然选择两个观点。

3）生存竞争与自然选择。生物的繁殖能力很强，但只有少数比较健壮且性状跟环境比较适应的个体才能存活下来，达尔文把这个过程称为生存竞争（struggle for existence）。生存竞争发生在同一物种的不同个体之间或者不同物种之间，也发生在生物与外界生活环境之间。由于个体的性状不同，个体对环境的适应能力和程度也有差别，能适应环境的个体生存下来，不能适应环境的个体被淘汰。但仅生存下来还不够，还要能繁殖后代。适合度高的个体将留下较多的后代，适合度低的个体留下较少的后代，而适合度的差异至少有部分是遗传决定的，这样一代代传下去，群体的遗传组成自然而然地就趋向更高的适合度，这个过程就叫作自然选择或适者生存。

环境条件不会永久保持不变，因此生物的适应性总是相对的。生物体不断遇到新的环境条件，自然选择就不断地使群体的遗传组成作相应变化，以建立新的适应关系，这就是生物进化的最基本过程，即自然选择在生物进化中起的主导作用。地球上生物居住的环境是多种多样的，生物适应环境的方式也是多种多样的，因此通过多种多样的自然选择过程，就形成了生物界的众多种类和生物多样性。

达尔文的学说基本上是正确的，但也留下一些问题没有解决，如遗传变异是如何产生的，又怎样保持，在这个问题上达尔文部分地接受了拉马克的获得性状学说；另外达尔文比较注重个体存活的进化价值，但生物进化和物种形成的基本单位不是个体，而是种群；再如，达尔文强调了物种形成中的渐变方式，多次引用“自然界没有飞跃”的观点，这是不全面的，现代进化科学的成就表明，骤变也是物种形成的重要方式。

三、现代达尔文主义

现代达尔文主义也称综合进化论（the synthetic theory），它是现代进化论中最有影响的一个学派。这一学派有许多著名学者，其中最突出的是美籍苏联学者杜布赞斯基（Th. Dobzhansky）。杜布赞斯基最重要的贡献是在 1937 年出版了《遗传学和物种起源》，在理论和实验上统一了自然选择学说和孟德尔遗传学，标志着综合进化理论的创立，此书被誉为是 20 世纪的“物种起源”。综合进化理论的主要内容包括以下两个方面。

1）群体是进化的基本单位，进化机制的研究属于群体遗传学的范围。这一认识区别于以往以个体为进化单位的一切学说。达尔文认为自然选择直接作用的是生物的个体，而且是个体的表型。但是，在自然界没有哪个个体是长生不死的，个体的表型也会随着个体的死亡而消失，决定表型的基因却可以随着生殖而世代延续，并且在群体中扩散，因此研究生物的进化，仅研究个体的表型是否与环境相适应是不够的，还必须研究群体基因组成的变化。

2）突变、选择和隔离是物种形成和生物进化的机制。可遗传的变异主要来源于突变和遗传重组，是生物进化的原材料。由于突变和重组都是随机的、不定向的，因此它们只是提供了生物进化的原材料，不能决定生物进化的方向。随机产生的变异必然受到自然选择的作用，具有有利变异的个体有更多的机会产生后代，群体中相应基因所占的比例会不断提高，通过自然选择保留适应性变异，将导致生物朝着一定的方向不断进化。因而自然选择决定生物进化的方向，也是生物进化的动力。但在自然选择下，群体内基因的交流并没有中断，群体分化还未超出种的界限，一个群体将始终保持一个群体，而不会歧化形成新的亚种或物种。另外还必须通过对同一物种不同居群的隔离巩固并扩大自然选择留下的变异，从而形成新种。因此，突变和重组提供了生物进化的原材料，自然选择决定了进化的方向，隔离则是物种形成的必要条件。

四、分子进化的中性学说

分子水平的研究发现，有些现象是自然选择学说不能解释的。例如，在群体中存在大量的突变，对生物的生存既没有好处，也没有坏处，在选择上是“中性”的，这称为“中性突变”。分子水平上的进化表明，发生中性突变基因的进化速率高于功能上重要基因的进化速率，生物 DNA 水平上的进化速率也远远高于形态上的进化速率。

1968 年，日本学者木村（M. Kimura）等根据氨基酸和核苷酸的替换速率，以及这种替换虽然造成蛋白质、核酸的改变但却并不影响生物大分子的功能等事实，提出了分子进化的中性突变-随机漂变学说（neutral mutation-random drift theory），简称中性学说（neutral theory）。该学说认为，进化中大多数氨基酸和核苷酸在物种间的变化是在连续的突变压作用之下，由选择上呈中性或近中性的突变经随机漂变固定所造成的，而不是由自然选择作用于有利变异引起的。该学说的要点如下。

1）突变大多是“中性”的。进化中的 DNA 或蛋白质的变化只有一小部分是适应性的，大部分是中性突变。这种突变不影响核酸、蛋白质的功能，对生物个体的生存既无害处，也无好处，因而自然选择对它们没有作用。该突变通过群体中的随机交配，随物种而随机漂移着，然后在群体中得到固定、发展或消失。

2）分子进化的主角是中性突变而不是有利突变。中性突变率即核苷酸和氨基酸的替换率是恒定的，所以蛋白质的进化表现与时间呈直线关系，可根据不同物种同一蛋白质分子的差别来估计物种进化的历史，推测生物的系统发育。此外，还可根据恒定的氨基酸替换速率，对不同系统发育事件的实际年代做出大致的估计，即所谓的进化分子钟。

3）分子进化是由分子本身的突变率决定的，随机漂变在进化中起主导作用。中性学说认为在分子进化过程中，选择作用是微不足道的，随机遗传漂变才是起主导作用的，因此分子本身的突变率不是由选择压力造成的。遗传漂变使中性突变在群体中依靠机会自由结合，并在群体中传播，从而推动物种的进化。

自然选择学说和中性学说在生物进化问题上研究的层次是不同的，前者是从个体的层次出发，后者是从分子水平的层次出发，因此不能将两者对立起来。中性学说阐明了分子进化的某些现象，是对达尔文进化学说的补充。近来不少研究发现大多数群体内选择作用与随机过程同时起作用。

第二节　群体的遗传平衡

如前所述，达尔文自然选择学说局限于个体的进化，描述的是个体性状的改变，而生物个体的有利变异，只有在该种生物的某一群体中才能传递、扩散，因此群体才是进化的基本单位，进化必须研究群体基因组成的变化。群体遗传学就是应用数学和生物统计学的方法研究群体的遗传结构及其在世代间的变化规律的。

一、孟德尔群体

所谓群体（population），是指一群可以相互交配的个体。这样的群体通常称为孟德尔群体（Mendelian population），因为群体内的个体间可随机交配，其基因的传递是遵循孟德尔遗传定律的。随机交配（random mating）是指在有性生殖的生物中，任何个体都有同等的机会和另一种性别的个体交配。在群体中，所有个体共有的全部基因称为一个基因库（gene pool），一个孟德尔群体享有一个共同的基因库。孟德尔群体与一般群体的主要区别在于群体内个体间能够随机交配，它强调的是杂交性和杂交的可育性。因此几乎所有的动物和异花授粉植物所形成的群体都属于孟德尔群体，而自花授粉植物、自体受精动物和无性繁殖的群体不属于孟德尔群体。群体遗传学中所说的群体，如果不作特别说明，一般是指孟德尔群体。

在有性繁殖的生物中，一个物种就是一个最大的孟德尔群体。分布于同一地区的同一物种个体间是可以进行基因的自由交流的，即可认为组成了单一的孟德尔群体，如一片树林中的全部猕猴，一片草地上的所有蒲公英。但是如果某种自然的或人为的限制条件妨碍了个体间基因的自由交流，使它们各自保持着各自不同的基因库，这样就会出现在同一地区共存着几个孟德尔群体的情况。例如，1994 年在种族隔离制度废除之前的南非白人和黑人，由于社会的限制，相互不能通婚，故无法进行基因交流。

二、群体基因的基因频率和基因型频率

个体性状表现的遗传基础是个体的基因型，而基因型取决于基因与基因的分离和组合。在一个自由交配的群体内，每一个个体不可能脱离群体而单独存在。通过追踪基因在世代间的分离与组合及其所形成的基因型，可以推断性状表现在群体的个体间及家系水平的遗传与变异规律。研究群体的遗传组成，不但与个体的基因和基因型有关，而且离不开群体的基因频率（gene frequency）和基因型频率（genotype frequency）。

基因频率又叫等位基因频率（allele frequency），是指群体中某特定基因座（locus）上某个等位基因占该座位上等位基因总数的比例。任何一个基因座上的全部等位基因频率之和等于 1。例如，一个群体有红轴玉米和白轴玉米两种品种，前者由 P 基因控制，后者由 p 基因控制。从这个玉米群体中随机抽取 100 株，测得基因型 PP、Pp 和 pp 的植株分别有 20、50

和 30 株，就这对等位基因来说，每个个体可以看作含有 2 个基因，那么这 100 株植株共有 200 个该等位基因，则 *P* 基因的频率为（20×2+50）/200=0.45，*p* 基因的频率为（30×2+50）/200=0.55。

基因型频率是指群体中某特定基因型个体的数目占个体总数目的比例。例如，上述例子中，*PP*、*Pp* 和 *pp* 三种基因型频率分别为 0.2、0.5 和 0.3。

在群体遗传学中，基因频率比基因型频率更常用、更重要，一是因为等位基因数总是比基因型数少，如上例中 2 个等位基因有 3 种基因型，使用基因频率可以用较少的参数来描述基因库；二是在有性繁殖的生物形成配子时，配子只含等位基因，在世代传递中只有等位基因是连续的。

三、哈迪 - 温伯格定律

显性基因突变为隐性基因后，该隐性个体与正常显性个体交配时，由于显隐性关系，显性基因的作用把隐性基因的作用掩盖了起来，这是否会使隐性变异逐渐消失呢？1908 年英国数学家哈迪（G. Hardy）和 1909 年德国医生温伯格（W. Weinberg）分别证明：在一个无限大的随机交配的群体里，在没有迁移、突变和选择的条件下，基因频率和基因型频率可从一代到另一代维持不变，这就是著名的哈迪 - 温伯格定律（Hardy-Weinberg principle），也称为遗传平衡定律（law of genetic equilibrium）。

根据这个定律可知，虽然显性基因的作用可以掩盖隐性基因的作用，但是各基因型的比例不变，所以隐性变异不会因此而逐渐消亡。

下面用例子来说明。兔子脂肪的白色对淡黄色为显性，分别由 *Y* 和 *y* 基因决定。在一个群体中，假设最初 3 种基因型的频率是

YY	*Yy*	*yy*
0.10	0.20	0.70

那下一代 3 种基因型的频率是多少呢？先求它们所产生的两种配子的频率，为

$$Y = 0.10 + \frac{1}{2} \times 0.20 = 0.20$$

$$y = \frac{1}{2} \times 0.20 + 0.70 = 0.80$$

由于个体间的交配是随机的，在没有自然选择的情况下，每个个体都为下一代贡献了同样数目的配子，因此两性个体的随机交配可以归结为两性配子的随机结合，各种配子的频率就是基因频率。这样，在计算不同基因型随机交配的结果时，只要计算各基因随机结合的结果就可以了（表 12-1）。

表 12-1 基因型频率的计算

精子 \ 卵子	0.20*Y*	0.80*y*
0.20*Y*	0.04*YY*	0.16*Yy*
0.80*y*	0.16*Yy*	0.64*yy*

将表 12-1 中相同基因型的频率相加，就可得到下一代 3 种基因型的频率，为

YY	Yy	yy
0.04	0.32	0.64

如果求这一代所产生的配子频率，则为

$$Y = 0.04 + \frac{1}{2} \times 0.32 = 0.20$$

$$y = \frac{1}{2} \times 0.32 + 0.64 = 0.80$$

可见与上一代是一样的，基因频率未变，则由配子随机结合后的基因型频率就不变，下一代依然会是

YY	Yy	yy
0.04	0.32	0.64

这种基因型频率在所有世代传递下去的规律就是遗传平衡。

假设基因 Y 和基因 y 的频率分别为 p 和 q，$p+q=1$，它们随机结合产生的 3 种基因型频率的计算如表 12-2 所示。

表 12-2　亲本配子基因频率的随机结合

精子＼卵子	pY	qy
pY	p^2YY	$pq\ Yy$
qy	$pq\ Yy$	q^2yy

将相同基因型的频率加起来，得到群体中 3 种基因型的频率是

YY	Yy	yy
p^2	$2pq$	q^2

这个群体所产生的两种配子的频率为

$$Y = p^2 + \frac{1}{2}(2pq) = p^2 + pq = p(p+q) = p$$

$$y = q^2 + \frac{1}{2}(2pq) = q^2 + pq = q(p+q) = q$$

可见基因频率与上一代是一样的，则它们随机结合所形成的下一代的基因型频率就不变，依次类推，以后各代仍然保持恒定，这就是一个平衡群体。

概括一下，在一个无限大的随机交配的群体中，一对等位基因所决定的性状，在没有突变、迁移和自然选择的条件下，基因频率 p 和 q，以及基因型频率 p^2、$2pq$、q^2 在世代相传时保持不变，这就是遗传平衡，符合这一条件的群体叫作平衡群体。如果一个群体中三种基因型的频率不等于 p^2、$2pq$、q^2，则不是平衡群体。对于不平衡群体，无论起始的基因型频率是多少，只要经过一代就可达到平衡（见上述兔子脂肪的例子）。

上述遗传平衡定律所要求的群体实际上是一个理想群体，该定律的适用条件在自然界是不可能存在的，所以自然界中群体的遗传组成将会发生改变，也就是说生物进化是必然

的。另外，自然界的许多群体都属于大群体，许多性状特别是那些中性性状在个体间的交配一般是接近随机的，因此在自然界中存在接近这种平衡状态的群体。

那怎么判断群体的基因型频率是否平衡呢？通常采用卡方（χ^2）来进行检测。下面举例来说明。

例：调查了上海 1788 人的血型，其中 397 人是 M 型，861 人是 MN 型，530 人是 N 型，请问该群体的三种基因型频率是否达到了遗传平衡呢？

前面讲过，人类的 MN 血型是由一对等位基因 L^M 和 L^N 决定的，为共显性，其基因型和表型是一致的。就这对等位基因而言，1788 人共有 3576 个基因，则基因频率为

$$L^M\text{基因：}\ p=\frac{397\times 2+861}{1788\times 2}=0.4628$$

$$L^N\text{基因：}\ q=\frac{861+530\times 2}{1788\times 2}=0.5372$$

如果群体达到平衡，则理论上的基因型频率为

L^ML^M：$1788\times p^2=1788\times 0.4628^2=382.96$

L^ML^N：$1788\times 2pq=1788\times 2\times 0.4628\times 0.5372=889.05$

L^NL^N：$1788\times q^2=1788\times 0.5372^2=515.99$

按照卡方公式计算 χ^2 为

$$\chi^2=\frac{(397-382.96)^2}{382.96}+\frac{(861-889.05)^2}{889.05}+\frac{(530-515.99)^2}{515.99}=1.78$$

这里的自由度为 3–1–1=1，而不是 2，因为在计算预期值时要应用一个基因频率 p，而这个基因频率是从样本观察数计算出来的，因此 χ^2 的自由度又减去一个。根据计算结果查卡方表，得 $P>0.10$，表明三种基因型的理论频率与实际频率的差异没有统计学意义，三种基因型频率符合遗传平衡定律。

第三节　改变基因频率的因素

如前所述，遗传平衡定律所要求的群体实际上是一个理想的群体，现实中不可能有无限大的随机交配群体，而且群体不可避免地也会受到突变、选择、遗传漂变及迁移等因素的影响，因此群体的遗传组成将会发生改变，从而促进生物的进化。

一、突变

突变可改变基因的频率，因此会影响群体的遗传平衡。尽管单个基因的突变率都很低，但每一种群每一世代的突变基因数却不低，因此基因突变仍是影响群体基因频率的一个重要因素。

设基因 a 的频率为 q，基因 A 的频率为 $p=1-q$，A 突变为 a 的频率为 u，a 回复突变为 A 的突变频率为 v，则每一代共有 $(1-q)u$ 的 A 突变为 a，有 qv 的 a 突变为 A。若 $(1-q)u>qv$，则 a 的频率增加；若 $(1-q)u<qv$，则 A 的频率增加；若 $(1-q)u=qv$，则基因频率保持不变，

处于平衡状态。这与化学中的可逆反应平衡类似。

$$(1-q)u=qv$$

$$q=\frac{u}{u+v}$$

可见，平衡时群体的基因频率由突变率 u 和 v 决定。不过仅靠基因突变来改变群体的遗传结构是一个相当长的过程，因此在自然群体中，单凭突变率决定基因频率，而自然选择几乎不参与的情况是不多的。突变为自然选择和人工选择提供了原材料。

二、选择

选择是改变群体基因频率的重要因素，同时也是生物进化的驱动力量。对于具有显隐性关系的表型而言，选择通常分成两种：一种是淘汰显性个体，使隐性基因频率增加；另一种是淘汰隐性个体，使显性基因频率增加。

（一）选择系数与适合度

为了对自然选择进行定量研究，可为各种基因型设定适合度（fitness），记作 W；它是指某一基因型能够存活并留下子裔的相对能力；适合度最高的基因型其适合度 W=1。

另一个相关的参数叫选择系数（selective coefficient），一般记作 S，指的是经选择作用降低的适合度，S=1–W。例如，软骨发育不全患者的适合度 W=0.20，则 S = 1–0.20 = 0.80。这意味着一个正常个体留下 1 个后代时，患者只留下 0.2 个子代。

（二）选择对隐性基因不利

在高等生物的一个很大的随机交配群体中，如有一对基因之差，则有三种可能的基因型：*AA*、*Aa* 和 *aa*。如果显性完全，*AA* 和 *Aa* 的表型相同，假设它们均不受选择的作用，即适合度为 1。而选择对 *aa* 有作用，设 *aa* 的适合度为 1–S，则选择后 *a* 基因频率 q 的改变见表 12-3。

表 12-3 显性完全且选择对隐性纯合体不利时基因频率 q 的改变

基因型	*AA*	*Aa*	*aa*	合计
原来频率	p^2	$2pq$	q^2	1
适合度	1	1	$1-S$	
选择后基因型频率	p^2	$2pq$	$q^2(1-S)$	$1-Sq^2$
选择后的相对基因型频率	$P'=\frac{p^2}{1-Sq^2}$	$H'=\frac{2pq}{1-Sq^2}$	$Q'=\frac{q^2(1-S)}{1-Sq^2}$	1
选择后 *a* 基因的频率	$q'=Q'+\frac{1}{2}H'=\frac{q(1-Sq)}{1-Sq^2}$			
a 基因频率的改变	$\Delta q=\frac{q(1-Sq)}{1-Sq^2}-q=\frac{-Sq^2(1-q)}{1-Sq^2}$			

当 q 很小，S 也很小时，上式的分母（$1-Sq^2$）近似于 1，q 的改变量 $\Delta q \approx -Sq^2(1-q)$。从这个公式可见，当 q 值较小时，每代基因频率的改变是很小的；当 q 值较大时，q 的改变较大。而当 $q=2/3$ 时，Δq 达到最大，也就是说，自然选择最有效。

各种选择系数对隐性纯合体的作用见表 12-4，从表中可见，基因频率从 0.99 淘汰到 0.10 是比较快的，几乎所有选择系数都是这样。可是基因频率的进一步降低就很慢了。例如，即使 $S=1$，基因 a 的频率从 0.01 减少至 0.0001 也需要 9900 世代，说明每代基因频率的改变很小。

表 12-4　不同选择系数对隐性纯合体作用下 $q_0 \rightarrow q_n$ 的改变所需的代数

Δq	S 值不同时所需的代数			
$q_0 \rightarrow q_n$	S=1	S=0.5	S=0.1	S=0.01
0.99 → 0.50	1	11	56	559
0.50 → 0.10	8	20	102	1 020
0.10 → 0.01	90	185	924	9 240
0.01 → 0.001	900	1 805	9 023	90 231
0.001 → 0.0001	9 000	18 005	90 023	900 230

那为何对稀少隐性个体的选择比较无效呢？原因是大多数隐性基因存在于杂合体中，自然选择对它们不起作用。例如，q=0.01 时，隐性纯合体频率（q^2）为 0.0001，而杂合体频率（$2pq$）接近 0.02，两者之比是 1 : 200。这说明，在 10 000 个个体中，只有 1 个个体表现隐性性状，但却有 200 个个体带有这个隐性基因，由于表型正常而不受选择。所以某一隐性基因在群体中出现的频率越低，存在于杂合体中的机会相对来说就越高。

（三）选择对显性基因不利

具有显性基因的个体均会受到选择作用，因此选择对显性基因不利时的作用比较有效。如果带有显性等位基因的个体是致死的，那么一代之后它的频率就等于 0。假设对显性基因的选择系数是 S，则选择压对显性基因频率 p 的改变如表 12-5 所示。

表 12-5　显性完全且选择对显性个体（AA、Aa）不利时基因频率 p 的改变

基因型	AA	Aa	aa	合计
原来频率	p^2	$2pq$	q^2	1
适合度	$1-S$	$1-S$	1	
选择后的基因型频率	$p^2(1-S)$	$2pq(1-S)$	q^2	$1-Sp(2-p)$
选择后的相对基因型频率	$P'=\dfrac{p^2(1-S)}{1-Sp(2-p)}$	$H'=\dfrac{2pq(1-S)}{1-Sp(2-p)}$	$Q'=\dfrac{q^2}{1-Sp(2-p)}$	1
选择后的 A 基因频率	$p'=P'+\dfrac{1}{2}H'=\dfrac{p-Sp}{1-Sp(2-p)}$			
A 基因频率的改变	$\Delta p=\dfrac{p-Sp}{1-Sp(2-p)}-p=\dfrac{-Sp(1-p)^2}{1-Sp(2-p)}$			

由表 12-3 可知，当 S 很小时，分母 $[1-Sp(2-p)]$ 接近于 1，$\Delta p \approx -Sp(1-p)^2$；由于 $p+q=1$，因此 $\Delta p \approx -Sq^2(1-q)$。可见，在选择系数 S 较小时，Δp 与 Δq 相同。

（四）突变与选择联合作用下的群体平衡

在自然界，突变与选择都在起作用，当基因频率受到突变与选择的共同作用时，群体的遗传平衡又将发生怎样的变化呢？假设正突变 $A \rightarrow a$ 使隐性基因 a 的频率 q 增加，突变率为 u，回复突变率为 v，且选择对隐性纯合子 aa 不利，选择系数为 S；此时，突变引起基因 a 频率（q）的改变量为

$$\Delta q = u(1-q) - vq$$

根据前面的分析，选择导致 q 的改变量为

$$\Delta q \approx -Sq^2(1-q)$$

平衡时，突变所产生的隐性基因数应该与选择所淘汰的数目相等，则有

$$u(1-q) - vq = Sq^2(1-q)$$

当 q、v 均很小时，vq 可忽略不计，则

$u(1-q) \approx Sq^2(1-q)$，因此 $u \approx Sq^2$，$q \approx \sqrt{\dfrac{u}{S}}$。可见平衡时基因频率 q 取决于 u 与 S 之商的平方根。实际运算时，只要测定 S，就能根据 q 来估计 u，人类各种基因的自发突变率大多是根据这个原理来推算的。

例如，人类中全色盲是常染色体隐性遗传，大约 80 000 人中有 1 个纯合体。据调查，他们的平均子女数约为正常人的一半，因此取

$$q^2 = \frac{1}{80\,000},\quad S = 0.5$$

根据公式 $u \approx sq^2$，得

$$u \approx 0.5 \times \frac{1}{80\,000} \approx 0.6 \times 10^5$$

可见，选择虽可减少有害隐性基因的频率，但突变可增加该基因的频率，这也是隐性基因不可能完全从群体中消失的一个原因。

三、遗传漂变

群体遗传平衡定律的前提之一是要求群体足够大。在一个小群体中，由于个体间不能充分随机交配，因此基因不能达到完全自由分离和组合，使等位基因频率产生偏差，即导致抽样误差。由群体较小和偶然事件而造成的基因频率的随机波动叫作随机遗传漂变（random genetic drift），简称遗传漂变。与其他影响群体平衡的因素（如突变、选择和迁移）不同，遗传漂变改变群体基因频率的作用方向完全是随机的。

一个群体越小，遗传漂变作用越大；当群体很大时，个体间容易达到充分随机交配，遗传漂变的作用就消失了。图 12-2 是计算机模拟实验显示的人类群体大小与遗传漂变发生时某等位基因 A 频率变化的关系，设三种群体个体数分别是 25、250、5000；初始等位基因

A 的频率约为 0.5。较小群体（25 个个体）等位基因 A 的频率在不到 10 代时就发生偏离。群体增大至 250 个个体时，经过 60 代群体基因频率才逐渐偏离 0.5；群体个体数达到 2500 时，经过 160 代，群体等位基因频率仍接近初始值 0.5。可见，群体越大，世代繁衍中等位基因的频率波动越小。

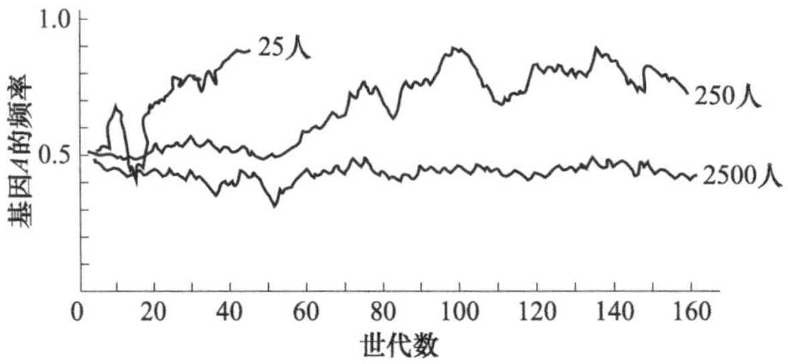

图 12-2 群体大小与遗传漂变

一些异常基因频率在小隔离群体中特别高，可能是由于该群体中少数始祖所具有的基因由于遗传漂变而逐渐达到较高水平，这种现象称为建立者效应（founder effect）。例如，太平洋的东卡罗林岛中有 5% 的人患先天性失明。据调查，在 18 世纪末，因台风侵袭，岛上只剩 30 人，由他们繁殖成今天 1600 余人的小群体，这 5% 的失明，可能只是最初 30 人建立者的某一个人是携带者，其基因频率 q=1/60=0.016，经若干世代的隔离繁殖，q 很快上升至 0.22，这就是建立者效应。

四、迁移

迁移（migration），指的是某一或某些群体的一些个体迁入另一个群体，从而改变受纳群体原有等位基因的频率。迁移，尤其是大规模的迁移可打破哈迪 - 温伯格平衡的作用，引起群体基因频率的改变，是一种定向的进化力量。

设在一个大的群体内，每代有一部分新迁入个体，其迁入率为 m，则 $1-m$ 是原有个体的比率。令迁入个体某一等位基因 a 的频率是 q_m，原来个体所具同一等位基因的频率是 q_0，二者混杂后群体内等位基因的频率 q_1 将是

$$q_1 = mq_m+(1-m)q_0$$

则一代迁入后所引起的等位基因频率的变化 Δq 为

$$\Delta q = q_1-q_0 = m(q_m-q_0)$$

可见，迁移对基因频率的改变取决于两个因素：迁入率和两个群体之间的基因频率差异。如果两个群体的基因频率差异大，迁入率高，则迁入后将明显改变原来群体的基因频率；若两群体的基因频率无差别，即 $q_m-q_0 = 0$，那么 Δq =0。

第四节 分子进化与物种形成

在最初的生物进化研究中，偏重于以比较观察的方法来研究形态方面的证据。遗传学

的兴起和发展，使进化的研究逐渐转向采用群体遗传学的方法来探讨进化的机制。随着分子遗传学的发展和分子生物学技术的建立，现在已可在分子水平上研究群体中的遗传变异和生物的种系发生，讨论生物的进化问题。

一、分子进化

分子进化（molecular evolution）是一个非常广泛的研究领域，它包括在进化过程中基因组序列、结构及功能改变的研究。在核酸和蛋白质分子的组成序列中，蕴含着生物进化的大量遗传信息。通过比较不同物种间，在进化中形成的相对稳定的核酸和蛋白质组成成分的差异，可以估测它们之间的亲缘关系：核酸和蛋白质序列相似程度越高，则物种间的亲缘关系越近，反之则越远。从分子水平研究生物的进化有以下几个优点：①可根据不同物种在相应核酸和蛋白质结构上的差异程度，估测生物种类的进化时期和速度；②对于结构简单的微生物进化研究，只能采用这种方法；③可以比较亲缘关系极远类型之间的进化信息。

（一）核酸的进化

核酸是遗传物质，不同物种之间其细胞内的 DNA 含量具有很大差异。从总的进化趋势来看，越是低等生物 DNA 量越少，越是高等则越多，因为生物越高级就越需要更多的基因来维持更为复杂的生命活动。但是，这规律对于某些生物并不适用，如肺鱼和某些两栖类细胞中的 DNA 含量比鸟类和哺乳类的高出很多。造成这种现象的原因是多方面的，通常生物越是高等则所需要的基因越多，可是进化达到某一阶段以后，基因的数目便不再相应地增加，如细菌的呼吸代谢和氨基酸、核苷酸代谢途径与人没有多大差别。另外，倍性对于每一细胞中的 DNA 的含量有很大的影响，如双小核草履虫（*Paramecium aurelia*）的大核是 860 倍体，梨形四膜虫（*Tetrahymena pyriformis*）的大核是 100 倍体。

生物进化过程中 DNA 的质，即 DNA 中的碱基序列也在发生改变。利用分子生物学技术可以比较各种生物 DNA 分子的相似程度，进而可以确定它们之间的亲缘关系。分子进化研究表明，不同基因或同一基因的不同序列，其进化的模式和速率是不同的。对共同祖先分化出的两种不同生物的 DNA 序列进行差异分析可探知特定 DNA 序列的进化速率。分析 DNA 序列差异除采用测序的方法外，还可通过 DNA 杂交技术，即将带放射性标记的 DNA 单链片段和不同物种的不同量的解离 DNA 反应，形成杂种 DNA，杂种 DNA 两条链的同源性越高，其稳定性也越高，解链的“熔解温度”也越高。据 McCarthy 等的研究，两种生物的核苷酸组成每增加 1% 的差异，杂种 DNA 分子对温度的稳定性就降低 1.6%，因此，根据“温度稳定性”，可以估算出种间 DNA 双链中非互补核苷酸的比例。

由于重复 DNA 的进化趋向还不清楚，因此通常仅用非重复 DNA 来进行杂交实验。表 12-6 是利用 DNA 分子杂交技术对一些哺乳动物的非重复 DNA 序列测定的结果。不同物种间 DNA 的相似程度反映了物种间的亲缘关系，两个物种间的亲缘关系近，核苷酸差异就小；反之，亲缘关系远，差异就大。由表 12-6 可知，远缘种之间的核苷酸差异大于近缘种。例如，人类与黑猩猩的核苷酸差异比例是 2.4%，与绿猴为 9%，与丛猴则为 42%。需要指出的是，核苷酸对的差异比例不一定与种的分化年代成正比，如大鼠和小鼠的亲缘关系较近，但其核苷酸差异却高达30%。

表 12-6　各类灵长类 DNA 与人及绿猴 DNA 的核苷酸差别

供试物种	测试的 DNA 差别 /%		供试物种	测试的 DNA 差别 /%	
	人	绿猴		人	绿猴
人	0	9.6	绿猴	9.5	0
黑猩猩	2.4	9.6	戴帽猴	15.8	16.5
长臂猿	5.3	9.6	丛猴	42.0	42.0

（二）蛋白质进化

由于氨基酸顺序是由DNA的核苷酸序列所编码的，因此比较不同生物的同一种蛋白质，可以看出生物进化过程中遗传物质的变化情况。不同生物之间蛋白质差异可以用免疫学方法进行测定。例如，用人的清蛋白注射家兔，从家兔取得抗血清，再分别和人、大猩猩等的清蛋白进行沉淀反应，可以看到亲缘关系越是相近的清蛋白沉淀反应越强。

每一种蛋白质的进化速率都是相对恒定的，但是不同蛋白质的进化速率不同。例如，纤维蛋白肽的进化比血红蛋白快，血红蛋白的进化又比细胞色素c快。严格的氨基酸特异性对于功能的正常发挥越重要的蛋白质，其进化的速率越慢。例如，组蛋白的进化速率就比细胞色素c慢得多，因为它可以替换的部位更少，而进化速率较快的纤维蛋白肽中存在较多的部位可以变异，而不影响它的功能。

通过比较不同生物所具有的相同蛋白质的氨基酸组成差异，可以估测它们之间的亲缘程度和进化速度，氨基酸组成愈近的亲缘关系也愈近。在蛋白质进化方面，研究最多的是血红蛋白和细胞色素c。细胞色素c的氨基酸差异分析表明（表12-7），人类与黑猩猩、猴子等的亲缘关系比其他哺乳类动物要近，与哺乳类的亲缘关系又比昆虫要近，与昆虫的亲缘关系比酵母菌近。

表 12-7　人类和其他一些物种细胞色素 c 的氨基酸差异数

物种	氨基酸差异数目	物种	氨基酸差异数目
人类	0	马	12
黑猩猩	0	企鹅	11
恒河猴	1	金枪鱼	21
兔子	9	蛾	24
猪	10	小麦	35
狗	10	酵母菌	44

对不同物种细胞色素c的氨基酸差异按照核苷酸的改变来衡量时用最小突变距离（minimal mutational distance）表示，最小突变距离是两个种之间氨基酸差异所需的最低核苷酸替换数。采用物种间的最小突变距离可构建进化树（evolution tree）和种系发生树（phylogenetic tree）。图12-3是根据20种生物细胞色素c的氨基酸差异，以核苷酸的改变来度量时，估测的各类生物相互分化的大致时间及构建的分子进化树。

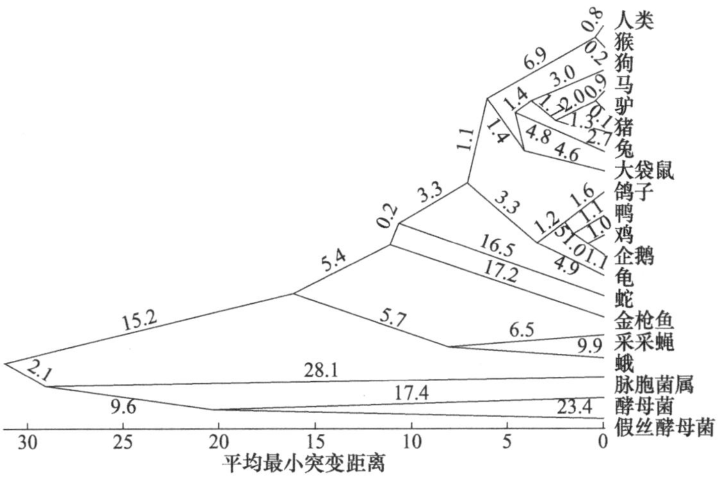

图 12-3　基于细胞色素 c 氨基酸差异构建的进化树（引自 Fitch and Margoliash, 1967）

图中数字为分枝所需核苷酸替换的最低数目

二、物种形成

（一）物种的概念

什么是物种（species）呢？一般来说，凡是能够杂交而且产生可育后代的种群或个体，就属于同一物种；不能相互杂交或者能够杂交但不能产生可育后代的种群或个体，则属于不同物种。例如，水稻和小麦不能杂交，二者属于不同物种；马和驴能够相互杂交产生骡子，但骡子不能生育，所以马和驴也属于不同的物种。当然，对于一些古生物或非有性繁殖的生物来说，应用相互杂交并产生可育后代作为物种标准是不合适的，这类生物通常采用形态上的区别及生物地理上的差异作为分类标准。

达尔文认为物种就是比较显著的变种，是性状差异明显的个体类群。物种之间一般存在明显的界限，但也不是绝对的，物种与变种并没有本质的区别，前者通常由后者逐渐演变而来。

（二）隔离在物种形成中的作用

遗传、变异和选择是物种形成和新品种选育的三大要素。隔离是保障物种形成的最后阶段，是物种形成不可缺少的条件。物种的形成问题主要归结为隔离机制的形成问题，隔离可分为地理隔离（geographic isolation）和生殖隔离 (reproductive isolation)。新群体一旦与旧群体产生了生殖隔离就成了新种。

1. 地理隔离

由于高山、河流、沙漠等地理条件的阻隔，一个群体与其原群体发生隔离，称为地理隔离，如同一种淡水生物生活于几个海岛，相互间有海水的阻隔。地理隔离可使两个群体长期缺乏基因交流，加之变异的长期积累，逐渐形成不同的变种或亚种，最终导致生殖隔离的发生，形成独立的物种。多数人认为地理隔离是生殖隔离形成的第一步。

2. 生殖隔离

两个物种由于遗传上的差异，不能杂交或是即便杂交也不能产生可育后代，这种隔离称为生殖隔离。生殖隔离的机制包括防止不同物种的个体相互杂交的环境、行为、机械和生理等障碍。生殖隔离可以分为两大类。

（1）受精前生殖隔离　如季节隔离、心理隔离和受精隔离等，可阻止不同群体的个体间交配或产生合子。季节隔离就是两个种的生育季节不重叠。例如，菊科莴苣属的 *Lactuca canadensis* 和 *L. graminifolia*，人工杂交完全可育，但在自然界中，前者夏季开花，后者早春开花，因此得以保持两个不同的种。心理隔离主要是指有求偶行为的动物，异性个体间缺乏吸引力，所以不相互交配。受精隔离是指体内受精的动物在交配后，或体外受精动物在释放配子后，或植物在花粉到达柱头后，在接下来的一系列的反应中有某种不协调，使雌雄配子不能结合。例如，曼陀罗的花粉管在异种花柱内生长的速度比在同种花柱内低得多，有时甚至在异种花柱内破裂。

（2）受精后隔离　如杂种不活、杂种不育。杂种不活可表现于个体发育的各个阶段；杂种不育如前面介绍过的马和驴的杂种——骡子，以及萝卜与甘蓝的杂种。

生殖隔离是新种形成的标志。需要说明的是，这里的生殖隔离是指野外的情况，有时种间杂交在实验室或试验田是可以成功的，而且杂种的生活力和生育力都正常，但只要在自然界有生殖隔离就是两个不同的物种。

在新种形成的过程中，一般先有地理隔离，使不同群体不能相互交配，不能交流基因，这样在各个隔离群体中发生的各种遗传变异，经自然选择的作用，逐渐累积起来，直到出现生殖隔离，就完成了新种形成过程的飞跃。

（三）物种形成的方式

1. 渐变式

渐变式是物种形成的常见方式。通过突变、选择和隔离等过程，先形成亚种，然后进一步逐渐累积变异而成为新种。一般是先有地理隔离，先形成地理亚种，最后变异逐渐积累导致生殖隔离的发生，形成新的物种。例如，15 世纪初期，有人将一窝野兔放在欧洲西北角的一个孤岛上。400 多年后，岛上野兔的体型、毛色与生活习性与欧洲野兔有了显著差别，彼此杂交不育，成为两个不同物种。

在渐变式物种形成过程中，遗传隔离机制是逐渐形成的，是通过许多微小突变的积累和选择才逐渐完成最后的巨大质变的。

2. 爆发式

爆发式是在较短时间内形成新种的方式。一般不经过亚种阶段，而是通过染色体的变异或突变，以及远缘杂交和染色体加倍，在自然选择的作用下逐渐形成新种。

现在对于棉属物种的进化有了比较清楚的认识。中棉（*Gossypium arboreum*）和草棉（*Gossypium herbaceum*）各有 26 条染色体，陆地棉（*Gossypium hirsutum*）和海岛棉（*Gossypium barbadense*）各有 52 条染色体。目前，我国栽培的棉花都属于陆地棉，原产于中南美洲。根据棉属内各物种间亲缘关系的研究，陆地棉很可能是非洲的草棉和美洲的野生棉（*Gossypium raimondii*）杂交后，经过染色体加倍形成的异源四倍体。陆地棉的生殖细胞有 26 条染色体，根据染色体大小可以区别为两个染色体组 A 和 D，每组各有 13 条染色体。A 组较大，和草棉的染色体组相似；D 组较小，和美洲野生棉的染色体组相似。如果将非洲的草棉和美洲的野生棉杂交，F_1 代高度不育，但 F_1 代的染色体在人工加倍后形成的异源四倍体则高度可育，已形成一个新种。该新种在很多特征上都和陆地棉相似，两者杂交高度可育。

这种通过染色体加倍而一次形成新种的方式，在植物界比较常见，普通小麦、'胜利'油菜、烟草、马铃薯等也都是异源多倍体。一般刚形成的异源多倍体未必能立刻适应当地环境，仍要通过自然选择使之逐渐适应。

阅读资料：利他行为的进化

达尔文生物进化论的核心是自然选择学说，这个学说告诉我们，物种在生存竞争的过程中，经过自然选择的作用，逐渐产生新的物种，实现生物的进化。自然界中处处可见生存竞争的例子。例如，南极洲帝企鹅在下水之前为了确定水中是否有海豹，往往相互往水中推拥；森林中的猴王拥有成群的妻妾，却不允许其他公猴"染指"它的一个妃子，这些都是典型的利己行为。

然而，生存竞争只是一个方面，在自然界中同样存在着互助互爱的利他行为。所谓利他行为就是动物以降低自身的适合度为代价，来提高其他个体适合度的行为。

魑蝠是一种以吸食其他动物的血为生的蝙蝠，如果连续三夜吃不到血就会饿死。但是并非每只魑蝠每夜都能吸到血，然而没有吸到血的魑蝠并不会因此而饿死。威尔金森在哥斯达黎加观察了魑蝠的血液反哺行为，一只吸到血的魑蝠把血吐给另外一只正在挨饿的魑蝠，而两只魑蝠并不仅仅限于亲代与子代的关系。

在鸟类中，杜鹃自己不会筑巢，更不会花费大量的精力哺育雏鸟。它们为后代所做的事情就是去寻找其他鸟类的巢及养父母，即寄主，如沼泽地里的苇莺或者是森林里的大山雀。杜鹃的卵与寄主的卵极其相似而能让寄主替其孵卵，刚出生的小杜鹃会将寄主的卵一个不剩地推出巢外，但寄主仍然将小杜鹃当作自己的孩子精心照料直到长大。

这些行为看起来似乎不能用达尔文的自然选择学说来解释。那么，利他行为是如何通过自然选择的？对于这个问题，生物学家提出了一些不同的理论来解释。

汉密尔顿（W. D. Hamilton）在 1964 年提出了亲缘选择理论，又称汉密尔顿法则。其内容是：亲缘关系越近，动物彼此合作倾向和利他行为也就越强烈；亲缘越远，则表现越弱。草原犬鼠是一种群居动物，在发现天敌时，犬鼠会发出警报声。研究发现，生活区内有亲属的犬鼠发出警报的次数远远多于生活区内没有亲属的犬鼠发出警报的次数。这可以作为亲缘选择理论的一个强有力的佐证。道金斯的自私基因理论则指出，自然选择的基本单位不是物种，也不是种群或者群体，而是基因，是基因的自私性在导致生存竞争的同时，也导致了动物的利他行为。动物的基本目的就是使和它自身相同的基因得到壮大。此外还有威廉姆斯（G. C. Williams）的基因选择理论及特里弗斯（R. L. Trivers）用于解释没有亲缘关系动物间利他行为的互惠利他理论等。

根据群体遗传学的观点，从表面上看，利他行为似乎有损于个体生存和后代存活，但实际情况并非如此。利他行为的结果反而能使与它有关的基因在群体内的频率增加并被保存下去，因而牺牲个体的利他行为仍然符合自然选择的要求，它们都是为了提高本种基因的适合度。值得一提的是，动物之间的利他行为并不需要主观意识的存在，不是动物有意识的动机的表现，更谈不上友谊，它是指此类行为所产生的后果，因此与人类的互助行为存在差异。

第12章习题答案

习题

1. 名词解释：

孟德尔群体、基因库、基因频率、基因型频率、遗传漂变、地理隔离、生殖隔离。

2. 请叙述达尔文自然选择学说的主要观点，该观点有哪些不合理的地方？

3. 影响群体遗传平衡的因素有哪些？这些因素对群体遗传结构各有何作用？

4. 某小麦群体中，感病性植株（*rr*）有9%，抗病性植株（*RR*或*Rr*）为91%。抗病性植株可正常生长、开花和结实，而感病性植株的幼苗致死。经一代随机交配后，该小麦群体中感病性植株的百分比是多少？

5. 某随机交配的果蝇群体中，4%的果蝇体色为黑色（常染色体隐性基因*b*决定），96%的果蝇体色为棕色（常染色体显性基因*B*决定）。如果这个群体达到了哈迪-温伯格平衡，*B*、*b*的基因频率是多少？*BB*、*Bb*的基因型频率是多少？

6. 色盲男人在男性中约占8%，色盲是X隐性连锁遗传，那么色盲女人在总人口中的比例应为多少？

7. 人类会卷舌是由显性基因*R*决定的，不会卷舌是由隐性基因*r*决定的。若某大学中16%的学生不会卷舌，那么杂合学生占多少？如果一个会卷舌者与一个不会卷舌者结婚，生出会卷舌孩子的概率是多少？

8. 当隐性纯合子完全致死时，在群体中该隐性致死基因的最高频率可能是多少？

9. 叙述生殖隔离的机制及其在物种形成过程中的作用。

10. 物种形成的方式有哪些？

第13章 遗传与人类健康

本章知识主线：本章围绕人类遗传学，先介绍了对人类基因研究有极大推动作用的人类基因组计划，然后从遗传病、癌症和优生的角度讲述了遗传与人类健康的关系。

许多危及人体健康和生命的疾病都是受遗传因素控制的，如各种先天性代谢疾病、恶性肿瘤等。随着医疗技术的发展和医药卫生条件的改善，人类的传染性疾病已经逐渐得到控制，但人类遗传性疾病的发病率和死亡率则有逐年增加的趋势。因此遗传学与人类的健康有着十分重要的关系。

第一节 人类基因组研究

一、人类基因组计划

人类基因组计划（human genome project，HGP）与阿波罗登月计划和曼哈顿原子弹计划一起被称为20世纪的三大科学工程。该计划酝酿于20世纪80年代中期，1984年在美国犹他州盐湖城阿尔他举行的“环境诱变物和致癌物防护”国际会议上，与会科学家第一次提出“能否从全基因组筛查中获得环境因素或致癌物诱变的人群携带的全部基因突变”的动议，从而拉开了全基因组研究的序幕。1986年美国能源部正式提出开展人类基因组的测序工作，并提出了“人类基因组计划”草案。1986年3月，美国著名肿瘤分子生物学家及诺贝尔奖获得者R. Dulbecco在*Science*上发表论文提出：相比“零敲碎打”地寻找肿瘤相关基因，全基因组测序可以获得人类全部表达基因的信息、功能和表达谱等，从而能将与肿瘤发生相关的基因都找出来。这篇论文在当时引起了轰动，引发了一系列深入的讨论。1988年美国国会正式批准拨出专款资助能源部和美国国立卫生研究院（NIH）同时负责实施HGP，并由发现DNA双螺旋结构的沃森担任HGP第一任首席科学家，同年成立国际人类基因组组织（Human Genome Organization , HUGO）。

1990年正式启动了人类基因组计划，之后该计划发展成由多国政府支持的国际项目，先后有法国、英国、意大利、德国、日本宣布加入，中国于1998年申请参加，并承担了人类基因组约1%的任务，即3号染色体端部碱基对的测序。

经过1000多名各国科学家的通力合作，人类基因组的工作草图在2000年6月26日绘制完成，该工作草图包含人体90%以上碱基对的位置信息。2001年2月12日，中、美、日、德、法、英6国科学家和美国Celera公司联合公布了人类基因组图谱和初步分析结果。人类基因组由31.647亿个碱基对组成，有3万～3.5万个基因，远小于原先估计的10万个基因，这一成果的发表被认为是人类基因组计划的里程碑。2003年4月15日，上述6国又共同宣布人类基因组序列图完成。2004年10月，国际人类基因组测序联合体在*Nature*周刊上发表了人类基因组常染色质全序列测定的论文，宣布人类基因组常染色质部分中 99% 的序列已经被测定，其精度达到每 10 万个碱基中只有一个测量误差。随着人类基因组精细图的完成，研究者发现，人类基因组中拥有编码蛋白质的基因数目在 2 万～2.5 万个，比“工作草图”估计的基因数又低了 33%。

基因组测序的成功不仅促进了生命科学和医学的发展，也诞生和发展了包括生物信息学、表观遗传学、表观基因组学等各种组学在内的一大批学科，还推动了 DNA 测序技术、生物芯片技术等技术的发展。

二、生物信息学

随着人类基因组计划的实施，有关核酸、蛋白质的序列和结构数据呈指数增长。面对巨大而复杂的数据，运用计算机管理数据、控制误差、加快分析过程势在必行。从 20 世纪 80 年代末开始，生物信息学（bioinformatics）逐渐兴起并蓬勃发展。生物信息学是采用计算机技术和信息论方法对蛋白质及其对应的核酸序列等多种生物信息进行采集、加工、储存、传递、检索、分析和解读，旨在掌握复杂生命现象的形成模式和演化规律的科学。生物信息学作为一门交叉科学，它研究的主要对象是蛋白质、核酸等生物大分子数据，采用的主要手段是信息学、计算机科学和数学，利用的主要工具是计算机硬件、软件和计算机网络。生物信息学一经诞生就成为现代生命科学研究的核心方法之一，是生命科学研究中最具活力的新兴前沿学科之一。

生物信息学的发展大致经历了 3 个阶段：①前基因组时代。标志性工作包括生物数据库的建立、检索工具的开发及 DNA 和蛋白质序列分析。目前绝大部分核酸和蛋白质数据库由美国、欧洲和日本的数家数据库系统产生，它们共同组成国际核酸序列数据库，每天交换数据，同步更新。②基因组时代。标志性工作包括基因寻找和识别、网络数据库系统的建立和交互界面的开发。③后基因组时代。标志是大规模基因组分析、蛋白质组分析及各种数据的比较和整合。

生物信息学与许多学科都有着广泛的联系，其发展必然会对这些学科的发展产生巨大的推动作用。同时以生物信息学为基础，也会产生很多新的分支学科，其中比较熟知的 DNA 计算就是一个分支学科。生物信息学也使人类对生命活动的本质规律有了更深的认识，这包括与人类的健康、疾病、衰老、死亡相关的生物信息，这些生物信息的发现必然会缩短新药物的研发周期，并且有可能实现基因治疗。

三、反向遗传学

反向遗传学是相对于正向（经典）遗传学而提出的。正向遗传学（forward genetics）主要研究生物突变性状的遗传行为，其研究是从孟德尔的豌豆实验开始的，即通过生物的表型性状来推测其遗传物质的组成、分布与传递规律等，从而研究生命的发生与发展规律。与正向遗传学的方法正好相反，反向遗传学（reverse genetics）则是直接从生物的遗传物质入手，利用现代生物理论与技术，通过核苷酸序列的突变、缺失、插入等手段创造突变体并研究突变所造成的表型效应，进而阐述生命发生的现象、本质与规律。

随着人类对基因分子水平认识的深入及大量生物基因组测序和分析的完成，直接从遗传物质着手来研究生命本质与现象将变得越来越便捷。与反向遗传学相关的研究技术称为反向遗传学技术（reverse genetic manipulation），主要包括基因敲除、RNA 干扰（RNA interference，RNAi）、基因过量表达、基因体外转录、基因定点突变和 DNA 重组表达等技术。例如，一些高等动植物，如人类、水稻等在测序完成后，最具挑战性的工作就是确定所有基因序列的生物学功能，利用反向遗传学方法通过基因突变、敲除等，来研究未知基因的功能已被研究者广泛采用。再如，RNA 干扰可以特异地沉默与疾病有关的内源或外源基因，或者沉默致病过程中的一些与中间代谢产物合成、分解有关的基因，从而在疾病治疗上具有广阔的应用前景。反向遗传学技术已成为基因功能研究、外源基因表达、作物品种改良、基因治疗和疫苗研制等许多方面的有力工具和手段。

第二节　人类遗传病

近几十年来，由于医疗卫生事业的发展，传染病、流行病在人群中死亡率逐渐降低，而遗传病死亡率则相对增高。因此防治遗传性疾病已成为医学遗传学的一项重大任务。

一、遗传病及其特征

遗传病（genetic disease）是指由遗传物质改变所引起的疾病。遗传病的发生需要一定的遗传物质为基础，并通过这种遗传基础按一定的方式遗传给后代发育成疾病。

除了遗传物质发生改变是其基本特征外，遗传病还有以下一些特征。

（1）*垂直传递*　遗传病在上下代之间一般呈垂直传递（vertical transmission），而不延伸至无亲缘关系的个体。但传染性疾病和营养性疾病，往往是“水平方同”的传递。

（2）*先天性和终身性*　绝大多数遗传病表现为先天性和终身性，而部分遗传病到一定年龄才发病，如白化病婴儿出生时就表现有“白化”症状，而亨廷顿病往往在 35 岁以后才发病。临床上一般将婴儿出生时就表现出来的疾病称为先天性疾病（congenital disease）。虽然大多数遗传病在婴儿出生时就显示出症状或缺陷，如多指（趾）症、白化病和唐氏综合征等，但先天性疾病并不都是遗传病，如妊娠早期孕妇感染风疹病毒，可使婴儿出生时患先天性心脏病或先天性白内障等。

（3）*家族聚集性*　家族性疾病（familial disease）是指表现出家族聚集现象的疾病，即一个家庭中有两个以上成员患病。遗传病往往具有家族性的特点，如亨廷顿病常表现为一个家族中有多个患者。尽管大多数的遗传病表现有家族性，但家族性疾病并非都是遗传病，如饮食中缺乏维生素 A 可使一家多个成员患夜盲症。另外也有许多遗传病并无家族史，是散发的，如常染色体隐性遗传病和染色体病等。

（4）*遗传病在亲代和子代中按一定比例出现*　遗传病患者往往在亲代和子代中以一定比例出现，即患者与正常成员之间有一定的数量关系。

二、遗传病的类型

遗传病是遗传物质改变所导致的疾病，根据遗传物质改变的不同，可分为以下几类。

（一）单基因病

单基因病（monogenic disease）主要与一对致病基因有关，这对基因称为主基因（major gene），它们按简单的孟德尔方式遗传。突变基因可在常染色体上或性染色体上，可呈显性或呈隐性。根据致病基因所在染色体和等位基因显隐性关系的不同，单基因病又可以分为以下几类：①常染色体显性遗传病，如软骨发育不全、多指（趾）症、结肠息肉等疾病；②常染色体隐性遗传病，如白化病、苯丙酮尿症、尿黑酸症、先天性聋哑等疾病；③ X 显性连锁遗传病，如抗维生素 D 佝偻病等；④ X 隐性连锁遗传病，如红绿色盲、血友病等；⑤ Y 连锁遗传病，如外耳道多毛症；⑥线粒体遗传病，如 Leber 视神经萎缩和神经肌病等。在很多家庭中，线粒体遗传病是母性遗传的，但并非所有的线粒体遗传病都遵循母性遗传方式。

（二）多基因病

人类有一些疾病如哮喘、原发性高血压、糖尿病及某些先天畸形（唇裂、腭裂）是由许多对基因共同控制的，既涉及遗传基础，又需要环境因素的作用，称为多基因病（polygenic disease），也称多因子病（multifactorial disease，MF）。其遗传基础涉及许多对基因，这些基因称为微效基因（minor gene）。这些微效基因表现的是数量性状的遗传特点，对环境的影响敏感，可使疾病表现出一定幅度的变异。近年的研究表明，多基因病中也可能有主基因的参与。

目前已发现的多基因遗传病有一百多种，病种虽不多，但发病率高，多为常见病和多发病。除上述疾病外，还有冠心病、类风湿性关节炎、精神分裂症、癫痫、先天性心脏病、青光眼、肾结石、脊柱裂、无脑儿、畸形足等。

（三）染色体病

染色体结构或数目的改变所致的疾病称为染色体病（chromosome disease）。由于染色体病往往涉及许多基因，因此常表现为复杂的综合征（syndrome），如猫叫综合征、21 三体综合征（先天性愚型）、性腺发育不良症等。

（四）体细胞遗传病

体细胞中遗传物质改变所致的疾病称为体细胞病（somatic cell disease）。因为它是体细胞中遗传物质的改变，所以一般不向后代传递。各种肿瘤的发病都涉及特定组织中的癌基因或抑癌基因的变化，是体细胞病。

三、遗传病的危害

人类遗传病的种类多，且病种在不断增长。在线人类孟德尔遗传（On-line Mendelian

Inheritance in Man，OMIM）数据库记载的人类单基因病（性状）的条目有 2 万多种，还有上万种人类单基因异常，严重危害人类健康的多基因病有 100 多种。与发病率明显下降的流行病、传染病相比，遗传病的危害愈来愈突出，已严重威胁人类的健康与人口质量。

人群中有 20%～25% 的人患有某种遗传病。其中 4%～8% 的人患单基因病，约 1% 的人患染色体病，15%～20% 的人受多基因病所累。另外，我国每年约有 1600 万婴儿出生，有 16 万～32 万先天畸形或出生缺陷，其中 80% 的出生缺陷为遗传因素所致，在活产儿中占 1%～2%。即使未受遗传病所累的人，也并非与遗传病无关，据估计，在人群中平均每个人可能携带 4～8 个隐性有害基因，这对后代的健康是不利的。

同时遗传因素所致智力低下和精神病患者数量巨大。智力低下（mental retardation, MR）在我国人群中的发生率为 2.2%，其中遗传因素是引起智力低下的重要因素。此外，我国各类精神病患者达 1000 万以上，其中精神分裂症的遗传率在 70% 以上。

一些严重危害人类健康的常见病已证明与遗传有关，如糖尿病、肿瘤、先天性心脏病、原发性高血压、支气管哮喘和精神分裂症等，现已证实这些疾病的发生具有遗传易感性。例如，糖尿病在我国发病率达 6.7%（2011 年），95% 以上的糖尿病呈多基因遗传。

四、遗传病的防治方法

遗传病的治疗包括传统治疗和基因治疗两种方法。手术治疗、饮食治疗和药物治疗是遗传病治疗的传统方法。但这些方法只能治疗少数遗传病，而且只有治标的作用，只能消除患者的病痛，不能改变致病基因，致病基因依然可以传递给患者的子孙后代。随着生命科学的发展和分子医学的诞生，DNA 重组技术在医学中得到了广泛应用，基因疗法开始被应用到遗传病的治疗中，从而使遗传病的根治性治疗翻开了新的一页。

（一）传统治疗

1. 手术治疗

手术治疗是指应用外科手术的方法对病损器官或对某些具有形态缺陷的器官进行切除、修补或替换，它可以有效地减轻或改善某些遗传病的症状，减轻患者的病痛。手术疗法包括手术矫正和器官移植。

手术矫正是手术治疗的主要手段，对遗传病所产生的畸形可通过手术进行矫正、修补或切除。例如，唇裂、腭裂可进行手术修补，对两性畸形、多指和先天性心脏病都可进行手术矫正。随着免疫学知识和技术的发展，免疫排斥问题得到控制，因而组织和器官移植也逐渐被用来治疗遗传病，使病情得到缓解。例如，肾移植是迄今最成功的器官移植，副作用较其他器官移植小。目前已在家族性多囊肾、遗传性肾炎、先天性肾病综合征和淀粉样变性等十多种遗传病中进行了肾移植，缓解了病情。此外，还对重型地中海贫血及某些免疫缺陷患者施行了骨髓移植而重建其免疫功能。

2. 药物治疗

药物在遗传病的治疗中往往起一定的辅助作用，可以改善患者的病情、减少痛苦。遗传病的药物治疗原则是去其所余，补其所缺。根据药物治疗的实施时间，可分为产前或出生前治疗、症状前治疗和现症患者治疗。

出生前治疗是指经产前诊断后给孕妇服药，通过胎盘达到治疗胎儿的目的，可以大幅度地减轻胎儿出生后的遗传病症状。例如，产前诊断确诊羊水中甲基丙二酸含量增高，提示胎儿可能患甲基丙二酸尿症，该病会造成新生儿发育迟缓和酸中毒，在出生前和出生后给母体和患儿注射大量的维生素 B_{12}，能使胎儿或婴儿得到正常发育。

采用症状前治疗也可以预防某些遗传病的发病而达到治疗效果。例如，发现新生儿甲状腺功能低下，可给予甲状腺素制剂终身服用，以防止其发生智能和体格发育障碍。对于苯丙酮尿症、枫糖尿症、同型胱氨酸尿症或半乳糖血症等遗传病，如能通过筛查在症状出现前做出诊断，及时给予治疗，可获得最佳效果。

出生后，当遗传病发展到各种症状已经出现，机体器官已经受到损伤时，治疗作用就仅限于对症。可以用药物“去其所余，补其所缺”。对于一些因酶促反应障碍导致体内贮积过多的代谢产物的疾病，可使用各种理化方法将过多的产物排出或抑制其生成，从而使患者的症状得到明显的改善，称为去余。例如，肝豆状核变性（Wilson 病）主要是体内铜代谢障碍，使血内铜的水平升高，导致胎儿畸形。可以服用青霉胺，青霉胺与铜离子能形成螯合物，除去患者体内细胞中堆积的铜离子。有些遗传病是因为某些蛋白质（酶）或其他组分缺乏而不能形成机体所必需的代谢产物，如给予补充，即可使症状得到明显的改善，达到治疗目的，即补缺。但这种补充一般是终身性的。例如，先天性无丙种球蛋白血症患者，给予丙种球蛋白制剂，可使感染次数明显减少；对于某些因 X 染色体畸变所引起的女性疾病，可以补充雌激素，使患者的第二性征得到发育，也可改善患者的体格发育。

3. 饮食治疗

饮食疗法治疗遗传病的原则是禁其所忌。对因缺乏酶而造成的底物或中间产物堆积的患者，制订特殊的食谱以控制底物或中间产物的摄入，从而降低代谢产物的堆积。

对于根据系谱分析或产前诊断确诊的有些遗传病胎儿，可以在其母亲怀孕期间就进行饮食治疗，使患儿症状得到改善。例如，对患有半乳糖血症风险的胎儿，在孕妇的饮食中限制乳糖和半乳糖的摄入量而代以其他的水解蛋白（如大豆水解蛋白），胎儿出生后再禁用人乳和牛乳喂养，患儿会得到正常发育。

对于现症患者，除了限制所忌的食物摄入外，减少患者对所忌物质的吸收是饮食疗法的另一条途径，这样也可减轻症状。例如，给家族性高胆固醇血症患者服用糠麸，可减少肠道对胆固醇的吸收，延缓和减轻动脉粥样硬化等症状的形成。

（二）基因治疗

基因治疗（gene therapy）是指运用 DNA 重组技术将外源正常基因导入靶细胞，以纠正或补偿缺陷基因的功能，或抑制基因的过度表达，使细胞恢复正常功能而达到治疗遗传性或获得性疾病的方法。疾病相关分子生物学研究的深入和基因转移技术的产生与发展，促进了人类基因治疗的诞生和迅速发展。今天，通过基因转移来治疗人类疾病已从理论、试验阶段进入了实践阶段。

1. 基因治疗的策略

目前有两种基因治疗方式，即生殖细胞基因治疗（germ cell gene therapy）和体细胞基因治疗（somatic cell gene therapy）。生殖细胞基因治疗是将正常基因转移到有遗传缺陷的生殖细胞中，使其发育成正常个体。这样不仅可使遗传病在当代得到治疗，而且还能将新基因传给患者后代，使遗传病得到根治。但这种基因治疗方式由于技术困难且涉及伦理学问题，目前多不考虑。体细胞基因治疗是将正常基因转移到体细胞中，使之表达基因产物，以达到治疗目的，即将正常基因转移到基因组上非特定基因的座位，以补偿异常基因的功能缺陷而不是修复基因的结构异常，这种方式易于获得成功。

根据宿主病变的不同，基因治疗的策略也不同，主要有以下几种。①基因修正（gene correction）：对突变 DNA 进行原位修复，纠正致病基因中的异常碱基，而正常部分予以保留。这是基因治疗最理想的途径和目的，但目前技术还无法做到。②基因替代（gene replacement）：定点导入外源正常基因，代替有缺陷的基因。③基因增强（gene augmentation）：非定点导入外源正常基因，而没有去除或修复有缺陷的基因。目的基因的表达产物可以补偿缺陷细胞的功能或使原有的功能得到加强。④基因干预（gene interference）：将特定的反义核酸（反义 RNA、反义 DNA）和核酶导入细胞，在转录和翻译水平阻断某些基因的异常表达，从而达到治疗的目的。

开展基因治疗必须具备下列条件：①应清楚疾病的发病机制及相应基因的结构功能；②纠正疾病的基因已被克隆，而且清楚该基因表达与调控的机制与条件；③导入基因具有适宜的受体细胞，并能在体外有效表达；④具有安全有效的转运载体和方法。目前已有一些遗传病具备了以上条件，并进行了有效的基因治疗。

2. 基因治疗的步骤

（1）目的基因的准备　用 DNA 重组和分子克隆技术可将目的基因分离和克隆，这是基因治疗的前提。现在既可人工合成 DNA 探针，还可用 DNA 合成仪在体外人工合成基因，这些都是在基因治疗前分离克隆目的基因的有利条件。

（2）靶细胞的选择　转基因治疗中的靶细胞应该是能在体内保持相当长的寿命或者具有分裂能力的细胞，这样才能使被转入的基因有效地、长期地发挥“治疗”作用。因此干细胞、前体细胞都是理想的转基因治疗靶细胞。实现基因治疗需要从患者体内取出细胞，经体外培养、目的基因的转移，然后再重新回输到人体内以产生治疗效应。因此，选择的靶细胞必须取材容易、便于体外培养和进行遗传技术操作，并能安全返回人体内。目前，骨髓细胞是唯一满足以上标准的靶细胞。此外，皮肤成纤维细胞、外周血淋巴细胞、肝细胞、神经细胞、血管内皮细胞和肌细胞也可用作研究或实施转基因治疗。

（3）载体的选择　基因治疗需要经由各种载体将目的基因导入特定的组织靶细胞，并通过表达达到治病的目的。理想的基因载体应具有如下特点：①在特异组织细胞中有规律地、持续地进行外源基因表达；②与细胞膜亲和性高、具有一定的靶向性及稳定性；③安全、制备工艺简单。基因治疗的载体可分成病毒型载体及非病毒型载体。病毒型载体转染效率高，但有导向性差、携带信息量低及潜在致瘤性等不足；非病毒型载体毒性低、免疫原性低，但与组织细胞亲和力较低。

（4）目的基因的转移　把目的基因安全有效地转移到靶细胞中，是实现基因治疗的第一个关键性步骤。目前基因转移技术有 6 种方法：物理方法（直接注射法、电穿孔法和微粒子轰击法）、化学法、膜融合法、受体载体转移法、同源重组法和病毒介导转移法。

（5）目的基因的表达　目的基因的表达是基因治疗的另一关键步骤。运用连锁基因扩增等方法可适当提高外源基因在细胞中的拷贝数。在重组病毒上连接启动子或增强子等可促进整合在宿主基因组中的新基因高效表达，产生所需的某种蛋白质。

3. 基因治疗的方法

（1）反义寡核苷酸技术　一些遗传病和肿瘤往往是基因突变或过量表达异常的蛋白质所致。反义寡核苷酸技术就是将人工合成的反义寡核苷酸导入细胞，使它识别并结合到靶 mRNA 上，从而阻断该 mRNA 的翻译过程。其作用机制：一是利用 DNA 或 RNA 的碱基互补可形成同源或异源双链的原理，将突变基因所形成的 mRNA（DNA）阻断在翻译（或转录）前；二是反义寡脱氧核苷酸形成异源双链后启动了内源 RNA 酶，裂解突变基因的 RNA 及其他效应物，从而使症状得到改善。

（2）"自杀基因"（suicide gene）疗法　这类治疗方案的原理是将编码某种酶的基因（自杀基因）转染到肿瘤细胞中，然后用药物来杀死携带"自杀基因"的肿瘤细胞。这种药物对正常细胞无毒，但对肿瘤细胞具有选择性杀伤作用，因为导入的"自杀基因"所编码的酶会使药物转化为对肿瘤有害的物质，使肿瘤细胞 DNA 不能复制而死亡。

4. 基因治疗存在的问题

（1）导入基因的持续表达　由于外周血淋巴细胞和皮肤成纤维细胞都有一定的寿命限制，因此需不断地给患者回输含目的基因的细胞。现已有许多实验室正在研究寿命较长的靶细胞，如造血干细胞和骨髓前体细胞。

（2）导入基因的高效表达　截至目前，所有导入的目的基因表达率都不高，这与基因转移方法和靶细胞的选择等有关。

（3）安全性问题　安全性问题是基因治疗进行临床试验前应该首先重视的问题。虽然已有的临床试验还未出现野生型病毒感染现象，但反转录病毒基因转移系统的安全性问题仍然必须重视；此外，基因治疗研究目前尚未发展到定点整合、置换有缺陷或有害基因这一阶段，治疗基因在基因组中随机整合，有可能激活原癌基因或失活抑癌基因，而引起细胞恶性转化。

人类基因治疗的研究已在国际范围内展开。1990 年美国国立卫生研究院首次报道的采用基因治疗的遗传病是因体内不能合成腺苷激酶（ADA）而导致的先天性免疫缺陷综合征。科学家将正常的 ADA 基因导入患儿体内，产生了一定量的 ADA 产物，并检测到治疗前从未产生过的抗体，显示免疫系统已趋正常。国内在 20 世纪 90 年代也开始进行基因治疗的尝试，临床上血友病 B 的主要表现是自发性或轻微外伤后出血不止，薛京伦等用自行构建的携有凝血Ⅸ因子的反转录病毒载体，成功地转染了血友病 B 患者的皮肤成纤维细胞，并已进入临床阶段，获得可喜成果。基因治疗尽管在研究中还存在一些问题，但从长远看，基因治疗有望根治人类遗传病，会产生巨大的社会效益。

第三节　肿瘤与遗传

肿瘤（tumor）泛指由一群生长失去正常调控的细胞形成的新生物（neoplasm），是一种体细胞遗传病，是相关基因发生突变的结果。这些基因参与控制细胞生长和凋亡（apoptosis）、细胞增殖或损伤修复。肿瘤的遗传基础十分复杂，进入 21 世纪，人类对肿瘤病因的了解依然有限。多数肿瘤的发生并没有明显的决定性因素，但可以肯定的是，各种遗传学改变都可以引发肿瘤。此外，环境污染、压力增加及不良生活方式（如吸烟）等，也在一定程度上提高了肿瘤的发生率。

肿瘤分为良性肿瘤（benign tumor）和恶性肿瘤（malignant tumor）。恶性肿瘤生长不受控制，且能够侵入其他邻近组织甚至扩散至更远的部位，又称为癌症（cancer）。

一、癌的类型及特征

（一）癌的类型

癌的种类很多，在医学上，根据肿瘤起源组织的不同，常把恶性肿瘤分为两类：从上皮组织如皮肤、腺体等长出来的恶性肿瘤叫癌，如皮肤癌、胃腺癌、乳腺癌等；从间叶组织如肌肉、骨、淋巴等长出来的叫肉瘤，如横纹肌肉瘤、骨肉瘤、淋巴肉瘤等。由于癌比肉瘤更为多见，大约为 9∶1，因此一般都把恶性肿瘤通称为癌症。

（二）癌细胞的特征

正常细胞一旦转化成癌细胞，在遗传上就具有不同的性质，会表现出周围细胞所没有的一些特征，而且这些特征可以传给子细胞。癌症一般不分泌毒质，本身并不致死，它们之所以引起机体死亡，经常是其他原因。这些原因跟癌细胞的特征有关，癌细胞的主要特征如下。

1. 癌细胞分裂的自主性（autonomy）

癌细胞的分裂失去控制，不受周围组织的制约，它不管机体的需要如何，总是独立进行细胞分裂，最终形成一种独立的组织——细胞团，好像寄生虫一样地生活在有机体内。它优先夺取养分，引起机体消瘦衰弱，并且会侵压周围的健康组织，引起其他病症。

2. 癌细胞的可移植性（transplantability）

肿瘤细胞可以移植到适宜的同种宿主体内，并发展成和原来完全同样的肿瘤组织。特别是恶性肿瘤的癌细胞彼此容易离散，游离的癌细胞可以通过血液与淋巴管，转移到体内其他位置形成新的癌组织，这就是癌扩散的原因，因此癌症往往不能治愈。

3. 癌细胞发育不全

癌细胞所产生的细胞，一般是不成熟的细胞，没有正常完整的机能。这种丧失某些细胞性状的现象叫退行发育。例如，白血症患者血液中的白细胞数量很多，但都不成熟，没有正常白细胞的机能。

4. 癌细胞膜发生异常

据研究，正常细胞一旦转化成癌细胞，细胞膜上会出现新的蛋白质和新的抗原；同时，细胞膜上环状 AMP 的含量降低，这可能是细胞分裂不受制约的原因之一。此外细胞膜上还有许多其他变化。

二、癌基因与肿瘤抑制基因

（一）癌基因

1910 年，Peyton Rous 用鸡肉瘤的无细胞抽提液接种到健康鸡的身上，诱发了新的肉瘤，由此发现了反转录病毒的致癌作用，Rous 也于 1966 年获得诺贝尔生理学或医学奖。1970 年 Martin 等进一步证明细胞的癌变与反转录病毒基因组中一个特殊的基因相关，但直到 1976 年才从 Rous 肉瘤病毒中成功地分离出这种基因，命名为 *src*，这是人类第一次真正从基因水平上证实了与肿瘤相关的基因。以后越来越多的这类基因被分离出来，便总称为病毒癌基因（viral oncogene）。

病毒癌基因的发现推动了癌基因的研究。以各种病毒癌基因的 cDNA 为探针，与正常人或动物的基因组 DNA 杂交，发现这些基因组中都存在与病毒癌基因同源的序列，为区别起见，就把细胞内这些同源的基因称为细胞癌基因（cellular oncogene）或原癌基因（proto-oncogene）。实际上，原癌基因是人或动物细胞中一类固有的正常基因，是细胞正常生长、分化所必需的基因。原癌基因编码的蛋白质大多是调控细胞生长的，当原癌基因异常激活为癌基因并出现功能改变时，才诱导易感细胞形成肿瘤。

根据原癌基因蛋白产物的功能及生化特性，可将其分为五类：生长因子、生长因子受体、信号转导因子、转录因子及程序性细胞死亡调节因子。表 13-1 列出了部分根据其功能进行分类的原癌基因。

表 13-1　原癌基因的分类

分类	原癌基因	染色体定位	肿瘤类型	蛋白功能
生长因子	*PEGFB*	22q12.3～q13.1	胶质瘤 / 纤维肉瘤	血小板衍生生长因子 B 链
	FGF3	11q13	乳腺癌	成纤维细胞生长因子家族成员
	FGF4	11q13	胃癌	成纤维细胞生长因子家族成员
生长因子受体	*EGFR*	7p12.3～p12.1	鳞状细胞癌	表皮生长因子受体
	KIT	4q12	肉瘤	干细胞因子受体
	NTRK1	1q21～q22	结肠癌 / 甲状腺癌	神经生长因子
	ERBB2	17q21.1	成神经细胞瘤 / 乳腺癌	表皮生长因子受体 2
	RET	10q11.2	甲状腺癌	GDNF/NTT/ART/PSP 受体
信号转导因子	*HRAS*	11p15.5	结肠癌、肺癌、胰腺癌	GTP 酶
	KRAS	12p12.1	AML、甲状腺癌、黑色素瘤	GTP 酶
	GSP	20q13.32	甲状腺癌	Gs alpha
	GIP	17q21.3～q22	卵巢癌、肾上腺癌	Gi alpha
转录因子	*MYCN*	2p24.1	神经母细胞瘤、肺癌	转录因子
	MYB	6q22	成髓细胞性白血病	转录因子
	REL	2p13～p12	淋巴性白血病	突变型 NF-κB

续表

分类	原癌基因	染色体定位	肿瘤类型	蛋白功能
程序性细胞死亡调节因子	*BCL2*	18q21.3	B 细胞淋巴瘤	抗凋亡蛋白
	MDM2	12q14.3～q15	肉瘤	P53 调控蛋白

（二）肿瘤抑制基因

20 世纪 60 年代，通过肿瘤细胞与正常细胞的杂交研究，发现杂交融合形成的杂种细胞丢失了肿瘤细胞的表型，提示正常细胞的染色体可以逆转肿瘤细胞的表型。因此，人们提出了在正常细胞中存在抑制肿瘤发生的基因，称其为肿瘤抑制基因。肿瘤抑制基因（tumor suppressor gene）即抑癌基因，是一类存在于正常细胞中、与原癌基因共同调控细胞生长和分化的基因，也称抗癌基因（anti-oncogene）。肿瘤抑制基因是保护性基因，正常情况下可抑制细胞生长，通过监控细胞分裂速率、修复错配的 DNA（突变诱因）和控制细胞死亡等多种途径来调控细胞生长。当肿瘤抑制基因发生突变（由于遗传或环境因素），细胞会出现持续增长并最终形成肿瘤。从 1986 年在人类视网膜母细胞瘤中首次发现肿瘤抑制基因 *RB* 以来，目前已经发现了 800 余种肿瘤抑制基因。

已知的抑癌基因有细胞生长抑制基因、诱导细胞分化的基因、癌基因产物的拮抗物基因等。抑癌基因的分离和鉴定工作晚于原癌基因，进入 20 世纪 90 年代后，随着技术上的突破，被分离和鉴定的抑癌基因数量才明显增多（表 13-2）。

表 13-2　人类中部分重要的抑癌基因

抑癌基因	染色体定位	肿瘤类型	蛋白功能
RB-1	13q14	视网膜母细胞瘤、骨肉瘤、肺癌、乳腺痛、膀胱癌等	磷蛋白
TP53	17p13.1	肺癌、乳腺癌、肝癌等 51 种癌	核磷蛋白
NF-1	17q11.21	神经纤维瘤	GAP
DCC	18q21.2	结肠癌	膜糖蛋白
WT-1	11p13	Wilms 瘤	锌指蛋白

抑癌基因和原癌基因的差异，从生物学性质来看：①在功能上，抑癌基因在细胞生长中起负调节作用，抑制增殖，促进分化发育、成熟和衰老；原癌基因的作用则相反。②在突变发生的细胞类型上，抑癌基因的突变既可发生在体细胞中，又可发生在生殖细胞中，并可通过生殖细胞产生遗传突变；而原癌基因却只能在体细胞中产生突变。

三、肿瘤发生的遗传学理论

（一）单克隆起源假说

这个假说认为，致癌因子先引起体细胞基因突变，使正常体细胞转化为前癌细胞，然后在一些促癌因素的作用下，发展成为肿瘤细胞，即肿瘤细胞是由单个突变细胞增殖而成的，是突变细胞的单克隆增殖细胞群，这就是肿瘤的单克隆起源学说。肿瘤的细胞遗传学研究结果证实，几乎所有的肿瘤都是单克隆起源，也就是说患者的所有肿瘤细胞都起源于一个前体细胞。最初由于肿瘤相关基因突变累积导致了单一细胞向肿瘤细胞转化（transformation），随后产生失控的细胞增殖，最后形成肿瘤。

许多证据可证明肿瘤的克隆特性。白血病和淋巴瘤的分子分析表明所有的淋巴瘤细胞都有相同的免疫球蛋白基因或T细胞受体基因重排，提示它们来自单一起源的B细胞或T细胞。同时，肿瘤细胞学的研究发现同一肿瘤中的所有肿瘤细胞都具有相同的标记染色体，再次证明了恶性细胞的单克隆起源。近年来，对癌组织中突变的癌基因或肿瘤抑制基因进行的分子分析也证实了肿瘤的单克隆特性。

（二）癌基因理论

癌基因理论认为，人类肿瘤的发生、发展与体细胞中累积了各种遗传物质的变异相关，这些遗传变异涉及染色体重排和癌基因的激活。癌基因是原癌基因的突变形式，可通过基因突变、染色体重排或基因扩增而被激活。原癌基因原始功能的较小改变即可使其成为癌基因，一旦这些基因在表达时间、表达部位、表达数量及表达产物等方面发生了异常，就可能导致细胞无限增殖并出现恶性转化。

癌基因的发现不仅为研究肿瘤的分子机制提供了突破点，也为人们理解正常细胞的增殖、分化及程序性死亡提供了重要线索。而且异常癌基因的检测为肿瘤的分子诊断及监测提供了工具。癌基因还可以作为肿瘤治疗的靶标，通过研制针对特异癌细胞中癌基因的新型化疗制剂来选择性杀死肿瘤细胞，保留正常细胞。

（三）肿瘤抑制基因理论——Knudson二次突变假说

Knudson和Strong以视网膜母细胞瘤的分析为基础，根据肿瘤的遗传流行病学特点，提出了肿瘤发生的二次突变假说。他们认为，肿瘤的发生必须经过两次或两次以上的细胞突变。遗传型恶性肿瘤第一次突变发生在生殖细胞中，在这个基础上体细胞又发生了第二次突变。只有发生了两次或两次以上的突变才能使细胞癌变。二次突变假说还说明肿瘤的发生是一种隐性事件，即野生型基因产物可以抑制肿瘤发生，当一对肿瘤抑制基因都突变了，才发生肿瘤。遗传型视网膜母细胞瘤患者的G带分析结果支持了二次突变假说，其肿瘤细胞均有13q14缺失。在克隆出视网膜母细胞瘤的*RB*基因后，基因筛查发现患者的*RB*基因均发生了突变或缺失。这一学说除用于视网膜母细胞瘤分析外，还解释了Wilms瘤等儿童肿瘤的发病原因和规律，并被广泛用于分析各种肿瘤的发生。

目前，Knudson二次突变假说遇到了挑战。有研究发现一些肿瘤抑制基因仅有一个拷贝失活即可有效引发肿瘤，此现象称为单倍剂量不足（haploinsufficiency）。单倍剂量不足是指一个等位基因突变后，另一个等位基因虽能正常表达，但只有正常水平50%的蛋白质，不足以维持细胞正常的生理功能。大量实验证实，由单倍剂量不足引发肿瘤的时间要长于经二次突变的致癌过程。

除了以上肿瘤发生的遗传学理论外，有一种染色体理论认为染色体畸变是引起正常细胞向恶性转化的主要原因；还有多步骤遗传损伤学说，认为肿瘤的发生是多步骤的，涉及多种相关基因，包括癌基因和肿瘤抑制基因的变异。

四、肿瘤与环境

肿瘤的发生是基因型与环境因素相互作用的结果。研究表明，至少有 50% 的癌症有环境因素的参与。一切能改变细胞周期中的基因表达、细胞凋亡和 DNA 损伤修复的环境因素都是肿瘤诱发的危险因素。目前已知参与肿瘤发生发展的环境因素包括化学因素、生物因素和物理因素，如食物、自然、人工辐射、化学物质和病毒等。由于环境的影响，处于不同环境的同一群体内部，患癌症的风险也会有所不同。例如，生活在日本的日本人与生活在夏威夷或洛杉矶的日本人相比，患胃癌的风险增加了 2 倍。

需要指出的是，虽然环境因素是肿瘤发生的始动因素，但个体的自身因素，如遗传特性、年龄、性别、免疫和营养状况等，在肿瘤的发生和发展过程中具有重要作用。不同人群、不同个体由于遗传结构不同，在外界环境影响下呈现出易患某种恶性肿瘤的倾向，称为肿瘤的遗传易感性。由于个体的遗传易感性不同，同样暴露于特定致癌物的人群中有些人会患肿瘤，而另一些人则不患肿瘤。不同种族的人群对肿瘤的易感性也不尽相同，如北美和东欧人群的结肠癌患病率高于亚洲和非洲等地的人群。

第四节　遗传与优生

一、什么是优生学

优生就是指生健康聪明的孩子，这是每个家庭夫妇的愿望。父母都希望把自己最优良的素质遗传给后代，同时避免将有害的遗传物质传给子女而造成先天性的缺陷。低智、聋、盲、无脑儿及脊柱裂等遗传病患儿的出生，不仅本人痛苦，也会给家庭和社会造成经济和精神上的极大负担。因此，优生关系到家庭的幸福、人口素质的提高，具有重要的生物学和社会学意义。

优生学（eugenics）这一名词是英国学者高尔顿（F. Galton）于 1883 年首先提出的。高尔顿提出的优生主张之一是通过选择性的婚配来减少不良遗传素质的扩散和缺陷个体的出生，以达到改善和提高人口群体遗传素质的目的。现代优生学是在高尔顿的基础上结合新技术的发展而形成的一门综合性和应用性科学，是运用人类遗传学知识来降低遗传病的发病率和提高人类遗传素质的科学。根据所采取的优生措施不同，优生学分为正优生学和负优生学。前者是研究如何维持或增加人群中的有利基因或基因频率，以及有利的等位基因组合，以改进人类的遗传素质，所以又称为演进性优生学。相关的措施有人工授精、试管婴儿培育等。后者则是应用现代医学技术来预防有严重遗传病或先天性疾病的个体出生，以降低不利基因频率和等位基因组合，因此又称为预防性优生学。目前国内外所实行的婚前检查、适龄生育、选择性流产等都属于这一范畴。

影响遗传素质的因素有两类：一类是来自亲代的突变基因或畸变染色体等遗传物质，它们在子代或表现为遗传病，或成为隐性致病基因的携带者；另一类是包括生物的、物理的和化学的环境因素，这些因素可作用于胎儿的遗传物质，使胎儿发生基因突变或染色体畸变，从而产生某些先天性缺陷和染色体畸变综合征。有些环境因素也可能影响亲代生殖细胞的遗传物质，使其发生异常，从而影响受精后子代个体的正常发育。

二、优生的措施

（一）预防性的优生措施

“预防为主”是我国卫生工作的基本方针，遗传性疾病往往发病早，困扰患者终身，大多数目前尚无有效疗法，因此预防就显得格外重要。我国开展的优生工作主要有：禁止近亲结婚，进行遗传咨询，提倡适龄生育、产前诊断和遗传筛查等。

1. 禁止近亲结婚

近亲（或称亲缘关系）是指三代或三代以内有共同的祖先。如果他们之间通婚，称为近亲婚配。科学家推算，每个人大致携带有 5 或 6 个不同的隐性致病基因。在随机结婚的情况下，夫妇双方携带相同致病基因的机会很少。但近亲结婚时，双方从共同祖先那里继承同一种致病基因的机会增大，他们所生子女患隐性遗传病的机会往往要比非近亲结婚者高出几倍、几十倍甚至上百倍。研究资料表明：表兄妹结婚，他们的后代患苯丙酮尿症的风险是非近亲结婚者的 8.5 倍；而患白化病的风险，则要高 13.5 倍。因此，禁止近亲结婚是预防遗传病的最简单而有效的方法。

2. 选择最佳生育年龄

遗传学研究表明如果母亲年龄过小，则生殖器官和骨盆的发育尚未完全成熟，对孩子的发育肯定会有不良的影响；从培养的角度讲，父母社会经历的薄弱也会直接影响儿童的智力教育。但母亲的年龄也不可过大，年龄过大，胎儿智力发育障碍的发生率就会增加，有可能造成智力低下和其他神经系统发育异常。

一般来说，女性怀孕年龄在 23～30 岁为佳。因为随着年龄的增加，卵细胞也会衰老，卵子染色体衰退，一些遗传病发生的机会将随之增加。同样，父亲的年龄也不能过大。男子年龄过大，精子的活力会减退，胎儿各种疾病的发生率也会相对增加。如果精子异常，受孕后容易发生流产、早产和婴儿先天畸形，也容易发生软骨发育不全、先天性耳聋和先天性心脏病等。

3. 遗传咨询

遗传咨询（genetic counseling）是咨询医师（counselor, consultant）应用医学遗传学与临床医学的基本原理与技术，解答遗传病患者及其亲属或有关人员提出的有关疾病的病因、遗传方式、诊断、治疗、预防、预后等问题，预测患者亲属特别是子女中某病的再发风险，提出建议及指导，供患者及其亲属参考的全过程。随着人们对遗传病认识的不断深入和预防、诊断、治疗技术的发展，遗传咨询包含的内容也日益丰富。

通常需要进行咨询的有以下情况：①婚前男女，其中一方或其亲属为遗传病患者，或有遗传病家族史；②曾怀过或生育过遗传病患儿或先天畸形患儿的夫妇；③有反复发生的自发性流产或不孕不育史的夫妇；④接触过致畸因素并要求生育的育龄男女；⑤性器官发育异常者或行为发育异常者；⑥高龄孕妇，即孕妇年龄达到或超过 35 周岁；⑦近亲婚配。

由于遗传病种类繁多，而且诊断、治疗、预后、风险判断和预防对策的选择与实行，都是非常复杂的，因此，需要经过特殊培训、具备相关资格的咨询医师才能承担咨询工作。

遗传咨询的程序通常包括：做出诊断和确定遗传类型；推算再发风险；为咨询者和亲属提供各种可能的选择；帮助他们实施其所做出的选择等 4 个主要部分。遗传咨询的全过程比较复杂，往往需要通过多次反复的咨询，才能回答咨询者提出的有关遗传病诊断、再发风险、预后和治疗等各种问题，并对处理方法做出抉择。有时还需要对咨询者进行随访，以了解咨询效果。

4. 产前诊断

产前诊断是对胚胎或胎儿在出生前是否患有某种遗传病或先天畸形做出的诊断，是预防先天性和遗传病患儿出生的重要方法之一。在遗传咨询的基础上，对有高风险的妊娠进行产前诊断，可为遗传病风险家庭提供充足可靠的信息，使他们在妊娠期做出适当的选择。目前可以进行产前诊断的遗传病包括以下几类：①染色体病；②特定酶缺陷所致的遗传代谢病；③可进行 DNA 检测的某些遗传病；④神经管缺陷（NTD）或其他有明显形态改变的先天畸形。

通常进行产前诊断的对象有以下几种：①年龄在 35 岁以上的高龄孕妇；②曾生育过染色体异常患儿的孕妇；③夫妇一方有染色体数目或结构异常，特别是表型正常的染色体平衡易位携带者；④夫妇一方有先天性代谢缺陷或生育过这种患儿的孕妇；⑤曾生育过无脑儿、脑积水、脊柱裂等神经管缺陷儿的孕妇；⑥孕妇为严重的 X 隐性连锁遗传病携带者；⑦原因不明的多次流产、死胎、死产或生育过多发畸形儿的孕妇；⑧夫妇一方有明显的致畸因素接触史、孕早期病毒感染及服用不当药物的孕妇。

产前诊断的方法有两大类：创伤性方法和非创伤性方法。前者主要包括羊膜穿刺、绒毛取样、脐周血取样、胎儿镜和胚胎活检等；后者则包括超声扫描、X 射线检查、母体外周血胎儿细胞检测等。尽管创伤性产前诊断方法可能会对母体或胎儿产生不同程度的损害，但由于这些损害可以通过熟练的技术和先进设备的帮助尽量予以避免，其诊断结果又较为可靠，因此目前仍是主要的产前诊断方法，以羊膜穿刺和绒毛取样两种方法最为常用。

5. 遗传筛查

遗传筛查（genetic screening）是将人群中具有风险基因型的个体检测出来的一项普查工作。通过筛查，可了解遗传病在人群中的分布及影响分布的因素，估计某些疾病的致病基因频率，分析研究遗传病的发病规律和特点，为制定预防对策提供依据。

根据筛查目的和对象的不同，遗传筛查可分为群体筛查（population screening）、新生儿筛查（newborn screening）、携带者筛查（carrier screening）、产前筛查（prenatal screening）等。

为降低我国人口的出生缺陷率，1999 年国家计划生育委员会启动“出生缺陷干预工程”，主要通过遗传筛查，降低我国唐氏综合征、先天性神经管缺损、先天性甲状腺功能低下、苯丙酮尿症、地中海贫血、葡萄糖-6-磷酸脱氢酶（G6PD）缺乏症等疾病的发病率或致残致死率，充分保障母婴安全，提高我国人口素质。

（二）积极性的优生措施

进行产前诊断或遗传咨询等手段可以减少遗传病患儿的出生，但这毕竟只是一种消极的预防性优生办法。如何使人类摆脱自然进化的盲目性，有目的、有步骤地运用自然规律，生育具有优良遗传素质的个体，一直被人们所关注。随着医学和许多生物技术的发展，人们开创了许多途径，辅助生殖技术就是其中引人注意的一条。采用辅助生殖技术可以帮助不育症、遗传性不育患者解决生育问题，使他们拥有健康的孩子，以促进家庭幸福和提高民族素质。

辅助生殖技术（assisted reproductive technology , ART）包括人工体内受精、体外受精和胚胎移植。人工授精（artificial insemination）是收集丈夫或经过严格选择的献精者的精液，由医生注入妻子生殖道以达到受孕目的。体外受精是用人工方法选择良好的卵子和精子，在人体外受精和发育到一定阶段，再移入母体子宫，继续发育成智力和体质优秀的婴儿。由于这种形式的受精和短期的卵裂是在试管和培养皿中进行，因此通过体外受精-胚胎移植方式培育的婴儿也称为“试管婴儿”。

辅助生殖技术作为替代自然人类生殖某一步骤或全部步骤的手段虽已得到实际运用，但在法律方面和伦理方面还存在着争论。因此应以严谨的科学态度，本着以优生为重要目标和对社会负责的伦理原则来发展辅助生殖技术，使其真正造福于人类。

阅读资料：试管婴儿

试管婴儿是20世纪70年代才发展起来的人类辅助生殖技术。该技术是用人工的方法从妇女的卵巢中取出卵子，在器皿内培养后，加入经技术处理的精子，然后将受精卵移入妇女的子宫内着床、发育并分娩。这一技术诞生的早期主要是为了解决女性因素导致的不孕，尤其是输卵管不通导致的精卵结合障碍；它也可用来解决男子精子缺少而想要生育的问题。

在20世纪70年代，有这样一对普通的英国夫妇：约翰·布朗和莱斯利，他们感情深厚，却被无法繁育后代的问题所困扰。莱斯利女士因为患有输卵管堵塞症，9年一直没有怀孕。但布朗夫妇是幸运的，他们遇到了致力于试管婴儿研究的罗伯特·爱德华兹（Robert G. Edwards）和帕特里克·斯特普托（Patrick Steptoe）。莱斯利在1977年11月10日接受了试管婴儿手术并成功受孕。1978年7月25日，莱斯利成功地产下了世界上第一个试管婴儿——路易斯·布朗。4年后，第二个孩子娜塔莉·布朗也同样通过试管婴儿技术出生。就这样，试管婴儿技术为一个原本可能面临不幸命运的家庭带来了新生，也标志着一个崭新的时代由此拉开了序幕。罗伯特·爱德华兹因为在体外受精技术领域做出的开创性贡献于2010年10月4日获得了诺贝尔生理学或医学奖。

从第一例试管婴儿在英国成功诞生，到现今全世界已有约400万人通过试管婴儿技术出生并繁衍了他们自己的后代。试管婴儿技术也在不断发展，已历经四代。第一代试管婴儿技术又被称为体外受精联合胚胎移植技术（*in vitro* fertilization，IVF）。它是借助内窥镜或B超，从妇女卵巢中取出成熟卵子，并与精子在试管或培养皿中一起培养以生成受精卵，受精卵进一步发育成胚胎后，再将胚胎移植到未来母亲的子宫内，使胚胎在母体子宫内继续发育成成熟胎儿。第二代试管婴儿技术也称为胞质内单精子注射技术（intracytoplasmic sperm injection, ICSI），又称显微受精，是通过显微操作技术直接将单个精细胞注入卵细胞来帮助卵细胞受精。这项技术解决了由男性精子问题、自发型生育力低下等原因造成的不育症。第三代试管婴儿技术又称为着床前胚胎遗传诊断（preimplantation genetic diagnosis，PGD），或称为胚胎筛选，就是对体外受精后培育而成的多个胚胎，根据解剖学、生理学或遗传学特征来进行诊断并做出筛选，从中选择最符合优生学原理的胚胎植入母体，目的在于避免植入存在遗传缺陷风险的胚胎。首例通过PGD技术检测的试管婴儿于1990年顺利诞生。第四代试管婴儿技术又称为卵浆置换技术，是将高龄妇女的卵细胞核取出，放置于年轻卵子的卵细胞质中进行培养。移植完的卵细胞与父亲的精子结合后，生成携带三个人遗传物质的受精卵。此技术可以解决高龄妇女卵子老化问题及线粒体遗传病患者的生育问题。

任何事物都有它的两面性，辅助生殖技术也不例外。一方面，试管婴儿为世界上许多不孕不育夫妇提供了生育的可能，为许多家庭带来了欢乐，有利于社会的稳定和进步。另一方面，我们也要看到试管婴儿技术自身的缺陷和可能带来的社会伦理问题：①试管婴儿技术本身存在缺陷决定了这一技术的应用也是存在风险的。首先是试管婴儿的质量问题。不孕夫妇或多或少都存在生殖方面的缺陷，可能将其有缺陷的基因遗传给后代；其次是技术本身的缺陷，由于试管婴儿成功率较低，为了提高受孕成功率，大多采用一次植入多个胚胎的方法。但这会导致多胎率上升，而多胎会增加婴儿早产、体重过轻、孕妇并发症的风险。同时也有可能引起胚胎损伤，或日后引发流产；再次是药物的副作用。通常为了获得数目较多的成熟卵子，都会对患者使用促排卵药物，这会导致卵巢过度刺激综合征，引起卵巢功能早衰，同时也可能增加卵子携带变异基因的概率。②试管婴儿给家庭亲子关系与社会伦理带来了挑战。它导致了生殖过程与性爱、婚姻、家庭等因素的分离，使以自然生殖为基础的许多传统立法受到挑战，并给人的生命、亲子关系、个人隐私、人格尊严的保护和社会的优生优育等带来了新课题。

诺贝尔生理学或医学奖授予爱德华兹，表明这项技术已经得到了国际社会广泛的认同，也已经为千家万户造福。我们有理由相信，在加强监管的前提下，这一技术一定还会为人类带来更多的益处。

第 13 章习题答案

习题

1. 名词解释：

生物信息学、反向遗传学、原癌基因、基因治疗、遗传病。

2. 遗传病有哪几种？各有何特点？

3. 有一儿童自出生即患先天性心脏病，但经医生诊断，此病不是遗传病，不可能传递给后代。医生的诊断对吗？为什么？

4. 基因治疗的主要策略有哪些？基因治疗目前还存在哪些问题？

5. 成功的基因治疗需要哪些条件？

6. 癌细胞有哪些特征？癌症和遗传有何关系？

7. 癌基因和抑癌基因有何主要区别？

8. 请叙述肿瘤发生的 Knudson 二次突变假说。

9. 通常哪些人需要进行产前诊断？

10. 优生的措施主要有哪些？

参考文献

边旭明 . 2013. 胎儿染色体非整倍体的无创 DNA 产前检测 . 实用妇产科杂志 , 29(5): 330-333

程罗根 . 2013. 遗传学 . 北京 : 科学出版社

戴灼华 , 王亚馥 . 2016. 遗传学 . 3 版 . 北京 : 高等教育出版社

段赵宁 . 2010. 胎儿染色体非整倍体异常的诊断 . 实用妇产科杂志 , 26(1): 21-23

傅松滨 . 2013. 医学遗传学 . 3 版 . 北京 : 北京大学医学出版社

贺竹梅 . 2011. 现代遗传学教程——从基因到表型的剖析 . 2 版 . 北京 : 高等教育出版社

黄素芳 . 2006. 试管婴儿国内外相关立法研究 . 大连 : 大连海事大学硕士学位论文

李浩鸣 , 向鹏 , 陈雅忱 . 2009. 袁隆平与中国杂交水稻工程 . 工程研究——跨学科视野中的工程 , 1(3): 292-303

李惟一 . 2007. 遗传学 . 北京 : 中国农业科学技术出版社

李学宝 , 董妍玲 . 2011. 遗传学教程 . 北京 : 科学出版社

刘福民 . 2010. 无创伤性产前诊断胎儿染色体非整倍体的研究进展 . 中华临床医师杂志（电子版）, 4(5): 547-550

刘庆昌 . 2010. 遗传学 . 2 版 . 北京 : 科学出版社

刘祖洞 , 乔守怡 , 吴燕华, 等 . 2013. 遗传学 . 3 版 . 北京 : 高等教育出版社

卢龙斗 . 2009. 普通遗传学 . 北京 : 科学出版社

潘登 , 高宏波 . 2012. 叶绿体 DNA 的发现历程 . 生物学通报 , 47(7): 53-55

彭靖 , 卢大儒 . 2006. 试管婴儿技术的发展与探讨 . 自然杂志 , 32(6): 338-343

萨姆布鲁克 J, 拉塞尔 D W. 2002. 分子克隆实验指南 . 3 版 . 黄培堂等 , 译 . 北京 : 科学出版社

尚玉昌 . 2014. 动物行为学 . 2 版 . 北京 : 北京大学出版社

沈银柱 , 黄占景 . 2013. 进化生物学 . 北京 : 高等教育出版社

施巧婷 , 魏成斌 , 李建林 , 等 . 2009. 转基因生物的安全性 . 中国农学通报 , 25(22): 67-70

田志宏 . 1999. 细胞质遗传并非都是母系遗传 . 生物学通报 , 34(1): 14-15

徐晋麟 , 徐沁 , 陈淳 . 2011. 现代遗传学原理 . 3 版 . 北京 : 科学出版社

杨金水 . 2013. 基因组学 . 3 版. 北京 : 高等教育出版社

杨仙荣 , 王美琴 , 李少华 . 2014. 人类 Y 染色体的演化 . 遗传 , 36(9): 849-856

杨业华 . 2006. 普通遗传学 . 2 版 . 北京 : 高等教育出版社

姚永刚 , 张亚平 . 2000. 线粒体 DNA 和人类进化 . 动物学研究 , 21(5): 392-406

赵寿元 , 乔守怡 . 2008. 现代遗传学 . 2 版 . 北京 : 高等教育出版社

张飞雄 , 李雅轩 . 2015. 遗传学 . 3 版 . 北京 : 科学出版社

张广铎 . 2011. 袁隆平与杂交水稻 . 农业与技术 , 21(6): 66-69

张书欣 . 2012. 生物信息学若干问题研究报告 . 吉林 : 吉林大学硕士学位论文

张羽 . 2009. Y 染色体的分子结构和多态性研究与应用 . 生命科学研究 , 13(2): 163-167

翟中和 , 王喜忠 , 丁明孝 . 2007. 细胞生物学 . 3 版 . 北京 : 高等教育出版社

浙江农业大学 . 1986. 遗传学 . 北京 : 农业出版社

周奋翮，孙路明．2013. 无创性产前诊断技术应用于 21- 三体综合征筛查的进展．上海医药，34(6): 8-12

周希澄，郭平仲，冀耀如．1989. 遗传学．2 版．北京：高等教育出版社

朱军．2011. 遗传学．3 版．北京：中国农业出版社

朱玉贤．2013. 现代分子生物学．4 版．北京：高等教育出版社

Atherly A G, Girton J R, McDonald J F. 1999. The Science of Genetics. Fort Worth: Saunders College Publishing

Ayala F J, Kiger J A Jr. 1984. 现代遗传学．2 版．蔡武城等，译．长沙：湖南科学技术出版社

Daniell H, Lin C S, Ming Y, et al. 2016. Chloroplast genomes: diversity, evolution, and applications in genetic engineering. Genome Biology, 17(1): 134

Fitch W M, Margoliash E. 1967. Construction of phylogenetic trees. Science, 155: 279-384

Griffiths A J F, Miller J H, Suzuki D T, et al. 2000. An Introduction to Genetic Analysis. 7th ed. New York: Freeman & Co.

Griffitts J S, Haslam S M, Yang T L, et al. 2005. Glycolipids as receptors for *Bacillus thuringiensis* crystal toxin. Science, 307: 922-925

Klug W S, Cummings M R. 2002. Essentials of Genetics. 4th ed. New Jersey：Prentice-Hall, Inc.

Snustad D P, Simmons M J. 2011. 遗传学原理．赵寿元等，译．北京：高等教育出版社

Strickberger M W. 1985. Genetics. 2nd ed. New York: MacMillan

Weaver R F, Hedrick P W. 1997. Genetics. 3rd ed. Dubuque: Wm C Brown Publishers

Yan L, Lai X, Li X, et al. 2015. Analyses of the complete genome and gene expression of chloroplast of sweet potato [*Ipomoea batata*]. PLoS One, 10(4):e0124083